Zu diesem Buch

William Irwin Thompson, ein Renegat der Kulturwissenschaften, der sich keiner bestimmten Schule zuordnen läßt, richtet sich mit diesem provokanten Buch vehement gegen zwei Richtungen: zum einen gegen die Geschichtswissenschaft herkömmlicher Prägung, zum anderen gegen einen naiven, oberflächlichen Mystizismus. Mit ebensoviel Einfallsreichtum wie Scharfsinn verknüpft Thompson Erkenntnisse aus so unterschiedlichen Disziplinen wie Anthropologie, Archäologie, Physik, Biologie und Anthroposophie zu einem faszinierenden Gedankenexperiment. Thompsons Buch hinkt keiner Veröffentlichung hinterher, ist eigenständig gedacht und besitzt ausreichend Sprengstoff, um die überkommenen Denkstrukturen weiter zu erschüttern. Seine wissenschaftliche Gründlichkeit wird es den Ewiggestrigen unmöglich machen, es zu zerreißen, ohne sich den Vorwurf aufzuhalsen, es gar nicht gelesen zu haben. Und das dürfte niemandem schwerfallen. Thompson nimmt den Leser gewissenhaft bei der Hand, führt ihn ohne Sprünge durch den Gang seiner Argumentation – und bietet bis zum Schluß eine spannende Lektüre.

WILLIAM IRWIN THOMPSON ist von Beruf Kulturwissenschaftler und hat an mehreren renommierten amerikanischen Hochschulen gelehrt, unter anderem am Massachusetts Institute of Technology. Er ist ferner Gründungsdirektor der Lindisfarne Association, einer kontemplativen Bildungsgemeinschaft, die sich das Studium und die Verwirklichung einer neuen Kultur zur Aufgabe gemacht hat. Als Autor hat Thompson zahlreiche Artikel und Bücher veröffentlicht.

In den USA gilt er als einer der brillantesten neuen Denker.

William Irwin Thompson

Der Fall in die Zeit

Mythologie, Sexualität und der Ursprung der Kultur

Aus dem Amerikanischen von
Knut Pflughaupt

transformation

rororo transformation
Herausgegeben von Bernd Jost
und Jutta Schwarz
Umschlagentwurf Peter Keller

Lizenzausgabe mit freundlicher Genehmigung der Edition Weitbrecht
Veröffentlicht im Rowohlt Taschenbuch Verlag GmbH,
Reinbek bei Hamburg, Juli 1987
Copyright © 1985 Edition Weitbrecht in K. Thienemanns Verlag Stuttgart
Die Originalausgabe erschien unter dem Titel
«The Time Falling Bodies Take To Light»
© 1981 by William Irwin Thompson
Gesamtherstellung Clausen & Bosse, Leck
Printed in Germany
1480-ISBN 3 499 18341 2

INHALTSANGABE

Dem Ewig-Weiblichen gewidmet:
Diese Untersuchung ihrer Erscheinungs-
formen im Dunkel der Vergangenheit
ist eine Suche im Lichte der Zukunft.

TEIL EINS

Der Mythos vor der Geschichte

PROLOG

Die Zeit vor dem Fall

Betrachtet man die photographie einer Spiegelung in einem Spiegel, richtet man sein Augenmerk auf dieses Stückchen Film, so bildet sich ein Abbild davon auf der gekrümmten Oberfläche des Auges ebenso wie auf der faltigen Oberfläche des Hirns. Studiert man die Ereignisse der Geschichte, wie Thukydides es tat, dann wird die Arbeit selbst zu einem geschichtlichen Ereignis. Studiert man Mythologie, dann wird die Arbeit selbst ein Stück Mythologie, eine Geschichte, in der die alten Götter neue Kleider tragen, aber ansonsten genau so leben, wie sie es taten, bevor der Zeitgeist sie bedrängte und ihre uralten, natürlichen Bewegungen einschränkte.

Der Wissenschaftler strebt danach, die *wirkliche* Natur der Photographie zu untersuchen. Er sucht sich freizumachen von der psychologischen Gestalt, von der Bedeutung des Bildes, um vorzudringen zu einer anderen, tieferen Ebene von Mustern alternierender Punkte von Hell und Dunkel, zu einer Welt von Elementarteilchen. Und doch, was findet er dort schon als eine weitere geistige Gestalt, ein anderes Arrangement psychologischer Bedeutung? Wenn er lange genug an dieser Richtung festhält, werden die mythologischen Dimensionen der Wissenschaft in seiner Arbeit offensichtlich werden, als hätte er sich Fragen nach der Bedeutung des Sonnenlichts gestellt, anstatt Fragen über das Verhalten von Photonen.

Wissenschaft auf die Spitze getrieben wird zum Mythos. Geschichte auf die Spitze getrieben wird zum Mythos. Was aber ist Mythos, daß er selbst dann zurückkehrt, wenn wir uns aufs äußerste bemühen ihm zu entkommen?

Wissensformen ändern sich, wenn Gesellschaften sich wandeln. Manchmal sind die Veränderungen nur geringfügig und unbedeutend. Hin und wieder aber handelt es sich um die Transformation der *Strukturen* des Wissens und nicht nur der *Inhalte*. Von der Religion zur Philosophie, von der Alchemie zur Chemie, von der Legende zur Geschichte - die soziale Organisation des Wissens wandelt sich, wenn neue Eliten auftauchen und die alten Autoritäten in Frage stellen. Allerdings ist diese Bewegung nicht einfach eine lineare und eindeutige Entwicklung zu immer weiterführender Rationalisierung und Demystifizierung; wann immer der rationale Historiker auftauchte, um dem mystischen Barden der alten Stämme seine Autorität zu entreißen, trat auch der Künstler auf, um neue Ausdrucksformen zu schaffen zur Resakralisierung, Wiederverzauberung, Remythologisierung.

Heute, da uns für das 20. Jahrhundert nur noch wenig Zeit bleibt, scheint ein neues Zeitalter anzubrechen. Der Soziologe Max Weber kennzeichnete die moderne Zeit als eine Periode der Entzauberung. Der Theologe Rudolf Bultmann sprach von der Entmythologisierung des Christentums. Der Künstler jedoch hat seine alte prophetische Rolle wieder übernommen und verzaubert uns, teilt seine Visionen mit uns. Die Erzählungen von Doris Lessing sind heute mehr als traditionelle Belletristik, sie sind Prophezeiungen einer außerirdischen theologischen Schule. Die Konzerte von Karlheinz Stockhausen sind nicht länger Exhibitionen elektronischer Avantgarde-Musik, sie sind Oratorien geworden, Gebete und Momentaufnahmen der Rituale vom Sirius.[1]

Während Literatur und Musik sich der Reorganisation des Wissens nähern, gerät die Gelehrsamkeit in immer größere Nähe zur Kunst. Unsere Kultur wandelt sich, und so wandeln sich Genres wie Literatur und Geschichte mit ihr. In einer agrikulturellen Kriegergesellschaft ist das Genre das Epos, eine *Ilias*. In einer bürgerlichen Industriegesellschaft ist das Genre eine Novelle, wie beispielsweise *Moll Flanders*. In unserer elektronischen, kybernetischen Gesellschaft ist das Genre *Wissenskunst*: das Spiel des Wissens in einer Welt ernsthafter Datenverarbeitung. Die gelehrten Erzählungen eines Jorge Luis Borges oder die Besprechungen nichtexistenter Bücher durch Stanislav Lem sind Beispiele neuer Kunstformen einer Gesellschaft, in der eine Menschheit weder unschuldig in der Natur noch zuversichtlich in den Städten lebt, sondern apokalyptisch in einer Zivilisation, die dabei ist, ins Universum zu bersten. In Zeiten wie den unseren wird der Dichter zum Propheten, der Komponist ein Magier und der Historiker ein Barde, eine Stimme, die uralte Identitäten zurückruft.

Und so werde ich damit beginnen, daß ich diese älteste aller Visionen der Geschichte aufrufe, eine die von Zyklen spricht und, wie in Vicos *Neue Wissenschaft* dargestellt, eigentlich ein Fossil aus dem alten Ägypten ist:

> Zwei bedeutende Überreste des ägyptischen Altertums sind uns überliefert worden. Der eine Teil besteht darin, daß die Ägypter die gesamte vergangene Weltzeit in drei Zeitalter aufteilten, nämlich das Zeitalter der Götter, das Zeitalter der Helden und das Zeitalter der Menschen. Der andere besteht darin, daß im Verlauf dieser drei Zeitalter drei Sprachen gesprochen wurden, die den vorher erwähnten Zeitaltern entsprachen; und zwar die hieroglyphische oder heilige Sprache, die symbolische oder figurative (die heroische) Sprache und die epistoläre oder vulgäre Sprache der Menschen, die herkömmliche Zeichen benutzten, um die alltäglichen Bedürfnisse ihres Lebens mitzuteilen.[2]

Zu diesen drei Zeitaltern fügte Vico ein viertes hinzu, das Zeitalter des Chaos, eine Zeit des Übergangs, in der die Gerade zur Spirale wurde und sich die Geschichte, *corso*, *ricorso*, herauf und herum, einem neuen Zeitalter der Götter zuwandte. Auch heute leben wir in einem Zeitalter des Chaos. Unser Verständnis vom Mythos ist recht degeneriert, aber die Offenbarungen eines neuen Zeitalters haben bereits begonnen, und allmählich vertieft sich unsere Wertschätzung des Mythos. Wenn wir die vier Zeitalter auf einer Tafel zusammenfassen, dann erkennen wir, daß es vier Wissensmodi gibt und vier verschiedene Definitionen des Mythos:

Die vier Bedeutungsebenen des Mythos

I. Das Zeitalter des Chaos.	Ein Mythos ist eine falsche Behauptung, eine weitverbreitete Meinung, aber eine, von der Wissenschaftler und andere Ex-

perten wissen, daß sie falsch ist. Ein Beispiel für eine solche Verwendung des Begriffs wäre: »Die Vorstellung, daß der Schah mit zwei Milliarden Dollar aus dem Iran floh, ist ein Mythos.«

**II.
Das Zeitalter der Menschen.**

Ein Mythos ist eine bildhafte Erzählung, die, obwohl im wörtlichen Sinne unwahr, dennoch eine emotionale Wahrheit ausdrückt. Diese Ebene des Mythos könnte mit dem Romantizismus assoziiert werden. Die Kultur ist hier nicht länger eine religiöse Kultur, aber sie versucht, über die Kunst an dem alten Gefühl für das Heilige festzuhalten. Keats Lyrik drückt diese Sehnsucht nach dem Mythos aus als einem Bild der Einheit in einer industriellen Kultur, die zerbrochen, in sich zerrissen ist.

**III.
Das Zeitalter der Helden.**

Der Mythos ist die Antwort auf folgende drei Fragen: Was sind wir? Woher kommen wir? Wohin gehen wir? In diesem Fall ist der Mythos eine Art Makrohistorie, die der Menschheit eine Antwort auf das Grundrätsel der Bedeutung ihrer Existenz gibt. Spezialisierte Formen des Wissens sind nicht mythischer Natur, aber wenn ein Philosoph oder selbst ein Wissenschaftler versucht, diese drei Fragen zu beantworten, nimmt die Organisation seiner Daten zu einem Bericht mythische Form an. In diesem Sinne sind Darwins Biologie und E.O. Wilsons Soziobiologie Mythen. Um präzise zu sein, sollte man sie Pseudomythen nennen, da sich ihre Übereinstimmung mit Mythen nicht aus ihrer Essenz oder ihrer Natur ergibt, sondern aus dem isomorphischen Charakter ihrer Funktion. Homer, Dante, Milton, Darwin, Marx und Freud operieren auf dieser Ebene eines heroischen Versuchs, die großen Fragen des Lebens zu beantworten.

IV. Das Zeitalter der Götter.	Der Mythos auf der Verständnisebene des Zeitalters der Helden ist symbolisch oder figurativ, die Welt bleibt jedoch geteilt. Ebene IV ist der einende Zustand der großen Mystiker und stellt einen Seinszustand analog der Musik dar, in dem der Mythos nicht einfach eine Beschreibung ist, sondern eine Aufführung eben der Wirklichkeit, die er zu beschreiben sucht. Hier wird die Geschichte eine Darstellung des Mythos, denn das Erlebnis des Erinnerns, Zurückrufens (*anamnesis*) erleuchtet das Individuum und läßt es erkennen, daß der Mythos die Geschichte der Seele ist. Das Ich ist eingesperrt in einen engen Zeitrahmen (Platos Höhle), so daß Erfahrungen aus anderen Dimensionen der Seele in die Formen und Bilderwelt der alltäglichen Welt umgestaltet werden. In der Erleuchtungserfahrung jedoch erkennt das Ich, daß die Bilder, die eines zu sagen scheinen, tatsächlich viel mehr aussagen.

In diesen Parabeln und *Koans* spiritueller Erfahrung finden sich gewisse Grundstrukturen oder archetypische Ordnungen, die von kosmischen Ordnungsprinzipien abstammen. Diese Prinzipien sind nicht so sehr *Symbole* des Seins, als vielmehr kristalline Samen oder Programme für die Entfaltung des Seins. Auf dieser Ebene haben wir uns von der symbolischen oder figurativen Ebene des Bewußtseins fort zur hieroglyphischen hin bewegt. Hieroglyphen sind eigentlich die nonverbalen Sprachformen der Götter oder Engel (die himmlischen Intelligenzen der iranischen Sufitradition), denn die unterste Ebene angelischer Intelligenz überschneidet sich mit der höchsten Ebene der menschlichen. Und so kann ein Initiierter wie Plato in der hieroglyphischen Sprache der Archetypen denken, wenn er sich in einem exaltierten Bewußtseinszustand befindet. Diese hieroglyphischen Formen und Figuren aus der Geometrie korrespondieren mit Platos Welt der Formen. Es gibt jedoch auch Zeiten, in denen das ganz gewöhnliche Individuum, sei es nun im Traum oder in einem Kunstwerk, sich unbewußt in archetypischen Bildern ausdrücken kann. Der Nichtinitiierte wird sich nicht erinnern, und deshalb werden die Dimensionen der Seele hinab in die Zeit reflektiert, in die Bilder dieser Welt. Die meisten Schulen mystischer Erziehung, seien es die Kabbala, die Sufis, Yoga, Zen oder die christliche Theosophie, bemühen sich, das Individuum mithilfe von Meditation über Träume und Symbolismus hinaus zu helfen, denn in der Meditation kann das Individuum den normalen Geisteszustand verlassen und im Hieroglyphenmodus der Götter und Engel denken.

Da sich unsere Kultur in einem Übergangsstadium befindet, kommt es heute zu einer großen Polarisierung zwischen Mystikern und den Anhängern einer mechanistischen Philosophie. Eine Sektion der Kultur ist gefangen in Visionen von totaler Kontrolle, Weltraumkolonien und Genmanipulation, die andere in den spirituellen Visionen einer Doris Lessing, eines Karlheinz Stockhausen, eines David Spangler.[3] Das Zeitalter des Chaos und das neue Zeitalter der Götter überschneiden sich; die Künstler unserer Zeit beschreiben weniger unsere Welt, vielmehr schaffen sie eine neue.

Wir stehen alle an einer Schwelle. Menschen fühlen sich wohl und geborgen, wenn sie zuversichtlich im Zentrum der Dinge stehen können, sei es inmitten einer Epoche oder inmitten einer Klasse von Leuten mit einer gemeinsamen Weltsicht. Wann immer sie aber an eine Grenze geraten, werden sie nervös und unruhig. Dort am Rande sehen wir, wie Bekanntes zuende geht und etwas anderes beginnt, etwas, das uns den Versuch unternehmen läßt, einen anderen Zustand, ein anderes Dasein zurückzurufen. Wir durchstöbern unser Inneres auf der Suche nach einem Gefühl, das da war, bevor die erste objektive Tatsache dort abgelagert wurde. Doch die Suche nach Fakten wird uns nicht weiterbringen, denn es geht nicht so sehr um das, was wir denken, als vielmehr um das, was uns denkt. In dem Intervall zwischen zwei Gedanken, in dem Intervall zwischen zwei Herzschlägen, dort wo kein Atem ist, dort erinnern wir, was wir immer wußten. Die Welt von Raum-Zeit wird als Projektion erkannt. Wissenschaft, Geschichte und Kunst waren immer schon aufregende

Dramen aus unserer eigenen Werkstatt, die zum Schluß letztlich gerade verrückt genug wurden, um uns lachen und zu der Erkenntnis gelangen zu lassen, daß wir träumten.

Alles kann uns helfen zu erinnern, was unsere Seele weiß: Wissenschaft, Geschichte, Kunst oder das Sonnenlicht auf den gräsernen *Taitami*-Matten eines Zendo! Und alles kann uns versklaven: Wissenschaft, Geschichte, Kunst oder der Militarismus eines Zenklosters. Wenn wir uns aber in der Zeit verloren haben und das ganze Menschengeschlecht an Amnesie leidet, dann benötigen wir etwas, das ein Erinnern auslösen könnte. Wenn die Geschichte der Urteilsspruch unserer Gefangennahme ist, dann kann die Geschichte, mit einem neuen Code, mit neuen Vorzeichen versehen, auch die Losung für unsere Befreiung werden.

Historische Gelehrsamkeit ist ein Bild von der Bewegung von Ereignissen, die Photographie einer Spiegelung in einem Teich. Das Blau des Himmels wird von der Wasseroberfläche reflektiert, aber das Blau ist kein Ort, sondern eine Beziehung zwischen dem Sonnenlicht und der Erdatmosphäre; und ebenso wird die Wasseroberfläche zu einer anderen kleinen Atmosphäre irgendwo zwischen dem Schlamm und der Luft. Die Bläue des Himmels ist eine Beziehung zwischen zwei verschiedenen Welten; ebenso ist die Geschichte eine Beziehung zwischen der Unendlichkeit des Bewußtseins und dem Boden einer lokalen gesellschaftlichen Identität. Das Lesen einer historischen Arbeit sollte deshalb zu einer Beschäftigung werden, die die Augen zum Horizont erhebt.

II

Grenzlinien sind wichtig, denn sie legen eine Beschränkung fest, um uns von ihr zu befreien. Wann immer wir an einen Grenzbereich kommen, bedeutet das, daß wir dabei sind, mehr zu werden als wir vorher waren. Solange wir uns in der Mitte der Dinge bewegen, können wir nie die wirkliche Natur unserer Umgebung erkennen. Wie ein Verstand, der sich auf einer Möbiusschen Fläche entlang einer Endlosschleife von Ereignissen bewegt, durchstreift das Bewußtsein immer wieder das gleiche Territorium, ohne die Natur von Bewußtheit zu erkennen. An den Universitäten wird Historikern beigebracht, Grenzbereichen fernzubleiben und sich nur mit jenen Dingen zu beschäftigen, die quantifiziert, gemessen und von anderen Forschern verifiziert werden können. Und während diese ausgebildeten Historiker wieder und wieder diese Endlosschleife spezialisierter Forschung umkreisen, wächst ihr Gefühl, das Richtige zu tun, ins Unendliche.

Eine Studie über den Ursprung menschlicher Kultur nach professioneller Art beginnt immer mit dem Beginn einer Diskussion des Auftretens der ersten Menschen. Sobald man aber unbewußte Mythologien entdeckt, die sich in bilderreichen Erzählungen von der Evolution des Menschen ausdrükken, und märchenhafte *Es-war-einmal-Geschichten*, die sich hinter den Erläuterungen der Soziobiologie verbergen, wächst die Überzeugung, daß es angebracht wäre, mit dem Ursprung der Menschen weniger mythologisch umzugehen und sich mit den Mythen des menschlichen Ursprungs selbst zu beschäftigen.

Der Rand der Geschichte ist der Mythos. Wenn wir den Mythos auf wissenschaftliche Weise untersuchen, dann fehlt uns die Erfahrung des mythopoetischen, des mythenschaffenden Bewußtseinsmodus. Eine Kette von Ereignissen hat einen Anfang und ein Ende, aber die Matrix, aus der sich Ereignisse entfalten, scheint alles andere als ein Ereignis zu sein.

> Humpelpumpel saß auf dem Wall,
> Plötzlich kam der Tölpel zu Fall,
> Kamen die Reiter des Königs gewetzt,
> Doch kriegten sie ihn nicht mehr draufgesetzt.[4]

Humpelpumpel ist das kosmische Ei, die Wand die Schwelle zwischen Transzendenz und Existenz. Und da nichts in die Welt der Dinge zerfällt, wird der Prozeß in Richtung Entropie irreversibel. Humpelpumpel ist die unsterbliche Seele vor ihrem Fall in die Zeit, und weder Gottes Pferde noch seine

Reiter können ihn in die Welt jenseits der Zeit zurückschaffen. Die menschliche Bedingtheit ist die gefallene Kondition von Zeit und Fragmentierung.

Das Wiegenlied ist eine Erinnerung der Seele, ein Stück alter Kosmologie aus einer vergangenen Kultur, das in der rationalen Welt der Wissenschaft nachklingt als ein triviales kleines Kinderlied. Wenn Hellseher die Aura von Licht und Energie um den menschlichen Körper herum sehen, beschreiben sie sie als eiförmig.[5] Das menschliche Ei Humpelpumpel ist ein Abbild unserer selbst und unserer gesamten Geschichte; eine Geschichte, die uns über das, was diese Gesellschaft zu akzeptieren bereit ist, hinaus in die Welt der unsterblichen Seele tragen wird.

Die vedische Kosmologie und ebenso die der Dogon in Westafrika beschreiben das Universum als ein Ei, das zerbricht, als es sich ausdehnt und sich in die Zeit hinein entfaltet. Als archetypisches Bild ursprünglicher Einheit deutet das Ei auf Einheit und Fragmentierung, auf Ewigkeit und Zeit. Der (Sünden-)Fall in die Zeit ist nicht so sehr selbst ein Ereignis als vielmehr die Konditionierung von Zeit-Raum, aus der dann alle Ereignisse erwachsen. Der Fall existiert sowohl logisch wie zeitlich vor der Welt der Ereignisse, und so erscheint er als *das* Ereignis, als jener einzigartige Prozeß, dessen Echo wir durch alle Mythologien, Wiegenlieder und jüngeren Erzählungen hindurch widerhallen hören: der Fall des Einen in die Vielzahl, die Geburt des physikalischen Universums aus einem transzendenten Gott; der Fall der Seele in die Zeit, das Einfangen einer angelischen Seele in den Körper des Australopithecus afrarensis oder auch der Fall eines nichtkonditionierten Bewußtseins jenseits von Subjekt und Objekt in die Syntax von Gedanken, die von jedem Herzschlag in eine Form gehämmert werden. Der Fall fand nicht nur ein einziges Mal und vor langer Zeit statt; er wiederholt sich in jedem Moment des Bewußtseins. Die nicht gefallene Welt jenseits von Zeit verbleibt als Hintergrund der figurativen Herzschläge unserer Welt serieller Progression. Wie die weiße Seite das Dunkle jedes Buchstabens, den Sie hier lesen, umschließt, so umschließt die Ewigkeit jeden Herzschlag, und während der Kontemplative auf seinen Atem achtet, kann er die Zeit durch jenes Tor verlassen, das sich in den Intervallen zwischen den Herzschlägen öffnet. Jeder Zwischenraum ist eine Spiritualisation, jeder Herzschlag eine Materialisation; beide sind sie heilig, denn der eine ist die Spiritualisation der Materie, der andere die Materialisation des Geistes.

Als der Urgrund, dem alle Ereignisse entstammen, ist der Fall der Archetyp, der über unserem Verständnis von Zeit steht. Der Sündenfall von Adam und Eva im Alten Testament, der Fall von Satan in Miltons *Das verlorene Paradies*, der Fall von Tim Finnegan in jenem irischen Volkslied und in Joyces *Finnegan's Wake* oder auch neuere Darstellungen des Falls wie *Kaspar Hauser* und *The Man Who Fell To Earth* geschehen, aus der Perspektive der Seele jenseits von Zeit, alle gleichzeitig, wie die Stimmen einer Fuge. Die Seele steht, wie Humpelpumpel auf der Wand, außerhalb der Zeit und sieht Vergangenheit, Gegenwart und Zukunft gleichzeitig. Aus der Perspektive des Ich in der Zeit erscheint alles linear: die Vergangenheit hinter uns, die Zukunft vor uns.

Das Ich ist wie der Schauspieler in einem Film. Der Regisseur ruft: »Schnitt!«, und der Schauspieler spaziert aus seiner Rolle heraus an den Rand der Szenerie und sieht die Balken, die die künstlichen Aufbauten abstützen und zusammenhalten. Begeben wir uns auf eine andere Ebene, dann können wir – gleichzeitig – Attila auf Rom marschieren, Napoleon in Russland und John Wayne einen Angriff der Indianer zurückschlagen sehen. Für das Ich ist das Bewußtsein von Zeit *diachron*, für die Seele aber *synchron*.[6] Wenn der Regisseur, die Seele, »Schnitt!« ruft, dann hält das Ich inne, entweder im biologischen Tod oder in yogischer Meditation, und die Grenzlinien werden erfahren, während sich die Zeit zu einem einzigen Raum im Bewußtsein zusammenzieht.

Das wissenschaftliche Äquivalent dieser Verräumlichung von Zeit drückt sich in der Strukturalen Anthropologie von Lévi-Strauss aus. In seinem klassischen Essay, »Die Struktur der Mythen«, argumentiert Lévy-Strauss für eine Position, die alle Varianten eines Mythos in einem einzigen imaginären Raum zusammenzubringen gestattet, ohne sich über den historischen Kontext Gedanken zu machen.

Die Methode enthebt uns also einer Schwierigkeit, die bisher eines der Haupthindernisse für den Fortschritt der mythologischen Forschung bildete, nämlich der Suche nach einer authentischen oder ursprünglichen Version. Wir schlagen stattdessen vor, jeden Mythos durch die Gesamtheit seiner Fassungen zu definieren. Mit anderen Worten: der Mythos bleibt solange Mythos, wie er als solcher gesehen wird. Dieses Prinzip wird recht gut durch unsere Interpretation des Ödipusmythos illustriert, die sich auf die Formulierung Freuds stützen kann, und ist sicher auf sie anwendbar. Das von Freud in »ödipeischen« Ausdrücken aufgeworfene Problem ist zweifellos nicht mehr die Alternative zwischen Autochthonie und zweigeschlechtlicher Fortpflanzung. Aber es geht immer um die Frage, wie *einer* aus *zweien* entstehen kann: wie kommt es, daß wir nicht einen einzigen Erzeuger haben, sondern eine Mutter und dazu noch einen Vater? Man wird nicht zögern, Freud nach Sophokles zu unseren Quellen des Ödipusmythos zu zählen. Ihre Versionen verdienen dieselbe Glaubwürdigkeit wie andere, ältere und dem Anschein nach »authentischere«.[7]

Der Strukturalanthropologe drängt uns, den orthodoxen Anthropologen zu ignorieren, der so geduldig versucht, den einen echten Text von seinen apokryphen Varianten zu befreien. Die Priester des salomonischen Tempels arbeiteten an der Konstruktion des biblischen Kanons, und bei dieser Arbeit wurden alle dubiosen Volkslegenden weggelassen. Eine Legende aber oder ein *Midrash* (die Volksversion biblischer Geschichten) erlaubt uns häufig einen einfacheren Zugang zur archetypischen Welt als die übermäßig polierten Redaktionen der städtischen Priester-Intelligenzia.

Sobald wir von der Aufgabe befreit sind, die eine wahre Version des Mythos zu finden, sind wir auch das Problem los, den genauen Ursprung einer Variante zu definieren. Wie kann man sagen, aus welcher Zeit, woher ein Mythos stammt? Ein *Midrash* aus dem Mittelalter kann in seiner mündlich überlieferten Version aus dem Dunkel der Zeiten stammen.[8] Und aus welcher Zeit und woher kommen Kinderreime? Welches uralte Motiv erscheint in einem neuen Kleid als moderne Erzählung oder als ein Lied, das Kinder beim Seilspringen singen? Kann man wirklich sagen, daß das Datum des Gesangs das Datum des Liedes ist? Der Lyriker W.B. Yeats verstand diese Schwierigkeit.

Wie wurde mir das kund?
Aus eines Mediums Mund,
Aus nichts ward es Gestalt,
Aus einem Lehm im Wald,
Aus der Nacht, wo lagen von je
Die Kronen von Niniveh.[9]

Bibliotheken wurden verbrannt, ganze religiöse Bewegungen ausgelöscht, weil die Verfechter der Orthodoxie deren Überzeugungen und Mythen als dubiosen Ursprungs ansahen. Und doch ist es häufig genug der häretische Mythos, der das Tor in die archetypische Welt öffnet. So bedrohlich ist die Macht des Mythos für unseren kollektiven Gedächtnisverlust, daß die Priester mit übertriebener Heftigkeit reagieren und der Mythos so aus der Religion heraus in die Welt der Märchen, der Kinderlieder und der Arbeiten häretischer Künstler verdrängt wird. Um den Körper des Mythos zu neuem Leben zu erwecken, müssen wir wie Isis einhergehen und die verstreuten Überbleibsel von Osiris zusammensetzen.

Man kann niemals genug darauf bestehen, daß es absolut notwendig ist, alle überlieferten Varianten aufzunehmen. Wenn Freuds Kommentare zum Ödipuskomplex einen – wie wir glauben – integrierenden Teil des Ödipusmythos bilden, hat die Frage, ob die Cushingsche Übertragung des Ursprungsmythos der Zuñi zuverlässig genug ist, um mit einbezogen zu werden, keinen Sinn mehr. Es gibt keine »wahre« Fassung, im Verhältnis zu der alle anderen Kopien oder deformierte Echos wären. Alle Fassungen gehören zum Mythos.[10]

Darüberhinaus gibt es weitere Gründe, warum alle Versionen eines Mythos Berücksichtigung finden sollten, und diese Gründe stehen in Zusammenhang mit der Anwendbarkeit der Informationstheorie auf das Studium der Mythen, wie es der Anthropologe Edmund Leach feststellte.[11] Jede Nachricht geht vom Sender zum Empfänger durch ein Übertragungsmedium, aber jedes Übertragungsmedium verzerrt unausweichlich die Nachricht, und so kommt auf dem Übertragungsweg ein Rauschen hinzu. Zwangsläufig erreicht den Empfänger so eine Mixtur aus Rauschen und Information.

Existiert nur eine Nachricht, dann hat der Empfänger keine Möglichkeit, das Rauschen von der Information zu unterscheiden; wenn aber die Nachricht immer und immer wieder auf verschiedene Weise gesendet wird, dann kann der Empfänger die verschiedenen Versionen in einem einzigen imaginären Raum aufreihen, die übereinstimmende Struktur erkennen und die Information aussondern. Für einen Strukturalisten wie Leach *ist* die Struktur die Bedeutung. In der *genesis* geht es beispielsweise ausschließlich um das Inzesttabu; der Rest ist Rauschen und Mystifizierung. Aber was für den einen Rauschen ist, ist für den andern Information; und das Material, das Leach als semantische Schleier über der eigentlichen Tiefenstruktur fortwerfen würde, ist für mich von ganz besonderem Interesse.

Jede neue philosophische Schule lehrt uns etwas und gibt dem Gelehrten ein neues Werkzeug an die Hand. Aber in diesem Prozeß übergeneralisiert jede neue Schule den eigenen Beitrag und endet in der Regel damit, daß sie alle Information auf die ihr eigene seltsame Weise verdreht. Ob wir es nun mit Marxisten zu tun haben, mit Freudianern, Jungianern oder mit Strukturalisten, immer treffen wir auf Gelehrte, die letztlich alles auf ihr eigenes Schema reduzieren. Die Strukturalisten werfen die semantischen und poetischen Dimensionen des *genesis* fort und reduzieren die Bedeutung auf die Struktur. Da aber Anthropologen Jahrzehnte damit verbringen, Verwandtschaftsstrukturen zu untersuchen und dabei das Sexualleben von »Wilden« in algebraische Notationen übersetzen, ist es nicht weiter verwunderlich, wenn Edmund Leach die *genesis* betrachtet und nichts als eine Mystifikation des Inzesttabus sieht, wo Marx nichts als Entfremdung und die Arbeitsteilung nach dem Sündenfall sehen würde, und Jung einen Archetypus des Individuationsprozesses und das Erwachen des Bewußtseins.

Glücklicherweise läßt sich das Problem nicht auf ein Entweder/Oder reduzieren, denn sie haben alle Recht. Ein Mythos kann Licht aus vielen Facetten reflektieren, und so sehe ich keinerlei Veranlassung, irgendeiner gelehrten Seite beizutreten, um den Mythos aus einer marxistischen, freudianischen, jungianischen oder aber strukturalistischen Perspektive zu

analysieren. Lévi-Strauss besteht darauf, daß alle Varianten
eines Mythos berücksichtigt werden müßten. Damit stimme
ich überein, habe aber darüberhinaus das Gefühl, daß alle
Schulen modernen Denkens Äquivalente der Variationen eines Mythos sind und ebenso alle Berücksichtigung finden
müssen. Studenten werden von ihren Professoren angehalten, den einen echten Glauben zu akzeptieren und auf alle
anderen Lehrmeinungen herabzuschauen, aber dieses Sektie-
rertum ist nichts anderes als die säkulare Reinkarnation theo-
logischer Gefechte aus längst vergangenen Zeiten. Und
ebenso wie jene Auseinandersetzungen um die Taufe durch
Besprenkelung im Gegensatz zur Taufe durch völliges Eintau-
chen können diese modernen Dispute ermüdend und langwei-
lig sein. Ich ziehe es vor, die Langeweile einer närrischen
Stimmigkeit zu vermeiden und aus allen das zu entnehmen,
was interessant ist, ohne mich für eine von ihnen zu entscheiden.

III

Nähern wir uns Bekanntem aus einer anderen als der ge-
wohnten Richtung, dann können wir die Konturen des Themas sich dramatisch verändern sehen. Ich möchte unsere
Betrachtung des Falls damit beginnen, daß wir uns dem bekannten Bericht aus dem Alten Testament nicht durch die
genesis, sondern durch den *Midrash* über die *genesis* annä-
hern.

Während nun die kanonischen Bücher als durch göttliche Inspira-
tion geschriebene betrachtet wurden, weshalb jeder Überrest
von Polytheismus aus ihnen exorziert werden mußte, wurden die
Apokryphen nachsichtiger behandelt. Viele unterdrückten Mythen durften auch im ohne Frage orthodoxen Kontext der nachbi-
blischen Midrashim wieder auftauchen. So lesen wir beispielsweise im Exodus, daß die Kinder Israels von den Pferden, den Wa-
genlenkern und den Reitern des Pharao bis in die Mitte des
Meeres verfolgt wurden (Exodus Kap. 14.23). Einem Midrash

zufolge (Mekhitla di R. Shimon 51, 54; Mid. Wayosha 52) nahm
Gott die Gestalt einer Stute an und lockte die brünstigen ägyptischen Hengste ins Wasser. Wenn die stutenköpfige Göttin Demeter beschrieben worden wäre, wie sie durch einen solchen Trick
die Streitmacht von König Pelop im Alpheus ertränkt, dann wäre
das ein akzeptabler griechischer Mythos; für den frommen Leser
des Midrash jedoch war das nicht mehr als eine sonderbare Metapher, um zu beschreiben, welche Mühe sich Gott geben konnte,
um sein Erwähltes Volk zu beschützen.[12]

Der Erzählung in den *Midrashim* zufolge forderte Gott,
nachdem er Adam geschaffen hatte, die Engel auf, sich zu
verbeugen und seine letzte Schöpfung zu ehren. Einer der
höchsten Erzengel, Samael oder Satan, weigerte sich und
sagte: »Uns hast du aus dem Glanz deiner Glorie geschaffen.
Wie sollen wir da ein Wesen verehren, das aus Staub gemacht
ist?«[13] Gott antwortete, indem er sagte, daß Adam, obwohl er
aus Staub gemacht sei, Samael an Weisheit und Verstand
überlegen sei. Erzürnt über diese Zurücksetzung bestand
Samael darauf, daß Gott ihn gegen Adam erprobe. Gott nahm
Samaels Angebot an und meinte, da er Tiere, Vögel und
Gewürm geschaffen habe, solle Samael herabsteigen, sie alle
in einer Reihe aufstellen und sie dann so benennen, wie er sie
benannt hätte. Sollte Samael Erfolg haben, so versprach ihm
Gott, daß Adam seine Weisheit ehren würde; sollte er aber
keinen Erfolg haben, dann müsse Samael Adams größeren
Verstand ehren.

Als aber die Tiere vor Samael aufzogen, konnte er gar
nichts sagen. »Gott aber pflanzte Verstand in Adams Herz
und sprach in solcher Weise zu ihm, daß der erste Buchstabe
jeder Frage auf den Namen des Tieres hinwies.« Und so war
Adam in der Lage, Gottes Hinweis zu verstehen und die
Kreatur zu benennen. Als Samael erkannte, daß Gott Adam
erleuchtet hatte, heulte er entrüstet auf.

»Hast du geschrien?« fragte Gott.

»Wie sollte ich nicht«, antwortete Samael, »wenn du mich
aus deiner Glorie erschaffst und dann einer Kreatur Verstand
eingibst, die aus Staub gemacht ist?« Der Engel, der Sprache
nicht meistert, kann im Angesicht Gottes nur vergeblich auf-
heulen.

Im Hebräischen bedeutet das Wort *Adam*: aus Staub. Der *Midrash*, statt eine unwichtige kleine Geschichte zu sein, präsentiert uns hier in der Tat eine klarere Erläuterung der Einzigartigkeit des Menschen als der biblische Kanon. Vielleicht sind Einflüsse der Kabbala (der jüdischen esoterischen Tradition) in diese Geschichte eingegangen, denn offensichtlich weiht Gott Adam in eine Buchstabenmagie ein. Die Geheimnisse der Kabbala zu kennen, heißt, die Signatur aller Dinge zu kennen, die Formen, in denen Moleküle aneinander gereiht sind und die Konfigurationen der Sterne im Weltraum. Es geht nicht nur darum, den Namen einer Sache zu kennen, sondern die vibrierende, schwingende Signatur eines Wesens tiefster Existenz. Die Engel waren aus Licht geschaffen worden, der Mensch aus Materie. Materie, Adams Staub, scheint am weitesten von der göttlichen Emanation entfernt, und doch führt uns das Ergebnis des Wettstreits zwischen Adam und Samael zu dem Schluß, daß die Spirale der Zeit sich gedreht hat, daß Materie jetzt ein Mysterium enthält, das Gottes Herzen nahe ist. Materie drückt die Endlichkeit von Zeit-Raum aus; in dieser Welt der Begrenzungen wird ein neuer Weg zu Wissen möglich, und dieser Weg ist die Sprache. Sprache ist die Artikulation des Begrenzten, um das Grenzenlose auszudrücken. Sie ist das höchste Mysterium, das Abbild Gottes, denn durch den Eingriff ins Unendliche zur Erschaffung endlicher Wesen fand Gott einen Weg, begrenzte Wesen dennoch Reflektionen seines unendlichen Wesens sein zu lassen. In der Sprache Gottes sind alle Wesen Wörter, und deshalb sind jene, die in das Mysterium der heiligen Sprache, der Kabbala, eingeweiht sind, Initiierte in die Weisheit und in das Wissen von der Existenz an sich.

Die Welt angelischer Hierarchie war ein evolutionärer Lichtstrom im Fließgleichgewicht, aber die Schöpfung Adams aus Materie stört jenes Ur-Gleichgewicht. Es erzeugt jenes kreative Ungleichgewicht, das nötig ist für Wandel, Transformation und Evolution. Nichts ist ehrfurchtgebietender als ein Engel, nichts scheinbar weniger beeindruckend als ein menschliches Wesen, und doch enthält jene Handvoll Staub die Signatur des gesamten Universums von Raum-Zeit. Irgendetwas hat Gott im Sinn, und nicht einmal die stolzen Engel, die bereit sind ihm zu trotzen, können erahnen, was die letztendliche Kabbala, der Logos, der künftige Christos sein wird. Zeit, statt weit vom Göttlichen entfernt zu sein, beginnt langsam eine bevorzugte und intime Ausdrucksform von Gottheit zu werden. Mit der Erschaffung von Adam wird die Geschichte selbst zu einer Mysterienschule der Auserwählten Gottes.

Aber die Erschaffung des Menschen zerstört das alte angelische Fließgleichgewicht, und es gibt Krieg im Himmel. Samael fällt, aber er nimmt fast die Hälfte der himmlischen Heerscharen mit sich. Die Einheit ist verloren und Existenz polarisiert sich immer mehr. Trennungen werden jetzt wichtig, und man muß sich für eine Seite entscheiden. Das ganze Universum ist in Bewegung geraten, und alles verändert sich. Damit begann das, was Whitehead »das kreative Fortschreiten des Universums ins Neue«[14] nannte; die Dinge werden nie mehr die gleichen sein. Der Fall der Engel ist somit das Vorspiel zum (Sünden-)Fall der Menschen. Da Sprache das ist, was den Menschen groß machte, sucht Samael sich zu rächen, indem er des Menschen einzigartige Stärke (*areté*) in seine tragische Schwäche (*hammartia*) umkehrt. Über die Sprache will Samael Gottes Auserwählte in Versuchung führen.

Andere *Midrashim* berichten von Adams Leben im Paradies. Offensichtlich war Adam trotz all seiner sprachlichen Überlegenheit nicht glücklich, mußte er doch mitansehen, wie die Tiere im Garten zu zweit lebten und sich paarten, während er allein war. Er versuchte sich mit den Tieren auf dem Felde zu paaren, war damit aber nicht zufrieden und klagte: »Außer mir hat jede Kreatur einen richtigen Gefährten!« Gott hörte Adams Klagen und fühlte sich veranlaßt, auch ihm einen Partner zu schaffen. Und da Gott Adam aus Staub gemacht hatte, machte er Lilith aus Schmutz und Erde. Als Gott Lilith schließlich Adam präsentierte, war dieser außer sich vor Freude, setzte sie enthusiastisch auf den Boden und versuchte sie zu besteigen, wie die Tiere das tun. Lilith aber protestierte und sagte: »Warum sollte ich unten und du oben sein?« Der priapistische (Priapismus, d.h. schmerzhafte Dauererektion) Adam war ganz und gar nicht in Laune, die (aus seiner

Sicht) natürliche Ordnung der Dinge zu erläutern, und so versuchte er einfach, ihren Gehorsam zu erzwingen. Lilith aber stieß in einem Wutanfall den magischen Namen Gottes aus, erhob sich in die Luft und verließ ihn.

Es scheint, als hätte Lilith Adams Wissen um die Kabbala geteilt, als hätte Gott ihr die gleichen außerordentlichen Gaben mitgegeben, die Samael so überrascht hatten. Samael hatte versucht, Adam zu dominieren, und war durch die Sprache überwunden worden. Adam hatte versucht, Lilith zu dominieren, und war seinerseits durch Sprache überwunden worden. Aber hier finden sich weit tiefere Geheimnisse. Das Gehirn auf der Spitze der Wirbelsäule verleiht Adam die Beherrschung der Sprache, und seine Zunge als Organ der Materie beherrscht das Element Luft; aber diese kopf-lastige Meisterschaft ist unvollständig und am unteren Ende der Wirbelsäule ohne Entsprechung. Am unteren Ende der Wirbelsäule gibt es für Adam keine Meisterschaft, keine Beherrschung, denn er fühlt sich einsam und sexuell unvollkommen. *Wie oben so auch unten* ist ein Axiom des Hermetischen Mystizismus, und in dieser hermetischen Vision der Physiologie ist die Zunge über die Wirbelsäule mit dem Penis verbunden. Das eine Organ ist der Herr des *logos spermaticos* (des Keims der Vernunft), das andere der Herr des Samens des Lebens. In den höheren Regionen des spirituellen Geistes ist das spermatische Wort der Herr der Elemente Feuer und Luft, in den niederen Regionen der Materie ist das Sperma der Herr der Elemente Erde und Wasser. Bei Lilith ist die Symmetrie des *wie oben so auch unten* vollendet, denn sie besitzt die weiblichen Lippen des Mundes, die den Namen Gottes aussprechen, und unten die weiblichen Lippen der Vulva, die den Samen Adams empfangen können. Zunge und Penis sind die durch die Wirbelsäule verbundenen Polaritäten des Mannes, Lippen und *labia majora* die Polaritäten der Frau.

Liliths Revolte bedeutet deshalb das Emporsteigen aus all dem, was vom rationalen, männlichen Bewußtsein verleugnet werden würde. Gleich jenem Ouroboros, jener Schlange, die sich in den eigenen Schwanz beißt, verbindet die Wirbelsäule die Mysterien von Sprache und Sexualität, Mund und Genitalien. Der *Midrash* beschreibt nicht nur die Arbeitsteilung in einer patriarchalen Gesellschaft, sondern die Struktur des Bewußtseins, wie sie sich in der Architektur des menschlichen Körpers offenbart.

Diese Beziehung zwischen Sprache und Sexualität, zwischen dem Oralen und dem Genitalen, wurde in der neurophysiologischen Forschung präzisiert.

Wird das Tier in gewöhnlicher gestreckter Haltung betrachtet, dann scheinen sich der orale und der anogenitale Bereich an entgegengesetzten Polen zu befinden. Eine korrespondierende Beziehung findet sich in der topographischen Repräsentation des Körpers im postzentralen Gyrus des Neokortex. Bei der Entwicklung des Gehirns der niederen Säugetiere hielt es die Natur jedoch offensichtlich für notwendig, den limbischen Lappen so zu knicken, daß der Geruchssinn sowohl bei oralen wie auch bei den anogenitalen Funktionen unmittelbar beteiligt sein konnte....

In anderen Worten: die Erregung in einem Bereich, der das orale Funktionssystem betrifft, breitet sich schnell auch in anderen Bereichen aus, die mit genitalen Funktionen zu tun haben.

Diese enge Beziehung hilft das intime Wechselspiel von Verhalten in den oralen und sexuellen Bereichen verstehen.[15]

Sprache und Sexualität sind das, was die Menschheit von den Engeln unterscheidet, und es sind Sprache und Sexualität, die im Mythos und in der Physiologie zusammen kommen. Die Windungen des limbischen Rings verbinden die oralen und die genitalen Bereiche. Das »höhere« Bewußtsein der Sprache muß deshalb mit dem »niederen« Bewußtsein der Sexualität gekreuzt werden.

Im Umbewußten ist das Zerebrale genital. Das Wort *zerebral* stammt von derselben Wurzel wie Ceres, die Göttin des Getreides, des Wachstums und der Fruchtbarkeit; von derselben Wurzel wie *cresco*, wachsen, und *creo*, schaffen. Onians, ein Spracharchäologe, der verlorenen Bedeutungswelten und vergrabene Bedeutungen freilegt, hat ein prähistorisches Bild des Leibes zu Tage gefördert, dem zufolge Kopf und Geschlechtsorgan über die Wirbelsäule miteinander in Verbindung stehen; die graue Materie des Gehirns, das Rückenmark und die Samenflüssigkeit sind alle ein und dieselbe Substanz, im Geschlechtsorgan sofort verfügbar und im Gehirn gespeichert. Die Seelensubstanz ist die Samensubstanz: der Genius ist das Genitale im Kopf. Wir würden demnach alle unseren Samen in unserem Kopf tragen, wie Blumen.[16]

Als Gott die Welt erschuf, trennte er die Wasser unter dem Firmament von jenen über dem Firmament. Der menschliche Körper ist eine Rekapitulation dieses Ordnungsprinzips, denn der Körper selbst ist das Firmament, das die Wasser des Gehirns von den Wassern der Genitalien trennt. Wegen der Heiligkeit der Wasser sind alle Flüssigkeiten des menschlichen Körpers – Speichel, Schweiß, Samen und Blut – heilige und geheimnisvolle Substanzen. Wenn Onians tatsächlich ein uraltes Bild des Körpers ausgegraben hat, bei dem Körper und Genitalien über die Wirbelsäule miteinander kommunizieren, dann brauchen wir uns nicht lange zu fragen, wie solch ein Bedeutungssystem wohl ausgesehen haben mag, denn jene alte Physiologie hat im Tantra Yoga überlebt.

Beim Praktizieren des Tantra intoniert der Yogi still ein spezielles *mantram* (Meditationswort oder -satz, bei dem der Klang ebenso wichtig ist wie die Bedeutung des Wortes), während er seine Aufmerksamkeit auf sein »drittes Auge« richtet. Nach einigen Jahren der Übung erreicht er in der Meditation einen Zustand, bei dem die Vibration seines Hirns in seiner Wirbelsäule anklingt und am unteren Ende der Wirbelsäule eine sympathische Resonanz zu stimulieren beginnt. Zu diesem Zeitpunkt entsteht ein Gefühl in der Wirbelsäule wie von einem Stab mit zwei starken magnetischen Polen an den äußersten Enden. Und während die Vibration am unteren Ende der Wirbelsäule auf jene Vibration antwortet, die durch das *mantram* im Gehirn intoniert wurde, überflutet die Genitalien ein weiteres Gefühl der Vibration, der Penis richtet sich auf, und die Vibration im Gehirn wird leicht, überaus energetisch und ekstatisch.[17] Im Tantra wird der Fall in den menschlichen Körper umgekehrt, und es gelingt dem menschlichen Bewußtsein, seiner materiellen Verfangenheit zu entkommen. Der »Verlust des Samens bedeutet Verlust der Seele« heißt es in den religiösen Traditionen des Tantra, und es wird dem Yogi geraten, sich von Frauen fern zu halten, sodaß sein Samenfluß sich umkehren kann und im Erwecken der *Kunda-*

lini (die sog. Schlangenkraft, eine starke spirituelle Energie) in sein Gehirn fließen kann. Auch in der alten jüdischen Tradition findet sich diese Betonung des männlichen Samenflusses. Andere Geschichten der *Midrashim* erzählen, daß Adam als Buße für seinen Fall, 130 Jahre lang auf Sexualität verzichtet, aber nicht in der Lage ist, seine nächtlichen Emissionen zu kontrollieren; wenn er träumt, besuchen ihn weibliche Geister, die *sukkubi*, schlafen mit ihm und gebären nach der Befruchtung durch Adam Dämonen.[18] Der *sukkubus*, der oben auf dem schlafenden Mann liegt und seinen Samen stiehlt, ist natürlich ein anderes Bild von Lilith, jenem weiblichen Wesen, das sich weigert, an dem »ihm gebührenden« Platz zu bleiben.

Die Physiologie des Tantra Yoga konzentriert sich auf die magische Numinosität, die heilige Qualität des männlichen Samens, aber die Erfahrung der erwachenden *Kundalini* ist kein ausschließlich männliches Phänomen. Allerdings wird bei Frauen das Menstruationsblut als jener heilige Träger der Macht angesehen, und der Schoß als ihr heiliges Gefäß.[19] Bei Frauen finden sich die beiden Enden der spinalen Polarität nicht in Genitalien und Gehirn, sondern in Herz und Gebärmutter. Die intensiven religiösen Praktiken von Nonnen oder Yoginis können dazu führen, daß die Menstruation ganz und gar aufhört. Wird die mit der lunaren Menstruation einhergehende Energie (*prana*) gestoppt, dann hält die Zeit an, und die Frau tritt ein in die Ewigkeit. Sie gebiert sich selbst. Durch den Rückzug ins Zölibat verursacht die Frau nicht länger *Karma* (zeitliche Bezogenheit und Beziehungen); stattdessen bringt sie das göttliche Kind zur Welt. In dieser Phase mag die Nonne durchaus Visionen haben, wie sie das Baby Jesus an ihrer Brust nährt. Während das Erwachen der *Kundalini* beim Mann die Genitalien überflutet und in der Meditation spontane Erektionen hervorruft, verursacht die analoge Erfahrung bei Frauen eine ekstatische Verzückung, die als »ein Orgasmus im Herzen« beschrieben werden kann, oder als »Geburt im Herzen«. Die plötzliche Öffnung des Herz*chakra* verursacht eine ekstatische Erleuchtungserfahrung, und das Herz der Frau wird zum Herzen des Universums. Das Bild der Sufis für diese Erfahrung ist das geflügelte

Abb. 1. Gianlorenzo
Bernini, 1645–52,
Sta. Teresa in Ekstase.

Herz. Aus gutem Grund stellte der Bildhauer Bernini die Heilige Teresa in Ekstase (siehe Abb. 1) als eine Frau im Orgasmus dar, mit einem Engel, der ihr Herz mit einem Pfeil öffnet.

Im ätherischen Körper einer Yogini in Meditation besteht die Polarität deshalb nicht zwischen Gehirn und Genitalien, zwischen dem zweiten und dem sechsten *Chakra*, sondern zwischen der inneren Sexualität des Schoßes und dem Herzen. Einige marxistische Feministinnen, die nie Yoga praktiziert haben, regen sich auf über etwas, das sie als eine sexistische Doktrin betrachten, die das Bewußtsein des Mannes in seinem Gehirn ansiedelt, das Bewußtsein der Frau hingegen im Herzen. Tatsächlich ist das Bewußtsein nicht, wie Whitehead sich ausdrücken würde, im Gehirn »einfach lokalisiert«; das Bewußtsein umhüllt die »feinstofflichen« Körper ganz und gar, und nachdem der Yogi bestimmte Zentren in seinem Gehirn geöffnet hat, wird er dazu angehalten, seine Aufmerk-

Abb. 2. Vajrasattva in der Vereinigung mit der Höchsten Weisheit, Bronze, Tibet, 16. Jahrhundert.

samkeit auf sein Herz und nicht auf sein Hirn zu lenken. Und so ist das Herz der Ort, an dem sie schließlich beide – Yogi und Yogini – auf dem Pfade der Erleuchtung ankommen, um »*l'amor che move il sole e l'altre stelle*« (die Liebe, die Sonne und Sterne bewegt) zu erfahren.

Wenn Metaphern der Terminologie und Bilderwelt esoterischer Traditionen aus dem Kontext meditativer Praktiken genommen und von Menschen benutzt werden, die voller Zorn, Haß und Machtgier sind, dann ist die Weisheit und der Erkenntnisreichtum einer Tradition nicht wahrnehmbar. Wann immer esoterische Bilder als Rechtfertigung für die Macht von Männern über Frauen benutzt werden, stellt das eine politische Verzerrung spiritueller Praxis dar. Lilith ist der Schatten von Shakti (das göttliche Weibliche als kosmische Energie); sie repräsentiert jene verzerrte psychische Energie, die immer dann hervorgerufen wird, wenn ein Mann eine spirituelle Erfahrung sucht, ohne die Kontrolle durch sein Ich aufgeben zu wollen. Wenn das Ich die Überhand zu behalten versucht und das universelle Weibliche unten zu halten versucht, dann erfährt es keine Erleuchtung. Solange der Mann nicht dem Instinktiven und dem Unbewußten begegnet, solange sein Bewußtsein gespalten bleibt in das Tageslicht seines Wachzustandes und in die Nacht seiner unbewußten Träume, wird er seine Wünsche projizieren und in seiner Psyche Halluzinationen zur Welt bringen. Anders ausgedrückt werden die *sukkubi* auf ihn klettern und seine Kraft gebrauchen, um Dämonen zu gebären. Im tantrischen Beischlaf oder *Maithuna* befinden sich weder der Mann noch die Frau unten, im Sinne von Unterlegenheit, sondern beide sitzen in Gleichheit, die Gesichter einander zugewandt (siehe Abb. 2).

Der nichtinitiierte Mann des Altertums oder des Mittelalters fürchtete den *sukkubus*, denn das war die unnatürliche Dämonin, die die richtige Ordnung der Dinge durchbrach, indem sie ihn nachts bestieg oder ihm seine Seele aussaugte. Dem modernen Menschen hingegen öffnete die Kunst den Weg zu dem, was Freud »die Rückkehr des Verdrängten« nannte, und erlaubte dem Verbotenen, seine saftigen Früchte hervorzubringen. Kinsey entdeckte in seinen ursprünglichen Untersuchungen des amerikanischen Sexualverhalten in den fünfziger Jahren, daß Arbeiter im allgemeinen orale Praktiken vermieden, die Intelligenzia hingegen darin schwelgte. Je bewußter und intellektueller das Individuum, desto mehr konfrontierte das Gesicht im wörtlichen Sinne die Genitalien in einem auf geheimnisvolle Weise unwiderstehlichen Akt, der die tiefsten Gründe des Bewußtseins anzusprechen schien. Künstler wie James Joyce verstanden das lange vor den Wissenschaftlern. Vor nicht allzu langer Zeit hat John Updike dieses Geheimnis in seinem Roman *Ehepaare* ausgedrückt.

Münder, dachte Piet, sind erlaucht. Sie verkehren am Hofe des Verstandes. Wir lassen unsere Genitalien da unten wie Bauern sich paaren; wenn aber der Mund sich herabläßt zu ihnen, findet eine Vermählung zwischen Geist und Körper statt. Einander mit dem Mund zu nehmen, ist heilig. *Ich liebe dich, Elizabeth, deine*

blütenblättrige Geilheit, dein unschätzbares Schatzkästchen vol-
ler Nichts, bekränzt mit schlüpfrigen Knospen. Gegeben am
Sonntagmorgen, unter dem schwebenden Dröhnen der Glocken.[20]

Zunge und Penis, Lippen und Labia, Fellatio und Cunnilingus: *Wie oben so auch unten.* Cunnilingus und Keilschrift
(engl. Cunieform): Selbst die altertümliche Art auf Lehmta-
feln zu schreiben, war ein archetypischer Akt, der die Beziehung zwischen Sprache und Sexualität verdeutlichte. Der
keilförmige Buchstabe war ein Dreieck, das archaische paläolithische Zeichen der Vulva; das Schamdreieck befand sich am
Ende des phallischen Stiftes. Es zeichnete in den weichen,
nachgebenden Lehm mit harter aufgerichteter Stärke das
Bild der Vulva. In dem Mysterium geschriebener Sprache
war aus den Zweien eins geworden; der Stift des Schriftgelehrten war wie die älteren neolithischen Statuen der großen
Mutter nach dem Phallus geschnitten worden.[21] Das Schreib-
instrument selbst wurde das androgyne Insignium der heiligen Hochzeit von Sexualität und Sprache. Und wann immer
Dichter als Initiierte der Sprache, aller Scham und Empörung
von Krämern und Zensoren zum Trotz orale Sexualität feiern,
drücken sie ein Geheimnis aus, bei dem das Wort der Frau mit
dem Samen des Mannes verbunden wird und das Wort des
Mannes in ihren Schoß plaziert wird.

Aber der Künstler ist nur der Initiierte der äußeren Mysterien; er ist derjenige, der hineinschaut und dann der Außenwelt berichtet. Im inneren Heiligtum des Sakrums (Kreuz-
beins) hingegen läßt der Yogi das *mantram* widerhallen, und
er weiß durch die Erfahrung des Erwachens der *Kundalini*
von einer völlig anderen Beziehung zwischen Sprache und
Sexualität. Der Künstler versucht die vergessenen Mysterien
durch Erfahrungen des Körpers zu erinnern; der Yogi agiert
diese Beziehungen nicht mit seinem physischen Körper aus,
sondern mit den esoterischen »feinstofflichen« Körpern. (Natürlich hätte der Künstler dazu einiges zu sagen, und ich lasse
Gott und nicht die Priester und die Zensoren entscheiden, was
Sakrament und was Sakrileg ist.)

Der starke unbewußte Trieb aus eins zwei zu machen, rührt
an einen anderen uralten Mythos, nämlich den Mythos vom

anfänglich androgynen Menschen. Und wieder einmal erweisen sich die *Midrashim* als ein reiches Reservoir archaischen Materials. In einer der Geschichten ist Adam ein androgynes Wesen, bestehend aus einem Mann, der in die eine, und einer Frau, die in die andere Richtung schaut. Um sexuellen Verkehr möglich zu machen, war es nötig, daß Gott aus einem zwei machte und die zwei – in der ersten menschlichen Revolution – sich umdrehen, einander anschauen und in sexueller Begegnung zusammen kommen konnten.

Wieder andere *Midrashim* berichten von Gottes Versuch, für Adam nach dem Mißgeschick mit Lilith einen passenden Partner zu schaffen. Der Gott des *Midrash* gleicht eher einem Archon der gnostischen Religion, denn er erschafft nicht mit einem Schlag Perfektion, sondern arbeitet mit der Zeit auf Vollkommenheit hin. Unbeeindruckt durch den Mißerfolg seines ersten Versuchs, bemüht sich Gott noch einmal. Dieses Mal steht Adam hinter ihm und schaut zu, wie Gott die Frau macht aus Blut, Innereien, Knochen und Haarbüscheln. Die nackte anatomische Wirklichkeit des weiblichen Körpers jedoch ist mehr, als Adam vertragen kann; es widert ihn an, und ganz gleich wie schön die Frau schließlich erscheint, Adam kann die blutigen Details ihrer Konstruktion nicht vergessen. Der *Midrash* scheint hier jene maskuline Sexualität zu kommentieren, die der Illusion und der Ignoranz bedarf, um stimuliert zu werden. Was Adam braucht, ist ein bißchen femininer Spitze und einen Hauch durchsichtiger Seide, aber nicht den direkten Anblick der klaffenden Öffnung einer menschlichen Vulva. Der Schrecken des weiblichen Körpers übermannt ihn völlig.

Völlig unbeeindruckt trotz zweier aufeinander folgender Mißerfolge macht sich Gott unverzagt an den nächsten Versuch. In dem wunderbaren Volkswitz der *Midrashim* wirkt Gott wie ein genialer jüdischer Schneider, der versucht, für einen schwierigen Kunden einen Anzug zu entwerfen. Wenn Adam seine Partnerin nicht paßt, dann versucht er es pflichtbewußt ein weiteres Mal.

In Adams Bedürfnis nach Sexualität kommt es lange vor dem Sündenfall zu einem Fall. Adam war eins, aber unglücklich in seinem Einssein; oder aber er war androgyn, aber unglücklich mit diesem Dasein des Eins als Zwei und wünschte stattdessen, zwei als eines zu werden. In dieser Teilung in die Sexualität wird in der hebräischen Mythologie Teilung als ein großes Thema angekündigt, das als Echo durch die gesamte Geschichte hindurch immer wieder anklingen wird. Asexuell zu sein, heißt unsterblich zu sein. Die Amöbe teilt sich, und niemand kann sagen, wo die ursprüngliche Hälfte geblieben ist; sie teilt sich *ad infinitum*, und für die Einheit als Ganzes gibt es so etwas wie Tod nicht. Für den Organismus hingegen, der sich sexuell reproduziert, gibt es den Tod. Das beginnt bereits mit jenem Halbtod, bei dem die Geschlechtszelle die Hälfte ihres genetischen Erbes wegwerfen muß und nur ein Paar ihres paarigen Chromosomensatzes weiterreichen kann. Auf der anderen Seite jenes ekstatischen sexuellen Akts, jenes Höhepunkts, den die Franzosen *le petit mort* nennen, reproduziert der Organismus sich selbst und nähert sich damit zeitlich ein bißchen mehr seiner eigenen Auflösung, dem *grand mort*, der mit Sicherheit kommt. Durch die Wahl der Sexualität als Seinsmodus, nimmt Adam unbewußt den Weg in die Welt der Begrenzungen und des Todes, und es ist kein Zufall, daß die Partnerin, die er erbittet, dazu bestimmt ist, zur Urheberin seiner Vertreibung aus Eden zu werden.

Die hebräische Mythologie bietet uns, trotz ihrer offensichtlichen volkstümlichen Einfachheit, eine eher komplexe Philosophie. Der Mensch ist eine aus Materie gemachte Kreatur, und Sexualität und Sprache stellen die wesentlicheren Charakteristiken seiner begrenzten materiellen Existenz dar. Erzengel wie Samael scheinen genitale Sexualität oder ein linguistisches Bewußtsein nicht zu kennen. Als Geschöpfe aus Licht sind sie persönlichere, intimere Ausdrücke von Gottheit und entstammen direkt seinem göttlichen Willen. Warum also sollte Gott Adam erschaffen?

Der Versuch einer Antwort auf diese Frage erfordert, daß ich meinen eigenen *Midrash* komponiere. Man stelle sich Gott im Himmel vor, umringt von den Chören der ihn anbetenden Engel, die pausenlos Hosiannas singen. Auf seinem Throne sitzend grübelt Gott über die Mysterien der Schöpfung, über statische Perfektion im Gegensatz zu dynamischer Evolution in Richtung Perfektion. »Wenn ich eine perfekte Welt erschaffe, dann weiß ich jetzt schon, was daraus werden wird. Sie wird sich in ihrer absoluten Perfektion wie eine perfekte Maschine drehen, niemals auch nur ein bißchen von meinem absoluten Willen abweichen.« Da Gottes Imagination vollkommen ist, gibt es für ihn keinen Grund, solch ein Universum zu erschaffen: ihm genügt es, sie sich vorzustellen, und schon sieht er sie in allen Details. Solch ein Universum wäre weder für den Menschen noch für Gott sonderlich interessant, und so dürfen wir davon ausgehen, daß das Göttliche in seiner Meditation fortfuhr. »Was aber, wenn ich ein Universum erschaffe, das frei ist, frei selbst von mir? Was wenn ich meine Göttlichkeit verberge, so daß die Geschöpfe frei sind, ihr individuelles Leben zu leben, ohne von meiner übermächtigen Gegenwart überwältigt zu sein? Werden die Geschöpfe mich lieben? Ist es möglich, von Kreaturen geliebt zu werden, die ich nicht dafür programmiert habe, mich auf immer und ewig zu lieben? Kann aus Freiheit Liebe kommen? Meine Engel werden mich ewiglich lieben, aber sie können mich auch immer sehen. Was passiert, wenn ich Wesen nach meinem eigenen Bild als Schöpfer erschaffe, Wesen, die frei sind? Wenn ich aber Freiheit in dieses Universum einführe, dann riskiere ich, auch das Böse einzuführen, denn wenn sie wirklich frei sind, dann haben sie auch die Freiheit, von meinem Willen abzuweichen. Hmmm. Wie wäre es, wenn ich weiterhin mit diesem dynamischen Universum interagiere, was wäre, wenn ich und diese Geschöpfe zusammen die Schöpfer eines großartigen kosmischen Spieles würden? Was, wenn ich aus jeder Gelegenheit für das Böse mit einem unvorstellbar Guten reagiere, einem Guten, das das Böse deshalb überwindet, weil es eben dem Bemühen des Bösen entspringt, das Gute zu verleugnen? Werden diese neuen Geschöpfe der Freiheit mich dann lieben, werden sie sich mit mir verbinden und Gutes aus Bösem schaffen, Neues aus Freiheit? Was wäre, wenn ich mich ihnen verbände in jener Welt der Grenzen und Formen, der Welt des Leids und des Bösen? Ach, in einem wirklich freien Universum weiß selbst ich nicht, was daraus werden könnte. Wage selbst ich dieses Risiko um der Liebe willen? Jetzt fängt es allmählich an, wirklich interessant zu werden ...«

Wir können uns durchaus vorstellen, daß Gott – da wir nun

einmal existieren – beschloß, jenes dynamische, freie Universum zu erschaffen, jenes, in dem Gott und der Mensch, Engel und Dämonen ein komplexes Spiel spielen, ein Spiel, welches von allen anderen Spielen kopiert wird. Das angelische Fließgleichgewicht war zerbrochen, der Mensch wurde erschaffen, und ein kreatives Ungleichgewicht wurde in Form von Zeit eingeführt. Für jene, die der alten Ordnung am nächsten standen, war dies ein völlig neues Universum, eine Revolution. Kein Wunder, wenn es heißt, daß die Engel uns nicht besonders mögen, denn als der Mensch erschaffen war, war im Himmel die Hölle los.

IV

Die Vermählung von Sprache und Sexualität in der menschlichen Natur und die zahlreichen Versuche, die Menschheit zu schaffen, sind nicht nur auf die mythologischen Visionen der Hebräer beschränkt. Wenn wir uns quer über den Erdball zum amerikanischen Südwesten bewegen, präsentiert uns ein anderes Volk eine ganz ähnliche Vision. Nach Frank Waters und White Bear Fredericks Redaktion der Hopi-Mythen fand die Schöpfung wie folgt statt:

Die ersten Menschen der Ersten Welt antworteten ihr nicht; sie konnten nicht sprechen. Etwas mußte getan werden. Da Spinnenweib ihre Macht von Sotuknang empfangen hatte, mußte sie ihn rufen und fragen, was sie tun sollte. Deshalb rief sie Palöngawhoya und sagte: »Ruf deinen Oheim. Wir brauchen ihn sofort.«

Palöngawhoya, der Echozwilling, sandte seinen Ruf entlang der Weltachse aus zu den Schwingungszentren der Erde, die seine Botschaft durch das ganze Weltall ertönen ließen. »Sotuknang, unser Oheim, komme sofort! Wir brauchen dich!«

Und sofort, mit dem Geräusch eines mächtigen Windes, erschien Sotuknang vor ihnen. »Hier bin ich. Warum braucht ihr mich so dringend?« Spinnenweib erklärte: »Wie du mir befohlen hast, habe ich diese ersten Menschen geschaffen. Sie sind vollendet und fest geformt. Sie sind in der rechten Weise gefärbt; sie haben Leben; sie haben Bewegung. Aber sie können nicht reden. Das ist die rechte Sache, die ihnen noch fehlt. Deshalb möchte ich, daß du ihnen die Rede gibst und auch die Weisheit und die Macht, sich fortzupflanzen, damit sie ihr Leben genießen können und dem Schöpfer Dank aussprechen.«[22]

In der Weltsicht der Hopis gibt es eine Homologie, eine Übereinstimmung in der Art zwischen dem menschlichen Körper und der Erde. Zwischen den zwei Polen der Erde verläuft eine Art »Rückgrat«-Achse, die vibrierende Zentren (oder *Chakras*) enthält, welche Töne in verschiedene Dimensionen aussenden können, um die Götter herbeizurufen. Auch entlang der menschlichen Wirbelsäule gibt es vibrierende Zentren. An den entgegengesetzten Enden dieser Wirbelsäule finden sich die Organe der Zwillingsmysterien, der Sexualität und der Sprache. Da die *first people*, die Ersten Menschen, nicht sprechen können, ist es nicht weiter erstaunlich, daß sie sich auch nicht fortpflanzen können. Sowohl Samen als auch Wort stellen Informationsformen dar; der Same ist das Wort im Wasser, und das Wort ist der Same in der Luft.

Das Körperteil, das diese zwei Formen entwickelter Information zusammenhält, ist das Rückgrat. Das zentrale Nervensystem stellt das Instrument der Dualität dar; es existiert, um den Organismus von dem Einssein mit dem Unendlichen zu trennen, um die Millionen Signale in der Sekunde fernzuhalten, sodaß ein begrenztes Bewußtsein sich auf dieses und jenes im Hier und Jetzt konzentrieren kann. Das Unendliche ist aufgeteilt in eine serielle Progression von Gedanken, Empfindungen und Worten. Innerhalb der begrenzten Welt von Raum-Zeit können begrenzte Geschöpfe ihre Körper über die Sexualität, ihre Gedanken über die Sprache reproduzieren.

Die Welt der Manifestationen ist eine Welt der Begrenzungen und der Gegensätze – gut und böse, hell und dunkel, männlich und weiblich, Leben und Tod. Aus der Sexualität entsteht der Tod, aber aus dem Tod entsteht der Verfall, der wiederum neues Leben befruchtet.

Da die Gegensätze nicht die statischen Pole eines Universums im Ruhezustand sind, sondern die Polaritäten eines oszillierenden Feldes, ist es nicht weiter überraschend, daß der *Midrash* und die Hopi-Kosmologie die Schöpfung der Menschheit als ein dynamisches Muster von Fehlschlägen und erneuten Versuchen darstellen. Bei den alten Hebräern mußte Gott einige Male ansetzen, um die Frau zu erschaffen, während der Mann von Anfang an akzeptabel war. Und dennoch führen die Mängel der Frau schließlich zum Fall des angeblich perfekten Mannes Adam. Für den Hopi entwickelt sich das Universum; es ist nicht von Anbeginn perfekt geschaffen. Eine Weltordnung wird erschaffen und entwickelt sich, bis ihre volle Natur, mit all ihren inhärenten Einschränkungen und inneren Widersprüchen, sich ausgedrückt hat; dann wird sie durch eine große Vernichtung der Welt umgestürzt. Die Götter nehmen wie Gärtner, die ein Feld umpflügen, das Beste der alten Welt als Samen für die neue, um dann die alte Weltordnung vollständig zu zerstören. Nach der Zerstörung pflanzen sie die Samen der neuen Welt, und eine völlig neue Weltordnung beginnt ihr zeitgebundenes Leben. Diese Sicht von einer Welt nach der anderen, die jeweils aus der Zerstörung hervorgeht, wird auch von den Mayas Mesoamerikas geteilt. Die Götter der Mayas arbeiten an der Schöpfung der Menschheit, aber ein um das andere Mal führen ihre Bemühungen zu einem Mißerfolg.

Aus diesem Grund mußten der Schöpfer, der Erschaffer und die Vorfahren einen weiteren Versuch unternehmen, um die Menschen zu erschaffen und zu erzeugen.

»Wir wollen es noch einmal versuchen! Die Dämmerung nähert sich bereits; wir wollen den schaffen, der uns ernährt und uns erhält! Was sollen wir tun, um angerufen zu werden, um auf der Erde erinnert zu werden? Unsere ersten Schöpfungen, unsere ersten Kreaturen haben wir bereits erprobt; aber wir konnten sie nicht so gestalten, daß sie uns preisen und verehren. Also laßt uns versuchen, gehorsame und respektvolle Wesen zu schaffen, die uns ernähren und erhalten.« Also sprachen sie.

Dann kam es zur Schöpfung und Formgebung. Aus Erde, aus Schlamm machten sie das Fleisch des menschlichen Wesens. Aber sie erkannten, daß es nicht gut war. Es schmolz dahin, war weich, bewegte sich nicht, besaß keine Kraft; es fiel hin, war taub, konnte seinen Kopf nicht bewegen; sein Gesicht fiel auf die Seite, sein Blick war nicht klar, es konnte nicht zurückschauen. Zuerst sprach es, aber es hatte keinen Geist. Im Wasser löste es sich schnell auf und stehen konnte es auch nicht.

Und der Schöpfer und Erschaffer sprach: »Wir wollen es noch einmal versuchen, denn unsere Kreaturen werden weder in der Lage sein zu gehen, noch werden sie sich vervielfältigen können.«[23]

Die Weltsicht der Hopi wie der Mayas ist eine evolutionäre; jede Welt etabliert eine ökologische Nische für eine Spezies, bis eine Katastrophe jene Nische vernichtet. Einige wenige Überlebende schaffen den Übergang in die neuen Bedingungen, aber sie leben in Schrecken, da sich die Landschaft des Planeten dramatisch verändert. Berge erheben sich und Kontinente versinken, wie in Platos Schilderung von Atlantis, wenn die Menschheit eine neue Welt betritt, um einen neuen Evolutionszyklus zu beginnen. Beim Umgang mit den frühen fehlgeschlagenen Versuchen, die Menschheit zu schaffen, stellt die Mythologie einige Spezies so dar, als hatten sie es nicht ganz zum Menschen geschafft. Fast so, als wäre eine Menschheitserinnerung an den Australopithecus eingeprägt in diese Legenden, der sehr nahe herankam, es aber niemals ganz zum Menschsein schaffte.

V

Die Kosmogonien der Hopi und der Mayas weisen einige überraschende Ähnlichkeiten zu den Schöpfungsmythen der nahöstlichen gnostischen Religion auf. In den Mythen der häretischen Christen und Juden des 2. und 3. Jahrhunderts nach Christus wird die Menschheit nicht von dem allmächtigen Gott erschaffen, sondern von einer Gruppe von Erzengeln, den Archonten oder Elohim. Bei ihren ersten Versuchen, die Menschheit zu schaffen, erleben die Archonten einige erbärmliche Mißerfolge. Hier ist eine Version, wie sie der orthodoxe Bischof Irenäus in einem Angriff auf die Gnostiker zitiert:

In der Unaussprechlichen Tiefe gab es zwei Große Lichter, den Ersten Mann oder Vater, und seinen Sohn, den Zweiten Mann; ebenso den Heiligen Geist, die Erste Frau oder Mutter alles Lebenden. Unterhalb dieser Triade war eine zähflüssige Masse, die aus den vier großen »Elementen« bestand, die Wasser, Dunkelheit, Abyss und Chaos genannt wurden. Die *Universelle* Mutter brütete über den Wassern; verliebt in ihre Schönheit erschufen der Erste und der Zweite Mann aus ihr das dritte Große Licht, den Christos; und er, der von oben herabstieg, erschuf mit dem Ersten und dem Zweiten Mann die Heilige Kirche. Dies war die rechtsseitige Geburt der Großen Mutter. Aber ein Lichttropfen fiel zu ihrer linken Seite in das Chaos; dieser wurde Sophia genannt oder auch Weisheit, die *Welt*-Mutter. Und so waren die Wasser des Äther in Bewegung versetzt und bildeten einen Körper für Sophia (die Licht-Ewigkeit): die Himmelssphäre. Und indem sie sich selbst befreite, ließ sie ihren Körper zurück, stieg auf zur Mittleren Region unterhalb ihrer Mutter (der *Universellen* Mutter), die die Grenzen des Idealen Universums schuf.

Durch ihren bloßen Kontakt mit den Raum-Wassern hatte sie bereits einen Sohn erzeugt, die hauptsächliche Schöpfungsmacht der sinnlich erfahrbaren Welt, die einen Teil der Licht-Flüssigkeit zurückbehalten hatte; dieser Sohn war Ialdabaoth (einige glauben, daß dies ›Kind des Chaos‹ bedeutet), der nun wiederum einen Sohn hervorbringt, und dieser einen weiteren, bis es insgesamt sieben waren: die großen Gestaltungsmächte des sinnlich erfahrbaren Universums. »Kämpfer« waren sie und stritten sich häufig mit ihren Vätern. Und durch dieses Wechselspiel der Kräfte entwickelte sich der »Geist«, der »schlangenförmig« war, und »spiritueller Geist«, und »Seele« und alle Dinge in dieser Welt.

Und Ialdabaoth war überheblich und arrogant und rief: »Ich bin Vater und Gott, und über mir gibt es keinen anderen.« Als aber Sophia dies hörte, rief sie ihrem Sohn zu: »Lüge nicht, Ialdabaoth, denn über dir gibt den Großen Vater, den Ersten Mann, und des Mannes Menschensohn.« Und alle Kräfte waren erstaunt über dieses Wort; aber Ialdabaoth rief, um ihre Aufmerksamkeit abzulenken: »Laßt uns den ›Mann‹ nach unserem Bilde schaffen.« Und so schufen sie den »Mann«, und er lag wie ein Wurm auf dem Boden, bis sie ihn zu Ialdabaoth brachten, der ihm den »Odem des Lebens« blies, jene Licht-Flüssigkeit, die er von Sophia empfangen hatte und so vergab er sein Licht. Kaum hatte »der Mann« es empfangen, dankte er sofort dem Ersten Mann und beachtete seine Erfinder (die Elohim) nicht.

Woraufhin Ialdabaoth (Jahwe) eifersüchtig wurde und sich vornahm, Adam den Licht-Funken zu rauben, indem er »die Frau« formte. Und die sechs Gestaltungsmächte waren entzückt von Eva und den Söhnen, die sie hervorbrachte, den Engeln nämlich. Und so fiel Adam wieder unter die Macht von Ialdabaoth und den Elohim; dann sandte Sophia oder Weisheit die »Schlange« (den Geist) in das Paradies von Ialdabaoth, und Adam und Eva hörten auf ihre weisen Ratschläge, und wieder einmal war »der Mensch« von der Beherrschung durch die Schöpfungsmacht befreit und übertrat die von Ialdabaoth eingeführte Anordnung, jede Macht, die höher als er selbst war, zu ignorieren. Woraufhin Ialdabaoth sie aus seinem Paradies vertrieb, und mit ihnen die »Schlange« oder den »Geist«; Sophia aber wollte es nicht zulassen, daß der Licht-Funke hinabstieg und zog ihn zurück, um seine Profanisierung zu verhüten. Und der »Geist«, (der niedere Geist), der schlangenförmige, das erste Produkt von Ialdabaoth, rief sechs Söhne hervor, welche die »dämonischen« Mächte sind, die seither die Menschen heimsuchen, weil ihr Vater ihretwegen fallengelassen wurde.

Vor dem Fall hatten Adam und Eva spirituelle Körper, wie die von dieser Eva geborenen Engel; aber nach ihrem Fall aus dem Paradies des Ialdabaoth wurden ihre Körper dichter, immer kraftloser und wurden zu »Mänteln aus Haut«, bis Sophia ihnen schließlich aus Mitgefühl den süßen Duft des Lichts zurückgab und sie wußten, daß sie den Tod mit sich trugen. Und so erinnerten sie sich wieder ihres ehemaligen Zustands, und sie waren geduldig, weil sie wußten, daß sie den Körper nur eine Zeit lang hatten.[24]

Dem Menschen von heute erscheint diese bizarre Erzählung beinahe unverständlich und eher dem Gefasel eines Wahnsinnigen vergleichbar; sobald man aber innehält und erkennt, daß es sich hier um die Geschichte der Evolution des Sonnensystems handelt, dargestellt mit den Mitteln einer anthropomorphen Bilderwelt, ergibt einiges an der Erzählung plötzlich einen gewissen Sinn. Die *sieben Gestaltungskräfte des sinnlich erfahrbaren Universums* sind die Planeten archaischer Astronomie; in ihren frühen Stadien, bevor sie zu eigenständigen Himmelskörpern wurden, sind sie »Kämpfer«, die in ihren Staubwolken herumwirbelnd gegeneinander antreten. Ialdabaoth, die Sonne, behauptet das gesamte Universum zu sein, aber die Götter sind nicht der Gott, und jenseits des Sonnensystems gibt es die Unermeßlichkeit der Kette des Seins. Die Elohim haben den Menschen erschaffen, aber Sophia errettet sie von ihrer Tyrannei. Gleich dem *Popol Vuh* der Mayas kann der erste Mensch nicht stehen, sondern sinkt zu Boden wie ein Wurm. Den Anhängern der gnostischen Religion ist Jahwe nicht die universelle Gottheit und der allmächtige Schöpfer von Perfektion. Er ist lediglich eine lokale Gottheit, die versucht, den eigenen Provinzialismus zu verstecken, indem sie dem Menschen gegenüber mit geradezu absurdem kosmischen Größenwahn den Herrn spielt. Im Spiegel des Gnostizismus wird die hebräische Mythologie umgekehrt: Jahwe ist der Teufel, und die Schlange im Garten Eden ist der Retter.

Der Gnostizismus wird als vergessener Glauben betrachtet, aber obwohl diese Religion aufgrund der Verfolgungen durch die orthodoxe Christenheit in den Untergrund ging,[25] überlebte sie doch in Europa als eine Untergrundströmung, die weiterhin die Zisternen des Okkulten mit Nahrung versorgte. Medien des 20. Jahrhunderts ohne eine Ausbildung in klassischen Sprachen oder irgendeine entsprechende Forschung scheinen Verbindungen zu diesen Untergrundströmungen herzustellen, wenn sie sich in Trance versetzt haben oder aber anfangen, automatisch zu schreiben, denn es sind gnostische Ideen, die aus ihren angeblich neuen Religionen hervortreten. Edgar Cayce, ein Trance-Medium aus Kentukky, der posthum in den sechziger Jahren berühmt wurde, hat eine Vor- und Frühgeschichte der Erde geschrieben, bei der gewisse Seelen im Äther fasziniert die Evolution des Lebens auf der Erde beobachteten. Ein Ausdruck ihrer Faszination bestand darin, daß sie sich in die Körper von Tieren versetzten, nach einigen wiederholten Projektionen jedoch in diesen Tierkörpern gefangen waren und nicht mehr entkommen konnten.[26] Für Cayce stellten die Legenden vom Minotaurus und von den Zentauren keine Kindermärchen dar, sondern vielmehr Menschheitserinnerungen an die wirkliche Vor- und Frühgeschichte der Erde.

Ein anderes Trance-Medium, Randall-Stevens, hält die Vor- und Frühgeschichte der Erde für ein Kapitel in der Karriere der Teufels.[27] Seinen automatischen Schriften zufolge erschuf Satan, ein großer Gott, den menschlichen Körper und bat »Arbal-Jesus« – sein Name für Adam – einige Momente lang sein Wesen dort hineinzuprojizieren. Arbal-Jesus war mit dieser scheinbar unschuldigen Bitte einverstanden; sobald er aber in dem Körper war, war er eingeschlossen und konnte nicht mehr hinaus. Obwohl Arbal-Jesus vor Schmerz aufschrie, lachte Satan nur triumphierend, um dann seinen Gefangenen dadurch zu verhöhnen, daß er in gotteslästerlicher Entweihung und Verachtung »unaussprechliche sexuelle Handlungen« an ihm vollzog. Aber in jenen alten Zeiten waren Seelen nicht einfach allein, sondern »Zwillingsstrahlen«. Arbal-Jesus' andere Hälfte, sein weiblicher Pol, schwebte über ihm und sehnte sich danach, wieder mit ihm vereint zu sein. Die weibliche Hälfte seiner Seele war jedoch nicht in der Lage, in die starken, dichten Vibrationen des Körpers hinabzusteigen; sie konnte ihn nur jenseits seiner körperlichen Bewußtheit spirituell begleiten und so die lange Suche durch Raum und Zeit nach ihrer verlorenen und gefallenen Hälfte beginnen. Diese zeitgenössische automatische Schrift enthält eine moderne Variation des alten ägyptischen Mythos von Isis und Osiris, auf den ich an anderer Stelle in diesem Buch ausführlicher eingehen werde.

Randall-Stevens' Konzept von der Zwillingsseele ist keine moderne Erfindung, sondern das Wiederauftauchen eines der wesentlichen Punkte der gnostischen Doktrin. Eben dieser Aspekt der gnostischen Vision wurde von Professor Hans Jonas erläutert.

In unserer Darstellung wurde die Hülle zur Figur und handelt wie eine Person. Sie symbolisiert das himmlische oder ewige Selbst der Person, deren ursprüngliche Idee, eine Art Double oder *alter ego*, das in der höheren Welt bewahrt wird, während er hier unten arbeitet ... Wie hier und anderswo angewandt auf den Überbringer oder Retter, führt diese Vorstellung zu der interessanten theologischen Idee eines Zwillingsbruders oder ewigen Ur-Retters, der während seiner irdischen Mission in der höheren Welt verbleibt.[28]

Ein anderer zeitgenössischer Gelehrter des Gnostizismus, C.G. Jung, übernahm diese Vorstellung des Zwillingsstrahls und wandte es auf sein eigenes Modell der kontrasexuellen Natur des Selbst an. Das Jungsche Modell der Psyche besagt, daß der Mann ein verinnerlichtes weibliches Gegenteil, die *Anima* besitzt, während die Frau ein verinnerlichtes maskulines Gegenteil, den *Animus* besitzt. So fließen also die Untergrundströme des Gnostizismus nicht nur in die Bereiche des Okkulten ein, sondern nähren ebenso die Quellen der Psychoanalyse.

Rudolf Steiner ist ein Mystiker des 20. Jahrhunderts, dessen Werk eine Brücke zwischen der Welt akademischer Gelehrter und der Halbwelt von Kult und Okkult zu schlagen scheint. Nachdem er seine Dissertation über die naturwissenschaftlichen Arbeiten von Goethe geschrieben hatte, erfuhr Steiner in der Mitte seines Lebens einen dramatischen Wandel und fing an, zum ersten Mal religiöse Erfahrungen zu haben. Diese Transformation machte aus dem Gelehrten einen Hellseher, der behauptete, die »Akasha-Chronik« lesen zu können, jenen Eindruck in den Äther von Raum-Zeit von allen Ereignissen der Geschichte und der Vorgeschichte. Steiners Arbeit über die kontrasexuelle Natur des Selbst ist über ein Jahrzehnt älter als die Jungs, und scheint ebenso aus den Untergrundströmen gnostischer Mythologie zu stammen. In seinem Aufsatz *Die Trennung der Geschlechter* schrieb Steiner:

Die äußere Erdenbildung hat dazu geführt, daß der Leib eine einseitige Bildung angenommen hat. Der männliche Leib hat eine Gestalt angenommen, die aus dem Element des Willens bestimmt ist, der weibliche hingegen trägt mehr das Gepräge der Vorstellung. So kommt es denn, daß die zweigeschlechtliche, männlichweibliche Seele in einem eingeschlechtlichen, männlich *oder* weiblichen Leib wohnt. Der Leib hatte also im Laufe seiner Entwickelung eine durch die äußeren Erdenkräfte bestimmte Form angenommen, daß es fortan der Seele nicht mehr möglich war, ihre ganze innere Kraft in diesen Leib auszugießen. Sie mußte etwas von dieser ihrer Kraft in ihrem Innern behalten und konnte nur einen Teil derselben in den Leib einfließen lassen...

Als dieser Unterschied noch nicht aufgetreten war, konnte

jeder Mensch einen anderen aus sich hervorgehen lassen. Die Befruchtung war kein äußerer Vorgang, sondern etwas, was sich im Innern des Menschenleibes selbst abspielte...

Und hier tritt ein wichtiger Punkt in der Menschheitsentwicklung ein. Vorher hat das, was man Geist nennt, die Fähigkeit des Denkens, nicht im Menschen Platz finden können. Denn diese Fähigkeit hätte kein Organ gefunden, um sich zu betätigen. Die Seele hatte alle ihre Kraft nach außen verwendet, um den Leib aufzubauen. Jetzt aber kann die Seelenkraft, die nach außen hin keine Verwendung findet, mit der Geisteskraft in Verbindung treten; und durch diese Verbindung entwickeln sich die Organe im Leibe, die später den Menschen zum denkenden Wesen machen. So konnte der Mensch einen Teil der Kraft, die er früher zur Hervorbringung von seinesgleichen verwendet, zu einer Vervollkommnung seines eigenen Wesens verwenden. *Die Kraft, durch die sich die Menschheit ein denkendes Gehirn formt, ist dieselbe, durch welche sich in alten Zeiten der Mensch befruchtet hat. Das Denken ist erkauft durch die Eingeschlechtlichkeit.* (Hervorhebung durch den Autor.) Indem die Menschen nicht mehr sich selbst, sondern sich gegenseitig befruchten, können sie einen Teil ihrer produktiven Kräfte nach innen wenden und zu denkenden Geschöpfen werden. So stellt der männliche und der weibliche Leib je eine unvollkommene Gestaltung der Seele nach außen dar; aber sie werden dadurch in ihrem Innern vollkommenere Geschöpfe...

Auf die männliche Seele im Weibe wirkt der Geist weiblich und macht sie so männlich-weiblich; auf die weibliche Seele im Manne wirkt der Geist männlich und bildet sie so gleichfalls männlich-weiblich...

Die Menschenseele mußte warten, bis ein Gehirn da war, das zum Vermittler mit dem Geiste wurde. Ohne diesen Umweg wäre *diese* Seele geistlos geblieben. Sie wäre auf der Stufe des traumartigen Bewußtseins stehengeblieben... Man nennt diesen Umweg das Herabsteigen der Menschenseele in die Materie oder populär den »Sündenfall«.[29]

Aus Steiners visionärer Perspektive findet die Evolution des menschlichen Körpers auf der ätherischen Ebene statt, lange bevor ein externalisierter physischer Körper seinen Platz in der äußeren Welt einnimmt. Blickte man mit physischen Augen zurück auf die Vor- und Frühgeschichte der Welt, so würde man nichts sehen; sähe man aber, so Steiner, mit hellseherischem Blick auf die Ozeane, so könnte man die ätherischen Körper jener Wesen sehen, die sich zu dem entwickeln würden, was wir menschliche Wesen nennen. Vermutlich ist es der ätherische Körper, der androgyn ist und dazu bestimmt, zu dem eingeschlechtlichen physischen Körper konventioneller Vor- und Frühgeschichte zu evolvieren.

Steiners Vision des androgynen Urmenschen ist eine Variante des androgynen Adam in den *Midrashim,* doch die Idee selbst ist sogar noch älter. Tatsächlich sind die in Europa gefundenen Skulpturen aus der Zeit des Hochpaläolithikum in phallusförmige Knochen oder Steine geschnitzte Darstellungen der Großen Mutter. Die Große Muttergöttin in phallischer Form ist eine Ikone, die vom Paläolithikum an, über das Neolithikum bis zur proto-urbanen Periode in Mesopotamien zu finden war. Im Zusammenhang mit »der Großen Göttin des Lebens, des Todes und der Regeneration« meinte die Archäologin Marija Gimbutas: »während der gesamten neolithischen Periode ist ihr Kopf phallusförmig und deutet ihre androgyne Natur sowie ihre Herkunft aus paläolithischen Zeiten an«.[30]

Steiners Vorstellung, daß »der Preis für das Denken Eingeschlechtlichkeit ist«, scheint sich gut mit jenen Theorien des Tantra Yoga zu vertragen, die den Initiierten dazu anzuhalten versuchen, den Fall in den Körper umzukehren durch die Umkehr des Samenflusses, von den Genitalien durch die Wirbelsäule hinauf ins Gehirn. Und während der Mann das Gefühl hat, als bewegte sich der Samen seine Wirbelsäule hinauf, fühlt sich seine Wirbelsäule wie eine Vagina an und sein Gehirn wie eine Gebärmutter, in die hinein er gerade wiedergeboren wird. Auf diese Weise schafft es der Yogi, den androgynen Zustand der Vorgeschichte wieder zu erreichen.

Dem Gnostizismus nach ist der Geist »schlangenförmig«; das Aufrichten der Schlange des *Kundalini* im Tantra Yoga ist die Umkehrung des Falls und der Wiederaufstieg in die Reiche des spirituellen Geistes. Onians verfolgt die Spuren dieser Doktrin in den Philosophien des archaischen Europa; ich selbst werde in diesem Buch darauf hinweisen, daß diese Doktrin auch mit der Bedeutung der Initiationspraktiken der Religion von Isis und Osiris korrespondiert. Was sich jedoch nur wenige Menschen klarmachen, ist, daß dieser esoterische

Initiationsprozeß auch Teil der Religion Jesu ist. Bei Johannes, Kap. 3, 5-7,14-15, lesen wir:

> Jesus antwortete: »Wahrlich, wahrlich ich sage dir: wer nicht aus Wasser und Geist geboren wird, der kann in das Reich Gottes nicht eingehen. Was aus dem Fleisch geboren ist, das ist Fleisch, und was aus dem Geist geboren ist, das ist Geist. Laß dich's nicht wundern, daß ich zu dir gesagt habe: ihr müßt von neuem geboren werden.«
>
> Und wie Mose einst die Schlange in der Wüste erhöht hat, so muß auch der Menschensohn erhöht werden, damit alle, die an ihn glauben, nicht verloren gehen, sondern ewiges Leben haben.

Für den Initiierten stellt der Exodus eine Allegorie auf den Initiationsprozeß dar. Als Moses die Bronzeschlange auf einen Stab setzt, damit alle sie sehen können und so von jenen feurigen Schlangen geheilt werden, die sie innerlich auffressen, da präsentiert er eine Figur, die das Mittelhirn, den Limbischen Ring und die Wirbelsäule repräsentiert. Wenn die *Kundalini*-Energien fehlgerichtet sind, hat der *Chela* (*Sanskrit*: Schüler) das Gefühl, als verbrenne ihn ein Feuer, das langsam seine Wirbelsäule hinaufklettert; wenn aber das Aufsteigen gerade und ungehindert durch das Zentrum der Wirbelsäule (dem yogischen *sushumna*) verläuft, (im Zweiten Buch Jesaja, Kap. 40,3, lesen wir: »In der Wüste bahnet dem Herrn einen Weg!«),[31] dann kann es zu der gesunden Erleuchtung des Geistes kommen, und die Wüste des Körpers kann wieder zum Garten werden.

VI

Vom Alten Testament über die Gnostiker bis zur Anthroposophie von Rudolf Steiner und den psychoanalytischen Theorien von C.G. Jung und Norman O. Brown fließt die abendländische esoterische Strömung unablässig im Untergrund und nährt weit auseinander liegende philosophische Schulen und künstlerische Tendenzen. Auch Jung ist nicht der Endpunkt, der letzte Überlebende der Hermetik und des Okkulten in der modernen technologischen Gesellschaft. Ein neuerer Ausdruck dieser gnostischen Tradition findet sich in der Welt des zeitgenössischen Films.

In Nicholas Roegs Film, *The Man Who Fell to Earth*, erscheint der Gnostizismus in der Verkleidung von Science Fiction. Der Film beginnt mit einem Bild, das das Leben auf einem anderen Planeten zeigt, Wüstenlandschaft und Isolation. Wir sehen eine einzelne Familie, eine Frau mit einem kleinen Kind auf dem Arm und einen Mann, und wir hören sein Versprechen, daß er zurückkehren wird, sobald er das Wasser des Lebens von einem anderen Planeten besorgt hat. Man hat den Eindruck, diese Familie sei das einzige Junge, das in dieser uralten und erschöpften Welt übriggeblieben ist. Nachdem er von Frau und Kind Abschied genommen hat, betritt der junge Mann eine Art Projektionsvorrichtung, die ihn durch Raum und Zeit auf die Erde schleudert. In der nächsten Szene sehen wir, wie er aus dem Himmel fällt und in der Nähe eines verlassenen Bergwerks im amerikanischen Südwesten in ein Wasserloch kracht. Als er auf der Erde wieder zu sich kommt, zieht er seinen Mantel aus Haut an und setzt sich eine Art Kontaktlinsen ein, die seinen Augen einen menschlichen Ausdruck verleihen. Dann begibt er sich aus dem freien Land heraus in einen Laden in einem kleinen Ort, und seine magische Begegnung mit der ökonomischen Wirklichkeit der Erde kann beginnen.

Dieses Geschöpf von einer höher entwickelten Welt hat nichts von dem vergessen, was es einmal wußte; er besitzt weiterhin seine außerordentlichen Talente und seine überlegene Intelligenz. Langsam beginnt er sein naturwissenschaftliches Wissen anzuwenden und patentiert eine ganze Reihe von Erfindungen, um schließlich eine neue multinationale Corporation aufzubauen. Er wird ein Milliardär. Der geheime Zweck hinter der Ansammlung all dieses Wohlstands ist die Errichtung einer ökonomischen Basis, die ihm gestattet, das Wasser des Lebens zu seinem sterbenden Planeten zu schaffen. Doch dieser ganze Prozeß ein Vermögen zu horten ist einer der Inkorporation, der Einver-leib-ung. Die *Korpora-*

tion, die Verkörperung, wird zur zentralen Metapher für die Gefangenschaft einer Seele aus einer anderen Welt in einem Körper. Die ganze Technik des Films spielt mit dem Thema der Gefangenschaft in Schwere, in Vulgarität, im Lärm und Elend einer Welt, die sich aus der Leidenschaft nach Geld zusammensetzt. Und während der Held sich seinen Weg durch unsere ökonomische Realität bahnt, wird gelegentlich ein Bild von seinem Heimatplanet eingeblendet und die quälende Vision von Frau und Kind, die oben blieben und auf seine Rückkehr warten. Wie der weibliche Zwillingsstrahl in der gnostischen Mythologie schwebt die Frau über ihrem Partner, der im Körper gefangen und und auf die Erde gefallen ist.

Hans Jonas identifizierte »den Fall, das Versinken und die Gefangennahme« als die wesentlichen Themen des Gnostizismus. Roegs Film hat explizit diese Themen zum Inhalt. Als der Held auf der Erde Erfolg hat und tatsächlich so etwas wie ein Howard-Hughes-Imperium aufbaut, groß genug, um seine esoterische Mission, einen Planeten zu retten, finanzieren zu können, da beginnt eben dieser Umfang seines Unternehmens ihn gefangen zu nehmen, ihn in der plumpen Materie unserer kapitalistischen Welt zu verstricken. Der Konflikt zwischen einer spirituellen Welt, die auf Liebe basiert, jedoch das fruchtbare Wasser des Lebens nicht besitzt, das die Liebe verkörpern könnte, und einer Welt, die lediglich auf Besitz und Geld basiert, einer Welt, der selbst die Vorstellung einer Idee von der höheren Welt des Geistes fehlt, verschärft sich. Der Prozeß der Inkorporation, der Verein-leib-ung geht weiter, bis der Held schließlich gefangen ist und nicht mehr zurückkann. Die weibliche Zwillingsseele ist abgetrennt, vergessen in ihrer höheren, unfruchtbaren Welt. In der letzten Szene sehen wir den Helden dem Alkohol verfallen und in einem Café über einem Drink eingeschlafen. Selbst in seinem Zustand, dem Alkoholismus, finden sich esoterische Dimensionen: unser Wort »Whiskey« stammt von dem gälischen Wort *uiskebaugh* ab, was »das Wasser des Lebens« bedeutet. Der Mann, der auf die Erde fiel, kam, um nach dem Wasser des Lebens für seine Welt zu suchen; am Ende fand er nicht die Substanz, sondern ihren Schatten.

Die Vision von Roegs Film ist offensichtlich religiöser Natur. Die Intensität, mit der seine Filmtechnik psychisch auf unsere Sinne losgeht, mit lautem und irritierendem Soundtrack und schwerfälligen Bildern, entstammt der Tatsache, daß dieser Moralist uns unsere Gesichter immer wieder in diese eklige kapitalistische Welt tunken möchte, bis wir sie endlich als das erkennen, was sie ist: eine Welt des Geldes und der Lust, in der Gegenstände und Menschen gleichermaßen konsumiert werden. Ein alexandrinischer Gnostiker des 2. Jahrhunderts hätte keine beeindruckendere Anklage jener komplizierten Welt internationaler Kultur präsentieren können.

Auch in Werner Herzogs Film *Kaspar Hauser* wird gnostische Mythologie in versteckter Form dargestellt. Herzog nahm sich die wahre Geschichte eines 16jährigen Findlings vor, der eines Morgens im 18. Jahrhundert auf einer Dorfstraße in Deutschland gefunden wurde. Man könnte beinahe sagen, auch der Findling sei vom Himmel gefallen; denn da er in einem Verließ aufgezogen wurde und nie ein menschliches Antlitz sehen durfte, kennt er vom normalen menschlichen Leben so gut wie gar nichts. Herzog läßt uns den Peiniger sehen, der den Jungen in dem Turmverließ gefangen hält, gestattet uns aber nie, die Motivation hinter diesen völlig unverständlichen Handlungen zu begreifen. Wir verfolgen, wie er dem Jungen Essen bringt, ihn aus der Gefängniszelle holt, ihm das Laufen beibringt, und ihn schließlich zum Dorfplatz führt, wo er den Jungen, mit einem Zettel in der Hand, im Morgengrauen allein zurückläßt.

Während wir den Wärter des Findlings beobachten, wie er den Jungen wie eine Puppe behandelt und nach seinen Füßen tritt, um ihn zum Gehen zu veranlassen, wird allmählich bildhaft klar, daß es sich bei dem Archetypen, soweit wir sehen können, um den Archon, den grausamen Erzengel der Schöpfung des Menschen handelt. Der Wärter hält sich immer im Rücken des Jungen, so daß der Findling ihn niemals sehen kann. Eine Blume kann ihren Kopf nicht wenden und ihren Stengel betrachten; und das menschliche Gehirn kann sich nicht umdrehen und das erkennen, was außerhalb seines winzigen Wahrnehmungsrahmens liegt; und so bleiben Engel und

Teufel immer außerhalb der Sichtweite. Der Junge kann seinen Schöpfer und Peiniger niemals sehen, und da er keine andere Realität kennt, muß er akzeptieren, was immer auf ihn zukommt. Der Wärter des Findlings in dem dunklen Turmverließ ist Ialdebaoth, der Teufel, der ihn aus ureigensten Gründen gefangen hält, ihn dann herausholt, ihn lehrt zu stehen und zu gehen, und ihn dann allein läßt. Als der Junge es schließlich geschafft hat, seinen Weg in dieser Welt zu finden, kommt der Wärter zurück und durchbohrt seine Brust, als er auf der Toilette sitzt. Im Moment der körperlichsten aller Funktionen kommt der Engel zurück, und das gleiche Wesen, das der Erfinder des physischen Körpers war, erweist sich auch als der Schöpfer des Todes. Aus keinem ersichtlichen Grund kehrt der Wärter zurück und tötet Kaspar Hauser.

In der Zeit zwischen seiner Ankunft in der menschlichen Gesellschaft und dem Mord durch seinen Wärter beobachten wir, wie der Findling immer tiefer in die Absurditäten menschlicher Gesellschaft hinabsteigt. An einer Stelle erinnert sich Kaspar voller Zärtlichkeit und Nostalgie an die Tage seiner Einsamkeit und Gefangenschaft und meint zu einem seiner Gefährten: »Also, mir scheint, in diese Welt zu kommen, war ein furchtbarer Fall.«

Vieles was dem normalen Betrachter von *Kaspar Hauser* oder *The Man Who Fell to Earth* völlig unverständlich bleibt, erscheint klar und voller Bedeutung, wenn es als bewußte oder unbewußte gnostische Mythologie verstanden wird. Daß Herzog, ebenso wie Nicholas Roeg, ein Mann voller religiöser Sensibilität ist, wird in seinem späteren Film, *Herz aus Glas* sogar noch offensichtlicher. In diesem Fall ist die Zentralfigur nicht ein Findling in einer fremden Welt, sondern ein Prophet, der am Rande der menschlichen Gesellschaft leben muß, da er wie der Künstler mit einem Wissen verflucht und gesegnet ist, das das der Gesellschaft übersteigt und in die Zukunft sehen kann. Vom Fall bis zur Apokalypse, die Vision dieses jungen deutschen Filmemachers ist zweifelsohne mythologisch, und wenn der Filmkritiker der *New York Times* das *Herz aus Glas* auch für »unerträglich obskur« hielt, so nur deshalb, weil in unserer hochentwickelten Welt die meisten Kritiker nichts über die eigentliche Geschichte der Seele wissen und niemals die Hauptdokumente der menschlichen Natur, die großen Mythen, verstanden haben.

Für jene hochentwickelten Seelen, die religiösen Bildern verschlossen sind, dafür aber einen starken Glauben an Wissenschaft und Technik besitzen, hat sich ein neuer Weg zu den alten mythischen Wahrheiten eröffnet: Science Fiction. Aus der gnostischen Vision, daß die Seele gefallen ist, aber immer noch einige der Kräfte ihrer vorigen Existenz besitzt, hat die Schriftstellerin Zenna Henderson die Geschichte eines Raumschiffs gemacht, das auf der Erde notlandet und «The People» auf unserem fremden und rückständigen Planeten aussetzt. In ihrem Buch *Pilgramage: The Book of the People*[32] versuchen die mit spirituellen Kräften begabten Leute ihre übersinnlichen Talente zu verstecken und unter den gewöhnlichen Bewohnern nicht aufzufallen. Zenna Hendersons Erzählungen sind feinfühlige Untersuchungen des Problems, ein «stranger in a strange land» (Fremder in einem fremden Land) zu sein und über spirituelle Gaben zu verfügen, die die Seele der Gesellschaft nur entfremden.

VII

Wenn wir all diese verschiedenen Versionen des Mythos vom Fall vor unserem geistigen Auge ausbreiten, dann können wir langsam ein großartiges architektonisches Muster erkennen. Von den Trancen von Cayce, Randall-Stevens und Steiner zu den Kosmogonien der Hebräer, Hopi und Mayas, von den gelehrten Analysen gnostischer Texte durch Jonas und Mead zur Science Fiction von Zenna Henderson und den Filmen von Nicholas Roeg und Werner Herzog wird die Nachricht ständig wiederholt und über völlig verschiedene Übertragungsmedien verbreitet. Jede einzelne Nachricht in ihrem ganz speziellen Medium besitzt ihr eigenes Verhältnis von Rauschen und Information, aber selbst in ihren verzerrtesten Formen bleibt die Nachricht klar erkennbar.

Die Erfahrung, die Mythen der Welt in einer neuen planetaren Kultur vor uns ausgebreitet zu sehen, sollte zu einer *Metanoia* führen, einer Umkehrerfahrung, denn sonst haben wir nicht wirklich gesehen, sonst haben wir nur hingeblickt. Als Rainer Maria Rilke die archaische Statue des Apollo sah, da wußte er, daß er sein Leben völlig umkrempeln mußte. Tatsächlich sprach die Statue zu ihm und sagte: »*Du mußt dein Leben ändern.*« Genau so ist es mit dem Mythos. Der Materialist versteht den Mythos als eine Art abergläubischen Kauderwelsch aus der alten Zeit, bevor es Wissenschaft und Technik gab; der Götzenverehrer nimmt den Mythos wörtlich. Das Problem besteht darin, daß beide an Macht interessiert sind. Der Materialist möchte die Natur mit seiner Kultur und das Gefühl mit der Vernunft dominieren, denn er ist an Kontrolle interessiert. Der Götzendiener ist ebenso an Kontrolle interessiert, möchte aber das Psychische mit seinem Ich dominieren; er möchte einen Flaschengeist, der ihm jeden seiner Wünsche erfüllt; er will eine Welt magischer Kräfte. Der Materialist und der Psychomechanist sind deshalb nicht allzu weit voneinander entfernt.

Die dritte Möglichkeit, die weder in materialistischer Wissenschaft noch in psychischem Götzendienst besteht, ist die Erkenntnis, daß der Mythos einer Legende die Übersetzung von Erfahrungen aus anderen Dimensionen in die Bilder dieser Welt ist. Bewußtsein ist universell und sogar älter als die Entwicklung unseres Sonnensystems. Die Mythen der Vergangenheit erzählen die Geschichte der Evolution unseres Sonnensystems, nicht weil Astronauten in fliegenden Untertassen unseren Vorfahren Geschichten über das Universum erzählten, sondern weil wir, wenn wir uns im Traum, in Trance, in Meditation oder beim Erzählen der Mythen aus dem »kleinen« intellektuellen Geist in den «großen» umfassenderen Geist begeben, uns erinnern, weil wir dabei waren. Allerdings muß man hier erkennen, was mit »wir« gemeint ist.

Wenn man in seinem physischen Körper und im Ich-Bewußtsein bleibt und die Welt mit zwei Augen anschaut, dann sieht man die Evolution der Menschheit auf eine Weise. Wenn man Yoga praktiziert und durch das Dritte Auge schaut, dann erscheint einem die Evolution der Menschheit weitaus komplizierter. Die Art und Weise, in der ein Ich in einem physischen Körper sich an die komplexere Geschichte des Bewußtseins erinnert, wird durch den Mythos ausgedrückt und zusammengefaßt.

Ein biologisches Verständnis der Evolution ist nur jenen Initiierten zugänglich, die durch den langen und anstrengenden Prozeß wissenschaftlicher Ausbildung gegangen sind; auf ähnliche Weise ist ein spirituelles Verständnis der Evolution des Bewußtseins nur jenen Initiierten zugänglich, die den langen und anstrengenden Weg kontemplativer Ausbildung gegangen sind. Es gibt keinen vernünftigen Grund, warum diese zwei Ausbildungstraditionen getrennt gehalten werden, obwohl das in unserer Kultur ganz offensichtlich so ist. Diese Spaltung in unserer Kultur ist keine gesunde Aufteilung, sondern ein Bruch, denn unsere Wissenschaft ist in der Regel reduktionistisch und unsere Spiritualität auf völlig geistlose Weise unkritisch und okkult. In Zukunft wird es hoffentlich eine integrale Kultur geben und die Bestätigung, daß zwei verschiedene Pfade den Berg hinauf führen. Beide mit einer wunderschönen, aber doch recht unterschiedlichen Szenerie, die beide schließlich zum selben Gipfel menschlichen Verstehens führen. Ganz gewiß bereitete der große Physiker Niels Bohr seine Kollegen auf diese Anschauungsweise vor, als er sagte: «Das Gegenteil einer richtigen Behauptung ist eine falsche Behauptung. Aber das Gegenteil einer tiefen Wahrheit kann durchaus eine andere tiefe Wahrheit sein.»[33]

Die Darstellungen von der Evolution und die vom Fall sind beide wahr. Beim Streit zwischen den Evolutionisten und den Fundamentalisten entsteht eine herrlich ironische Situation, bei der beide Seiten gleichzeitig recht haben und gleichzeitig ignorant und dogmatisch sind. Wenn man Naturgeschichte mit Mythos kreuzt, ergeben die beiden übereinander gelegten Muster ein drittes, ein Moirémuster. Indem ich in diesem Buch die Geschichte über den Mythos lege, hoffe ich, daß man ein Moirémuster sehen wird, eines, das weder nur wissenschaftliche Tatsache, noch religiöses Dogma ist, sondern eher etwas, das an Kunst erinnert: *Wissenskunst* und nicht *Wissenschaft*.

Mit dieser Vision des Falls als der Vorgeschichte des Bewußtseins vor der Revolution des Sonnensystems möchte ich jetzt aus den Regionen des Mythos herabsteigen auf den Boden von Naturgeschichte und Wissenschaft, um einmal zu sehen, was die Bereiche der Soziobiologie und der Ethologie über die Ursprünge von Sexualität und menschlicher Kultur zu sagen haben. Wenn ich mit meiner Annahme recht habe, daß selbst eine wissenschaftliche Beschreibung über den Anfang der Sexualität ein Mythos sein kann, dann könnte sich dieser Abstieg in die wissenschaftliche Materie vielleicht nicht als Fall, sondern einfach als Inkarnation herausstellen.

TEIL ZWEI

Die Transformationen der Vor- und Frühgeschichte

KAPITEL 1

Hominisation – das
Werden der Menschen

Der WISSENSCHAFTLER ÄHNELT EINEM ENTDECKER, der einen Berg besteigt: Schwindelig von der Höhe und der dünnen Luft überwältigt ihn eine voreilige Begeisterung, und er denkt, er bräuchte nur seine Hand auszustrecken, um die Sterne greifen zu können. Und dann erreicht er schließlich die Spitze und muß erkennen, daß ihn in einiger Entfernung noch höhere Gipfel erwarten, und daß die Sterne so weit außerhalb seiner Reichweite liegen, daß er sie niemals wird greifen können.

Seit ihrer Geburt erklärte sich die Wissenschaft in jedem einzelnen Jahrhundert für fähig, alles in einer einzigen umfassenden und großartigen Synthese zu erklären. Doch der Rückschlag war unvermeidlich, und jeder Periode wissenschaftlicher Inflation folgte eine Periode der Depression aufgrund einer Reihe ziemlich schmerzhafter Anzeichen dafür, daß man noch weit von jenem verfrühten Anspruch auf Totalität entfernt war. Aber auch die Depressionen sind vorübergehender Natur; nachdem eine Generation demütig die Niederungen untersucht hat, nimmt eine neue Gruppe die Höhen wieder in Angriff, mit der Vision, daß man diesmal ganz sicher den Gipfel erobern wird.

Das letzte Beispiel eines wissenschaftlichen Eroberers in der positivistischen Tradition des Auguste Comte ist E.O. Wilson. In seiner Arbeit, *Sociobiology: The New Synthesis*, hat Wilson eine globale Karte entworfen, die die Kontinente der Bevölkerungsgenetik, der Ethologie und der Anthropologie zu einer Gesamtschau vereint.

Es dürfte nicht zuviel gesagt sein, wenn man behauptet, daß die Soziobiologie und die anderen Sozialwissenschaften, ebenso wie die Geisteswissenschaften, die letzten Zweige der Biologie darstellen, die darauf warten, in die Neue Synthese einbezogen zu werden...

In dieser makroskopischen Sicht schrumpfen die Geistes- und Sozialwissenschaften zu Spezialbereichen der Biologie; Geschichte, Biographie und Literatur sind die Forschungsprotokolle menschlicher Ethologie; und Anthropologie und Soziologie bilden zusammen die Soziobiologie einer einzelnen Spezies von Primaten...

Natur- und Geisteswissenschaftler sollten gemeinsam die Frage untersuchen, ob nicht die Zeit gekommen ist, die Ethik vorübergehend aus den Händen von Philosophen zu nehmen und zu biologisieren...

Das Studium moralischer Entwicklung ist lediglich eine kompliziertere und weniger leicht zu bearbeitende Version des genetischen Varianzproblems. Mit zunehmendem Datenumfang ist aber zu erwarten, daß die beiden Ansätze sich verbinden und zu einer anerkannten Anwendung der Verhaltensgenetik werden.[1]

Vielleicht sind diese übertrieben zuversichtlichen und aufgeblasenen Gefühle von Macht und eigener Wichtigkeit Ausdruck jener Ambition und emotionaler Motivation, die der Wissenschaftler für seine langwierige und mühselige Arbeit braucht. Denn all die kleinen Verstimmungen mühseliger Forschung lassen sich leichter ertragen, wenn man glaubt, ein heroischer Darwin zu sein, dem binnen kürzester Zeit für die lebenslang geleistete Arbeit die Unsterblichkeit verliehen wird. Professor Wilsons neue Synthese scheint in der Tat heroisch zu sein, ein großartiger heroischer Mythos, der uns sagt, wer wir sind, woher wir kommen, ja selbst wohin wir gehen, da in unserer Zukunft menschliche Kultur, Philosophie und Ethik »biologisiert« werden.

Um im vollen Umfang würdigen zu können, wie mythopoetisch die Grundstrukturen von Wilsons Gedanken sind, müssen wir außer seiner Beschreibung der Wichtigkeit seiner Arbeit auch einige der soziobiologischen Lehrsätze selbst in Augenschein nehmen. Da die Soziobiologie behauptet, den größten Teil von Verhalten unter der Genetik zu subsumieren, scheint es sinnvoll, mit dem Thema sexueller Reproduktion zu beginnen.

Sexuelle Reproduktion ist in jeder Hinsicht eine verzehrende biologische Aktivität. Die Reproduktionsorgane sind in der Regel von komplizierter Struktur, die Werbungsaktivitäten langwierig und energieaufwendig, die genetischen Geschlechtsbestimmungs-Mechanismen präzise eingestellt und leicht zu stören. Darüberhinaus verzichtet ein Organismus, der sich sexuell reproduziert, auf die eine Hälfte seines genetischen Investments in jeder Geschlechtszelle. Wenn sich ein Ei parthenogenetisch entwickelt, dann werden alle Gene in dem sich daraus entwickelnden Abkömmling mit denen des Erzeugers identisch sein; anders ausgedrückt hat der Organismus die Hälfte seines Einsatzes fortgeworfen. Es gibt keinen wesentlichen Grund, warum Gameten sich nicht parthenogenetisch anstatt sexuell zu Organismen entwickeln könnten. Warum also entwickelte sich Sexualität?

Biologen haben immer akzeptiert, daß der Vorteil sexueller Reproduktion in der weitaus höheren Geschwindigkeit liegt, mit der sich Genotypen ausprägen. Während der ersten meiotischen Teilung sind homologe Chromosomen in der Regel mit Kreuzungen beschäftigt, in deren Verlauf DNS-Segmente ausgetauscht und neue genotypische Kombinationen geschaffen werden. Die Teilung wird dadurch abgeschlossen, daß sich homologe Chromosomen in verschiedene haploide Zellen teilen und auf diese Weise für eine weitere genetische Veränderung sorgen. Wenn die daraus resultierende Geschlechtszelle mit einem Gamet eines anderen Organismus verbunden wird, ist das Resultat ein neuer diploider Organismus, der noch einmal anders ist als der Gamet des ursprünglichen gametischen Vorläufers. Jeder einzelne Schritt im Prozeß der Gametogenese und der Syngamie dient der Steigerung genetischer Verschiedenartigkeit. Veränderung ist Adaption; sich sexuell reproduzierende Populationen bringen sehr viel wahrscheinlicher neue und an veränderte Umweltbedingungen besser angepaßte genetische Kombinationen hervor als asexuelle. Asexuelle Formen sind permanent an ihre ganz bestimmten Kombinationen gebunden und sterben leichter aus, wenn die Umwelt fluktuiert. Ihr Fortgang schafft Platz für ihre sexuellen Entsprechungen, und so setzt sich sexuelle Reproduktion als der vorherrschende Modus durch.

Wodurch nun gerade diese Anpassungsfähigkeit belohnt wird, ist weniger sicher. Zwei Hypothesen wurden vorgeschlagen, die Maynard Smith die langfristige bzw. die kurzfristige Erklärung genannt hat. Die langfristige Erklärung nahm zuerst in den Arbeiten von August Weismann, R.A. Fisher und H.J. Muller Gestalt an und erhielt ihren quantitativen Ausdruck von Crow und Kimura (1965). *Sie besagt im wesentlichen, daß Gesamtbevölkerungen sich schneller entwickeln, wenn sie sich sexuell reproduzieren* (Hervorhebung des Autors), mit dem Resultat, daß sie sich gegen ansonsten vergleichbare asexuelle Populationen durchsetzen.[2]

Die Oberflächenstruktur einer wissenschaftlichen Darstellung kann rational und sogar quantitativ sein, aber die Tiefenstruktur der Ausführungen hat häufig mehr mit an das Unbewußte gebundenen Denkweisen zu tun. Die Oberflächenstruktur der Bevölkerungsgenetik besagt, daß ganze Bevölkerungen sich schneller entwickeln werden, wenn sie sich sexuell reproduzieren; die Tiefenstruktur dieser Darstellung hat jedoch etwas mit der Schöpfung der Geschichte einer Spezies in einem imaginären Raum zu tun. Ich möchte jetzt eine Collage erstellen, die es uns erlaubt, die Arbeit von E.O. Wilson und, wen überrascht es, die automatischen Schriften des Trance-Mediums Randall-Stevens nebeneinander zu betrachten, um die gemeinsamen Grundstrukturen der Darstellungen von Mystizismus und Wissenschaft aufzuzeigen. In seiner Trance wird Randall-Stevens von einem »höheren Wesen« aufgesucht, das ihm die wahre Geschichte der Genesis und der Anfänge menschlicher Evolution erzählt.

Wie ich euch, meine Kinder, erzählt habe, wird und wurde die Erde am weitesten vom Göttlichen Himmel entfernt erschaffen und als die gröbste aller materieller Welten. Aus diesem Grunde werden wir sehen, daß der Evolutionsprozeß nicht so schnell vonstattenging wie jener, der auf den anderen Welten grober Materie stattfand. Dies wurde leider dem aktiven Verstand von Eranus offensichtlich, der immer zu jenen gehörte, die die Kraft ihrer eigenen Gedanken nutzten.

Er wurde unzufrieden, und im Bewußtsein seiner Macht als göttlicher Sohn von Gott-Vater-Mutter entschloß er sich, auf seine Weise mit dem Evolutionsprozeß zu experimentieren. Alles was er dazu brauchte, war das schöpferische Wort der Macht, das allein Yevah besaß...

Eranus erläuterte Yevah seinen Plan und sagte, daß es lediglich ein Experiment zum Wohle der Erde und ihrer Entwicklung sei. Daraus ergab sich, daß die beiden – Eranus und Yevah – zusammenarbeiteten und materielle Körper schufen, die, wie Eranus es Yevah erklärte, ihre Art reproduzieren konnten, ohne notwendigerweise auf den Befehl der Gottheit durch El Daoud warten zu müssen.[3]

Die Stimme, die zu dem Medium Randall-Stevens spricht, scheint aus der Vergangenheit des Gnostizismus zu kommen, denn Eranus und Yevah sind die Archonten der gnostischen Schöpfungsmythen, aber die Geschichte weist auch gewisse Ähnlichkeiten mit den Kosmogonien der Hopi- und der Maya-Indianer auf. Wenn wir bei diesen verschiedenen Darstellungen all jene Aspekte genauer betrachten, die die Evolution der Sexualität betreffen, dann stoßen wir auf die These, daß Sexualität erschaffen wurde, um die Evolution zu beschleunigen.

Wenn aber Sexualität eine Beschleunigung der Evolution hervorruft, bei der sich neue Organismen augenscheinlich wechselnden Umweltbedingungen anpassen, dann liegt die Vermutung nahe, daß es eine Beziehung gibt zwischen der Evolution der Organismen und der Evolution des Planeten.

Die in den letzten Jahren vorgenommenen Untersuchungen der Sonne und der Veränderungen der Sonnenstrahlung, der Eiszeiten und Wetterveränderungen, der sich verschiebenden Ebenen kosmischer und außerirdischer Strahlung, der Umkehrung des erdmagnetischen Feldes, der Evolution der Erdatmosphäre und der Bewegung von tektonischen Platten legen alle zusammen eine neue Sicht planetarer Dynamik nahe. Bisher hat sich kein Darwin gemeldet und all die Einzelteile in einer einzigen großen Theorie zusammengefaßt, aber in einzelnen Artikeln, beispielsweise im *New Scientist*[4], findet sich bereits der Vorschlag, zum Katastrophismus des 19. Jahrhundert zurückzukehren. Auch René Thoms Beitrag in den Topologien seiner »Katastrophentheorie« ermöglicht uns so zuzuschauen, wie sich die flüssige Lösung des Katastrophismus in Richtung auf eine Kristallisierung hin entwickelt.

Veränderungen unserer Wahrnehmung der Naturgeschichte kommen nicht in einem Vakuum zustande; Naturgeschichte und menschliche Geschichte sind verwandt, und mithilfe der Techniken jenes Bereichs, den man die »Soziologie des Wissens« nennt, können wir allmählich Beziehungen erkennen zwischen der Art und Weise, in der ein Wissenschaftler die Naturgeschichte wahrnimmt und seine Darstellungen von natürlichen Prozessen komponiert, und der historischen Ideen-Umwelt, in der er oder sie lebt. Die Zeit von Darwin und Lyell erlebte eine heftige Abkehr von der früheren Idee des Cuvierschen Katastrophismus und die tiefe Überzeugung, daß die Zeitspannen, mit denen man es zu tun hatte, lang genug waren, um jene langsamen Veränderungen natürlicher Selektion zuzulassen. Die Liberalen des 19. Jahrhunderts lebten in der festen Überzeugung, daß sie es mit einer geordneten Welt zu tun hatten, die sich kontinuierlich voranentwickelte. Eine alttestamentarische Vision des Falls oder die wissenschaftliche Vorstellung einer völlig unverantwortlichen Natur, in der es zu jehova-artigen Wutausbrüchen kommen könnte, war für sie ganz und gar unannehmbar. Also wurde Cuviers Katastrophismus degradiert, und Lyells Doktrin geologischer Stabilität und der Uniformitarismus traten an seinen Platz. Aber im Verlauf des letzten Jahrhunderts sammelten sich in jenem Paradigma unzählige kleine Anomalien, und gegenwärtig scheint es, als würde binnen kurzem ein völlig neues Paradigma in Erscheinung treten. Wenn es zu einer neuen Synthese kommen soll, dann wird sie jene Anomalien berücksichtigen müssen, um eine planetare Dynamik zusammenzufassen, in der Veränderungen der Sonnenstrahlung, die Umkehr des erdmagnetischen Feldes, die Bewegung in den tektonischen Platten und sehr rasche Wetterveränderungen alle miteinander als Bestandteil einer bis dahin kulturell nicht erkannten Periodizität gesehen werden. E.O. Wilsons Soziobiologie, eine lineare Ausdehnung des Darwinismus, erfüllt diese neuen Voraussetzungen nicht. Wenn für die menschliche Kultur eine Periode der Katastrophen und Instabilitäten beginnt, dann wird sich das intellektuelle Klima mit dem globalen Klima verändern, und der soziobiologische Optimismus und Positivismus wird überholt und veraltet erscheinen. In vielerlei Hinsicht beginnt sich das intellektuelle Klima bereits zu verändern. Barbara Tuchman sagte, sie sei zum Schreiben ihrer

Geschichte des unglückseligen, verhängnisvollen 14. Jahrhunderts, in dem der Schwarze Tod ein Drittel der Bevölkerung von Indien bis England auslöschte, dadurch veranlaßt worden, daß sie das Gefühl hatte, die moderne Gesellschaft bewege sich am Rande einer ähnlichen Katastrophe,[5] und Doris Lessing schenkte uns mit ihrem kürzlich erschienenen Roman *Shikasta* eine großartige Gesamtschau von Katastrophen und der Evolution der Menschheit.

Wenn es wieder zu Katastrophen kommt, dann wird auch der Katastrophismus wiederkehren (oder ist es umgekehrt?). Der wichtige Punkt aber, den es zu realisieren gilt, ist, daß wenn es zu einer allgemeinen Theorie planetarer Dynamik durch einen Wissenschaftler kommt, diese bereits vor Jahrhunderten, wenn nicht Jahrtausenden, von Mystikern und Künstlern vorweggenommen wurde. Es gibt gegenwärtig keinen anderen Weg, die Evolution des Planeten zur Evolution der Menschen in Beziehung zu setzen als durch den Mythos. Um eine Perspektive anzunehmen, die kosmisch genug ist, so weit von einander entfernt scheinende Dinge wie außerirdische Strahlung, Verschiebungen im erdmagnetischen Feld und Veränderungen der klimatischen Bedingungen menschlicher Kultur als Teile ein und desselben Prozesses zu sehen, müßte man ein Priester der alten Mayas oder aber ein Hopi-Schamane sein.

Tatsächlich ist es so, daß Mythos und Kunst die Vorbedingungen schaffen, aus denen sich Wissenschaft entwickeln kann. Lévi-Strauss hat einmal gesagt, daß magische Riten und Überzeugungen »Handlungen des Glaubens an eine noch ungeborene Wissenschaft« sind,[6] aber es wäre noch korrekter zu sagen, daß Mythos der Ausdruck eines Wissens in einer ungeborenen Wissenschaft ist. Mythos wie Wissenschaft entstammen denselben Grundstrukturen des Bewußtseins, sodaß es ebenso wahr ist zu behaupten, daß Wissenschaft eine schwache Intuition einer Wahrheit ist, die der Mystiker erfährt, wie es wahr ist zu sagen, daß Mythos eine schwache Intuition einer Wahrheit ist, die nur der Wissenschaftler beweisen kann. Mythos und Wissenschaft wirken wie Kontinente, die durch Ozeane getrennt sind, aber wenn man in die Tiefen der See hinabtaucht, dann entdeckt man, daß die Ozeane das bedecken, was in Wirklichkeit ein und dieselbe Kruste des Planeten ist.

Eine mythische Darstellung und eine wissenschaftliche Beschreibung sind zwei nicht unverbundene Formen kultureller Aktivität. Die Idee der Schöpfung des Neuen kann sowohl vom Mythos wie von der Wissenschaft vertreten werden. So betrachtet beispielsweise Professor Wilson die Entwicklung der Sexualität als Folge der Betonung der Anpassung durch ein Ansteigen der Vielfalt in der Erschaffung von Neuem, während sein Mentor, Professor Maynard Smith, die Ursprünge der Sexualität als eine Antwort auf Schadensbedingungen versteht.

> Obwohl das Aussterben von Gruppen dazu führen dürfte, die gelegentlichen, durch »Verluste« herbeigeführten Mutationen auszulöschen, kann es doch nicht jene Adaptionsserien zusammengebracht haben, die zum Ursprung der Sexualität geführt haben. Lange vor dem Ursprung eukaryotischer Sexualität hatten die Prokaryoten sich die Fähigkeit genetischer Rekombination angeeignet – d.h. das Paaren, Auflösen und Wiederverbinden von homologen DNS-Längen. Es scheint klar zu sein, daß ihre ursprüngliche Funktion nicht die Ausprägung evolutionärer Neuerungen war, als vielmehr die Reparatur von Schädigungen...
>
> Beginnt man mit einer Population von haploiden einzelligen Organismen, dann kann man zumindest die wesentlichen Entwicklungsstufen und die dafür verantwortlichen Selektivkräfte vermuten. Der erste Schritt wird in binärer Zellfusion bestehen, aus der sich eine heterokaryotische Zelle mit zwei haploiden Nuclei verschiedener Vorfahren ergibt. Der selektive Vorteil solch einer Fusion wäre analog den Vorteilen, die hybride Lebenskraft besonders dann zeigt, wenn sie durch Rekombination schädliche, nachteilige Gene abdecken. Wie auch beim Ursprung der Rekombination bestand der erste Schritt eher darin, Schädigungen auszugleichen, als Neuerungen hervorzubringen.[7]

Die Reaktion auf eine Schädigung oder aber die spontane Entwicklung von Neuem sind zwei sehr verschiedene Ideen; es sind Ideen, die auch in der Organisation und Konstruktion von »Tatsachen«-Beschreibungen an verschiedene Archetypen gebunden sind. Worauf ich hinaus will, ist vielleicht leichter zu erkennen, wenn ich diesen Punkt vor dem Hintergrund der Soziologie des Wissens vergrößere. Wenn man ein vom Darwinismus überzeugter Wissenschaftler ist, dann betrachtet man die Evolution als einen Prozeß, bei dem die spontane Erzeugung neuer Verbindungen die Anpassung der Spezies fördert. Es handelt sich dann um einen sanften Prozeß evolutionären Fortschritts, einen Prozeß, der gut zur Weltsicht eines technokratischen Liberalen paßt. Wenn man andererseits den Ursprung von Sexualität in Umständen sieht, die eher mit Spaltung und Schädigung zu tun haben, dann hält man es für möglich, daß die Natur solch spaltende und zerstörerische Zustände kennt. Letztere Weltsicht wäre charakteristischer für einen etwas religiöseren konservativen Wissenschaftler, jemand, der die zuversichtlichen Behauptungen des Positivisten nicht so ohne weiteres zu akzeptieren bereit ist. Wie nun würden diese beiden Wissenschaftler ihre historische Umwelt betrachten? Der eine, ganz wie E.O. Wilson, würde ständigen Fortschritt sehen, die spontane Erzeugung von Neuerungen und darüber hinaus eine evolutionäre Sequenz, während der Wissenschaftler die Humanisten in der Regierung eines technologischen Staates ersetzen, der Natur und Kultur unter die immer mächtiger werdende Kontrolle soziobiologischen Managements gebracht hat. Auf der anderen Seite würde jemand wie ich die zeitgenössische historische Umwelt betrachten und erwarten, daß eine Reihe wissenschaftlich nicht vorhersehbarer Periodizitäten einer absolut unkontrollierbaren Natur kurz davor sind, unsere industrielle Zivilisation zu zerschmettern; und daß die Reaktion auf diese Schädigung die nächste Stufe in der Evolution des Bewußtseins einläuten wird, eine Stufe, die von Künstlern und Mystikern bereits vorhergesehen wurde.

Das Selbstvertrauen und der Positivismus des Soziobiologen würden zu einer Mandarin-Politik führen, bei der der Staat von Wissenschaftlern organisiert wird; die tragische historische Perspektive würde zu einer Politik buddhistischen Mitgefühls führen, bei der das gemeinsame Leid aller fühlenden Wesen zu einer egalitäreren Vision des Gemeinwohls führt. Buddha wies schon vor langer Zeit im *Dhammapada* darauf hin: *Wir sind, was wir denken.* Jede Zivilisation, gleich ob religiös oder wissenschaftlich, ist nichts anderes als eine Verkörperung des Bewußtseins. Schon deshalb ist es für unsere Politik des Wissens und für unser Wissen von der Politik von größter Bedeutung, die gemeinsame Basis von Mythos und Wissenschaft schätzen zu lernen. Und da die Soziobiologie anfängt, politische Ambitionen zu zeigen,[8] sollte sich der Blick auf die mythischen Vorstellungen in ihren wissenschaftlichen Darstellungen als lohnenswert erweisen.

Die Genetik behauptet, daß sexuelle Reproduktion zu einer schnellen Diversifikation mit neuen Bevölkerungen führt, die wiederum flexibler in ihrer Anpassung an neue ökologischen Nischen sind. Eine natürliche Folge solcher Verschiedenartigkeit ist eine Verschärfung der Konflikte, Konflikte zwischen Männlich und Weiblich und Konflikte zwischen den verschiedenen Gemeinschaften. Wilson drückt das folgendermaßen aus:

> Zusammenfassend läßt sich sagen, daß die soziale Evolution durch die Notwendigkeiten sexueller Reproduktion erzwungen und geprägt, nicht aber gefördert wird. Werbung und Geschlechterbindung stellen Mittel dar, jenen Antagonismus zu überwinden, der sich automatisch aus den genetischen Unterschieden ergibt, die durch sexuelle Reproduktion verursacht werden.[9]

Sexuelle Reproduktion bedeutet den Abschied vom parthenogenetischen Fließgleichgewicht; sie erzeugt Vielfalt in einem Kontext von Ungleichgewicht oder Labilität, aus dem neuartige Anpassungen entstehen können. Hier beobachten wir erneut die Wiederkehr einer mythischen Grundidee, nämlich die der explosiven Dynamik von Neuerungen im Kontrast zu einem älteren Fließgleichgewicht. In einer Darstellung haben wir Engel als das alte Fließgleichgewicht und die Menschen als die neue, dynamische, adaptive Gruppe; ein anderer Mythos berichtet von dem ausgeglichenen androgynen Adam im Gegensatz zu jenem konfliktbeladenen Paar, Adam und Eva. Und in der Welt der populären Mythologie des Fernsehens finden wir eine neue Version des uralten Mythos von den Amazonen. In der Serie »Wonderwoman« (nach einem Comicbuch für Kinder) erläutert der Vorspann, daß Wonderwoman von einer Insel kommt, die der Welt nicht zugänglich ist, weil sie im Bermuda-Dreieck liegt; dort, unerreichbar für die zerstörerischen Ausbrüche einer männlichen, technologischen Zivilisation, kann die parthenogene Gesellschaft von Mutter und Tochter immer noch ihr friedliches, prähistorisches, ägäisches Leben führen. In jeder einzelnen dieser Darstellungen ist das Fließgleichgewicht die jeweils ältere und stabilere Lebensweise; der nächste Schritt in der kulturellen Evolution ist die dynamische und beunruhigende Form gefährlicher Experimente.[10]

Der Epistemologe Gregory Bateson hat darauf hingewiesen, daß Musik und die Erschaffung neuer Formen unmöglich sind, ohne einen Hintergrund von Rauschen und ohne ein ungebundenes Potential von Zufall und Unordnung in der Erwartung der Selektion durch das ordnende Eingreifen der kreativen Handlung.

> Alles, was nicht Information, nicht Redundanz, nicht Form und nicht Einschränkung ist – ist Rauschen, die einzig mögliche Quelle *neuer* Muster.[11]

Rauschen und Unordnung scheinen der notwendige Hintergrund für das zu sein, was Whitehead »das kreative Fortschreiten des Universums« nennen würde. In der idealen Amazonengesellschaft ohne Männer ist die parthenogenetisch geschaffene Tochter eigentlich ein Klon ihrer Mutter; diese Gesellschaft setzt sich von Generation zu Generation fort, ohne daß die zeitlosen Werte der Großen Mutter angetastet würden. Wenn aber ein Gamet die Hälfte seiner genetischen Einlage wegwirft, um sich der Zudringlichkeit des Mannes zu öffnen, dann bricht die alte, stabile Erdkruste unter den Füßen der Jungfrau weit auf, und heraus reitet der König der Unterwelt, um die Tochter zu vergewaltigen und sie mitzunehmen in jene dunkle Welt, wo der Mann König ist. Wen wundert es, daß Demeter weinte und in der ganzen Welt nach ihrer verlorenen Tochter Persephone suchte.

Da einige Gelehrten es für leichtfertig halten könnten, eine wissenschaftliche Theorie mit einem Fernsehprogramm oder einem griechischen Mythos zu vergleichen, möchte ich das,

was ich unter einer Grundstruktur verstehe, dadurch illustrieren, daß ich die Soziobiologie mit der Literatur, E.O.
Wilson mit D.H. Lawrence vergleiche. Zuerst Wilson:

> Sexualität ist eine antisoziale Kraft in der Evolution. Bindungen
> gehen Individuen trotz der Sexualität ein und nicht wegen ihr.[12]

Und hier die Sprache des Künstlers:

> Die Männer blieben beisammen; wie zur gegenseitigen Unterstüt-
> zung sind auch die Frauen beieinander in einer festen, starken
> Herde. Es ist, als sei die Macht, die Festigkeit, der Triumph,
> selbst in diesem italienischen Dorf, bei den Frauen in ihrer uner-
> bittlichen, rachsüchtigen Einheit...
>
> An Sonntagnachmittagen geht der verlegene Junge eine Stun-
> de lang auf einer öffentlichen Straße neben seinem Mädchen her.
> Dann bricht er aus; wie aus einer Gefangenschaft kehrt er zu
> seinen Männerfreunden zurück. An Sonntagnachmittagen und
> Abenden sieht man die verheiratete Frau in Begleitung einer
> Freundin oder eines Kindes – allein zu gehen traut sie sich nicht,
> aus Angst vor dem seltsamen, furchtbaren Geschlechterkrieg
> zwischen ihr und dem betrunkenen Mann – ihren von Wein be-
> täubten, befreiten Mann nach Hause führen. Manchmal ist sie
> geschlagen worden, wenn sie zuhause ankommt. Das ist Teil des
> Prozesses. Eine verbindende Liebe zwischen Männern und Frau-
> en gibt es nicht, nur Leidenschaft, und Leidenschaft ist tiefer
> Haß, der Liebesakt ein Kampf.[13]

Da sowohl der Dichter als auch der Soziobiologe die Wer-
bungstänze und Schlachten von Menschen wie von Tieren
beobachteten, kann es nicht allzu sehr überraschen, daß Dichtung und Ethologie gemeinsame Einsichten teilen können.
Wirklich überraschend ist hingegen die Tatsache, daß die
Poesie, die Literatur und die Geisteswissenschaften im allgemeinen in unserer postindustriellen Gesellschaft so völlig un-
terschätzt werden, wenn doch Dichtung und Mythos immer
und immer wieder bewiesen haben, daß sie die Einsichten der
Naturwissenschaftler um Jahrhunderte überflügeln. Ein
Dichter wie D.H. Lawrence ist über seine kreativen Träume
aufs tiefste mit dem kollektiven Unbewußten verknüpft; er
kann intuitiv erfassen, was der Naturwissenschaftler müh-

sam beweisen muß. Allerdings ist es durchaus nicht so, daß alle Tugenden bei dem Dichter zu finden sind, und Lawrence konnte ebenso engstirnig sein und töricht verallgemeinern wie Wilson. In *Fantasia of the Unconscious* und in *The Plumed Serpent* mißverstand Lawrence Yoga und die Religion des alten Mexiko völlig, und seine politische Vision, wie sie sich in seiner *Apokalypse* ausdrückt, ist um nichts weniger autoritär als jeder beliebige Bestandteil der Soziobiologie. Und doch wissen wir genau, wie wir uns vor der Politik von Künstlern schützen müssen, wir nehmen Kunst einfach nicht so ernst; keine Ahnung haben wir, wie wir uns vor der Politik der Sozialwissenschaftler schützen sollen. In der neuen Gesellschaft, die wir durch die Ausbildung der breiten Massen geschaffen haben, wurde der Versuch unternommen, Geisteswissenschaftler an den Universitäten zwangsweise zu Sozialwissenschaftlern zu machen. Das Muster immer größerer Spezialisierung führt hingegen dazu, daß in den Sozialwissenschaften der Dr. phil. einigen Leuten verliehen wird, die nie etwas anderes als Artikel in Fachzeitschriften und jene vorverdauten Lehrbücher gelesen haben, die die Kulturbürokratien für die riesigen Klassen bevorzugen. Mit wertlosen akademischen Graden ausgestattet, werden diese Sozialwissenschaftler sodann die beratenden Experten der Regierungen sowie die Erzieher der nächsten Generation.

Man kann einen Spezialisten dazu ausbilden, eine bereits existierende Prozedur zu wiederholen, aber man kann weder einen Naturwissenschaftler noch einen Künstler dazu ausbilden, neue Wege des Wissens und des Seins zu schaffen. Kreativ zu sein, bedeutet zu wissen, wie man rezeptiv, Yin, sein kann, wie man sich wohl fühlen kann mit Mehrdeutigkeit, Zufall und Unordnung. Spezialisten weisen eine armselige Toleranz für Poesie und Mehrdeutigkeit auf, und ihre besessene Suche nach Ordnung läßt sie häufig genug eine viel interessantere Ordnungsform auf einer höheren Seinsebene übersehen. Wenn man einem Spezialisten die Relevanz des Mythos deutlich macht, wird er automatisch zu dem Schluß kommen, daß Mythos eine etwas schlampige Form von Vermutung ist, der dringend ein präziser und quantitativer Ausdruck in »echter« Wissenschaft gegeben werden muß. Es ist diese Geisteshaltung, die E.O. Wilson die Belletristik »Forschungsprotokolle menschlicher Ethologie« nennen läßt. Diese imperialistische Kolonialisierung der Kunst und der Geisteswissenschaften fördert weitere Spezialisierung, denn der Humanist wird sich einfach voller Ekel abwenden und sich in die Tröstlichkeit seiner eigenen Spezialität und Gesellschaft seiner Busenfreunde zurückziehen.

Um dem Naturwissenschaftler Gerechtigkeit widerfahren zu lassen, muß ich darauf hinweisen, daß auch der Künstler, wenn er eine faszinierende Einsicht oder einen Archetypus in dem grauenhaften Geschreibsel eines Mediums in Trance findet, das Bedürfnis empfindet, dem unbewußten Gestammel einen verfeinerten künstlerischen Ausdruck zu geben. Der Prozeß alchemistischer Sublimierung vom Unbewußten zum Bewußten wird vom Künstler wie auch vom Wissenschaftler geteilt.

Für Wilson wie für Lawrence ist Sexualität ein Werbungstanz des Konflikts. Wenngleich dem Naturwissenschaftler nicht gestattet ist, über die Bedeutung der Evolution zu sprechen oder über das Ziel, auf das die evolutionäre Kraft zusteuert, so dürfen es doch der Künstler und der Mystiker, und Künstler und Mystiker haben seit langem die nicht aufzulösende Beziehung zwischen Sexualität und Tod erkannt. Sexuelle Reproduktion bringt den Tod mit sich, denn sie bringt neue Individuen hervor, die, eben weil sie begrenzte und höchst spezifische Wesen sind, sterben müssen. Die asexuelle Zelle teilt sich *ad infinitum* und stirbt deshalb niemals ganz; die parthenogene Frau verdoppelt sich in einer Tochter, die praktisch ein Klon ist, der sexuelle Organismus jedoch reproduziert sich und rückt damit dem Tod ein Stückchen näher. Reproduktion ist der Lebenshöhepunkt; bei einigen Spezies stirbt das postkoitale Männchen sofort oder wird vom Weibchen gefressen.[14]

Wenn der Tod Teil des tiefen Mysteriums der Sexualität ist und *le grand mort* seinen Schatten über *le petit mort* wirft, und wenn sexuelle Reproduktion eine Kraft ist, die neue individuierte Wesen hervorbringt, dann können wir vielleicht verstehen, warum der Sadist Schmerz, Tod und Schrecken mit all der Schönheit von Sexualität verbindet. Der Erzengel

der Evolution, der Archon, erschuf den sexuellen Menschen-
körper und damit den Tod. Der Sadist schlägt dem Archon den
Tod einfach um die Ohren, als wollte er sagen: »Sieh her, dies
ist dein Werk.« Indem er ganz offen Schmerz und Tod mit
Sexualität verband, erweist sich der Marquis de Sade als ein
moderner Gnostiker, der angesichts der Schöpfung vor
Schrecken zittert. Jener Akt künstlerischen Horrors, *Die
neunzig Tage von Sodom*, ist der Versuch, Jehova in einem
Anfall des Ekels die Schöpfung vor die Füße zu werfen. Und
so erweist sich der Marquis de Sade als das Spiegelbild eines
Moralisten; seine Schreckensvision und seine Besessenheit
mit dem Leid sind die Schreie eines Unschuldigen, dem es nie
gelang, sich an den Schmerz menschlicher Existenz zu gewöh-
nen; besessen bleibt er dabei und muß eine Höllenvision nach
der anderen schreiben. Die Tragödie des Marquis ist in der Tat
die gnostische Tragödie der Verstrickung, denn indem er den
bösen Archon der Schöpfung haßt, wird er ganz genau zu dem,
was er haßt, und hat dem Teufel durch seine Schriften zu einer
weiteren Inkarnation verholfen.

Jene, die eine Vorstellung von den Schrecken des Seins
haben, können die beunruhigende Dynamik eines Universums nicht ertragen, das zur Weiterentwicklung Prinzipien
wie Zufall, Freiheit, Unordnung und das Böse einführen muß.
Der Gnostiker oder der Manichäer wünscht sich zurück zu
jenem Frieden des ältesten aller Fließgleichgewichte, des
Nichtseins. Er tut alles, um zu entkommen, aber findet sich
gefangen in einem Körper; vor Schrecken über seinen Körper
schafft er in seiner sexuellen Perversion grob verzerrte Bilder
von Gebundensein und Terror, um seine eigene Vision von der
Natur körperlichen Seins mitzuteilen und zu verbreiten.

Liebe und Tod, Eros und Thanatos: sexuelle Reproduktion
ist eine Metaphysik des Konflikts, und die Verrenkung des
menschlichen Körpers in sexueller Perversion sagt uns einiges über die spirituellen Grenzen menschlicher Anatomie.
Sexualität schafft Individuen; viele aber können eine individuelle Existenz nicht ertragen, und so möchten sie zurückkehren in den Mutterleib, zur Herde, zur Kirche, zum totalitären
Staat. Sexualität bringt Individuen hervor und muß sich dann
dem Konflikt aussetzen, der entsteht, wenn alle diese Indivi-

duen in verschiedenen Richtungen nach Trost bei Mutter, Herde, Kirche und Staat suchen.

II

Eines der bizarrsten Beispiele von Sexualität als Konflikt in der angeblich unschuldigen Welt der Tiere findet sich möglicherweise in den Tötungspraktiken von Jungtieren bei den Languren. Eine Langurenherde wird solange von einem dominanten Männchen beherrscht, bis ein anderes dominantes Männchen auftaucht, um es zu vertreiben. Nach der Vertreibung des alten Männchens tötet der neue Anführer alle Jungtiere der Herde. Die Theorie besagt, daß der dominante Anführer die Rückkehr der säugenden Weibchen zur Empfängnisbereitschaft und damit zur Begattung durch ihn selbst dadurch beschleunigt, daß er ihre Milchproduktion verhindert. Natürlich freuen sich die Mütter nicht über diesen Kindermord, sondern versuchen ihre Jungen zu beschützen. Wenn jedoch ihre Kinder einmal tot sind und sie selbst einige Wochen später empfängnisbereit, dann präsentieren sie sich dem dominanten Männchen und erlauben die Begattung in einem Koitus, der ein paar Sekunden dauert und die Dürftigkeit der Beziehung zwischen zwei einander bekriegenden Geschlechtern bezeichnet. Dr. Sarah Blaffer-Hrdy, eine Kollegin von E.O. Wilson an der Harvard-Universität, die die Languren studiert hat, scheint Wilsons Theorie zu bestätigen, daß Sexualität in sich konfliktbeladen ist. Blaffer-Hrdy geht jedoch sogar noch weiter, wenn sie feststellt, daß Männchen und Weibchen bei den Languren praktisch zwei verschiedene Spezies darstellen.

Die Lebensgeschichten von Languren, die hier dargestellt werden, illustrieren das Ausmaß, in dem sich die zwei Geschlechter unterscheiden. Der Zwang zur Reproduktion hat zur Evolution von zwei recht unterschiedlichen Geschöpfen, zu zwei Geschlechtern geführt, die in unauflöslichen Konflikten gefangen sind ...

Nur selten fallen die Interessen des weiblichen Langurs mit denen ihres männlichen Partners zusammen. Wie schon Strindberg so deutlich bemerkte, bedeutet Sexualität Konflikt. Abgesehen von der Insemination können die Langurenweibchen mit ihren Männchen nur wenig anfangen, es sei denn, sie vor anderen Männchen zu beschützen. Die herausragende Frage muß deshalb lauten, warum die Weibchen die Männchen überhaupt tolerieren sollten. Warum sollten sie zulassen, sich der Tyrannei von einander bekriegenden Polygynisten auszusetzen? ...

Wieder einmal ist der intrasexuelle Wettbewerb der Grund – in diesem Fall der Wettbewerb unter den Frauen um ihre Repräsentation im Gen-Pool der nächsten Generation. Während der unmittelbare Wettkampf der Männchen um den Zugang zu den Weibchen jene Männchen auswählt, die ebenso groß und stark oder aber stärker als ihr Gegenspieler sind, wäre ein Weibchen, das für einen größeren Körper »optierte«, um ein Männchen abwehren zu können, für ihre Doppelrolle als Überleber (von Trockenheit und anderen klimatischen Fluktuationen) und als Mutter nicht sonderlich gut adaptiert. Ein übergroßes Weibchen dürfte weniger Junge produzieren als ihre kleinere Cousine. Langfristig evolutionär gesehen würde sich die Nachkommenschaft ihrer Verwandten durchsetzen.[15]

Sexuelle Kulturen scheinen in einem hoffnungslosen Widerspruch verfangen, weil die Interessen der Geschlechter sich so völlig widersprechen; aber eine Amazonenkultur scheint mir in einem vergleichbaren Widerspruch gefangen. Eine Gesellschaft starker Frauen hätte entweder zu ihrer Befruchtung schwache Männchen zu importieren – und so körperliche Schwächen zu wählen, was ihre Gesellschaft beeinträchtigen könnte, oder aber kräftige Männer auszusuchen und damit Charaktereigenschaften, die ihnen fremd wären – um sich so für das Ende ihrer Amazonenkultur und für die Wiedererrichtung einer bisexuellen zu entscheiden. Wenn es solche Amazonenkulturen überhaupt jemals gegeben hat, dann können wir jetzt langsam begreifen, warum sie vielleicht nur kurzlebige Fluchtversuche aus »einer evolutionären Falle« waren, wie Blaffer-Hrdy es nennt.

Faszinierend wie die Ethologie sein kann, so scheint es mir doch, daß ihre metaphysische Generalisierung in der illusorischen Synthese der Soziobiologie unter Whiteheads »Irrtum deplazierter Konkretheit« leidet. Selektion, Gesamteignung (inclusive fitness) und der Gen-Pool sind Konzepte, die in soziobiologischen Darstellungen personifiziert werden, aber im selben Moment, da man sich diese versteckten Personifikationen zu eigen macht, reduziert man echte kulturelle und psychologische Konfigurationen zu physischen Genen, die vererbt werden können. Plötzlich begegnet uns dann ein Langurenweibchen, daß sich um ihren »Anteil am Gen-Pool der nächsten Generation« Sorgen macht. Im 19. Jahrhundert sprach Ruskin von »der Vermenschlichung der Natur« in der Lyrik, wenn von Bäumen und Bächen die Rede war, die über das Hinscheiden des singenden Schäfers weinten. Heute scheint es, als hätte die Soziobiologie diese Tendenz zur Vermenschlichung der Natur geerbt, und heute sieht der Gen-Pool zu und lacht oder weint über das Verhalten von Menschen und Tieren.

> Bis zum Äußersten ausgetragene Kämpfe zwischen Männchen sind selten, wahrscheinlich wegen der Bedrohlichkeit eines anderen Langurenmännchens und der Verminderung seines reproduktiven Potentials, das ein verletztes Männchen erleidet.[16]

Hier wird eine momentane Schmerzerfahrung zum möglichen zukünftigen Verlust reproduktiven Potentials umgewandelt. Das Individuum mit seinem Schmerz oder seinen Gedanken spielt im evolutionären Denken keine Rolle; was zählt, ist sein reproduktives Potential zur Zeugung der nächsten Generation. Wenn aber der einzige Wert der individuellen Einheit darin besteht, die nächste individuelle Einheit hervorzubringen, dann führt uns das schließlich zu einer *Rückwärtsentwicklung ad infinitum*. Entweder muß man ein völliger Atheist sein und auf dem Standpunkt stehen, das gesamte Universum sei bedeutungslos, oder aber man muß den Wert einer Sache immer an den Endpunkt einer Linie projizieren: das Individuum stellt keinen Wert dar, weil es nur Mittel zum Zweck ist, die *Ens* der Evolution. Da man aber in guter Gesellschaft nicht über den »Zweck der Evolution« spricht, verfällt der Wissenschaftler auf eine versteckte Teleologie, indem er die Fortpflanzung und die Eschatologie der Zukunft zum zentralen Punkt einer »Maximierung der eigenen Gesamteignung in der nächsten Generation« macht.

Warum aber überhaupt eine nächste Generation? Wenn die allmächtigen Gene Unsterblichkeit wünschten, warum ließ die Evolution dann etwas anderes als die Unsterblichkeit der asexuellen Zelle zu? Die Amöbe braucht sich um die Gesamteignung der nächsten Generation nicht zu kümmern. Der arme Langur aber, aufgrund eines üblen Tricks der Evolution durch die Einführung sexueller Reproduktion, muß jetzt die Prozente seiner genetischen Ausstattung der folgenden Generationen kalkulieren und Kindsmord begehen, um sicherzustellen, daß nicht irgendein anderes Gen seinen Platz beansprucht. Das Gen wird allmählich von den Soziobiologen als eine Art Geschäftsmann dargestellt, der sich seinen Weg durch ein durch Wettbewerb bestimmtes Marktsystem boxt, und all die alten Vorstellungen des Sozialdarwinismus scheinen wiederbelebt. Der Mystizismus eines Rudolf Steiner, der bei einer Spezies eine Gruppenseele voraussetzen und die Meinung vertreten würde, daß diese Gruppenseele alle Entscheidungen trifft, kommt mir viel direkter vor. Der Soziobiologe scheint eine neue Version des Unbewußten zu postulieren, eine, die nicht mit Jungs mythischen Archetypen, sondern eher mit computerartigen Kalkulationen über Bevölkerungsgenetik gefüllt ist.

Zwei zusätzliche und eindrucksvollere Beispiele soziobiologischer Vielseitigkeit: Kurland entwickelt eine Idee weiter, die Alexander (1974) vorgeschlagen hat und stellt die Frage, warum ein Individuum sich für die Kinder seiner Schwester anstatt für die eigenen verwenden sollte. In seiner Antwort darauf beschwört Kurland das Konzept der »Vaterschaftsgewißheit«. Die Kinder Ihrer Frau besitzen zur Hälfte Ihre Gene, *vorausgesetzt Sie sind ihr Vater*. Ihre tatsächliche Verwandtschaft zu ihnen wird deshalb ½ mal die Wahrscheinlichkeit betragen, daß Sie in der Tat der Vater Ihrer (rechtmäßigen) Kinder sind, d.h. mal die durchschnittliche Vaterschaftsgewißheit in Ihrer Gesellschaft. Wir wollen diese Ziffer mit ⅓ annehmen: Sie sind deshalb ½ mal ⅓ = ⅙ mit Ihren eigenen Kindern verwandt. Ihre Beziehung zu Ihrer »echten« Schwester, theoretisch ½, beträgt zumindest ¼ (was Ihren

gemeinsamen Vater repräsentiert) plus ¼ (Ihren angenommenen
gemeinsamen Vater) mal die Vaterschaftsgewißheit von ⅓, was
insgesamt ¼ + (¼ mal ⅓) = ⅓ beträgt. Da Sie somit zu ⅓ die
gleichen Gene wie Ihre Schwester haben und sie ½ der Gene ihrer
Kinder liefert, sind Sie mit ihren Kindern ½ mal ⅓ = ⅙ verwandt.
In dieser Situation sagt die Soziobiologie voraus, daß Sie gleich-
mäßig sowohl für die Kinder Ihrer Schwester wie auch für Ihre
eigenen aufkommen werden, nachdem sich alle Dinge gleichen
und Sie zu beiden Kindergruppen zu ⅙ verwandt sind. In Gesellschaften mit einer Vaterschaftsgewißheit von unter ⅓ sollte man
mehr für die Kinder der Schwester als für die eigenen aufkommen;
wenn die Vaterschaftsgewißheit größer als ⅓ ist, dann sollten Sie
die Kinder Ihrer Frau vorziehen. Kurland stellt fest, daß matrilineare Gesellschaften erwartungsgemäß in der Regel eine niedrige
Vaterschaftsgewißheit aufweisen und kaum einen Nachdruck auf
weibliche Treue legen; patrilineare Gesellschaften weisen eine
hohe Vaterschaftsgewißheit vor und legen größeren Wert auf
weibliche Keuschheit und Treue. Männer kümmern sich um die
Kinder ihrer Schwester, wo es Matrilinearität gibt, und nehmen
sich ihrer eigenen Kinder an, wenn Patrilinearität vorherrscht.
Anders ausgedrückt: das Avunkulat ergibt soziobiologisch einen
Sinn! *Gleich welcher Art die bewußten Motive des Individuums
sind, sie handeln, als hätten sie die oben angeführten Kalkulationen durchgeführt.*[17]

Im Unbewußten der Psychoanalytiker kommen archetypische Bilder in Träumen zum Ausdruck und können dann durch
den analysierenden Arzt auf eine neue Ebene bewußter Bedeutung gehoben werden. Im Unbewußten der Strukturalisten tauchen bestimmte Muster und Strukturen in den Mythen auf, die dann durch den Anthropologen zu einer neuen
Ebene bewußter Bedeutung gebracht werden. Und im Unbewußten der Soziobiologen werden durch das Sexualverhalten
bestimmte numerische Kalkulationen zur Gesamteignung
zum Ausdruck gebracht, die dann durch den Wissenschaftler
zu einer neuen Bewußtseinsebene erhoben werden können.

Für die Soziobiologie wird der intrasexuelle Wettbewerb
um die Beteiligung am Gen-Pool der nächsten Generation zur
unbewußten Motivation für das Verhalten von Menschen und
Tieren. Der Langur ist wie das Mitglied einer vorgeschichtlichen, schriftlosen Gesellschaft besessen von »inclusive fit-

ness«, und sein gesamtes Verhalten kann im Rahmen dieses Konzepts interpretiert werden. Dem Bewußtsein eines Organismus kommt im Zusammenhang mit seinem Verhalten nur eine Randbedeutung zu, sein Verhalten wird von unbewußten Kalkulationen bestimmt. Im Innern eines Tieres finden sich ein Gen und ein Computer; diese sind »real«; alles andere sind assoziierte oder hinzugefügte Zustände von Subjektivität. Subjektiv gesehen könnte man meinen, daß Kindsmord den Gefühlen der Mutter entgegensteht, wir dürfen aber nicht vergessen, daß es das Gen ist, das in der Soziobiologie zählt, nicht das Individuum. Ein freundliches Langurmännchen, das eine Gruppe von Weibchen und Jungtieren adoptiert, aber kein Interesse zeigt, die Jungen zu ermorden und die Weibchen erneut zu begatten, muß miterleben, daß die Abkömmlinge anderer Männchen um ihn herum aufwachsen, während die Gene unseres freundlichen, nicht kindsmordenden Männchens dahinschwinden. Und damit ist klar, daß der Kindsmord ein Vorteil ist, wenn ein Männchen seine Gesamteignung maximieren und seine Gene in die Zukunft investieren möchte.

Die Santiago-Schule der Biologie des Wissens teilt diese Herabwürdigung des Individuums im evolutionären Prozeß durch die Soziobiologie nicht. In einer kürzlich veröffentlichten Arbeit nimmt sich Francisco Varela jener simplistischen Epistemologie an und kommt zu einer ganz anderen Beziehung zwischen Individuum und Spezies.

Es heißt, daß die Spezies evolviert und daß die Individuen in ihrem historischen Kontext dieser Evolution untergeordnet sind. In einem oberflächlichen deskriptiven Sinne ist das von Bedeutung, denn eine bestimmte Spezies als eine existente Ansammlung von Individuen repräsentiert ständig den Zustand eines bestimmten historischen Netzwerks im Werden, und wenn sie als ein Stadium eines historischen Netzwerks beschrieben wird, dann erscheint eine Spezies notwendigerweise in einem Transformationsprozeß. *Und doch existiert die Spezies als eine Einheit nur im historischen Bereich, während die Individuen, die die Knoten dieses historischen Netzwerks darstellen, im körperlichen Raum existieren.* (Hervorhebung durch den Autor). Genau genommen wird ein historisches Netzwerk durch alle und jedes einzelne

Individuum definiert, die die Knoten bilden; in jedem einzelnen Moment jedoch wird es historisch durch die Spezies als einer Ansammlung aller gleichzeitig existierenden Knoten eben dieses Networks repräsentiert; das aber heißt, daß eine Spezies nicht evolviert, denn als eine Einheit im historischen Bereich weist sie nur eine Geschichte des Wandels auf. Was nun tatsächlich evolviert, ist ein Muster autopoeitischer Organisation, verkörpert von vielen verschiedenen Variationen in einer Ansammlung vorübergehender Variationen in einer Ansammlung vergänglicher Individuen, die zusammen ein reproduktives historisches Netzwerk definieren. Somit sind *die Individuen*, obwohl vergänglich, doch wesentlich und unverzichtbar, denn sie stellen eine notwendige Kondition für die Existenz dieses historischen Netzwerks, das sie definieren. Die Spezies ist ein deskriptiver Terminus, der ein historisches Phänomen repräsentiert; sie bildet keine *kausale* Komponente innerhalb der Phänomenologie der Evolution.[18]

E.O. Wilson behauptet ein wissenschaftlicher Materialist zu sein, und so überrascht es, daß er nicht zugibt, daß man niemals eine Spezies betrachtet, sondern ausschließlich Individuen. Eine Spezies existiert nur im Bewußtsein, wie Varela deutlich macht; für Varelas Epistemologie bedeutet das, daß der Beobachter ein unverzichtbarer Teil des Systems ist, das er untersucht. Diese Idee steht in völligem Einklang mit der Quantentheorie von Werner Heisenberg. Heisenberg wies darauf hin, daß wir unmöglich eine »Wissenschaft von der Natur« haben können; wir können lediglich eine Wissenschaft vom menschlichen Wissen über die Natur haben.[19] Für den deutschen Physiker wie für den chilenischen Biologen ist Naturgeschichte eine Konstruktion des Bewußtseins, das selbst über eine Kulturgeschichte verfügt. Man kann deshalb nicht über Atome oder die Individuen einer Spezies sprechen, ohne in der eigenen wissenschaftlichen Darstellung sowohl das Bewußtsein, als auch die eigene Kultur zu berücksichtigen. Die Soziobiologie verzichtet auf Geist, Individuum und Kultur. Würden wir Wilsons Wunsch entsprechen und die Ethik den Geisteswissenschaften aus den Händen nehmen und sie in die der Naturwissenschaften legen, wo moralische Fragen einfach als Aspekte eines genetischen Varianzproblems abgehandelt werden könnten, dann würden wir bei einer ziemlich gespenstischen Verzerrung der Gesellschaft landen. Wenn wir andererseits Varelas Bekräftigung des Wertes des Individuums als einer beschreibenden, wirkenden Kraft in einer evolutionären Transformation akzeptieren, dann bringt uns das zu einer Kultur, in der dem Bewußtsein für den Ausdruck seiner Entwicklung in der Zeit Platz gelassen wird. Vielleicht unterscheidet sich die Wahrnehmung von Geschichte und Naturgeschichte der Santiago-Schule Humberto Maturanas, Francisco Varelas und Francisco Flores' deshalb so sehr von jener um E.O. Wilson in Cambridge, Massachussetts, weil erstere unter den Bedingungen von Bürgerkrieg und faschistischem Staatsstreich zu arbeiten hatten.

Durch die Verleugnung der Rollen von Bewußtsein und Kultur in der Naturgeschichte greift die Soziobiologie nicht nur offensiv in den Bereich der Geisteswissenschaften ein; sie ist als Naturwissenschaft nicht akzeptabel. Sie drückt die Leidenschaften des Reduktionisten aus, der unter einem irrationalen Zwang stehend nachweisen muß, daß »es alles nichts als . . . ist« Unter diesen Bedingungen ist es schwer, die Grenze zwischen Wissenschaft (engl. science) und Science Fiction zu ziehen, und in der Domaine der Soziobiologie, bei der die Darstellungen eindeutig mythologisch sind, wird es doppelt schwierig. Der Trieb oder die Entscheidung, wodurch ein Tier seinen Anteil am Reproduktionspotential im Gen-Pool maximiert, ist für mich nicht erkennbar. Ich halte es für wahrscheinlicher, daß der Kindsmord eine *kulturelle* Eigenart ist, weit auf der anderen Seite der *Weissmann-Barriere*, die das Gen vor dem Soma schützt. Gäbe es diese *Weissmann-Barriere* zum Schutz der Integrität des Gens nicht, dann gäbe es keinerlei Stabilität bei der Vererbung von Charaktereigenschaften innerhalb einer Spezies. Eine Abstraktion wie »inclusive fitness« zu einer *Motivation für* Verhalten zu erheben, anstatt zu erkennen, daß es sich dabei um eine *Erklärung von* Verhalten durch den Genetiker handelt, um dann noch weiter zu gehen und kulturelle Gesamtheiten auf einzelne Gene zu reduzieren, scheint mir ein Beispiel der schlimmsten Formen des für das 19. Jahrhundert charakteristischen Denkens zu sein. Da ziehe ich es vor, mir meine Mythologie in der gefälligen Version kinematographischer Visionen von *Akash* mit einem Seher wie Steiner zu nehmen, als in der Art verschleierter Leidenschaften und trüber, finsterer Argumentationen eines Soziobiologen.

Dr. Blaffer-Hrdy hat ihre Theorien vielleicht deshalb verteidigt, weil sie ihre gelegentlichen Ausrutscher in Personifikationen von evolutionären Kräften spürt.

> In diesem Kontext kann nicht genug betont werden, daß damit keine bewußte Absicht von Seiten des Männchens gemeint ist. Es wird lediglich davon ausgegangen, daß die Gene von Tieren, die auf eine bestimmte Situation in günstigster Weise reagieren, in der nächsten Generation – im Verhältnis zu den anderen Tieren der Population – überproportional vertreten sein werden.[20]

Die Gene eines Tieres mögen überproportional in der nächsten Generation repräsentiert sein, besonders wenn es alle anderen Konkurrenten ausgelöscht hat, aber eine kulturelle Eigenschaft ist etwas anderes als eine genetische Eigenart. Kindsmord ist sowenig ein Charakterzug wie etwa eine Symphonie; mag sein, daß eine Person musikalische Fähigkeiten ererbt, eine Symphonie erbt sie nicht, es sei denn durch das Medium der Kultur. Ein Affe kann durchaus eine hohe Dosis männlicher Hormone erben, die ihn zu aggressivem Verhalten ermutigen, aber er erbt nicht Kindsmord. Information in einer Zelle ist kein Objekt; eine komplexe kulturelle Eigenart kann nicht einfach auf ein Gen oder ein Pheromon (Sexuallockstoff) reduziert werden.[21] Daß der Irrtum deplazierter Konkretheit in der Arbeit von Blaffer-Hrdy präsent ist, hat vielleicht etwas mit dem Einfluß ihres Lehrers E.O. Wilson zu tun. Hier Wilson zum Thema Evolution der Gesellschaft:

> Menschen sind auf absurde Weise leicht zu indoktrinieren – sie *verlangen* geradezu danach. Unterstellen wir, daß *Indoktrinierbarkeit evolviert*, auf welcher Ebene findet dann die natürliche Auswahl statt? Eine extreme Position vertritt, daß die Gruppe die Selektionseinheit ist. Wenn die Übereinstimmung zu gering wird, sterben Gruppen aus. Dann erhalten eigennützige, individualistische Mitglieder die Oberhand und vervielfältigen sich zu Lasten der anderen. Aber ihre sich verstärkende Vorherrschaft beschleunigt die Verletzlichkeit der Gesellschaft und fördert ihr

Aussterben. Gesellschaften mit einer höheren Frequenz an *Genen von Angepaßten* ersetzen jene, die untergehen und steigern somit die generelle Frequenz von Genen in der Metapopulation von Gesellschaften. (Hervorhebungen durch den Autor).[22]

Konformität, die umfassende Abstraktion einer ganzen Reihe von Beziehungen einer Gruppe innerhalb einer Gesellschaft und die Beziehung jener Gesellschaft zu einer komplexen Umwelt, wird hier zu einer abgetrennten physischen Substanz gemacht, einem Gen, aus dem dann angeblich eine noch komplexere Abstraktion, Indoktrinierbarkeit, evolviert. Ein Eohippus mag zu einem Pferd »evolvieren«, aber wenn wir sagen, daß eine Jäger- und Sammlergesellschaft zu einem Bauerndorf evolviert, dann gebrauchen wir das Wort »evolviert« als Metapher für einen Prozeß von Richtungsänderung. Da eine Gesellschaft von Jägern und Sammlern anscheinend keine Zivilisation entwickelt, ohne vorher in Dörfern ein landwirtschaftliches Leben zu führen, haben Anthropologen die Metapher von der kulturellen Evolution geschaffen. Was jedoch »Indoktrinierbarkeit evolviert« bedeuten soll, entzieht sich meinem Verständnis völlig. Es scheint eine ganz vage Vorstellung auszudrücken, was sowohl miserable Wissenschaft wie unmögliche Dichtung ist.

Als eine Form reduktionistischen Denkens scheint die Soziobiologie ein neuerlicher Erdrutsch des materialistischen Gerölls aus dem 19. Jahrhundert zu sein. Zuerst reduziert sie einen psychologischen oder einen kulturellen Komplex zu einem Gen, um dann ein Gen als einen Klumpen Materie statt als einen Kristall sakraler Geometrie und gefrorener Musik zu konzeptionalisieren. Wilson spricht vom »Aufsteiger-Gen« (»upward-mobile gene«) und vom »homosexuellen Gen«;[23] ebenso gut könnten wir vom Autodiebstahl-Gen und vom Vandalismus-Gen reden und solche Kriminellen mit Hilfe der Amniocentese (Eingriff in die innere Eihülle) in der Gebärmutter verhaften. Die Aussage, daß ein Teenager ein Auto stiehlt, weil er ein Autodiebstahl-Gen geerbt hat, bedeutet ein Denken nach der Art von Molières Doktor, der weise erklärte, seine Droge könne Schlaf bewirken, weil sie eine bestimmte dormagene Eigenschaft besäße.

Für die Soziologie des Wissens der Zukunft wird sich die Soziobiologie als ein reiches Studienfeld dafür erweisen, wie »Tatsachen« auf ganz unerwartete Weise interpretiert (wenn nicht gar geschaffen) werden können. Ähnlich dem falschen Sozialdarwinismus des 19. Jahrhunderts, stellt die Soziobiologie einen wissenschaftlichen Versuch dar, einen Mythos zu erschaffen; daß er nicht die Tiefe eines traditionellen Mythos erreicht, liegt vor allem daran, daß er zu bewußt, zu weit von den mystischen Höhen menschlichen Bewußtseins und von den Tiefen der Psychologie des Unbewußten entfernt ist. Obwohl die Soziobiologie nicht viel mehr als ein findiges Stück rationalen Mythologisierens ist, kann sie doch meine Behauptung illustrieren, daß Wissenschaftler unausweichlich von der Wissenschaft zum Mythos gelangen, wenn sie anfangen zu generalisieren und uns erzählen wollen, wer wir sind, woher wir kommen und wohin wir gehen.

Nichts ruft mit größerer Gewißheit Mythologie hervor, als Spekulationen über den Ursprung der Arten. Bei seiner Durchsicht der Literatur über die Evolution des Gehirns hielt Carl Sagan einen Moment inne und bedachte die mythologische Natur seiner eigenen Aktivität.

> Diese Mutmaßungen über die Ursprünge der Säugetiere sind eine Art wissenschaftlicher Mythos: Es mag ein Körnchen Wahrheit daran sein, aber sie beschreiben wohl kaum die ganze Geschichte. Daß wissenschaftliche Mythen mit älteren Mythen zusammentreffen, mag ein Zufall sein. Es ist sehr gut möglich, daß wir nur deshalb wissenschaftliche Mythen erfinden können, weil wir vorher der anderen Realität ausgesetzt waren.[24]

Sagan vermutet, daß mythopoeitisches Gedankengut ein archaisches Erbe ist, das mit dem Aufkommen wissenschaftlichen Denkens transzendiert wurde. Mit dieser Annahme folgt er der alten Frazerschen Anthropologie von den verschiedenen Fortschrittsebenen von der Magie bis zur Wissenschaft. Ich ziehe es vor, Mythos in der platonischen Tradition als einen hieroglyphischen Denkmodus zu sehen, der es erlaubt, archetypische Formen und die Empfindungen der physischen Ebene in einem Bewußtseinsmodus zusammenzubringen, bei dem das Ich sich leert und durch den Daimon ersetzt wird. Da die Grundideen des Mythos auf einer tiefen und grundlegenden Bewußtseinsebene zuhause sind, können sie nicht immer in alltäglichen, beiläufigen Darstellungen formuliert werden, aber wenn jemand in einer imaginativen Traumwelt versinkt, um ein Buch zu schreiben oder um einige tatsächliche Forschungsergebnisse zusammenzufassen, dann gerät er oder sie wahrscheinlich in eine eher mythopoeitische Form der Beschreibung, denn selbst die Wissenschaft kann eine Art Geschichten zu erzählen sein.

Eine der Grundideen ist die Idee vom »Fall«; eine andere ist sexuelle Polarität. Der Dichter Robert Graves sagte einmal, »die Frau ist, der Mann tut«. Diese Vorstellung gilt als Ausdruck eines archetypischen Unterschieds zwischen dem Maskulinen und dem Femininen, und als Archetyp wurde dieser Unterschied in alle Facetten der Kultur hineingeneralisiert, bis er sich soweit verändert hatte, daß er jenen Stereotypus rechtfertigte, den Feministinnen so ablehnen: »der Platz einer Frau ist im Haus«. Die soziobiologische Version dieser Vorstellung wird in Wilsons Darstellung so ausgedrückt:

> Warum gibt es in der Regel nur zwei Geschlechter? Es scheint daran zu liegen, daß zwei genug sind, um ein Maximum an potentiellen genetischen Rekombinationen hervorzubringen, denn nahezu jedes gesunde Individuum kann sicher sein, sich mit einem Mitglied des anderen (d.h. »gegensätzlichen«) Geschlechts zu paaren. Und warum unterscheiden sich diese zwei Geschlechter anatomisch? In vielen Mikroorganismen wie Fungi und Algae unterscheiden sie sich natürlich nicht; es werden Gameten von identischer Erscheinung produziert (Isogamie). Aber in der Mehrheit der Organismen, einschließlich nahezu aller Tiere, gilt die Anisogamie. Mehr noch: der Unterschied ist in der Regel beträchtlich; *ein Gamet, das Ei, ist im Verhältnis sehr groß und festsitzend; der andere, die Spermatozoe, ist klein und bewegungsfähig.* (Hervorhebung durch den Autor).[25]

Das gigantische Ei sitzt nur da, und die zappelige und winzige Samenzelle wedelt mit ihrem Schwanz, um riesige Entfernungen zu überbrücken auf der Suche nach Auflösung in dem gewaltigen Ei. Das ist eine andere Version von »Frau ist, Mann tut«, eine weitere Version der todesverachtenden Suche des Mannes nach seiner letztlichen Auflösung in der Großen Mutter. Wie eine Ouvertüre läßt der Archetypus eine Melodie anklingen, deren Echo von der Empfängnis bis zum Tod, vom Anfang der Geschichte mit den konservativen, neolithischen Große Mutter-Kulturen bis zu den dynamischen Zivilisationen männlicher Götter zu hören ist. Aber Zivilisationen erheben sich und fallen wieder wie der Penis, und wenn die Türme und Zinnen auf der Erde zerfallen, dann kehren sie zurück in die Umarmung der Großen Mutter. Damit dürfte klar sein, daß der Archetypus »Frau ist, Mann tut« nicht einfach die ethnozentrische Projektion einer patriarchalen Kultur ist; hier handelt es sich um einen Archetypus, der in der stereotypen Situation einer engstirnigen Kultur interpretiert und verkörpert wird. Die Große Mutter ist nicht nur eine Art Figur aus den neolithischen Kulturen des Nahen Ostens; sie ist ein Archetypus. Aus einer metaphysischen Perspektive betrachtet ist die Große Mutter eine Metapher für das Gefäß des kosmischen Raums selbst.

III

Ignoriert ein Wissenschaftler Mythos, Kosmologie und Literatur, so kann seine Beschreibung eine simplistische und naive Qualität annehmen und zu einer einfachen, an das 19. Jahrhundert erinnernden Darlegung von Positivismus und Fortschritt geraten; wenn aber der Wissenschaftler mit Imagination und schriftstellerischem Talent begabt ist, dann kann seine Darstellung die besten Qualitäten des Geschichtenerzählens annehmen. Und da das Erzählen von Geschichten die vielleicht älteste Kunstform darstellt, durchdringt eine gute wissenschaftliche Geschichte die seichte Strömung konventionellen Empirizismus und berührt die tieferen Dimensionen des Bewußtseins.

Eben solch ein Kunstwerk wissenschaftlicher Beobachtung und Berichterstattung ist Jane van Lawick-Goodalls *Die spre-*

chenden Schimpansen. Bemerkenswert ist nicht nur, daß das Buch so gut wie viele Romane geschrieben ist, sondern daß eben diese Sensibiltät, die es Lawick-Goodall erlaubte, so ausgezeichnet zu schreiben, auch ihre Wahrnehmungen und Induktionen prägte. In ihrer Arbeit findet sich nicht ein Schatten von Wilsons Arroganz; sie hat nicht, um sein häßliches Wort zu gebrauchen, die Geisteswissenschaften »biologisiert«, sie humanisierte die Biologie.

Im Vorwort zu ihrem Buch erläutert Lawick-Goodall, daß Dr. Louis Leakey sie bat, Schimpansen in der Wildnis zu beobachten, weil sie keine Expertin war und deshalb Schimpansen ohne akademische Voreingenommenheit beobachten konnte. In seiner klassischen Arbeit, *Die Struktur wissenschaftlicher Revolutionen,* wies T.S. Kuhn darauf hin, daß ein Wissenschaftler, der einen wichtigen Durchbruch bei der Schaffung eines neuen Paradigmas erzielt, häufig entweder sehr jung ist oder aber neu in dem Bereich, den er oder sie revolutioniert. Lawick-Goodalls Arbeit ist eine Bestätigung von Kuhns These, denn sie war sowohl jung als auch völlig unerfahren im Bereich der Ethologie. Vor ihrer Arbeit fanden die meisten Untersuchungen von Primaten unter Laborbedingungen statt; dort konnte der Wissenschaftler den Schimpansen dazu zwingen, sich unter den Bedingungen der Gefangenschaft seinen, des Wissenschaftlers, Zeitplänen und Forschungsroutinen anzupassen. Indem Lawick-Goodall in die Wildnis ging und mit den Schimpansen unter ihren natürlichen Bedingungen lebte, gelang es ihr, eine ganze Reihe geschätzter Grundannahmen in den Bereichen Ethologie und Anthropologie zu widerlegen.

Eine der beliebtesten Vorstellungen, die mir als Anthropologiestudent noch beigebracht wurde, lautete, daß der Mensch *homo faber* war, der Werkzeugmacher. Es war nicht sonderlich überraschend, daß eine technologische Gesellschaft die Bedeutung von Werkzeugen überbetonte, aber es war schon bemerkenswert, wie sehr Anthropologen der Tatsache gegenüber blind waren, daß Ottern und Vögel Werkzeuge benutzten. Als Lawick-Goodall beobachtete, daß Schimpansen Zweige von Blättern befreiten, sie dann in einer Reihe neben einem Termitenloch auslegten, um anschließend in dem Loch nach den eßbaren Insekten zu angeln, da zeigte sie, daß Schimpansen nicht nur in der Lage sind, aus Natur Kultur zu machen, sondern daß sie darüberhinaus durchaus in Richtung Zukunft denken können. Die Zweige, die im Moment nicht gebraucht wurden, lagen zur späteren Benutzung auf der Seite.

Dr. Lawick-Goodalls vielleicht dramatischste Entdeckung war, daß Schimpansen rituelle Regentänze veranstalten.[26] Das ist nun eindeutig ein Verhalten, das nichts mit dem »Kampf ums Dasein« zu tun hat; es ist keine Handlung, die die Gesamteignung des Tiers steigert; es ist die emotionale und künstlerische Reaktion auf eine durch ein Gewitter verursachte Veränderung in der Atmosphäre. Mit nachgewiesenem Gesang und Tanz und Werkzeug in der Schimpansengesellschaft ist es nicht länger sinnvoll, den Terminus *Kultur* allein für die Menschen zu reservieren. Schimpansen haben eine Kultur, und vielleicht – wenn unsere Sensitivität zu neuen Ebenen hochentwickelt wird – werden wir einmal zu erkennen beginnen, daß auch solche Kreaturen wie Wale und Delphine Kulturen haben.

Der Regentanz der Schimpansen scheint eine Religion auszudrücken, einen Ausdruck von Ehrfurcht vor den Naturgewalten von Regen, Blitz und Donner. Vielleicht beeinflußt die Veränderung der Ionisierung der Luft, die einem Gewitter vorangeht, ihr Gemüt und ihre Emotionen. Einen Moment lang vergessen sie die normale Routine ihres Alltags, schauen auf und binden ihre kleinere Welt an die umfassendere Welt der Natur. Das Wort »Religion« stammt vom lateinischen Wort *religare* ab und bedeutet »binden«; das Individuum an das Universum zu binden oder mit ihm zu verknüpfen, heißt eine religiöse Handlung vollziehen. Das Profane ist die Welt der Routine, in der das Ganze vergessen ist; das Heilige ist das Individuum in erfurchtgebietender Beziehung zur Unendlichkeit des Universums. Ein heiliger Moment oder Ort ist somit einer, der die unmittelbaren Interessen der Kreatur mit dem Ganzen der Schöpfung verbindet. Der Regentanz der Schimpansen ist genau solch ein Ereignis. Ebenso wie wir bei formellen, öffentlichen Anlässen unsere alten Insignien und Zeichen von Amt und Würde hervorholen, um sie als Ausdruck hierarchischer Ordnung zu zeigen, so versammeln sich die Schimpansenmännchen, um sich selbst durch das Rütteln an Ästen und ihr eigenes System von Hierarchie und Dominanz vor dem noch gewaltigeren Spiel der Natur darzustellen. Solch ein ritueller Akt läßt eine beinahe menschliche Zweideutigkeit erkennen, denn hier handelt es sich um einen Ausdruck von Macht in der Zurschaustellung der Schimpansenhierarchie, und andererseits um einen Ausdruck von Schwäche, um eine Unterwerfung unter die größere Macht dessen, »was der Donner sagte«. Es hat deshalb den Anschein, als sei die Religion der Schimpansen keine Fruchtbarkeitsreligion, sondern eine Art Animismus, die gegenseitige Durchdringung von Naturkräften innerhalb ihrer eigenen Tierkultur.

Einer der Gründe, warum Schimpansen keine Religion der Fruchtbarkeitsriten haben, mag darin liegen, daß Sexualität für sie eine recht sachliche Angelegenheit ist, viel mehr als es mittlerweile bei Menschen der Fall ist. Ein Weibchen im Östrus steht im Mittelpunkt männlicher Aufmerksamkeit, aber es kommt zu keinem Konflikt, zu keinerlei Konkurrenz; die Männchen warten geduldig in einer Reihe hinter ihr, bis sie dran sind für das, was eigentlich ein Gemeinschaftskoitus ist. Der Akt der Vereinigung selbst ist kurz und routinemäßig.

> Schimpansen haben den kürzestmöglichen Geschlechtsverkehr – normalerweise verbleibt das Männchen nur zehn oder fünfzehn Sekunden lang in der Stellung.[27]

Status und die Rangordnung der Männchen in der Dominanzhierarchie scheinen in der Schimpansengesellschaft eine weitaus größere Rolle zu spielen als erotische Triebe. Männliche Dominanz ist in der Schimpansenkultur kein Mittel zur Monopolisierung eines Harems voller Weibchen, und da es für Vaterschaft keinen Anhaltspunkt gibt, scheint es, als sei männliche Dominanz auch kein Instrument, Gesamteignung sicherzustellen, sondern vielmehr, wie Lawick-Goodall feststellen konnte, die Möglichkeit zur Erhaltung der sozialen Bindungen. Wenn sie von einer anderen sozialen Einheit bedroht werden, dann ziehen Schimpansen in den Krieg.[28] Wenn

Vaterschaft eine Gemeinschaftsangelegenheit ist, dann bedeutet der Wunsch, im Gen-Pool vertreten zu sein, einfach,
die eigene Gruppe vor der Bedrohung durch eine fremde zu
beschützen.

Traditionellerweise verbinden Menschen Sexualität mit
(tierischer) Triebhaftigkeit, wobei diese Assoziation wohl
mehr mit der Projektion verdrängter Wünsche auf Tiere zu
tun hat als mit der Sexualität wilder Tiere. Ganz gewiß ist
solch ein Vergleich von Sexualität und Triebhaftigkeit im
Falle der Schimpansen nicht möglich. Die Menschen besitzen
ein Bewußtsein, das Sexualität vielleicht deshalb betont, weil
der Ursprung menschlichen Bewußtseins zum Ursprung
menschlicher Sexualität in Beziehung steht. Menschen sind
weitaus libidinöser als wilde Tiere, und so scheint die Annahme wenig sinnvoll, daß sexuelle Leidenschaft das archaische
Erbe unserer Tiernatur sei.

Ein anderes Klischee über wilde Tiere, das unter dem Gewicht von Lawick-Goodalls Beobachtungen zusammenbricht,
ist die Annahme, daß unter bloßen Tieren »der Stärkere recht
behält« und daß kein Gerechtigkeitsgefühl die Anwendung
von Gewalt einschränkt. Wenn ein männlicher Schimpanse
niederen Rangs Fleisch fängt, eine außerordentliche Delika-
tesse bei seiner gewöhnlichen Kost, dann muß er das nicht
etwa auf Verlangen einem ranghöheren dominierenden Männchen überlassen. »Bei solchen Gelegenheiten lassen die ranghöheren und über die Maßen frustrierten Männchen in der
Regel ihre Aggressionen an untergeordneten Individuen
aus.«[29] Das Leben unter diesen primitiven Bedingungen in
der Natur ist nicht, wie Hobbes sich ausdrückte, »scheußlich,
tierisch und kurz«, sondern eine Welt der Gesetze, eine Welt,
in der körperliche Aggression und Sexualität von einer Proto-
kultur geprägt werden.

Natürlich läßt sich nicht verallgemeinernd vom Verhalten
der Schimpansen auf das aller Tiere schließen. Tierkulturen
unterscheiden sich ebenso sehr wie Menschenkulturen: Ba-
boonmännchen kümmern sich um die Kinder, Languren sind
infantizid und halten sich Harems, und Gibbons sind ein Leben lang monogam. Die leichtfertigen Verallgemeinerungen
der Vergangenheit über die Sexualität von Tieren entstam-

men einer Projektion des Schattens der Zivilisation auf sie, eine Projektion, bei der das natürliche und instinktive Leben gezwungen wurde, die Karikaturen der Phantasien zivilisierter Menschen auszuleben. Es ist interessant zu sehen, was passiert, wenn wir den Prozeß umkehren und vom Tierverhalten auf das Verhalten von Menschen schließen. Wenn wir Tiere nicht länger als Rumpelkammern für unsere eigenen Projektionen betrachten, sondern als Ansatzpunkte für Einsichten in menschliches Verhalten, dann könnte das uns zur Entdeckung einer neuen Verwandtschaft mit allen lebenden Wesen führen.

Ein solcher Ansatzpunkt besteht in Lawick-Goodalls Beobachtungen der Freundschaft unter Männchen. Das Schimpansenmännchen schafft sich dauernde Freundschaften, während die Weibchen dies anscheinend kaum tun. Da es so gut wie keine Möglichkeit gibt, den Vater eines Schimpansenbabys zu benennen, stellen Mutter und Kind die wesentliche Familieneinheit dar. Bei den Schimpansen können Zärtlichkeit und Zuneigung zwischen Mutter und Kind jahrelang andauern. Und so scheint die Annahme berechtigt, daß der Großteil der weiblichen Energie in die Aufrechterhaltung des Familienlebens der Spezies einfließt und nur wenig übrigbleibt für das kameradschaftliche Spiel, das die Männchen beschäftigt.

Trotz des grundsätzlichen Strukturunterschieds zwischen der menschlichen und der Schimpansen-Familie unterscheidet sich das Verhalten einiger männlicher Menschen nicht so sehr von dem männlicher Schimpansen, wie man erwarten könnte. Jedenfalls verbringen in der abendländischen Welt viele Väter, wenn sie für das materielle Wohl ihrer Familien verantwortlich sind, viel Zeit weitab von ihren Frauen und ihren Kindern – häufig in Gesellschaft von anderen Männern. Reine Männergruppen sind in vielen Kulturen populär: das reicht von Clubs und Herrenabenden in der westlichen Welt bis zu Initiationen und Kriegergruppen in primitiven Gesellschaften. Kurz gesagt, eine große Anzahl von Männern – mögen sie sich auch zeitweise noch so sehr um weibliche Gesellschaft bemühen – wünscht sich, lange genug »von den Frauen fortzukommen« und sich in der legeren männlichen Gesellschaft zu entspannen. Schimpansenmännchen scheinen in etwa das Gleiche zu empfinden. Natürlich versammeln sie sich um rosa Weibchen, wenn diese zur Verfügung stehen, aber häufig genug treiben sie sich herum und ernähren sich in reinen Männchengruppen, und dann ist es wahrscheinlicher, daß sie einander umsorgen, als daß sie das für Weibchen und Junge tun.

Niemals aber haben wir irgendetwas beobachten können, das als Homosexualität unter Schimpansen hätte gelten können.[30]

Menschen leben in einer Kultur, die Homosexualität beinhaltet, die Kleinfamilie mit Mutter, Vater und Kind, sowie ein weibliches Sexualmuster, bei dem der Östrus keine Rolle mehr spielt. (Freudianer würden hier natürlich behaupten, daß es einen Zusammenhang gibt zwischen der paternalen Familie und Homosexualität). Auch haben wir Religionen, die Fruchtbarkeit, Frauenmysterien sowie die großen mythologischen Beziehungen von Liebe und Tod, Eros und Thanatos zum Hauptthema machen. Die Unterschiede sind ebenso überwältigend wie die Übereinstimmungen. In seiner Arbeit, *Der Ursprung der Familie, des Privateigentums und des Staats*, zieht Friedrich Engels die ethnographischen Forschungen von Lewis Morgan heran, um eine Theorie aufzustellen, die besagt, daß das frühe Stadium der menschlichen Familie aus Mutter und Kind bestand, während alle Männer der gesellschaftlichen Einheit zur gesamten Gruppe, der *Gens* gehörten.[31] Dieses theoretische Modell der frühen menschlichen Familie korrespondiert offensichtlich mit den Schimpansengruppierungen vom Weibchen und Jungen ohne »Väter«. So bleibt uns nun das Problem zu klären, wie es zur Entwicklung fort vom Östrus, zum Entstehen der Kleinfamilie und zum Auftauchen von Homosexualität kam.

IV

In Freuds Mythos vom menschlichen Ursprung, *Totem und Tabu*, (eine Darstellung, die A.R. Kroeber »eine Es-war-einmal-Geschichte« nannte), besteht die Urfamilie aus dem

Großen Vater, seinem Harem und der Brüderhorde subdominanter Männer. Eines Tages, so Freud, erhebt sich die Brüderhorde in einer Revolution und erschlägt den Vater; anschließend, aus Gewissensbissen über ihre Tat, feiern sie ein eucharistisches Fest, bei dem sie sich alle in einem gemeinsamen Erguß von Schuld und Sühne zusammenschließen und in einem kannibalistischen Ritus Körper und Blut des Vaters verzehren. Freuds Mythos soll zeigen, wie wir unter den Bedingungen einer primitiven Kultur das Böse erschufen und aus Reue über den revolutionären Akt zu Menschen wurden. Um aber eine so überaus bewußte Emotion wie Reue zu empfinden, hätten die Brüder bereits menschlich sein müssen; der Freudsche Mythos beschwört, was er erklären sollte und erklärt so gar nichts. Wir müssen weiter zurückgehen, um die Ursprünge der Menschheit zu finden. Freuds *Totem und Tabu* ist ein bewußter Traum, eine aktive Imagination, die es einem Jungianer gestatten würde, einen Einblick in Freuds Unbewußtes zu erhalten, auf gar keinen Fall aber ist es eine Beschreibung des Ursprungs menschlicher Kultur. Alles was wir von der Ethologie lernen können, läßt die Vermutung zu, daß die frühe menschliche Familie nicht aus dem Großen Vater, dem Harem und der Bruderhorde bestand. Freud projizierte Vater Abraham und die patriarchale Familienstruktur der biblischen Schafhirten.

Zur Erklärung der Ursprünge menschlicher Kultur und der Gestaltung menschlicher Sexualität möchte ich ein anderes Stück wissenschaftlicher Mythologie heranziehen: »The Human Revolution« von Charles Hockett und Robert Ascher.[32] Hockett und Ascher gehen zurück bis zur Trockenperiode im Pliozän, als die Wälder zurückgingen und sich die Savannen entwickelten. Als die Wälder immer kleiner wurden und in den Savannen nur noch hier und dort Baumgruppen standen, so die Theorie von Hockett und Ascher, da kontrollierten starke Primaten die alte, traditionelle ökologische Nische und verstießen die schwächeren Primaten in die offene und gefährliche Savanne. Der Primat, der aus diesem waldigen Garten Eden verstoßen wurde, war der Proconsul (heute Dryopithecus genannt). Da dem glücklichen Spiel in der Sicherheit der Bäume ein Ende gesetzt war, mußten sich die kleinen

Primaten zusammenschließen und zu ihrer Verteidigung mit
Steinen werfen. Da sie nun, was es zu tragen gab, nicht mehr
im Mund, sondern mit den Händen trugen, waren sie in der
neuen Situation, ihren Mund ganz für das Geschnatter einzusetzen, das nötig war zur Warnung und zur Organisation der
Suche nach Nahrung. Und da der natürliche Effekt jeder
Innovation konservativer Natur ist, so Hockett und Ascher,
weil der Zweck der Innovation dem Individuum die Möglichkeit verschaffen soll, die alten, bekannten Bedingungen wiederherzustellen, ist es sehr wahrscheinlich, daß sich diese
Primaten in kleinen Baumgruppen zu Horden zusammen-
schlossen und, wann immer es sicher war, auf der Suche nach
Nahrung umherzogen. Unter diesen veränderten Bedingungen entwickelten sich der Gebrauch von Werkzeugen und
Sprache zusammen, und der lange Marsch in Richtung auf
eine Raketen- und Computerkultur konnte beginnen.

Die impliziten mythischen Strukturen in Hocketts und
Aschers Darstellung des (Sünden-)Falls von Eden sind offensichtlich, aber ein Anthropologe könnte argumentieren, daß
die Beziehung zwischen Mythos und Modell umgekehrt ist:
der Mythos ist eine verschwommene Menschheitserinnerung
an das ursprüngliche Drama der Menschwerdung, der Hominisation. Wir wissen, daß frühe Primaten wie der *ramapithecus* auf Bäumen lebten und daß spätere Primaten wie der
australopithecus afarensis und der *homo habilis* dies nicht
taten, und so bleibt das Problem, uns ein Szenario des Übergangs vom Wald zur Savanne vorzustellen. Hocketts und
Aschers imaginäres Szenario ist so gut (oder schlecht) wie
jedes andere und scheint in die Darstellungen der menschlichen Ursprünge des Anthropologen Richard Leakey[33] einge-
flossen zu sein. Es scheint mir daher ganz vernünftig, es auch
als Grundlage für meine eigenen Spekulationen heranzu-
ziehen.

Eines der grundsätzlichsten Merkmale der menschlichen
Revolution ist das Verschwinden des Östrus. Wie ist dieser
dramatische Abschied von der Tiernorm zu erklären? Vielleicht läßt sich der Schritt fort vom Östrus nachvollziehen,
wenn wir den Schritt vom Wald in die Savanne verstehen.
Unter den Umweltbedingungen des Waldes können die

Schimpansen frei umherstreifen und besitzen kaum natürliche Feinde. Die Männchen ziehen mit ihren Genossen herum, und die Weibchen kümmern sich um die Jungen. Um den offenen und beweglichen Charakter solcher Gruppen zu verstehen, müssen wir die Schimpansengesellschaft des Waldes mit der Paviangesellschaft des offenen Graslandes vergleichen.

Paviane wandern in einem dicht zusammengedrängten defensiven Rudel, und ihr Schutzkreis wird besonders eng, wenn sie offenes Terrain durchqueren. Im Zentrum des Kreises befinden sich das dominante Männchen und seine ihm nahen Gefährten, jene Hierarchie, die als »Establishment« bekannt ist. Nahe bei diesen Männchen finden sich die Weibchen und ihre Jungen. Um die Weibchen herum spannt sich ein äußerer Kreis von subdominanten und heranwachsenden Männchen, die eine Art Frühwarnsystem bilden, eine Defensivlinie aus verzichtbaren, unerfahrenen Männchen. Die Paviangesellschaft ist extrem hierarchisch, aber die unmittelbare Nähe von dominanten Männchen und Weibchen mit Jungtieren scheint rudimentäre Ansätze männlicher Kinderfürsorge gefördert zu haben, denn die Männchen sorgen mit einiger Zärtlichkeit für die Jungen; sie sind nicht wie die Languren, die tendenziell alles töten, was nicht zu ihrer eigenen Brut gehört.

Die rigide Struktur der Paviangesellschaft ist eine Reaktion auf das Leben in der offenen Savanne, einer Umwelt ähnlich jener, mit der sich ein Primat des Pliozän nach seiner Vertreibung konfrontiert sah. Es fällt nicht schwer, sich vorzustellen, daß seine Reaktion der des Pavians ähnelt, daß er und seine Gesellen sich eng aneinander drängen würden aus Angst vor dem Unbekannten. Wagten sich die Weibchen und die Jungen ohne die Männchen hinaus in die Savanne, so wären sie in großer Gefahr. Die neue Umwelt mußte die im Wald gültigen Arrangements der Arbeitsteilung der Geschlechter in Frage stellen, und die Weibchen mußten die Männchen vom Herumstrolchen in reinen Männchengruppen weglocken, um eine Art Schutzgemeinschaft mit ihnen und den Jungen einzugehen.

Aber welches Signal konnten die Weibchen aussenden, um

die Männchen zurückzulocken? Hier kann uns möglicherweise jene erstaunliche Schimpansin, die Lawick-Goodall »Flo« taufte, einen Hinweis geben.

Eines Tages, als Flo in geselliger Weise mit vier erwachsenen Männchen beschäftigt war, kam ein junges schwangeres Weibchen an; sie war vor kurzem von Norden her auf unsere Gruppe gestoßen. Schwangere Weibchen zeigen häufig noch monatliche Schwellungen, und dieses hatte ein sehr rosa leuchtendes Hinterteil. Die Männchen paarten sich diesmal nicht mit ihr, zeigten sich aber interessiert. Sie verließen Flo, liefen schnell zu dem Neuankömmling hinüber, inspizierten ihr Hinterteil und fingen an sie intensiv zu umsorgen. Nur wenige Minuten später bemerkte ich Flo. Sie hatte sich einige Meter auf das junge Weibchen zubewegt und starrte es mit zu Berge stehenden Haaren an. Hätte sie sich getraut, sie wäre zweifellos über den Neuankömmling hergefallen. Wie es nun einmal war, ging sie langsam zur Gruppe hinüber und betrachtete nun selbst sorgfältig die Schwellung. Dann machte sie sich davon, ließ sich nieder und pflegte Flint.

Wir konnten es kaum glauben, als wir am nächsten Tag entdeckten, daß Flo eine beginnende Schwellung zeigte. Flint war noch keine zwei Jahre alt, und während junge Weibchen bereits wieder zu schwellen beginnen können, wenn ihre Jungen erst vierzehn Monate alt sind, werden alte Weibchen normalerweise erst nach vier oder fünf Jahren nach einer Geburt wieder rosa. Und dennoch, Flos Geschlechtshaut war geschwollen genug, die sofortige Aufmerksamkeit von Rudolph hervorzurufen, der sie fieberhaft hochzerrte und eifrig ihr Hinterteil untersuchte. Ebenso zwei andere Männchen. Dann setzten sie sich alle und umsorgten *sie*. Am nächsten Tag war diese außerordentliche Schwellung vorüber – auch in den nächsten vier Jahren zeigte Flo keinerlei Anzeichen einer Schwellung. Ich kann nicht glauben, daß das reiner Zufall war.[34]

Flos erstaunlicher Beweis der These, daß der Geist stärker ist als der Körper, ist möglicherweise ein Hinweis dafür, daß Menschen in einem Biofeedbacklabor nicht die einzigen sind, die Kontrolle über autonome Funktionen gewinnen können. Da weibliche Schimpansen im Östrus immer im Zentrum besonderer Aufmerksamkeiten stehen, und da der Östrus häufig die einzige Zeit ist, in der dem Weibchen vorübergehend

Status und Privilegien in der Hierarchie dominanter Männchen zuteil werden, kann man annehmen, daß die weiblichen Primaten, als sie sich den Gefahren der offenen Savanne ausgesetzt sahen, wahrscheinlich von der alten Gewohnheit nicht sonderlich begeistert waren, daß die Männchen in Gruppen herumzogen und die Mütter mit ihren Jungen allein ließen. Die Weibchen könnten eine Revolution ausgelöst haben, indem sie ihre Körpersignale so veränderten, daß sie das Interesse und die Aufmerksamkeiten der Männchen erweckten und so in einem Kreis von Männchen sicher waren. Wenn Flo ihren Körper über Nacht verändern konnte, dann ist die Vermutung nicht allzu weit hergeholt, daß der *ramapithecus* sich über einen längeren Zeitraum verändern konnte.

Der Übergang vom Östrus zur Empfänglichkeit für Geschlechtsverkehr zu jeder Zeit stellt eine Erotisierung der Zeit dar; Sexualität wird zu einem Orientierungspunkt für alle Erfahrungen und ist nicht länger eine beiläufige Zehn-Sekunden-Unterbrechung eines Alltags, der sich eigentlich um Status und Macht dreht. Indem sie ein neues Signalsystem für Sexualität errichteten, riefen die Weibchen eine magnetische Kraft ins Leben, die die Männchen anzog, und schufen so eine völlig neue soziale Gruppierung für die völlig neue Umwelt der Savanne. Unter dem Verzicht auf die periodisch aufreizenden Signale des Östrus entwickelt das Weibchen eine ganz und gar neuartige Körpersprache voller attraktiver Signale wie ein fettes Gesäß und volle Brüste. Geschlechtsverkehr wandelt sich von beiläufiger Besteigung von hinten zu einer vollen Begegnung von Partnern, die sich anschauen, und die Genitalien des Männchens werden größer als die jener Primaten, die vor ihm kamen. Kein Wunder, daß die alten mittelalterlichen Gemälde der *genesis* die Genitalien betonen, indem sie sie mit Feigenblättern bedecken. Die *genesis* ist die Geschichte der Genitalien.

Die Erotisierung der Zeit beinhaltet jedoch einen inhärenten Widerspruch: einerseits dient diese Abkehr vom Östrus dazu, die Männchen zu den Weibchen zurückzubringen, andererseits aber stört dies das traditionelle System der Männchenbande und erhöht die Wahrscheinlichkeit intrasexueller Konkurrenz. E.O. Wilsen bemerkt dazu:

Fox (1972) hat als Folge eines Vorschlags von Chance (1962) die Behauptung aufgestellt, daß sexuelle Selektion jener Hilfsmotor war, der die menschliche Evolution bis zur Stufe des *Homo* trieb. Seine Argumentation verläuft wie folgt: Polygynie ist allgemeiner Charakterzug der Jäger- und Sammlergruppen und dürfte auch die Regel in den frühen Hominiden-Gesellschaften gewesen sein. Wenn das zutrifft, dann wäre sexuelle Selektion, die sowohl epigame Darstellung als auch intrasexuellen Wettbewerb unter Männern einbezieht, besonders belohnt worden. Diese Selektion dürfte durch die ständige Provokation zur Paarung, die sich aus der beinahe ständigen sexuellen Empfangsbereitschaft des Weibchen ergab, verstärkt worden sein.[35]

Die Abkehr vom Östrus ist ein Signal, das gleichzeitig ein rotes und ein grünes Licht aufblinken läßt, die gleichzeitige Stimulierung von Sexualität und männlicher rivalisierender Aggression. Von Gregory Batesons *Double-Bind*-Theorie wissen wir, daß solch ein Doppelsignal Wahnsinn auslösen kann oder aber die Destrukturierung eines Kontexts, was zu einem Moment der Erleuchtung führen kann. Eben dieses »Nimm!« »Nicht!« – »Gefahr!« scheint im *genesis*-Mythos des menschlichen Ursprungs ausgedrückt zu sein, denn dort zeigt Jahwe Adam den Baum – lenkt somit seine Aufmerksamkeit darauf – um ihm dann zu verbieten, die Früchte solchen Bewußtseins zu schmecken. Als der Schatten Gottes, Satan, den Schatten Adams, Eva, in Versuchung führt, gibt es keinen anderen Ausweg mehr, als ganz einzugehen in die Welt des Bewußtseins und fortan um Licht und Schatten, Gut und Böse, Sexualität und Gefahr, Eros und Thanatos zu wissen. Wenn wir die Theorie akzeptieren, daß Mythen die unbewußten Ausdrücke einer Menschheitserinnerung darstellen, dann könnte die Tatsache, daß die Frau dem Mann einen roten, attraktiven Apfel anbietet, jene Situation beschreiben, die ich hier darzustellen versuche – daß das Weib zuerst den Östrus aufgibt und so den Mann zu einer neuen Kultur verführt. Als Folge dieser Verführung verliert Adam seine alte Gesellschaft der Engel und des männlichen Gottes Jahwe; er reagiert auf Evas Anziehungskraft, indem er böse auf sie ist und sich nach den alten Tagen des Fließgleichgewichts vor dem Fall zurücksehnt. Dank genialer Einsicht erkennt Milton in seiner eigenen Wiedererzählung des Sündenfalls in *Das verlorene Paradies*, daß die *genesis* die Geschichte der Genitalien ist, indem er aus Adams erster Handlung nach dem Fall eine lustvolle Vergewaltigung Evas macht.

All das zeigt uns einfach, daß unsere Mythologien und Religionen von der Sexualität handeln und nicht vom Animismus in der Religion der Schimpansen. Bei unseren Religionen geht es um Sexualität, weil wir versuchen, mit dem grundsätzlichen Widerspruch einer Sexualität klarzukommen, die die Männer zu Frauen hinzieht und von den Männerbündnissen weg zu Rivalität und Aggression unter Männern führt.

Strukturalanthropologen wie Lèvi-Strauss und Edmund Leach haben sich hinlänglich aufzuzeigen bemüht, daß ein Mythos häufig genug eine Methode ist, mit einem Widerspruch zurechtzukommen.[36] Es ist deshalb nicht weiter überraschend, daß der größere Mythos der Genesis und der kleinere Mythos der Soziobiologie beide auf die inhärenten Widersprüche im Sexualverhalten hinweisen.

Die Abkehr vom Östrus ist eine Revolution, die von den Weibchen ausgelöst wurde. In der Anthropologie wird diese Revolution in anthropozentrischen Begriffen betrachtet.

> Sowohl Freud wie auch Lévi-Strauss sind im Grunde an der gleichen Frage interessiert: wie wurde der *Homo* zum *sapiens*? Was trennt den Menschen von der Natur, während er gleichzeitig Teil der Natur bleibt? Für Freud handelt es sich um das Resultat der Begrenzung freier sexueller Aktivität als Resultat starker Gefühle – Schuld, Brüderlichkeit, Gehorsam, Inzest usw. Für Lévi-Strauss (1949) geht es in seiner früheren Arbeit nicht um ein Resultat negativer Gebote, sondern um den positiven Wert des Austauschs, d.h. von Frauen. In seiner späteren Arbeit (Lévi-Strauss, 1962a, 1962b) ist das hervorstechende Merkmal des Mannes ebenfalls Austausch, allerdings der Austausch von Information und nicht der von Frauen.[37]

Obgleich feministische Gelehrsamkeit ihre eigenen Auswüchse ideologischer Hysterie hervorgebracht hat, ist der oben zitierte Ethnozentrismus von Robin Foxs Anthropologie erschreckend. Wer die männliche Vereinsmeierei von Freud, Lévi-Strauss, Fox, Tiger und Ardrey satt hat, dem bietet die feministische Anthropologie in Elaine Morgans *Der Mythos vom schwachen Geschlecht* [38] eine willkommene und kluge Abwechslung. In ihrem spekulativen Szenario machen sich die Hominiden auf in die Savanne und kommen dabei um; nur einige wenige, die vom Wald an die Küste ziehen, überleben und werden so die Vorfahren der Menschen. Aus Morgans Analyse, einer populären Version der Theorien von Sir Alastair Hardy, geht hervor, daß die menschlichen Wesen durch das Leben am und im Wasser ihr Körperhaar verloren, hängende Brüste und langes Haupthaar entwickelten und dorsalen durch frontalen Geschlechtsverkehr ersetzten, eine Revolution, die die Verlängerung des männlichen Penis voraussetzte. Wilson tat Morgans Anspruch auf Wissenschaftlichkeit ab,[39] und ihre Popularität in der Öffentlichkeit erreichte nie die wissenschaftlichen Spezialisten. Wie dem auch sei, ihr schlaues Entlarven der Macho-Schule der Anthropologie ist ein willkommener Beitrag zur Soziologie des Wissens.

Wenn Robert Ardrey den Mann als todbringenden Jäger betrachtet[40] und wenn Lévi-Strauss den Mann Frauen als stumme Besitzobjekte austauschen sieht, dann konzentrieren sie sich auf die Tatsache, daß Männer Teil eines Systems epigamer Zurschaustellung sind. In Jäger- und Sammlergesellschaften werden sich Männer auf die Brust klopfen und ihre Jagdgeschichten erzählen, aber die Sammeltätigkeit der Frauen bringt siebzig Prozent der Nahrung ein. In einer Gesellschaft früher Hominiden haben sich die Männer vielleicht zur Schau gestellt, aber dabei handelte es sich um Reaktionen auf die Signale sexueller Empfangsbereitschaft, die die Frauen aussandten. Das Männliche ist die *Figur*, aber das Weibliche ist der *Hintergrund*, und dieses *Gestalt*muster ist eine weitere Version von »Das Ei *ist*, der Samen *tut*.« Die Abkehr vom Östrus ist eine Revolution, die von Frauen ausgelöst wurde; die Männer mögen mächtig erscheinen bei ihrer epigamen Zurschaustellung sexuellen Wettbewerbs, die wirkliche Macht aber liegt bei den Frauen, die den Umschwung verursachten.

Dadurch, daß es bei den Affen, ja bei den Säugetieren im allgemeinen die Brunst gibt, beschränkt sich deren Paarungsperiode auf

ein bis zwei Tage im Monat, ja mehr noch, auf ein bis zwei geschlechtliche Vereinigungen für jede Schwangerschaft. Aus einer
Kopulation kann – und das ist im allgemeinen auch der Fall – ein
ganzer Wurf von Jungen hervorgehen. Doch ohne solche zeitlichen Beschränkungen können, wie es beim Menschen der Fall ist,
zehn oder vielleicht hundert Kopulationen stattfinden, ohne daß
mehr als nur ein Nachkomme daraus hervorgeht. Und tatsächlich
kommt es im Extremfall vor, daß aus allen geschlechtlichen Vereinigungen eines ganzen Lebens nicht ein einziger Nachkomme
hervorgeht. Das kontinuierliche Sexualleben beim Menschen geht
auf Kosten einer hundertfachen Samenproduktion beim Mann und
eines hundertmal häufigeren Geschlechtsverkehrs, als dies bei
einer zyklisch geregelten Paarungstätigkeit für den Fortbestand
der Art erforderlich ist. Die überflüssige Samenproduktion, wie
Spezialisten es nennen, steigert sich beim Menschen auf 10^8 bis
10^{10} oder noch mehr. So ist der Geschlechtsverkehr beim Menschen im Gegensatz zu den Tieren nicht mehr lediglich das Mittel
zur Fortpflanzung. Andererseits ist er auch nicht zum reinen
Selbstzweck geworden. Seine Bedeutung liegt eher zwischen beiden, als eine Tätigkeit, die gleichermaßen dazu dient, die Kontinuität der Familie wie die Struktur der Gesellschaft zu erhalten.[41]

Mit dem Schritt vom Wald zur Savanne, vom Östrus zur
allzeitigen Empfangsbereitschaft, begegnet uns eine weitere
Version jenes archetypischen Musters vom Schritt aus dem
alten Fließgleichgewicht hin zu neuen, ungewissen und dynamischen Lebensbedingungen. Sexualität wird die Kraft, die
die alte Kameraderie der Männergruppen stört, auch wenn
sie nicht sofort die Kleinfamilie aus Mutter, Vater und Kind
auf den Plan ruft. Wie nun würde eine neue männlich-weibli-
che Fortpflanzungs- und Überlebensstrategie unter den neu-
en Lebensbedingungen der Savanne aussehen? Würde ein
einzelnes dominantes Männchen mit seinem Harem – so wie
Freud es in seinem *Totem und Tabu* darstellt – zur neuen
Gruppe gehören? Ich bezweifle das aus einer ganzen Reihe
von Gründen. Erstens könnte ein einzelnes Männchen im
offenen Grasland keinen Harem aus Frauen und Kindern beschützen. Das System der Paviane mit ihren vielen die Frauen
umringenden Wachen ist wesentlich effektiver. Dieses System erlaubt es, in der offenen Savanne Wurzeln, Samen und
Insekten zu sammeln, während Dutzende von Wachen sich

regelmäßig auf zwei Füßen aufrichteten und über das Gras schauten, um einen Warnruf auszustoßen, sollte sich ein Raubtier nähern. Zweitens lieferten neueste archäologische Ausgrabungen in Afrika Hinweise dafür, daß die frühen Hominiden ihre Nahrung in ihr Hauptlager zurücktransportierten und es dort untereinander aufteilten. Da die frühen Hominiden sich höchstwahrscheinlich von Aas und durch Schmarotzen ernährten und keine Jäger waren, wird die Notwendigkeit, die Nahrung aus der offenen Savanne zu einer schützenden Ansammlung von Bäumen zu tragen, offensichtlich. Solch ein System der Nahrungsteilung setzt aber eine komplexere Gruppierung voraus als Freuds Phantasie von dem einzelnen dominanten Männchen mit seinem Harem.

Mit Hockets und Aschers Anwendung des Romerschen Gesetzes aus der Paläontologie im Gedächtnis, daß nämlich der Effekt jeglicher Innovation konservativer Natur ist, könnte ich mir vorstellen, daß der Effekt der weiblichen Innovation darin bestand, die Männchen aus den Gruppen heraus und zurück zu den Weibchen zu locken. Die Männchen hingegen dürften die alte Gewohnheit wieder durchgesetzt haben, in Gruppen herumzustreifen und Nahrung zu räubern. So dürfte sich die grundsätzliche Arbeitsteilung entwickelt haben, bei der die Weibchen nach Wurzeln und Samen herumstöbern, jene Art des Sammelns, die eine Mutter mit Kind leicht erledigen kann, während die Männchen das Lager verlassen, um zu schnorren oder ein Beutestück zu stehlen und dann das schwere Tier zurück zum Hauptlager bei der Baumgruppe zu schleppen. Auf diese Art und Weise werden an der Baumgruppe die Bedingungen des Waldes wiederhergestellt, und das alte System männlicher Bindungen wird in der Jagd- und Räuberbande wieder eingeführt.

Die Implikationen dieser Argumentationskette stellt eine ganze Reihe geliebter Vorstellungen von der menschlichen Natur in Frage, so daß es sinnvoll erscheint, im Einzelnen darauf einzugehen. Wenn also, erstens, die Nahrungsteilung ein grundsätzlicher Bestandteil menschlicher Evolution ist, wie Glynn Isaacs und andere behaupten,[42] dann ist der sozialdarwinistische Mythos vom Überleben des Stärksten und »jeder für sich selbst« eine Projektion aus den grausameren

Zeiten kapitalistischer Gesellschaft. Kropotkins Vorstellung von *gegenseitiger Hilfe* scheint den natürlichen Bedingungen menschlicher und hominider Gesellschaften wesentlich näher zu kommen. Wenn, zweitens, die weibliche Abkehr vom Östrus und das neue Muster der Nahrungsteilung anfängliche Reaktionen auf die neue Umwelt der Savanne darstellen, dann heißt das, daß eine soziale und kulturelle Revolution der technologischen vorausgeht. Ardreys rühmende Darstellung der Waffenentwicklung und des Tötens von Hominiden als der Speerspitze menschlicher Evolution ist ebenso sehr eine persönliche Phantasie und eine Projektion wie Freuds *Totem und Tabu.*

Die Hominiden waren zuerst Räuber und nicht Jäger. Die ersten Werkzeuge waren höchstwahrscheinlich Stöcke und scharfe und kantige Steine, um Aas in kleine, leichter ins Hauptlager zu transportierende Stücke zu schneiden. Natürlich haben wir es hier nicht mit einem einfachen, auf kausaler Logik basierenden System zu tun, sondern mit einem komplexen *Multiple-Feedback*-System. Der Weg in die Savanne fördert eine neue Gruppenbildung unter den hominiden Horden. Der Versuch, eine an die alten Zeiten im Wald erinnernde Siedlung in kleinen Baumgruppen zu etablieren, führt zu einer neuen Arbeitsteilung mit sammelnden Weibchen und räubernden Männchen. Die Arbeitsteilung unterstützt die Wiederherstellung der alten sozialen Einheit von Männerbündnissen, und die gemeinsamen Raubzüge fördern die Entwicklung eines Signalsystems zur Verteidigung sowie die Untersuchung der Umwelt auf alles, was der Nahrungssicherung dient. Der gemeinsame Gebrauch von Werkzeugen unterstützt eine Ausbildung unter Gleichrangigen und somit ebenfalls eine Gruppenbildung und starke Bindungen unter Männern. Die Förderung starker Männerbande wiederum sorgt für eine Vergrößerung der Distanz zwischen den Geschlechtern bei der ursprünglichen Arbeitsteilung und damit für die Verstärkung der Opposition zwischen den Geschlechtern, und es entsteht eine bewußt wahrgenommene Dissonanz zwischen dem Bedürfnis nach Männergesellschaft und dem Bedürfnis der Frauen nach schützenden Beziehungen mit den Männern. Da die Bereitschaft zum Geschlechtsverkehr höchstwahrscheinlich die intrasexuelle Konkurrenz unter Männern fördert, konfrontierte »die menschliche Revolution« die Hominiden mit einer dynamischen, aber höchst unbeständigen Situation. Und so mußte es natürlich zu irgendeiner Form sexueller Repression und Kontrolle kommen.

Freud formulierte die klassische Theorie, daß menschliche Kultur auf Repression basiert, und kürzlich behaupteten einige Anthropologen, daß eben diese Repression die Grundlage der rapiden Evolution des Hominidengehirns sei. In *Warum die Männer wirklich herrschen* äußert sich Lionel Tiger:

> Chance behauptet, daß die Entwicklung von aggressionshemmenden Verhaltensmechanismen für die Vergrößerung des sich entwickelnden menschlichen Gehirns entscheidend war. Ranghohe Männchen waren bei der Fortpflanzung im Vorteil; um den Zusammenhalt der Lebensgemeinschaft aufrecht zu erhalten, war es wichtig, die gegen die ranghohen Männchen gerichtete Aggression zu hemmen. Gefährliche Waffen, die ebensogut innerhalb wie außerhalb der Gemeinschaft zum Mord verwendet werden konnten, mögen ein erganzender, bedeutsamor Faktor bei der Entwicklung von Mechanismen zur Hemmung männlicher Rivalität innerhalb der Gruppe gewesen sein.[43]

In der Anschauung, daß sexuelle Repression gut ist für das Wachstum des Gehirns, begegnet uns eine wissenschaftliche Variante des yogischen Mythos, daß sexuelle Repression notwendig sei für das Aufsteigen der *Kundalini* und die Selbstbefruchtung des Gehirns. Wieder einmal treffen wir auf die uralte Vorstellung, daß Genitalien und Gehirn über die Wirbelsäule auf das Intimste miteinander verknüpft sind.[44]

Die Abkehr vom Östrus verursacht eine Explosion im Körper, die wiederum eine Implosion in der Gesellschaft auslöst, denn sie verlangt, daß sich die Männer eng zu einer Art rudimentärer Räuber- und Jägerbanden zusammenschließen. Durch die Einrichtung eines Doppelsignalsystems von Ermunterung und Repression, entfernt sich die Sexualität der Hominiden radikal von der natürlichen Sexualität der anderen Primaten. Gleichzeitig erfährt die Sexualität der Hominiden eine Intensivierung im Bewußtsein, eine Betonung, die zur Grundlage des zwanghaften Charakters menschlicher Sexualität werden sollte. Der beiläufige Zehn-Sekunden-Koitus der Tiere gehört der Vergangenheit an; die Gegenwart heißt jetzt die Sexualisierung menschlicher Kultur sowie die Verbindung von erotischer Erregung mit einem aufregenden Gefühl der Gefahr.

Mit eben dieser menschlichen Erotisierung der Zeit entfalten sich all die neuen Formen menschlicher Sexualität. Wie die Splitter eines explodierenden Schrapnells zerstreut sich die Sexualität in alle Richtungen und landet auf jedem beliebigen, zur Verfügung stehenden Anhängsel, jeder Öffnung, jedem möglichen Symbolartikel als Teil der Sexualisierung des menschlichen Bewußtseins. In diesem Stadium der Intensivierung breitet sich die Sexualität in alle Richtungen des Bewußtseins aus; an diesem Punkt entwickeln sich Homosexualität und Inzest, und später, mit der Domestizierung von Tieren, auch Sodomie. Die Frauen vollziehen eine Abkehr vom Östrus und ziehen die Männer zu sich mit der erbarmungslosen Macht der Pheromone; sie halten sie zurück von »Männer-Gruppen«, vom Herumstrolchen im Wald und drängen sie in neue Formen gesellschaftlichen Zusammenhalts und der Einschränkung. Kein Wunder, daß eines der beherrschensten Muster männlichen Verhaltens der Groll auf Frauen ist, verbunden mit der Sehnsucht, sich von ihnen und gesellschaftlicher Verantwortung lösen und abwenden zu können, um zurückzukehren zum Fließgleichgewicht der Eckkneipe, der Jagd, des Waldes. Kein Wunder, daß männliche Homosexualität die Ablehnung von Frauen ausdrückt und gleichzeitig das Zelebrieren männlicher Dominanz in solchen Karikaturen wie der des schwarzledernen Sturmtruppentypen oder des Marlboro-Cowboys aus der Zigarettenwerbung. Eine Umdrehung der Spirale der Geschichte und es wird das Thema der vorangegangenen Umdrehung gespielt, und in der Abwendung von Frauen und gesellschaftlicher Verantwortung, um in der Gesellschaft von Jungen und Männern zu bleiben, verwirft der Homosexuelle die Schönheit und den Schrecken jener nach Frauen riechenden Nacht, in der sich die Welt veränderte. Eine neue Kraft wurde freigesetzt, aber die Explosion konnte sich nur ein Stückchen ausdehnen, bevor sie eingefangen und zur Implosion in eine neue Kultur, die

Gesellschaft der Hominiden, gezwungen wurde. Es ist kein Wunder, daß all die mittelalterlichen Gemälde des Falls das Ur-Paar zeigen, wie es die Sicherheit des Waldgartens verläßt und eine neue Welt betritt, eine Welt, die durch die schamhafte Bedeckung ihrer neuerdings vergrößerten Genitalien als sexuelle Welt betont wird.

Durch die Explosion der neuen sexuellen Kräfte im Körper ist die Unschuld der Tiersexualität in einem neuen Körper gefangen. Vielleicht können wir jetzt die Einsicht jenes gnostischen Mythos schätzen lernen, in dem der erste Adam in einem sexuellen Körper gefangen ist und schreiend darum bettelt, freigelassen zu werden, während der Teufel lacht und unaussprechliche Handlungen an ihm vollzieht. Vielleicht fangen wir jetzt an zu verstehen, warum Menschen so zwanghaft sind in der Sexualität, warum es in der Pornographie so selten liebevolle und bestätigende Abbildungen der Sexualität gibt. Gleich ob die pornographische Kunst aus Europa, Amerika, Afrika oder Asien stammt, die Bilder sind grotesk und besitzen den Charakter einer Karikatur: japanische Männer, die die Straße entlang laufen, mit riesigen Penissen, die auf Schubkarren liegen; afrikanische Vulvas, klaffend wie das riesige Maul eines gierigen wilden Tieres.[45]

Warum zeigt Pornographie nicht häufiger Sexualität im Zusammenhang mit Liebe, Zärtlichkeit, Schönheit und Zuvorkommenheit? Warum rutscht sie so leicht ab in die Bilderwelt von Sodomie und Sadomasochismus? Warum gibt es für jedes feine Bildnis von Berninis St. Teresa im Orgasmus Millionen grotesker Bilder in Buchläden für »Erwachsene« und auf Toilettenwänden? Pornographie ist die Schattenseite des Mythos, eine Menschheitsgeschichte dargestellt in zwanghaften Bildern, die als Zerrbild unseres archaischen Erbes den Schock der Inkarnation, der Fleischwerdung ausdrücken soll. Eben weil wir bewußter als Tiere sind, wird auch unsere Sexualität vom Bewußtsein intensiviert. Homosexualität, Sadomasochismus und Sodomie sind weder unmenschlich noch »natürlich«; für Menschen gibt es nichts »Natürliches«. In einer Paraphrasierung von Goethe könnte man sagen, daß der Mensch Mensch ist, weil er nicht Natur ist. In Verehrungsritualen des Penis und der Peitsche oder in den schwarzledernen Festen männlicher Dominanz und sadomasochistischer Knechtschaft erweist sich die menschliche Sehnsucht nach Begrenzung, nach der Rückführung in einen ursprünglichen, präsexuellen Seinsmodus. Die karikierte Betonung von Sexualität ist nicht ihr Feiern, sondern der Versuch, ihr ganz und gar zu entkommen. In gewisser Weise ist die Pornographie, wie der Moralist behauptet, »Abfall«; sie ist der vor sich hin rottende Komposthaufen alter Mythologien, der Überbleibsel aller Kulturen der menschlichen Evolution.

Trotz all unserer Abschweifungen in die Wissenschaften der Soziobiologie, der Ethologie und der Anthropologie sind wir der im Prolog dargestellten Welt des Mythos nicht entkommen. Der Mystiker Rudolf Steiner sagte, daß der Preis für das Denken Doppelgeschlechtlichkeit sei und daß die Evolution des Gehirns und die der Genitalien zusammengehören. Und genau das erzählen uns auch die Anthropologen M.R.A. Chance und Lionel Tiger.

In den Mythologien der Anthropologen jedoch ist es die Aktivität des Mannes, die den langen Marsch der menschlichen Kultur auslöst. Im »Fall« in die Arbeitsteilung sieht Lévi-Strauss die großen Jäger, die durch das Handeln mit Frauen die exogamen Bündnisse zwischen zwei Jägerbanden schmieden. Das Ei ist, aber der Samen tut. Das winzige Sperm mag ja eine wilde Aktivität entwickeln, aber seinen Weg zum Ei findet es nur über eine alkalische Spur, und die hat die Große Mutter gelegt. »Hinter jedem großen Mann ist eine große Frau.«

Das Weibchen der Spezies ist der Initiator der Hominisation der Primaten; sie ist das Geschöpf, das mit der Einheit von Geist und Körper vom Zyklus des Östrus zum Zyklus der Menstruation überwechselt. Eine neue Gesellschaft wurde geschaffen, in der sich die alten Unterschiede auf neue Weise rekonstituierten. Aus den alten reinen Männergruppen, die im Wald herumstrolchten, wurden die reinen Männerbanden, die zuerst Aasräuber und dann Jäger wurden. Durch den Einsatz von Werkzeugen und Signalen dürften die Männer eine primitive Technik und eine primitive Sprache für jene ganz spezifischen Objekte entwickelt haben, die in ihrem sich neuerdings entwickelnden bewußten Geist Form annahmen.

Durch das Sammeln von Pflanzen und die Beobachtung der
jahreszeitlichen Rhythmen, in denen die Pflanzen immer wieder auftauchten, ebenso wie durch die Beobachtung ihrer
eigenen Menstruations- und Mondzyklen, nahmen die Frauen
die Grundgezeiten der Natur wahr und legten damit die
Grundlage zur ersten großen Synthese von Wissenschaft und
Religion, zur Astrologie.

Die Religion der Schimpansen ist animistisch; die Religion
der Menschen ist sexuell, und aus der Verbindung der Sexualität mit den Kräften der Natur sollten die Frauen unsere
erste Religion schaffen, eine Religion der Menstruation, der
Geburtsmysterien und der Mondphasen.

KAPITEL 2

Symbolisierung

AM ANFANG WAR DAS WORT. Der Schöpfer ließ den Eröffnungsakkord erklingen, aus dessen vielfältigen Vibrationen jene einzigartige Sphäre entstand, die sich ausdehnen und das gesamte Universum ausdrücken sollte.[1] Als zwölf Milliarden »Jahre« später ein winziger Planet von Ozeanen und einer dichten Wolkendecke umhüllt vor ihm lag, sagte der Schöpfer noch einmal »Es werde Licht«, und ein Blitz schlug in die Gewässer, und erstaunte Moleküle sanken in Ketten auf den stillen Grund der Meere, wo sie in der Nucleotiden-Sprache flüstern konnten und ein weiteres Kapitel im universalen Leben des Wortes einleiten sollten.

Von den Elementarteilchen des Lichts zu den Atomen, von den Atomen zu den Molekülen, von der Staubwolke zum Sonnensystem, vom gashaltigen Nebel zum Ozean oder noch einfacher vom Wald zur Savanne, so folgt ein Übergang dem nächsten, und doch scheint jede Transformation von den ihr vorangehenden Bedingungen aus unerklärlich. Was ist das für eine Beziehung zwischen Licht und Elementarteilchen, zwischen Information und Materie, zwischen Geist und Körper?[2] Wie ist es möglich, daß die Schimpansin Flo über Nacht den Östrus auslösen konnte? Oder wie, wenn wir schon bei dem Thema sind, kann eine Mystikerin des 20. Jahrhunderts wie Therese Neumann die *Stigmata*, die Wunden von Christus an ihrem eigenen Körper entwickeln?[3] Wie werden Symbol und Idee in blutende Wunden übertragen? Wie kann man Zellen dazu bringen, das, was der Organismus denkt, zu hören und zu befolgen? Auf der Ebene dieser Fragen ist die Soziobiologie nur dumm, aber es lohnt sich, auf die noch immer dünne Stimme des Philosophen Whitehead zu hören.

Ein Elektron innerhalb eines lebenden Körpers unterscheidet sich daher aufgrund des Körperplanes von einem Elektron außerhalb. Das Elektron hastet entweder innerhalb oder außerhalb des Körpers blind dahin; aber innerhalb des Körpers hastet es in Übereinstimmung mit seiner Eigenschaft innerhalb des Körpers; das heißt, in Übereinstimmung mit dem allgemeinen Körperplan, und zu diesem Plan gehört der Geisteszustand.[4]

In seiner Philosophie vom *Organismus* versuchte Whitehead, sowohl über den reinen Idealismus der Hegelianer, als auch über den reinen Materialismus der Positivisten hinauszugelangen. In seiner Vorstellung von Materie als *Prozeß* war er möglicherweise von einem anderen großen, mystischen englischen Wissenschaftler, von Michael Faraday beeinflußt. In seinen *Experimental Researches in Electricity* sah Faraday einen Tanz der Energie, der weit komplexer war als der simple Materialismus seiner viktorianischen Kollegen; für ihn bestand Materie nicht aus irgendwelchen Stoffklumpen, für ihn war Materie ein sich gegenseitig durchdringendes Feld: »Materie ist nicht nur einander durchdringend, sondern jedes Atom, so könnte man sagen, durchdringt das ganze Sonnensystem und hält doch sein eigenes Kraftzentrum aufrecht.«[5]
Die Vorstellungen von zutiefst religiösen Wissenschaftlern erreichen eine Verständnisebene weit jenseits aller routinemäßigen Wissenschaft und orthodoxer Religion; es ist der Schritt von der dritten, der heroischen Ebene des Mythos, zur vierten – hieroglyphischen – Ebene. Faradays Vision von der interpenetrablen Qualität der Materie drückt ebenso wie Whiteheads Vorstellung von der erfassenden Vereinigung der Raum-Zeit den unitiven Zustand des Mystikers aus. Wenige Wissenschaftler und wenige Priester haben diesen Gipfel menschlichen Verstehens, diese Vision des Logos erreicht. Der Wissenschaftler, der Philosoph, der Heilige und der Künstler, sie alle klettern auf verschiedenen Pfaden den Berg hinauf, aber je höher sie gelangen, um so näher rücken sie zusammen auf der Spitze menschlichen Bewußtseins. Jeder von ihnen erfährt auf dem Weg nach oben den Reiz einer anderen Landschaft, einer anderen Aussicht, aber keine Aussicht ist besser als eine andere.

Die vier Ebenen des Mythos können als vier Stufen des Aufstiegs auf den Berg betrachtet werden. Die erste Ebene des Mythos ist ein simplistisches Verständnis des Mythos auf der Ebene des Tals; die zweite Ebene ist die beginnende Einsicht, daß am Mythos mehr ist, als man ursprünglich dachte. Die dritte Ebene ist die erhöhte und schwindelerregende Vision des Helden, der ins Tal *hinab*blickt und auf egoistische Weise von *seiner* eigenen weitreichenden Vision hingerissen ist. Die vierte Ebene des Mythos ist die Vision auf dem Gipfel, dort, wo der Berg aufhört und der Himmel beginnt; fort ist die Arroganz des Positivisten, und Heiliger und Wissenschaftler, Philosoph und Künstler sitzen alle beieinander und lauschen der Musik der Sphären.

Der Mythos ist die Geschichte der Seele, die Erinnerung unseres größeren Seins; Ritual und Sakrament sind Gedächtnisstützen. (Als Kind mußte ich einen Katechismus auswendig lernen, in dem ein Sakrament als »das äußere Zeichen eines inneren Zustands« definiert wurde). Während des Falls löst sich der Teil vom Ganzen; um etwas zu heiligen, muß man den Teil wieder mit dem universalen Ganzen verknüpfen. Die Schimpansen erneuern Beziehungen in ihrem Regentanz, und auch wir, die wir mit allen lebenden Wesen verwandt sind, wissen, wie wir tanzen müssen. Darin hatten wir die allerbesten Lehrer. Jesus sagt im gnostischen Reigen:

> Das Ganze nimmt Teil an unserem Tanzen. Amen. Wer denn nicht tanzt, weiß nicht, was geschehen wird. Amen.[6]

Um gegenwärtige oder künftige Ereignisse verstehen zu können, muß man den kosmischen Tanz verstehen, jenes musikalische und geometrische Bewegungsmuster in der Schöpfung. Die Zusammenfassung aller Ereignismuster ist der Logos. Auf dem Gipfel menschlichen Verstehens im Tanz oder in der Ekstase des unitiven Zustands ist *Mythos* nicht länger eine Beschreibung, sondern eine Aufführung der Wirklichkeit. Auf den niedereren Ebenen menschlichen Verständnisses ist Mythos etwas symbolisches. Ein breiter Strom trennt die dritte von der vierten Ebene des Mythos, die heroische von der hieroglyphischen. Die alten Griechen wußten dies,

denn das Wort *Symbol* bedeutete etwas, das hinübergewor-
fen wird. Der Einsiedler Utnapishtim schafft den Übergang,
aber der Held Gilgamesh muß zurückbleiben, und so muß der
Einsiedler dem Helden etwas hinüberwerfen, was ihm Bewußtsein auf der anderen Seite des Stroms von Zeit und
Raum verstehen hilft.[7]

Jesus im Tanz, Santa Teresa in Ekstase, Bach am Klavier
und Faraday in seinem Labor befinden sich alle an einem Ort
außerhalb der Reichweite eines Soziobiologen. Und ich glaube, selbst Soziobiologen müssen das unbewußt spüren, denn
ihr arroganter Anspruch auf eine totale Synthese impliziert
eine gewisse Wut darüber, daß es irgendetwas außerhalb des
Einflußbereichs ihrer Erklärungen geben könnte. Ihr Anspruch auf Totalität erinnert an den Ausruf des Archon Ialdabaoth, er sei der Herr des Universums und daß es nicht
größeres als ihn gäbe. *Sophia* wußte es jedoch besser. Wenn
unsere Kultur es auch besser wissen soll, dann werden wir
den Schritt vom Sophismus zu *Sophia* machen müssen, von
den heroischen Mythen von Darwin, Marx, Freud oder Wilson zur hieroglyphischen Sprache der Götter.

II

Es gab eine Zeit, da behaupteten wir, nur die Menschen
könnten denken, nur die Menschen besäßen eine Sprache.[8]
Dann erfuhren wir von der Sprache der Delphine und von den
Liedern der Wale. Einige Jahre später brachten Psychologen
Schimpansen Ameslan, die Zeichensprache der Taubstummen
bei. Plötzlich wurde der Schimpanse an die Stelle geworfen,
an der Natur und Kultur sich kreuzen, und für diese Tiere
wird das Laboratorium tatsächlich zu einem Ort der Kreuzigung. Die Schlacht zwischen den Behavioristen und den Ra-
tionalisten wirbelt den Staub von Jahrhunderten auf; der eine
zieht nach links und hofft leidenschaftlich darauf, den Menschen über das Tier erklären zu können, und der andere zieht
nach rechts und besteht auf dem Quantensprung von Natur zu

Kultur. Die Schlacht Premack gegen Chomsky war eine weitere Runde der alten Auseinandersetzung zwischen britischem Empirizismus versus kontinentalem Rationalismus, zwischen Locke-Berkeley-Hume und Descartes-Leibniz-Spinoza.[9]

Die Schlacht tobt weiter, und es sieht so aus, als würde es noch eine ganze Weile so weitergehen. Die Erforschung der Ursprünge von Sprache ist letztlich die Erforschung der Ursprünge des Bewußtseins. Heute versuchen wir menschliche Natur durch die Untersuchung von tierischem Verhalten zu verstehen, während die Gelehrten des 18. Jahrhunderts menschliche Kultur durch die Erforschung primitiver Kulturen zu begreifen versuchten. Die Anziehungskraft von Gegensätzen vor Augen führend war das Europa der Aufklärung vom Primitiven fasziniert, und viele wissenschaftlichen Gesellschaften beschäftigten sich mit dem Thema des Ursprungs von Sprache und menschlicher Kultur. Die Berliner Akademie der Wissenschaften schrieb einen Aufsatz-Wettbewerb zu dem Thema aus, und 1772 wurde Johann Gottfried Herder der Preis zuerkannt. Aber nach etwa einem Jahrhundert der Spekulation waren die Gelehrten von diesem Thema frustriert, das für Mutmaßungen so offen, für Verifizierungen jedoch völlig unzugänglich war. 1866 untersagte die Société de Linguistique de Paris jede weitere Kommunikation über das Thema Ursprung der Sprache. Verbannt wurden alle Theorien über die onomatopoeitische Imitation des Donners, über die Nachahmung der Vogelrufe, sowie über die Ursprünge der Sprache in der Gestik.

Nach einem ein Jahrhundert langen Moratorium und nachdem sich der Schwerpunkt in jenem Bereich von der Philologie zur strukturellen Linguistik verlagert hatte, fragten sich die Gelehrten wieder einmal, ob die moderne Wissenschaft nun wohl – endlich – der Aufgabe gewachsen sei. All die eigenartigen Theorien der Vergangenheit waren vergessen, begraben in den obskuren Journalen des 19. Jahrhunderts, und so fingen die Wissenschaftler aufs neue zu spekulieren an. Charles Hockett und Robert Ascher schrieben ihre eigene kiplingartige »Es-war-einmal«-Geschichte über die Frage, wie der Hominide seine Zunge fand. Nachdem er aus dem

Wald in die gefährliche Savanne vertrieben worden war, wo er sich nicht mehr von Baum zu Baum hangeln konnte, blieb dem schwachen Primaten keine andere Wahl, als Steine vom Boden aufzuheben, seine Nahrung mit den Händen zu transportieren und allmählich anzufangen, seinen Mund zum Geschnatter mit seinen Artgenossen zu gebrauchen. Ein einfaches System von Schreien und Rufen ermöglichte es den auf Diebestour befindlichen Tieren, das Vorhandensein von Nahrung oder Anzeichen von Gefahr oder beides zu signalisieren.

Wie aus einem geschlossenen System einer begrenzten Anzahl von Rufen ein offenes System einer unbegrenzten Anzahl von neuartigen Sätzen werden kann, ist natürlich die zentrale Frage, wenn es um die Evolution der Sprache geht.

Zweifellos sind viele überfrachtete Systeme kollabiert und ihre Benutzer ausgestorben. Mindestens in einem Fall kam es zu einer brillanten erfolgreichen »Mutation«: *Man hörte auf Prämorpheme* und identifizierte sie nicht als ihre akustische Gestalt, sondern als kleinere Klangbestandteile, die in ihnen in variierenden Arrangements auftraten. (Hervorhebung durch den Autor).[10]

Wie schon Freud vor ihnen beschwören Hockett und Ascher, was sie zu erklären versuchen. Ihre Antwort entspricht in etwa der Aussage, daß sich Sprache eines Tages entwickelte, weil es vor langer Zeit einen Tag gab, an dem sich die Sprache herausbildete.

Von Humboldt drückte das Dilemma der Forschung in diesem Bereich sehr gut aus, als er sagte: »Der Mensch ist Mensch einzig durch die Sprache – um aber die Sprache zu erfinden, muß er bereits Mensch gewesen sein.«[11]

Das sind nicht die einzigen Probleme bei der Erklärung von Hockett und Ascher. Die Protohominiden mit einem überladenen Rufsystem sollen ausgelöscht worden sein, und doch leben wir auf einem Planeten mit Tausenden von Arten, die ohne irgendein Rufsystem überlebt haben. Alfred Russell Wallace war der erste, der mit folgender Frage einen berechtigten Einwand gegen Darwinsches Denken äußerte: »Wenn sich das Gehirn weiterentwickelte, weil der Stärkste überlebte, wie konnte sich dann ein Organ so weit über die Bedürfnisse seines Besitzers hinausentwickeln? Die natürliche Selektion hätte den Wilden höchstens mit einem Gehirn ausgestattet, das dem des Affen nur um weniges überlegen gewesen wäre; tatsächlich aber besitzt er eines, das dem eines durchschnittlichen Mitglieds einer unserer wissenschaftlichen Gesellschaften nur knapp unterlegen ist.«[12]

Warum hat der Mensch ein Gehirn, daß soviel größer ist, als er es für sein Überleben braucht? Und wenn wir schon dabei sind und wenn «survival is the name of the game» (wenn das Spiel Überleben heißt), warum erfanden die Paviane nicht eine Sprache, wo sie doch auch in der offenen und gefährlichen Savanne leben mußten? Um all diese verwirrenden Fragen beantworten zu können, ziehen sich Anthropologen gewöhnlich auf die ihnen eigene Art von Mythologie und Science Fiction zurück. Richard Leakey und Roger Lewin schrieben folgendes:

> Von der evolutionären Triebkraft, die die Entwicklung des *Homo erectus* zum *Homo sapiens* bewirkte, sind vermutlich einige *erectus*-Gruppen überrollt worden, aus denen sich dann *sapiens*-Völker entwickelten, die allerdings in einer evolutionären Sackgasse steckenblieben und schließlich ausstarben. Dazu gehört der Neandertaler ebenso wie der Solo- und der Rhodesien-Mensch, die alle das Opfer einer Überspezialisierung wurden.[13]

Was im wissenschaftlichen Sinne »evolutionäre Triebkraft« sein soll, weiß ich wirklich nicht. Als Schriftsteller erkenne ich eine Metapher, wenn ich sie vor der Nase habe. Sollte also »evolutionäre Triebkraft« eine Metapher sein, heißt das, daß auch »Aussterben« und »Überspezialisierung« Metaphern sind? Ist es möglich, daß der Solomensch und der Rhodesienmensch eigentlich keine Spezies sind, sondern vielmehr Metonymien, die aus einigen Knochenfragmenten konstruiert wurden? Und was heißt Aussterben? Starben die Römer aus, weil sie überspezialisiert waren, oder wurden sie im Verlauf der barbarischen Invasionen von evolutionär überlegenen Wesen ausgelöscht? Und warum mußte der Neandertaler aussterben, hatte er doch ein noch größeres Gehirn als wir? Wenn Millionen Jahre lang Hominiden überleben konnten, die nicht so gut ausgestattet waren, warum sollte der Neandertaler plötzlich ein Opfer der Überspezialisierung werden? Und schließlich, was bedeutet es, wenn die Anthropologen sagen, daß »plötzlich der Cro-Magnon-Mensch auftauchte«? Ganz offensichtlich sind die anthropologischen Erklärungen zum Ursprung der Menschen fiktionalisierte Darstellungen, bei denen das, was zwischen einem halben Schädel hier und zwei oder drei Zähnen dort fehlt, durch Projektionen, unbewußte Annahmen und szientistische Mythologie ersetzt wird. Ich habe nichts gegen wissenschaftliche Mythen, weil sie sehr brauchbar sind, um ein Konglomerat wissenschaftlicher Theorien zusammenzuhalten, aber ich habe ganz entschieden etwas gegen die Tatsache, daß die meisten Wissenschaftler mythopoeitisches Gedankengut verwerfen. Mit solch einem unbewußten Fortschrittsmythos als *Hintergrund* des eigenen Bewußtseins und mit ein paar Zähnen und einem halben Schädel als *Figur* der eigenen Wahrnehmung ist es einfach, die Punkte in einer einzigartigen Kurve zum Bogen der Menschheitsentwicklung zu verbinden. Der Klebstoff, der die wissenschaftlichen »Fakten zusammenhält, sind Metaphern wie Überspezialisierung«, »evolutionäre Sackgassen« und »evolutionäre Triebkraft«. Wenn ein moderner Biologe poetische Metaphern benutzen würde wie Henri Bergsons *elan vital*, seine Kollegen würden sich ob dieses Mystizismus in einem wissenschaftlichen Diskurs winden, und doch ist Richard Leakeys »evolutionäre Triebkraft« nichts anderes als ein neuer Name für Bergsons kreative Evolution.

Wenn wir uns an nicht zu beantwortenden Fragen wie »Wie entwickelte sich die Sprache?« versuchen, dann stoßen wir an die Grenzen des Wissens, nicht aber an die Grenzen des Seins. Jener Küstenstreifen, wo die Insel des Wissens auf das unergründliche Meer unseres Seins trifft, ist das Reich des Mythos. Wann immer wir aber auf eine Grenze stoßen, müssen wir unsere Art zu denken ändern, beispielsweise von rationaler Analyse zu intuitiver Meditation. Wir können immer noch auf einem eleganten Gefährt in See stechen, sollten uns aber darüber klar werden, daß wir hier etwas betreten, das nicht »unser Reich« ist. Ein gutes Fahrzeug nimmt wie ein Segelboot die Qualitäten des Mediums an, durch das es sich bewegt, und so verhält es sich auch mit dem Mythos: das, was über die Oberfläche des Unbekannten gleitet, nimmt die Qualitäten dessen an, was jenseits menschlicher Erkenntnis liegt. Ein Mythos ist niemals etwas, das wir *kennen*; er ist die Beziehung zwischen dem Bekannten und dem Unerkennbaren.

> Three wise men of Gotham
> Went to sea in a bowl.
> If the bowl had been stronger,
> My song had been longer.

(Drei weise Männer aus Gotham/Stachen in einer Nußschale in See./Wäre die Nußschale größer gewesen,/Dann wäre auch mein Lied länger.)

Wissenschaftliche Modelle und szientistische Mythen sind keine seetüchtigen Schiffe, denn sie gehen von der Prämisse aus, daß sie für alle Umstände geeignet sind; sie nehmen an, Wirklichkeit sei wißbar, meßbar und in ihren Begriffen zu beschreiben. Der Mystiker hingegen weiß, daß der Geist wie eine Taschenlampe auf der Suche nach der Natur der Dunkelheit ist: je mehr er sucht, um so mehr verscheucht er sie. Und so wechselt der Mystiker vom »Kreativen« zum »Rezeptiven«, schaltet seinen intellektuellen Geist ab und erlaubt so der Dunkelheit, mit ihm zu kommunizieren. Sucht man mithilfe der Sprache in der Vergangenheit nach dem Ursprung von Sprache, dann nähert man sich einer Schwelle, die jener ähnelt, an die man gerät, wenn man sich in der Meditation vom linguistischen Denken entfernt. Kehrt man aus der Meditation zur Sprache zurück, dann nimmt die Sprache von Zen*koans* ein völlig neues Leben an. Wenn wir uns also dem anderen Ende der Sprache, ihrem Anfang, nähern, dann werden wir einsehen müssen, daß unsere rigiden, konzeptionellen, abstrakten wissenschaftlichen Modelle nicht immer die bestmöglichen Vehikel für unsere Gedanken sind.

Für jene, die Orakel und *Koans* für geschmacklos halten, gibt es seit kurzem eine Veröffentlichung der New York Academy of Science über die *Origins and Evolution of Language and Speech*.[14] Jetzt, da das Moratorium aufgehoben wurde und die Diskussionen über den Ursprung der Sprache wieder beginnen können, muß möglicherweise ein neues Moratorium erklärt werden, denn einige der ausgefallendsten Darstellungen des 19. Jahrhunderts kehren im neuen Gewand zurück. Julian Jaynes zeichnet in seinem Beitrag eine hübsche lineare Progression, in der zuerst Schreie, dann nähere Bestimmungen, dann Befehle, dann »life nouns« (Substantive des Lebens), dann »thing nouns« (Substantive von Dingen) auftauchen, und schließlich, etwa 10.000 Jahre vor der Zeitwende, Namen.[15] Jaynes sieht diesen ganzen Prozeß der Evolution der Sprache erst 70.000 v.Chr. beginnen und im Verlauf der mesolithischen Periode zum Ende kommen.

Jaynes' Wahrnehmungen wirken höchst ethnozentrisch und auf die englische Sprache begrenzt, denn er sieht Unterschiede zwischen *Prozessen* und *Objekten*, die sich für eine chinesisch oder hopi sprechende Person ganz anders ausnehmen würden und somit vielleicht auch für jemanden im späten Pleistozän. Auch dürfte der Unterschied zwischen einem »life noun« und einem »thing noun« (s.o.) für einen Angehörigen einer animistischen Kultur, in der alle »Objekte« lebendig sind, ganz anders aussehen. Aber das meiner Meinung nach größte Problem an Jaynes' Theorie ist seine Vorstellung, daß Sprache sich stückchenweise entwickeln könnte.

Jüngste Untersuchungen von Neugeborenen zeigen, daß ein Kind innerhalb von ein bis zwei Tagen seine Arme und Beine synchron im Rhythmus zu den Worten der Mutter bewegt; dieser Synchronismus wurde in Zeitlupen-Filmaufnahmen festgehalten, die jene Akzente einfangen, die ein normaler Beobachter übersehen könnte.[16] Das Neugeborene tanzt im wahrsten Sinne des Wortes *zur* Sprache, bevor es ein Wort äußern kann. Die Tatsache, daß eine Struktur eine Entsprechung in einer anderen Struktur findet, deutet auf die angeborene Qualität linguistischer Fähigkeiten und scheint Eric Lennenbergs Arbeit zu bestätigen.[17] Wenn aber Sprache ein Ausdruck bestimmter angeborener Strukturen ist, dann sind es die Strukturen, die wichtig sind und nicht die Teile. Sprache dürfte sich demnach als Ganzes entwickelt haben; nähere Bestimmungen gegen 70.000 v.Chr. gefolgt von Namen um 10.000 v.Chr. sind ein Unding. Im Sinne von Sprache

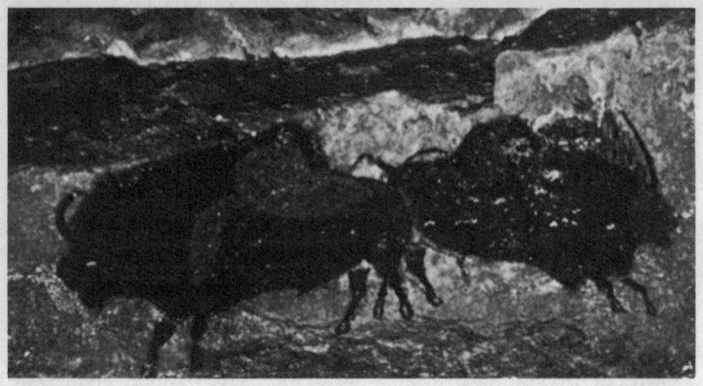

Abb. 3. Zwei Wisente aus Lascaux.

als Struktur waren Humboldts Einsichten viel tiefer als die von Jaynes.

> Damit ein Mensch tatsächlich selbst ein einziges Wort versteht – nicht nur als sensorischen Impuls, sondern als einen artikulierten Klang, der ein Konzept definiert – muß Sprache als Ganzes in seinem Geist bereits präsent sein. In der Sprache ist nichts voneinander unabhängig; jedes einzelne Element deklariert sich als Teil des Ganzen. So natürlich die Annahme sein mag, daß Sprache sich schrittweise entwickelte, ihre tatsächliche Erfindung kann nur in einem einzigen Augenblick stattgefunden haben.[18]

Es ist mir völlig unverständlich, wie Jaynes die Kunst des Jungpaläolithikums betrachten und glauben kann, daß diese Künstler in einem ständigen Nebel lebten, in dem Menschen und Tiere keine Namen hatten. Ohne Frage sind jene Ausdrucksformen, derer es zur Konstruktion eines Gemäldes bedarf, selbst Ausdruck einer linguistischen Ordnung. Alles, von der Auswahl des Ortes über die Vorbereitung der Malwerkzeuge bis zur Koordination einer komplexen Komposition und der Ausführung eines Gemäldes, wie beispielsweise das Gemälde der zwei Wisente in Abb. 3, setzt Fertigkeiten wie Sprachfähigkeit und das harmonische Zusammenspiel beider Gehirnhälften voraus.

Aber nicht nur die Kunst signalisiert uns die Gegenwart von Sprache: die Herstellung von Werkzeugen ist ein weiterer Hinweis. Der Vorsatz, ein Handbeil herzustellen, bedingt, daß man die Kategorie oder Klasse »Handbeil« im Kopf hat; danach wird die Operation ausgeführt, indem man dem Stein die Charakteristika der Klasse gibt. Die Herstellung von Werkzeugen (im Gegensatz zum eher zufälligen Einsatz von zur Verfügung stehenden Stöcken und Steinen) weist darauf hin, daß der Homo Faber bereits in Kategorien und Klassen denkt. Bedenkt man, daß einige Druckbeschichtungstechniken das intuitive Verstehen einer komplexen Geometrie voraussetzen, dann scheint es ziemlich absurd, den Zeitpunkt der völligen Errungenschaft der Sprache erst in der Zeit um 10.000 v. Chr. anzusiedeln. Ashley Montagus Standpunkt erscheint wesentlich plausibler als Jaynes.

Ich meine, daß die Art von kognitiven Prozessen, die bei der Übermittlung der Kunst und der Herstellung jener schon erwähnten Oldowan-artigen Werkzeuge beteiligt waren, dafür sprechen, daß es bereits irgendeine wie auch immer rudimentäre Form von Sprache gegeben haben muß. Nun ist es aber nicht möglich zu sprechen, ohne dabei zu denken. Ein Geschöpf, das lernt, nach einem bereits existierenden komplexen Muster Werkzeuge zu machen, die einer ganzen Reihe komplexer zukünftiger Zwecke dienen sollen, wozu auch die Herstellung weiterer Werkzeuge gehört, muß über jene Art abstrahierenden Geistes verfügen, die von außerordentlichem selektiven Wert beim Ermöglichen der Entwicklung zur Fähigkeit ist, solche Leistungen durch die nötigen verbalen Handlungen zu vermitteln.[19]

Das Thema der Evolution der Sprache ist Gegenstand heftiger Kontroversen, und die Meinungen gehen weit auseinander. Montagu ist davon überzeugt, daß die Oldowan-Kultur über Sprache verfügte; Glynn Isaacs glaubt das nicht, sondern stellt fest, daß »die Symbolisationsfähigkeiten der Hominiden des Plio-Pleistozän nicht notwendigerweise über die der heutigen Menschenaffen hinausgingen.«[20] Eben weil sich das Thema für so völlig divergierende Ansichten anbietet und der Ursprung der Sprache irgendwo zwischen 2 Millionen und 10.000 Jahren vor der Zeitrechnung angesiedelt wird, bezweifle ich, daß die Wissenschaft des 20. Jahrhunderts diesmal einen Deut weniger frustriert sein wird als die Société de Linguistique de Paris des 19. Jahrhunderts.

Und dennoch, eine Ächtung des Themas wird das Problem nicht aus der Welt schaffen, und die Schwierigkeit des Themas kommt unserer Bescheidenheit zugute. Chomskys Erklärung von vor einem Jahrzehnt ist immer noch gültig:

> In der Tat sind die Prozesse, auf Grund derer der menschliche Geist seinen gegenwärtigen Grad der Komplexität erreicht und die spezielle Form seiner angeborenen Organisation ausgebildet hat, vollkommen mysteriös, genauso wie die Lösung analoger Fragen im Dunkeln liegt, die die physische oder mentale Organisation von irgendwelchen anderen komplexen Organismen betreffen. Man geht durchaus nicht fehl, wenn man diese Entwicklung einer »natürlichen Selektion« zuschreibt, solange man in Rechnung stellt, daß mit dieser Annahme nichts Substantielles behauptet wird, sondern daß sie vielmehr auf nichts anderes hinausläuft als auf die Überzeugung, daß es irgendeine naturwissenschaftliche Erklärung für diese Phänomene gibt.[21]

III

Wenn wir die Ursprünge der Hominidenkultur im Übergang vom Wald zur Savanne betrachten, dann entdecken wir ein integriertes zusammengesetztes Ganzes, in dem all die neuen Einzelteile wie der Gebrauch von Werkzeugen, Nahrungsteilung, Kommunikation und Sexualität einander in einem System von Rückkopplungsschleifen verstärken. Die Abkehr vom Östrus bei den Frauen zieht die Männer an und führt zu kleinen Banden; die Notwendigkeit, Nahrung zu einem sicheren Hauptlager bei einer Baumgruppe zu transportieren, bewirkt ein System von Nahrungsteilung und den Einsatz von Werkzeugen, um aufgefundenes Aas in kleinere, transportierbare Stücke zu zerschneiden; der primitive Einsatz von Werkzeugen und das Hauptlager aber fördern die Kommunikation und eine Arbeitsteilung, bei der die Frauen die Sammler und die Männer die Plünderer stellen. Jedes Einzelelement bestärkt die anderen, und so fördert Werkzeuggebrauch Erziehung und Kommunikation, während das Hauptlager den Raum stellt, in dem diese Aktivitäten in intensivierter Form stattfinden können. Die Gruppenordnung der Frauen im Hauptlager fördert das Gebrabbel zwischen Mutter und Kind, und auch das trägt zur Intensivierung der Kommunikation bei. Die meisten Anthropologen sehen in der Herstellung von Werkzeugen und in der Koordination der Signale beim Jagen in Gruppen die Grundlagen für die Evolution der Sprache, aber der Prähistoriker Alexander Marshak glaubt den Ursprung der Sprache in der Kindheit entdeckt zu haben.

> Das Problem des Ursprungs der Sprache wird aus einer anderen Richtung durch die ontogenetische Natur der Sprachbefähigung klarer. Wenn »Sprache« oder Proto-Sprache irgendwann im Verlauf des Evolutionsprozesses erlernt worden ist, dann muß dies im Kontext der Jagd stattgefunden haben. Sie muß zu einem frühen Zeitpunkt erlernt worden sein, bevor das Individuum ökonomisch produktiv wurde. Sie muß im Kontext der wachsenden Auffassungsgabe und innerhalb der sich ausdehnenden, immer komplexer werdenden Bezugsfähigkeiten des Kindes erlernt worden sein.[22]

Die gemeinsame Nahrungsaufnahme im Hauptlager liefert ideale Bedingungen für Kommunikation, Gebrabbel, Späße und Spiele. Gleich ob Seder oder Abendmahl, bis zum heutigen Tag betrachten die Menschen gemeinsame Nahrungsaufnahme verbunden mit magischen Worten als ein Sakrament und als Ausdruck eines geheimnisvollen *Ereignisses* in der Geschichte. Vielleicht versteckt sich hinter Ereignissen wie dem Passahfest oder dem Heiligen Abendmahl der Archetyp eines anderen Ereignisses; vielleicht gab uns Freud mit *Totem und Tabu* eine intuitive Einsicht, die die richtige Struktur, aber den falschen Inhalt hatte.

Es ist offensichtlich, daß die Sprache bei den Plünderungen der Männer ebenso brauchbar war wie bei Sammelaktivitäten der Frauen. Das Sammeln nutzbarer Pflanzen beinhaltet den Ansatz zu einer kulturellen Taxonomie der Natur, eben die

Art Aktivität, die sehr wahrscheinlich zur Erstellung einer Liste und einer Grammatik unterschiedlicher Einzelteile führt. Das Problem ist, daß wir eine ganze Reihe von Möglichkeiten sehen, wie sich die Sprache weiterentwickelt haben könnte, *sobald es sie einmal gab*, aber wir können nicht erkennen, was sie ursprünglich initiierte. All unsere Theorien über den Ursprung der Sprache sind eigentlich bloße Beschreibungen der Brauchbarkeit von Sprache, war sie erst einmal da. Darwinistische Vorstellungen, daß Sprache die Überlebenden für den Überlebenskampf ausrüsteten, erklären gar nichts, da es genügend Hinweise auf andere Arten gibt, die in der gleichen ökologischen Nische ohne die Hilfe von Sprache überlebten.

Trotz aller Bemühungen kann die empirische Wissenschaft nicht mit einer naturalistischen Erklärung aufwarten; sie kann nur in Phantasien ausweichen, die den Wissenschaftlern das Wohlgefühl vermittelt, sich im Einklang mit ihren Meinungen, Vorurteilen und unbewußten Annahmen über die Natur der Wirklichkeit zu befinden. Aber die Beschwörung eines falschen szientistischen Mythos ist weniger lohnend als die Erinnerung an einen echten Mythos. Ebensogut könnte man annehmen, daß die Seele in die Materie fiel und jetzt gezwungen ist, ihren Weg zurück zu Gott als Gebrabbel über »evolutionäre Triebkraft« zu finden, in der Überzeugung, man sei frei von Religion und voll der Wissenschaft. Ein Wissenschaftler kann den Heiligen kaum übertreffen, der sagte: »Am Anfang war das Wort.« Soweit es mich betrifft, so beziehe ich meine Mythologie lieber pur und direkt aus dem Munde der großen Mystiker der Menschheitsgeschichte. Hier beispielsweise der große islamische Heilige und Dichter, Jalaluddin Rumi (1207-1273) zum Thema »Evolution des Menschen«:

> Zuerst erschien er im Reich der anorganischen Dinge,
> Dann schritt er von dort in jenes der Pflanzen.
> Jahrelang lebte er als eine von ihnen,
> Nichts erinnerte er von seinem so anderen organischen Zustand;
> Und als er vom vegetativen zum animalischen Zustand überging
> Erinnerte er sich nicht an seinen Zustand als Pflanze,
> Außer daß er eine Vorliebe für die Pflanzenwelt verspürte,

Besonders zur Zeit des Frühlings und der süßen Blumen...
Und wieder, wie ihr wißt, zog der große Schöpfer
Den Menschen aus dem Tier in den Zustand des Menschen.
Und so ging der Mensch von einer natürlichen Ordnung in eine andere,
Bis er weise war und wissend und so stark wie heute.
Keine Erinnerung hat er an seine ersten Seelen,
Und auch seine jetzige Seele wird sich ändern.[23]

Als Charles Darwins Großvater, Erasmus, seine Arbeit *Zoonomia* über die Evolution des Lebens schrieb, da hatte er nichts Neues entdeckt, sondern lediglich eine Reihe von Ideen über die Progression wiederentdeckt, die im islamischen Denken und in der Alchemie längst bekannt waren. Europäische Naturwissenschaftler wie Erasmus Darwin hatten weder zur Alchemie noch zum Islam irgendeinen Kontakt, aber Ideen überqueren Grenzen ähnlich Samenkörnern, die der Wind verstreut, und tauchen dann an unerwarteten Plätzen wieder auf. Die Geistlichkeit zu Darwins Zeiten glaubte, daß Gott jede einzelne Spezies 4004 v.Chr. geschaffen hatte, und als ihnen dann die Geologen die Absurdität einer solchen Theologie demonstrieren konnten, da dachten Wissenschaftler wie Thomas Huxley, jetzt hätten sie mit der Religion aufgeräumt. Aber die exoterische Religion eines Bischof Wilberforce und die esoterischen Traditionen eines Rumi heben sich deutlich voneinander ab. Als Charles Darwin sich die Evolution des Lebens von der Materie zum Geist vorzustellen versuchte, da näherte selbst er sich einer Ebene poetischer Vision, die über orthodoxe Theologie oder empirische Wissenschaft hinausging und an die Grenzen des Mythos stieß. In seinen *Notebooks* der Jahre 1837/38 schrieb Darwin:

Die ganz große Frage, die jeder Naturforscher vor sich haben sollte, wenn er einen Wal seziert, eine Mücke klassifiziert, einen Fungus oder ein Aufgußtierchen, ist: Was sind die Gesetze des Lebens?
Die Seele, darüber sind sich alle einig, wurde hinzugefügt, Tiere haben sie nicht, erwarten sie nicht. Wenn wir unserer Phantasie freien Lauf lassen, dann könnten die Tiere – unsere Geschwister in Schmerz, Krankheit, Tod, Leid und Hungersnot, unsere Skla-

ven bei anstrengendster Arbeit, unsere Gesellschaft bei unserem Amusement, – teilhaben an unserem Ursprung durch einen gemeinsamen Vorfahren, wir könnten alle miteinander verbunden sein.[24]

Darwin sieht einen gemeinsamen Vorfahren in physischer Raum-Zeit; ein theosophischer Mystiker würde den Vorfahren vor dem Eintritt in den Zeitstrom auf der physischen Ebene sehen. Für den Theosophen ähnelt die zur physischen Ebene herabsteigende Seele einer Raumkapsel beim Wiedereintritt in die Erdatmosphäre: während das Bewußtsein herabsteigt, lösen sich einige Ausscheidungen des Bewußtseins und bröckeln ab. In dieser mythischen Tradition sind Tiere archaische Ausscheidungen menschlichen Bewußtseins, und wenn sich die Menschheit wieder in die spirituellen Bereiche erhebt, werden diese Ausscheidungen wieder absorbiert, und die Tiere werden verschwinden. Die exoterische Reflexion dieser Doktrin zeigt, daß in dem Maß wie sich unsere technologische Gesellschaft entwickelt, sie in erstaunlicher Geschwindigkeit zahllose Tierarten auslöscht.

Wenn wir versuchen, ohne Poesie und esoterische Religion präzise und wissenschaftlich darzustellen, wie sich Sprache entwickelte, dann müssen wir feststellen, daß es dafür keine kausale Erklärung gibt. In unserer Kultur führt der einzige Weg zur Vorstellungswelt von William Blake für jene, deren emotionaler Haß auf Religion entsprechende Erfahrungen blockiert, über Science Fiction. Die Wissenschaft eines Julian Jaynes ist Science Fiction in einem anderen Gewand, während die Science Fiction eines Arthur C. Clarke verkleidete gnostische Mythologie ist.

Wie aber finden nun Transformationen wie die Evolution von Sprache statt? Der Wissenschaftler sucht nach einer Ursache innerhalb der Zeit; ein Mystiker weiß, daß Kausalität im wesentlichen ein Prozeß außerhalb von Raum und Zeit ist. Für den Mystiker stehen Involution und Evolution in einer Beziehung zueinander. Das traditionelle Emblem für diese Beziehung ist das Doppeldreieck.[25]

INVOLUTION

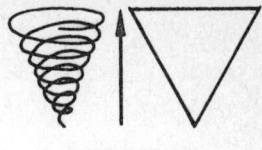

EVOLUTION

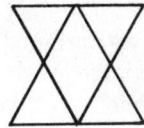

Das Doppeldreieck-Emblem kann auch als Bild für den Prozeß der Transformation gebraucht werden. Ein Teil der Transformation ist ein sehr langsamer und gradueller Aufbau der für die Transformation nötigen Voraussetzungen, eine Vorbereitung des Behälters; der andere Teil ist ein plötzlicher Ausbruch, in dem die Transformation scheinbar wie ein Blitz »in einem Augenblick« stattfindet. Die Evolution des Lebens ist ein hervorragendes Beispiel: langsam wird der Planet im Laufe von Äonen vorbereitet, und dann kommt als Katalysator ein Blitzschlag, der in den Ozean einschlägt, und schon entwickelt sich molekulares Leben.

Wir wissen nicht, welcher Blitzschlag das Gehirn der Hominiden traf und dort Sprache auslöste. Der Schöpfer ließ einen Laut erklingen, und wie vom Schlag getroffen antwortet das Wesen. In solcher oder ähnlicher Weise fand die Transformation der Hominiden statt. Am Rande des Bewußtseins gibt es keine Erklärungen, dort gibt es nur Beschwörungen von Mythologie.

IV

Der gleiche langsame Prozeß scheint für die zweite große Transformation, die Symbolisierung oder Versinnbildlichung, zuzutreffen. Ausgehend von der Annahme, daß die Fähigkeit zur Sprache bis zu den Hominiden zurückreicht, können wir einen langsamen Prozeß kultureller Entwicklung über Millionen Jahre hinweg erkennen. Dann, in der Acheuléen-Periode des Homo Erectus, vor etwa dreihunderttausend Jahren, stoßen wir auf das erste gravierte Werkzeug.[26] An jenem Punkt überschreitet die Menschheit eine weitere Schwelle, miniaturisiert ihr Universum in symbolischer Form und macht einen tapsigen Schritt in Richtung Ikonographie, Schrift und die Anfänge von Zeitrechnung und Mathematik.

Vor den Veröffentlichungen der Arbeiten von Alexander Marshack wurde der Symbolisierung keinen besonderen Platz eingeräumt; die Anthropologen richteten ihr Augenmerk auf das Jagen und Sammeln und konzentrierten sich im wesentlichen auf Technik und Wirtschaft. Rachel Levy hat versucht, »die religiösen Vorstellungen der Steinzeit« zu rekonstruieren,[27] aber Archäologen, die sich bei der Diskussion von Werkzeugen wohler fühlten, schienen solche Spekulationen zu romantisch und zu mystisch. Als dann Marshack auftauchte und behauptete, daß der paläolithische *baton de commandement* mit seinen eingravierten Markierungen ein Kalenderstab sei und primitiven Formen lunarer »Zeitbestimmung« diente, da kam es zu einigem Widerstand, nicht zuletzt deshalb, weil Marshack kein professioneller Anthropologe war und nicht promoviert hatte.

T.S. Kuhn, der Wissenschaftshistoriker, hat darauf hingewiesen, daß häufig genug ein Paradigmenwechsel in der Wissenschaft von jemandem ausgelöst wird, der kein Spezialist des Fachbereiches ist, den er transformiert.[28] Und so ist der anfängliche Widerstand gegen Marshack nicht weiter überraschend, sondern entspricht durchaus dem klassischen Muster einer wissenschaftlichen Revolution. Marshack hatte mit den Skeptikern Geduld und sammelte weiter umfangreiches Datenmaterial. Manchmal schien Marshack in nebensächliche

Kratzer auf einem Knochen die Mondphasen hineinzulesen, aber in anderen Fällen schien er etwas auf der Spur zu sein.

Die Implikationen von Marshacks Beobachtungen waren enorm, denn sie bedeuteten nichts weniger, als daß die primitiven Menschen bereits vor fünfzigtausend Jahren eine grundsätzliche Periodizität in der Natur beobachtet hatten und dabei waren, ein Modell der Natur zu erstellen. Das menschliche Wesen bewegte sich nicht länger lediglich durch die Natur; es miniaturisierte das Universum und trug ein Modell davon in Form eines Mondkalender-Zählstabes in der Hand.

> Da es in einer Jägergesellschaft das Transportproblem gibt, könnte es der Mann, der einen Baton entweder im Gürtel oder an einem Lederriemen trug, gleich ob als Ritual- oder Arbeitsobjekt, als bequem oder brauchbar erachten, seine Notizen auf dieser »Tafel« zu machen, die er täglich bei sich hatte. Oder wenn der Baton zerbrach oder seinem ursprünglichen Zweck nicht mehr genügte, dann hatte er nun eine saubere Knochenoberfläche zur Hand, die als Tafel dienen konnte. Die Notizen auf dem Baton hätten dann entweder mit seinem ursprünglichen Zweck etwas zu tun oder nicht. Wir können nicht sagen, was hier zutraf...
>
> Wenn neben dem praktischen Gebrauch der Baton auch ein Ritualobjekt war, dann könnte er vom Schamanen (Priester) oder dem Häuptling oder vom Oberhaupt einer Familiengruppe benutzt worden sein. In diesem Fall könnten die Notizen zeremoniell oder administrativ gebraucht worden sein. In einer Kultur jedoch, die »Monde« zählte, kann er auch noch anderen Zwecke gedient haben: vielleicht auf einer Reise, einem Besuch oder Marsch, oder als Menstruations- oder Schwangerschaftsbericht, oder aber für eine private Zeit der Initiation.[29]

Es war der Abbé Breuil, einer der ersten weltberühmten Experten in paläolithischer Höhlenkunst, der den langen gravierten Knochen *le baton de commandement* taufte, zweifellos deshalb, weil er ihn an die Batons erinnerte, die von Offizieren getragen wurden. Diese Benennung war sehr unglücklich, denn Namen üben große Macht über unsere Wahrnehmungen aus, und die Prähistoriker waren nicht in der Lage, das Objekt in einer anderen als einer ganz bestimmten Weise zu betrachten. Ein Mondkalenderstab dürfte ganz anderen Zwecken gedient haben denn dem eines phallischen Ausdrucks militärischer Macht.

Neuere physiologische Untersuchungen haben ergeben, daß Frauen, die nahe beieinander wohnen – Schwestern in einem Krankenhaus oder Schülerinnen in einem College-Schlafsaal –, die Tendenz zeigen, zum gleichen Zeitpunkt zu menstruieren.[30] Andere Untersuchungen machten deutlich, daß Frauen, die in der Nähe des Äquators leben, eindeutig dazu neigen, bei Vollmond zu ovulieren.[31] Die Annahme, daß Frauen, die in kleinen Jäger- und Sammlergruppen zusammenlebten, alle zur gleichen Zeit menstruierten, erscheint plausibel. Und da klassische Mythen die Menstruationszeit mit der Dunkelheit des Neumonds in Zusammenhang gebracht haben, scheint die Annahme vernünftig, daß die Frauen ihre Periode synchron zu den Mondphasen hatten. Eben diese poetische Verbindung zwischen Frauen und dem Mond ist die Basis der klassischen Vorstellungen von den Mondgöttinnen.

Die Vorstellung, daß Menstruation vom Neumond *verursacht* wird, ist universeller Natur. Die Papua sagen, daß die erste Menstruation eines Mädchens davon abhängt, daß der Mond sie im Schlaf besuchte, und die Maori nennen die Menstruation die »Mondkrankheit«. Ein Maori behauptete: »Der Mond ist der lebenslange, der wahre Ehemann aller Frauen, denn sie menstruieren, wenn der Mond erscheint. Unsere Vorfahren und Alten sagen, daß die Hochzeit zwischen einem Mann und einer Frau keine Rolle spielt; der Mond ist ihr wirklicher Ehemann.« Wir werden noch sehen, daß solche Vorstellungen nicht nur auf die Maori zutreffen, sondern primitives Gedankengut ganz allgemein durchdringen.[32]

Die Implikationen dieser Assoziation von Frauen und Mond legen nahe, daß Frauen als erste jene grundsätzliche Periodizität der Natur beobachteten, eine Periodizität, auf der alle späteren wissenschaftlichen Beobachtungen aufbauen. Die Frau bemerkte zuerst eine Übereinstimmung zwischen einem inneren Prozeß, den sie durchlief, und einem äußeren Prozeß in der Natur. Sie ist diejenige, die eine eher holistische Epistemologie konstruiert, bei der Subjekt und Objekt in einer gleichgestimmten Resonanz zueinander stehen. Sie ist die holistische Wissenschaftlerin, die eine Taxonomie aller förderlichen Kräuter und Pflanzen erstellt; sie ist auch diejenige, die die Geheimnisse ihrer Blütezeit kennt. Die Weltsicht, die den Beobachter von dem beobachteten System loslöst, die sich einbildet, man könne das Universum in bloße Subjektivität und wirkliche Objektivität aufteilen, stammt nicht aus ihrer Werkstatt. Sie drückt jenes »Dabeisein des Körpers« aus, das Whitehead in seiner Philosophie des Organismus und des Prozesses wiederzuentdecken suchte. Ihre Philosophie ging den Spekulationen der Vorsokratiker voran; sie ist die »Heilige Mutter Kirche«, die Descartes herausforderte, als er die Nabelschnur zwischen Philosophie und Kirche durchschnitt und Wirklichkeit in *res extensa* und *res cogitans* teilte. Der Grund, warum die Venus von Laussel oder die moderne Jungfrau von Guadalupe mit einer Mondsichel dargestellt wird, ist der, daß Frau und Mond ein einziges Mysterium sind.

Le baton de commandement ist somit, meiner Meinung nach, kein ausschließlich männlicher Stock, sondern auch ein weibliches Meßinstrument. Marshack ist nicht bereit, diese Hypothese zu akzeptieren, da sie nichts weniger besagt, als daß der Ursprung von Bezeichnungen, von Maßen und von jener Art Wissenschaft, die ihren Höhepunkt in der megalithischen Astronomie von Stonehenge erreicht, bei den Frauen und nicht bei den Männern zu finden ist. Solch eine Hypothese würde an der Gesamtheit der männlichen Darstellungen von Macht und Fortschritt aus der archaischen Dunkelheit von Mythos und Aberglaube zum heutigen Licht von Technik und Industrie rütteln. Wen wundert es da, daß Marshack sich gegen die Versuche der Soziologin Elise Boulding wehrt, seine Daten in die Richtung der Großen Mutter zu interpretieren. Wirklich überraschend ist jedoch, daß Boulding ihre Vermutungen zurücknimmt.

Marshak hat sich zu diesem Punkt deutlich der Autorin gegenüber geäußert, und es scheint keinen Grund zu geben, die sorgfältige Verbindung von Beweisen und Intuition in Frage zu stellen, die hinter seinem Statement steht, daß die Baton-Tradition als eine männliche Tradition angesehen werden muß.[33]

Ganz im Gegenteil, es finden sich eine Reihe sehr guter Gründe in Marshacks eigenen Schriften, warum die Baton-Tradition als eine weibliche betrachtet werden sollte.

> Vielleicht besitzen die (heutigen) sibirischen Völker den Schlüssel zu jenem Phänomen; den Untersuchungen von B. Dolgith und anderen sowjetischen Ethnographen bei den Nganasan, den Entse, den Dolgan, Chukchi, Koryak und Ket zufolge kalkulieren deren Frauen die Geburt eines Kindes anhand der Mondphasen. Schwangerschaft dauert genau 10 Mondmonate, und die Frau hält sich eine Art Mondkalender (es war unter jenen Völkern immer so, daß eine Frau die Hüterin des Mondkalenders war).[34]

Die Tatsache, daß Marshack die Entdeckungen dieser sowjetischen Ethnographen in seiner Arbeit zitieren kann und dann die offensichtlichen Implikationen einfach ignoriert, zeigt mir eine starke Voreingenommenheit oder einen unbewußten Widerstand gegen die feministischen Implikationen. Der Besitzer des Baton ist kein Mann, kein mächtiger Jäger, sondern die Hebamme. Wer jemals mit einer Hebamme bei der Entbindung eines Kindes zusammenarbeitete, weiß, daß ihr uraltes Geheimnis eine glänzende Kombination exakter Wissenschaft und sanfter Empfindsamkeit für die Mutter ist. Es ist absolut angemessen anzunehmen, daß Menstruation, der Mondkalender und die Hebammenschaft ebenso sehr oder viel mehr die Grundlage menschlicher Wissenschaft bilden als der Mann, der große Töter, den Robert Ardrey so sehr rühmt:

> Nicht als Bankrotteure und nicht als Bastarde begannen wir unseren langen Weg. Die Abstammungslinie des Menschen ist durchaus legitim; unsere Wurzeln ruhen fest und sicher in der Tierwelt, nach deren komplizierten, uralten Gesetzen unsere Herzen noch heute schlagen. Als Kinder des Tierreiches erbten wir nicht nur manche Eigenschaften der Tiersozietäten, sondern auch das Verhalten des Raubtieres. Aber als die bedeutungsvollste unserer Gaben erwies sich das Vermächtnis des »Mörderaffen«, unseres unmittelbaren Vorfahren. Schon in den ersten langen Tagen unseres Beginnes waren wir im Besitz der Waffe, eines Instrumentes, das etwas älter ist als wir selbst.[35]

Wir sind, was wir sehen. Jeder Anthropologe projiziert auf den mythischen Hintergrund des menschlichen Ursprungs seine eigene Vorstellung von der menschlichen Natur. Ich projiziere Mythos, Poesie und eine Whiteheadsche Philosophie des Organismus; Ardrey projiziert Bedrohung, Terror, Gewalt und die überlegene Macht der Waffe. Für ihn ist die Waffe ein Phallus, aus dem der Samen aller zukünftigen großen technologischen Kulturen schießt. Ohne Frage gab es Waffen im Jungpaläolithikum und auch davor, wir wissen jedoch nicht, *welche Bedeutung* jene Jägerkulturen dem Töten gaben. Soweit wir von unserem Wissen über jüngere und klassische Jägerkulturen her vermuten können, war der Jäger kein moderner entfremdeter Stadtmensch, der seine geltungsbedürftige Männlichkeit in der Tat des Abschlachtens finden muß, sondern eher jemand, der sich bescheiden an die Gruppenseele seiner Horde wandte mit der Bitte, ihm das Minimum zukommen zu lassen, das er für sein Überleben benötigte. Was wir da an den Wänden von Lascaux sehen, mögen durchaus Bilder solcher frommen Bitten und verehrender Beobachtung sein. Das Bild jenes Mannes, der einer Reihe von Jägern vorangeht und mit seinem magischen Baton gestikulierend Befehle ausgibt, scheint Bestandteil der Erinnerung einer späteren Kultur zu sein. Da Jäger und Sammler in einem den Jahreszeiten angepaßten Rhythmus unterwegs sein mußten, mußten sie auch wissen, an welchem Tag sie das Lager abzubrechen hatten und wann das Baby kommen würde. Der Anthropologe A. R. Pilling schrieb, daß die Yurok-Indianer Menstruationskalender besaßen und Geburten auf einen Tag genau voraussagen konnten,[36] was die These stützt, daß der Baton Bestandteil der Frauenmysterien ist. Die Tatsache, daß der Stab später in den militaristischen Kulturen patriarchaler Zivilisation von Männern übernommen wurde, könnte sogar ein Hinweis dafür sein, daß sie ihn übernahmen, *weil* es sich dabei um eines der ältesten Symbole weiblicher Macht handelte. Der Priester und der Schamane kleiden sich wie Frauen, um ihre magischen Kräfte zu erlangen, und in den Zeremonien männlicher Initiation oder in den Ritualen der *Couvade* imitieren die Männer die Geburtswehen von Frauen. All das ist Anlaß genug für die Annahme, daß *le baton de commandement* ursprünglich in den Herrschaftbereich von Frauen gehörte.

Einer der immer wieder angeführten Gründe, warum die Batons als männliche Werkzeuge betrachtet werden, ist der, daß sie häufig mit geschnitzten Tierbildern ausgestattet sind. Natürlich suggerieren diese Tiere eine Verbindung zum männlichen Jäger. Marshack behauptet jedoch, diese Tiere symbolisierten jeweils eine Jahreszeit; ein Lachs bedeutete die Zeit, in der der Lachs wanderte, ein Wisent, das nach einem Insekt beißt, wies auf die Zeit hin, in der die schwarzen Fliegen am häufigsten auftraten, das Geweih eines Elchs wiederum deutete auf die Brunftzeit hin. Die frühen Stadien der Zeitrechnung mögen mit der Hebammenschaft zu tun gehabt haben, aber zu Beginn des Jungpaläolithikums scheint es bereits einen komplexeren Kalender gegeben zu haben.

> Wenn der Steinbock, wie meine frühere Analyse bereits andeutete, ein Symbol oder Zeichen für den beginnenden Frühling ist – oder für einen Mythos, einen Ritus oder ein Opfer im Zusammenhang mit jener Jahreszeit – und wenn die Pflanzen (und möglicherweise die Fische) als jahreszeitliche und sagenumwobene Zeichen aufgefaßt werden, dann ist es möglich, sie in einem Test mit unserem Mondmodell einfach nebeneinander zu stellen.[37]

Marshacks Test, ob die Markierungen mit den Mondphasen korrespondieren, scheint seine Ansicht zu bestätigen, daß die Batons lunare Zähl- und Meßstöcke sind und daß der eingeritzte Kopf eines Steinbocks ein Zeichen für den Frühlingsanfang ist. Das ist eine sehr spannende Einsicht, denn sie legt eine mögliche kontinuierliche Verbindung zwischen der alten Astrologie und der Religion der Eiszeitmenschen nahe. Der Widderkopf oder Widder ist das astrologische Zeichen für den Frühlingsanfang. Wenn Marshack sich hier nicht irrt, dann ist der Anfang der Astrologie nicht – wie häufig angenommen – in Mesopotamien zu finden, sondern in einer lunaren Astrologie des Jungpaläolithikums. In seiner Würdigung der verlorenen Religion der Großen Mutter hat der Dichter Robert Bly die Astrologie »den großen intellektuellen Triumph der Mutterzivilisation« genannt.[38] Wenn wir ein Gefühl für das entwickeln wollen, was diese verlorene Religion einmal war, dann sollten wir vielleicht nicht bei den Archäologen mit ihrem Interesse für Werkzeuge, sondern bei jenen Archäologen des Unbewußten, den Dichtern schauen. Wenn wir eine Weltsicht verstehen wollen, die nach den Mondphasen modelliert ist, dann können wir mit *A Vision* von W.B. Yeats[39] oder *Die weiße Göttin* von Robert Graves eine Reise beginnen, die uns weit fortführt vom zivilisierten Geist der modernen, industrialisierten Menschheit.

Marshack weiß, daß eine Technologie nicht unabhängig von einer Mythologie existiert und daß es ein Unterschied ist, ob man eine Werkzeugausrüstung »Solutréen« benennt oder aber eine Kultur. Unsere Großväter fuhren noch in Pferdewagen, und obwohl wir in Jets reisen, ist unsere Religion doch kaum anders. Der ehemalige Präsident Jimmy Carter mag ein Technokrat sein, ein Kernkraftingenieur und ein Absolvent von Annapolis, aber er ist auch ein wiedergeborener Christ, und die Bilderwelt, die er beschwört, geht sogar vor die Zeit von Christus zurück. Anthropologen des 19. Jahrhunderts, wie Tylor und Frazer, halfen die Beziehungen zwischen primitiver Religion und zivilisierten Religionen herzustellen. Heute ermöglicht Marshack uns, Verbindungen zwischen der Religion der Eiszeit und den Religionen des alten Vorderen Orients herzustellen. Eine der spannendsten und zugleich provokativsten Analysen Marshacks ist seine Erörterung der Rolle des Geschichtenerzählens bei der Aufzeichnung der Zeitrechnung.

Es wurde bei der Arbeit offensichtlich, daß eine Dokumentation der Notationen, obwohl für einen wissenschaftlichen Aufsatz durchaus angemessen, doch nicht in der Lage war, den Umfang der gesammelten symbolischen Hinweise, die sich langsam abzuzeichnen begannen, zu erklären oder zusammenzufassen. Das hätte auch die Notationen nicht erklärt. Ich war gezwungen, meine Forschungen auf »Geschichten« auszudehnen.

Wenn der erwachsene *Homo sapiens*-Jäger die einzelnen Mondphasen sah, dürfte er in der Lage gewesen sein, sie einem Kind, einem Teenager oder sich selbst zu erklären, und jedesmal anders und jedesmal im Rahmen der Begriffe und der Mythologie, die ihm zur Verfügung stand ...

Und dennoch können wir nicht davon ausgehen, daß es dem eiszeitlichen Jäger möglich war, seine Geschichten von seinem tatsächlichen Wissen zu trennen. Denn höchstwahrscheinlich gebrauchte er eine Geschichte, um zu verstehen und die anderen zu unterrichten, und die Worte und Namen, die er benutzte, dürften einen sagenumwobenen Inhalt gehabt haben...

Die Fähigkeit, Geschichten zu erzählen, half ihm zu sehen und Entwicklung und Wandel auszumachen, seine Anhaltspunkte und Vergleichsmöglichkeiten auszuweiten, sie zu »verstehen« und an ihnen auf sagenhafte Weise zu partizipieren, sie zu erzählen und vorherzusagen. Man kann also annehmen, daß die Art von Geschichten, die ein Mann erzählt – in diesem Fall die eines Jägers –, die außerordentlich verschiedenartigen Phänomene und Prozesse in seinem Leben zusammenzubringen; und da eine Geschichte eine *Gleichung* ist, eine kognitive Form der abstrakten Strukturierung und des Umgangs mit Prozessen und Beziehungen, dürften sich Einsatz und Komplexität der Form der Geschichte mit wachsender Komplexität der Kultur verändern. Für uns ist in diesem Zusammenhang die Erkenntnis von Bedeutung, daß die eingeborene, entwickelte Fähigkeit des *Homo sapiens* zu sagenhaftem Denken sich wahrscheinlich im Verlauf der letzten 40000 Jahre nicht wesentlich verändert hat.[40]

In der modernen Wissenschaft ist eine »Tatsache« nur wegen des mythischen Hintergrunds wahrnehmbar. Jede Mondphase dürfte einen Namen und eine dazugehörige Geschichte gehabt haben, ebenso jedes Tier. Über den Mythos dürfte ein ständig wachsendes Wissen weitergereicht worden sein, und das Medium dafür war eine erzählte Geschichte, die Gravur eines Knochens oder aber ein Gemälde an der Wand einer Höhle. Die Geschichte oder das Gemälde dienten dazu, den Teil mit dem Ganzen zu verbinden, das Ereignis mit dem Mythos, das Alltägliche mit dem Heiligen.

Da wir die Menschheit von der Natur abtrennten, ebenso das Subjekt vom Objekt, die Werte von der Analyse, Wissen vom Mythos und die Universitäten vom Universum, ist es für jeden, der kein Dichter oder Mystiker ist, außerordentlich schwer zu verstehen, welcher Art das holistische und mythopoeitische Denken der eiszeitlichen Menschheit war. Selbst die Sprache, mit der wir die Vergangenheit diskutieren, redet von Werkzeugen, Jägern und *Männern*, während jede Statue und jedes Gemälde, das wir entdecken, überdeutlich macht, daß die Kultur dieser Eiszeitmenschen eine Kultur der Kunst, der Liebe zu den Tieren und eine Kultur der Frauen war. Jahrelang haben sich feministische Forscherinnen gegen den Gebrauch des Wortes »Mann« gewehrt, und wie bei allen anderen sträubten sich auch mir die Haare vor Ärger über ihren ideologischen Jargon, ihren Fanatismus und ihren Gebrauch des häßlichen und abstrakten Wortes »Person«; aber es ist keine Frage, sie haben recht. Benennen lenkt die Gedanken, und an Marshacks Verwendung der Worte »Mann« und »Jäger« läßt sich erkennen, daß er die Kultur vor seinen Augen nicht *sehen* kann. Das Sammeln ist ebenso wichtig wie das Jagen, aber nur das Jagen wird diskutiert. Das Geschichtenerzählen wird erwähnt, aber es ist der Jäger, der die Geschichten erzählt, und nicht eine alte Mondpriesterin. Man stellt sich Initiationen vor, aber der zu Initiierende ist kein junges Mädchen in der Menarche, kurz vor ihrer Vermählung mit dem Mond, sondern ein junger Mann, der dabei ist, ein großer Jäger zu werden. Marshacks Arbeit ist vielleicht der stärkste Beweis dafür, daß Bouldings Kritik an der Verwendung des Wortes »Mann« völlig gerechtfertigt ist.

V

Um annähernd verstehen zu können, worum es bei der Namensgebung und der Kunst des Jungpaläolithikums geht, müssen wir nicht nur der Ethnozentrizität männlicher akademischer Subkulturen entkommen, sondern auch der begrenzten Epistemologie der Sozialwissenschaften. Wir brauchen »Imagination«, wenn wir wieder ein Gespür für das Heilige entwickeln wollen. Das Heilige ist jene emotionale Kraft, die den Teil mit dem Ganzen verbindet; das Profane oder Säkulare ist das, was von seiner emotionalen Bindung an das Universum abgetrennt wurde oder davon abgefallen ist. *Religare* bedeutet anbinden, und die traditionelle Aufgabe der Religion besteht darin, die Teile wieder anzubinden, die sich vom ekstatischen Einssein abgelöst haben. Im Falle der zivilisierten Menschheit der Großstadt besteht die Aufgabe der Religion darin, die entfremdeten und ausgebeuteten Klassen in einer Vision von Einheit wieder zu verbinden oder die entfremdete menschliche Spezies wieder mit der Natur und den Himmeln zu verknüpfen. Religion ist nicht identisch mit Spiritualität; eher könnte man sagen, daß Religion die Form ist, die Spiritualität in einer Zivilisation annimmt. Sie ist nicht so sehr Opium für das Volk, als vielmehr das Gegenmittel gegen die Gifte der Zivilisation. (Natürlich wird eine Überdosis eines Gegenmittels selbst zum Gift). Da Religion eine Reaktion auf die Bedingungen der Entfremdung in einer Zivilisation darstellt, ist Religion in einer Kultur von Jägern und Sammlern überflüssig. Die Kultur der Jäger und Sammler ist personifizierte Spiritualität; jedes Ereignis ist Teil einer Geschichte, jeder Teil ist mit dem Ganzen verbunden, jede Handlung ist durchflutet vom Heiligen. Wenn der ganze Lebensalltag heilig ist, dann müssen die Menschen keine Kirchen bauen und Sonntags keine Hymnen singen. Jene Individuen, die heutzutage das Gefühl für das Heilige im Alltag ebenso verloren haben wie das Gespür für die Religion, können einzig über die Kunst das emotionale Gefühl des Verbundenseins zurückerlangen. Und so begeben sich in hochentwickelten städtischen Zentren wie New York sonntags mehr Menschen in das Metropolitan Museum of Art als in irgendeine Kathedrale der Stadt. In der postreligiösen Kultur der modernen Menschheit ist Kunst die letzte Religion. Es gibt nur einen Weg, auf dem die Soziobiologen und Anthropologen, die den Kontakt zu vorzivilisatorischer Spiritualität oder zivilisierter Religion verloren haben, aus ihrer begrenzten verhaltenswissenschaftlichen Weltsicht herauskommen und den Teil wieder an das Ganze ankoppeln können: die Kunst. Um ein Gefühl für das Heilige in der Kunst der Eiszeit einzufangen, sollten wir über das zentrale Symbol jener Kunst meditieren, über die Statue der großen Göttin.

Die berühmte *Venus von Laussel* (Abb. 4) ist eine Reproduktion eines Flachreliefs aus der Dordogne des Pèrigordien, etwa um 19.000 v. Chr. Der Prähistoriker André Leroi-Gourhan identifizierte sie als »eine Frau, die ein Wisenthorn hält«.

Abb. 4. Die Venus von Laussel.

Mit ihren riesigen hängenden Brüsten, ihrem großen Bauch und gewaltigen Hüften repräsentiert diese paläolithische Madonna einen Typus, der in zahllosen anderen Figurinen bei Ausgrabungen von Spanien bis zur Sowjetunion gefunden wurde. Diese Ikone der Dame mit dem Horn jedoch strahlt eine ganz einzigartige Faszination aus. Das Horn scheint wie eine Mondsichel geformt zu sein und drückt deshalb die Beziehung zwischen Mond und Frau aus. Der rote Ocker, der das Relief überzieht, legt die Verbindung zwischen der Frau und dem magischen Menstruationsblut nahe, was wiederum die Beziehung von Frau zum Mond und zum Gebären herstellt.

> Die australischen Schwarzen, die Blut über ihren heiligen Steinen ausgießen und sich nach ihren Riten selbst rot anmalen, erzählen freiwillig, daß diese rote Farbe eigentlich das Menstruationsblut von Frauen ist. In einem Hottentottenlied an den Regengeist wird sie wie folgt angeredet: »Du, die du deinen Körper rot wie Goro gemalt hast; Du, die du nicht auf die Menstruation verzichten willst.« Die Gottheit, um die es hier geht, ist zweifellos eine Form des Mondes, und das rote Ocker, mit dem sie sich bemalen, wird nach ihr »Gorod« genannt.[41]

Das Horn, das die Venus von Laussel in ihrer Hand hält, weist dreizehn, vielleicht vierzehn Einkerbungen auf. Diese Kerben könnten die Mondphasen von Neumond zum Vollmond (in den Frauenmysterien die Zeit von der Menstruation zum Eisprung) symbolisieren oder aber die dreizehn Mond-Monate des Jahres. Viele moderne Frauen können ihren Eisprung spüren; es ist deshalb durchaus anzunehmen, daß in einer Kultur, in der die Menstruation und der Mond dermaßen im Zentrum des Interesses stehen, Frauen so sehr im Einklang mit der Natur und ihrem Körper leben, daß auch sie ihren Eisprung spüren. Mag sein, daß die Bedeutung der Ovulation nicht im medizinischen Sinne verstanden wurde, aber sie dürfte intuitiv als ein wichtiges Ereignis im Leben der Gebärmutter betrachtet worden sein. Da die Menschen dieser Zeit unzählige Vulvas in die Höhlenwände ritzten, ist es nur natürlich, davon auszugehen, daß die monatlichen Rhythmen der Vulva aufmerksam verfolgt wurden und daß die Ovulation kein unsichtbares Ereignis war, sondern vielmehr als ein subtiles, den Gezeiten unterworfenes Pulsieren wahrgenommen wurde, das von dem schemenhaften Licht des Vollmonds angezogen wurde.

Aber noch andere Mysterien werden durch das Wisenthorn ausgedrückt, durch dieses paläolithische Original, dessen Kopie das klassische Füllhorn ist: das Horn der Fülle ist die universale Vulva, aus der alle lebenden Geschöpfe kommen – Pflanzen, Tiere und Menschen. Wenn wir eine symbolische Brücke brauchen, die es uns gestatten würde, das Füllhorn des klassischen Griechenland mit der paläolithischen Vulva zu verbinden, dann würde ich jenes Gedicht vorschlagen, das die sumerische Göttin Inanna, die Himmelskönigin, zur Feier ihrer Vulva komponiert:

> Inanna preist ihn,
> Komponiert ein Lied auf ihre Vulva:
> Die Vulva, sie ist...
> Wie ein Horn... beim großen Wagen,
> Das »Himmelsboot«, befestigt die Seile...
> Wie die neue Mondsichel, Leidenschaft...[42]

Die Punkte bezeichnen die Brüche in den Tontafeln, wo die Keilschrift unleserlich ist, aber selbst in diesem fragmentarischen Zustand erlaubt uns das sumerische Gedicht rückwärts und vorwärts durch die Zeit zu lesen. Literatur als aufgeschriebene Mythologie ist eine Möglichkeit, noch wesentlich älteres mündlich überliefertes Material festzuhalten, und so könnte das sumerische Gedicht als Anhaltspunkt für die uralte Ikonologie der Vulva dienen. Dann entdecken wir, daß die Frau mit dem Horn eine komplexe Hieroglyphe ist. Das Wisenthorn stammt vermutlich von einem Tier, das mit der Großen Göttin assoziiert wird, und genau das ist auch die Vermutung André Leroi-Gourhans.[43] Das Horn ist die Vulva, die Mondsichel; später werden daraus die sichelförmigen Schilfboote, die unermüdlich Tigris und Euphrat befahren; noch später wird daraus das Füllhorn von Amalthea, der Amme des Zeus. Poetische Logik funktioniert über Wortspiele und jene transformativen Assoziationen, die Freud in seiner Arbeit *Der Witz und seine Beziehung zum Unbewußten* beschrieben hat. Wenn wir erkennen, daß die paläolithische Dame mit dem einzelnen Horn zur Dame mit dem *Ein*horn im Mittelalter wird, dann haben wir damit einen Anhaltspunkt zur Logik der Poesie und des Mythos. Das Einhorn, das nur von einer keuschen Jungfrau berührt und gezähmt werden kann, ist ein Mondsymbol der alten Religion Europas. Die berühmten Gobelins im Cloisters Museum in New York zeigen, wie der Mann als Jäger das Einhorn jagt und erlegt, und präsentiert uns so eine mittelalterliche Legende vom Übergang von der matrilinearen Gesellschaft, die den Mond verehrt, zur patrilinearen Gesellschaft, die zum solaren Christus betet. Von der Dame mit dem einzelnen Horn bis hin zur Dame mit dem mondfarbenen Einhorn: in der Welt des Mythos und des Unbewußten geht nichts verloren. Der Joker in unserem Kartenspiel ist der Narr der mittelalterlichen Höfe, und hinter ihm steht der paläolithische Schamane, in seine Tierhaut gekleidet und mit seiner von einem Tier stammenden Kopfbedeckung, mit dem von den Frauenmysterien entliehenen Mond*baton de commandement* als dem androgynen Zeichen seiner Macht.

Die Epistemologie der Verhaltenswissenschaften ist schön und gut in ihrem sehr begrenzten Bereich, um aber eine *Kultur* zu verstehen, müssen wir bei den Dichtern und Schamanen in die Schule gehen. Ein Gelehrter der Geisteswissenschaften mag eine ganze Reihe toter Sprachen sprechen, *wenn* aber seine eigene Imagination tot ist, dann dürfte ein Dichter, der nur seine eigene Sprache kennt, zu einem tieferen Verständnis der Bilder vordringen.

Nehmen wir beispielsweise noch ein weiteres Bild: Albrecht Dürers *Jungfrau* (siehe Abb. 5). In dieser Vision von Maria sitzt sie auf einer Mondsichel, einer Sichel, die auch das Horn eines Tieres sein könnte. Wenn man vor seinem geistigen Auge die Venus von Laussel, Inanna, die ein Gedicht über ihre Vulva verfaßt, das Füllhorn der Amalthea, die Dame mit dem Einhorn und Dürers Jungfrau aufreiht, dann kreiert man eine Collage, die eigentlich eine fünfstimmige Fuge ist. In dieser Polyphonie von Bildern des Unbewußten, das jenseits und außerhalb der historischen Zeit steht, finden sich komplexe Harmonien, aber keinerlei Dissonanzen: die Bilder wider-

Abb. 5. Albrecht Dürer, aus »Das Leben der Jungfrau«, 1511.

sprechen sich nicht. Aber das ist natürlich ein ästhetisches Urteil und kein wissenschaftliches. Wenn man rein wissenschaftlich bleiben möchte, dann wird man sich mit der Diskussion von Druckbeschichtungstechniken und der Klassifizierung von Werkzeugen zufrieden geben müssen.

Ein großer Prähistoriker, der sich nicht auf die Klassifizierung von Werkzeug beschränkt, ist André Leroi-Gourhan. In seinem monumentalen Werk, *Prehistoire de l'art occidentale*,[44] versucht er, die Bedeutung der Bilder paläolithischer Kunst zu erfassen. In einer bewunderungswürdigen Kombination von wissenschaftlichen Fähigkeiten und der Sensibilität eines Künstlers zeichnete er Hunderttausende von Bildern mit einem Computersystem auf und versuchte dann, die Bedeutungen jener Muster zu verstehen, die sich unabhängig von seinen eigenen Klassifikationen ergaben. Er fand in den Höhlenmalereien zwei Sprachen, von denen die erste eine abstrakte und stilisierte Notation von Zeichen ist, während die andere eine großartige Kunst realistischer Tierporträts darstellt. Aber erst, als er auf Knopfdruck die verschiedensten Arrangements abrufen konnte, entdeckte er ein verbindendes Muster zwischen Zeichen und Tieren. Es schien, daß es da weibliche Zeichen gab, die verschiedensten Transformationen des Bildes der Vulva, und männliche Zeichen, verschiedene Transformationen des Phallus und des Speers. Indem er Zeichen und Bild nebeneinanderstellte und analysierte, kam Leroi-Gourhan zu der Vermutung, daß es da eine poetische Assoziationslogik gab und daß die Tiere selbst eine sexuelle Wertigkeit besaßen, so wie in den romanischen Sprachen jeder Gegenstand maskulinen oder femininen Geschlechts ist. Im Verlauf der weiteren Analyse bemerkte Leroi-Gourhan, daß die Zeichen die Bilder auszugleichen schienen; ein männliches Tier hatte ein weibliches Zeichen neben sich, oder umgekehrt. Dann bemerkte er eine gewisse Logik, nach der die Bilder in den einzelnen Kammern innerhalb der Höhlenbereiche verteilt waren: bestimmte Räume waren überwiegend weiblich – im allgemeinen die zentralen Kammern; die Eingangskammer war überwiegend männlich, aber häufig war die tiefste Kammer ein Raum, in dem männlich und weiblich nebeneinander standen.

Nachdem wir die Hypothese von der Jägermagie ausgeschlossen haben, daß es sich hierbei um Abbildungen wirklicher gefangener Tiere handelt, um Waffen oder Hütten der Geister oder um den simplistischen Symbolismus trächtiger Tiere, was bleibt uns als Hypothese? Ganz offensichtlich ist das zentrale Thema des Systems das Hin und Her, die Komplementarität oder der Antagonismus von männlichen und weiblichen Werten, und man könnte an »einen Fruchtbarkeitskult« denken. Wenn wir das Für und Wider behutsam abwiegen, dann ist diese Antwort gleichzeitig zufriedenstellend und lächerlich, denn es gibt nur wenige Religionen, primitiv oder entwickelt, die nicht irgendwo eine Konfrontation derselben Werte beinhalten, gleich ob es sich dabei um göttliche Paare wie Jupiter und Juno oder um Prinzipien wie *yang* und *yin* handelt. Es gibt kaum einen Zweifel daran, daß der paläolithische Mensch die Teilung der Tier- und Menschenwelt in zwei entgegengesetzte Hälften kannte und daß er voraussetzte, daß die Vereinigung dieser Hälften die Ökonomie lebender Wesen bestimmte. Stellte er sich diese Vereinigung so vor, wie wir das heute tun oder in der Art der australischen Ureinwohner und der Kanaken? Nahm er an, daß die Aktivitäten des Mannes lediglich den Geist nähren, der in den Körper der Frau eingegangen ist? Wahrscheinlich hatte er eine andere Erklärung dafür, die uns nicht zugänglich ist.[45]

Wenn wir zu Leroi-Gourhans gewissenhafter Analyse der Plazierung der Bilder Marshacks Idee hinzufügen, daß die Tiere Ausdruck eines Musters für die Bestimmung von Zeit darstellen, dann erscheint die Kunst als eine komplexe Kosmologie. Die Tiere werden so zu frühen Formen der Tierkreiszeichen, Abbilder der Mond-Monate, sowie Darstellungen der grundsätzlich dualistischen Natur des Seins: männlich und weiblich, Yin und Yang, Leben und Tod. Der Mond stirbt, wird aber wiedergeboren; die Frau blutet, aber die Vulva ist eine Wunde, die sich selbst heilt. Diese wunderbare Natur der Vulva scheint die Imagination der paläolithischen Menschheit intensiv beschäftigt zu haben, nicht nur deshalb, weil es Tausende von in die Höhlenwände eingeritzten Vulvas gibt, sondern weil die Vulva in eine poetische Logik einbezogen wurde, in der »der Speer für die Wunde das ist, was der Phallus für die Vulva ist.«

Um ein dynamisches Verständnis der Höhlenabbildungen zu gewinnen, müßte man immer noch in diesen Rahmen den Symbolismus des Speers und der Wunde integrieren. Aufgefaßt als Symbole sexueller Vereinigung und des Todes, müßte man Speer und Wunde dann in einen Zyklus der Lebenserneuerung integrieren, in dem die Darsteller zwei parallele und sich ergänzende Themengruppen bildeten: Mann/Pferd/Speer und Frau/Wisent/Wunde.[46]

Der Schlitz der Vulva scheint wie eine Wunde, die durch einen Speer hervorgerufen wurde, und so wird aus dem Speer der Phallus. Aber die Vulva ist die magische Wunde, die jeden

Monat blutet und sich selbst heilt. Und weil sie im Einklang mit dem Dunkel des Mondes blutet, ist die Vulva nicht Ausdruck von Physiologie, sondern von Kosmologie. Der Mond stirbt und wird wiedergeboren; die Frau blutet, aber stirbt nicht, und wenn sie zehn Mond-Monate lang nicht blutet, dann gebiert sie neues Leben. Es ist nicht schwer zu verstehen, warum der paläolithische Mann voller Ehrfurcht vor der Frau stand und wie die Mysterien der Frau zur Grundlage einer religiösen Kosmologie wurden. Wie langlebig diese Ikonologie ist, fällt uns auf, wenn wir an den Speer denken, der die Wunde in Christus' Seite verursacht, und uns daran erinnern, wie viele mittelalterliche Gemälde Christus darstellen, wie er seine Wunde zeigt. Die lippenartige Wunde des Christus ist ein Ausdruck dafür, daß der männliche Schamane, um magische Kräfte zu erlangen, die Kräfte der Frauen annehmen muß. Die Wunde, die Christus nicht tötet, ist die magische labiale Wunde; sie ist das Siegel der Wiederauferstehung und ein Ausdruck des Mythos von der ewigen Wiederkehr. Von Christus bis zum Fischerkönig der Gralslegenden ist ein Mann, der an einer magischen Wunde leidet, kein gewöhnlicher Mann, sondern einer, der die dualistische Natur der Sexualität transzendierte, der Mann mit der Vulva, der schamanistische Androgyn.

Wenn wir es mit Christuslegenden zu tun haben, dann begeben wir uns in eine mediterrane Kultur, in der die Vorrangstellung des Mannes seit Jahrtausenden etabliert war. Was aber ist die Rolle des Mannes in der paläolithischen Mondmythologie? Das Bild der Frau ist klar und eindeutig, der Mann hingegen ist nur selten dargestellt, und wir müssen uns anstrengen, um seine indirekte Spiegelung in den Bildern des Pferdes und des Speers einzufangen. Leroi-Gourhan klassifizierte Bilder von Steinbock, Mammut, Hirsch, Bär, Rentier und Pferd als Bilder männlicher Wertigkeit, aber explizite Darstellungen von Männern sind so gut wie nicht existent, und wenn sie tatsächlich einmal gefunden wurden, dann waren sie nur skizzenartig ausgeführt. Die schematischen Darstellungen des Mannes scheinen jedoch eines gemein zu haben, nämlich daß der Mann durchweg entweder gestört, gejagt oder von einem Tier verwundet dargestellt wird. Leroi-

Gourhan nannte dies »das Thema des verletzten Mannes«.[47] Die vielleicht berühmteste dieser Abbildungen ist die sogenannte Szene aus der Grube oder »Der Speer des toten Mannes.«

Auf den ersten Blick scheint diese Kammer eine der am wenigsten eindrucksvollsten Teile der Höhle zu sein, denn die Wände sind auf allen Seiten markiert und zerkratzt. Aber diese Ansammlung wirrer Linien und Figuren könnte ganz im Gegenteil darauf hindeuten, daß dieser Ort ganz besonders heilig oder wichtig war ... Die dekorierten Wände haben eine Patina; verschlissen und wieder geglättet von Alter und Reibung bezeugen sie die ständige Benutzung und Frequentierung dieses Teils der Höhle.

Am hinteren Ende der Kammer der Gravuren bildet ein Stein – im höchsten Maße poliert, abgenutzt und geschwärzt durch das ständige Passieren ungezählter menschlicher Körper – eine Art Rand über einem gähnenden Abgrund. Das kuppelförmige Gewölbe darüber ist mit verschiedenen Tierfiguren graviert, mit rautenförmigen, in vielen Farben gemalten Zeichen, mit langen Reihen von kurzen parallelen Strichen und Gruppen von divergierenden Linien, ähnlich jenen in der Kammer, aber kleiner gehalten. Die Quintessenz aller Zeichen in der Höhle scheint auf die begrenzte Oberfäche dieser Kuppel konzentriert zu sein, trotz der Tatsache, daß sie sich so hoch oben über dem Speer, der herab zum Brunnen und zum Bild des toten Mannes führt, befindet und augenscheinlich schwer zu erreichen war.[48]

Abb. 6 zeigt das Gemälde mit dem Speer des toten Mannes. Das erste was einem bei der Betrachtung des Bildes auffällt, ist der bemerkenswerte Unterschied im Darstellungsstil zwischen der menschlichen Figur und den Tieren. Die Tiere sind in dem naturalistischen Stil der anderen Figuren in Lascaux dargestellt, aber der Mann ist nichts als eine Strichfigur und dermaßen stilisiert, daß er wie eine Art Mittelding zwischen dem naturalistischen Stil der Tiere einerseits und den abstrakten Zeichen andererseits wirkt. Die Interpretation von Dr. Laming, dem Lascaux-Spezialisten, ist direkt und prosaisch: es handelt sich um das Bild eines Jägers, der seinen Speer in den Wisent getrieben hat (dessen Eingeweide herausquellen) und der selbst dafür aufgespießt wurde und umkam. Aber diese Interpretation ergibt überhaupt keinen Sinn. Erstens

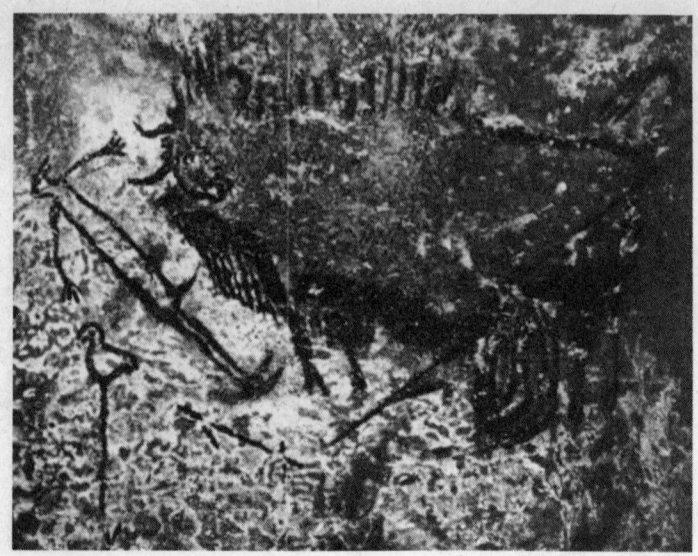

Abb. 6. Szene aus der Höhle, Lascaux; auch »Der Speer des toten Mannes« genannt.

liegt der Speer auf dem Bild quer über der Flanke des Wisents oder aber ganz über ihm. Zweitens müßte man, um einen Wisent aufzuschlitzen, ihn bitten, sich umzudrehen, um so an den weichen Unterleib heranzukommen. Drittens sollten wir, da der Mann mit einem Vogelkopf und einer Erektion gezeigt wird, vermuten dürfen, daß da etwas ganz anderes stattfindet. Ein gewaltsamer Tod verursacht eine Erektion, aber ebenso kann das durch Träume, Visionen, Trancezustände und das Erwachen der *Kundalini* geschehen.

Robin van Löben Sels, ein Jungianer und Erforscher des Schamanismus, meinte, das Bild sei eine *power vision* (Kraftbild) eines Schamanen in Trance. Obwohl man natürlich nie sicher sein kann, treten andere Aspekte mehr in den Vordergrund, wenn man das Bild als Traumbild oder als mythologisches Wandgemälde zu betrachten beginnt. Dann schlitzt der Speer den Wisent nicht auf, sondern liegt neben dem Zeichen der Vulva, dem Zeichen, das Laming fälschlicherweise als Eingeweide interpretiert. Dann werden Speer und Vulva zu einem zusammengehörigen Paar, wie auch Mann und Wisent

Straßburg/

SIMPLEX SPES

PRUDENTIA FIRMA.

Gedruckt bey Conrad Scher/

Im Jahr/ M. DC. XVI.

Abb. 7. Hans Holbein der
Jüngere, der Merkurstab
oder Caduceus.

Abb. 8. Druckerzeichen und
Kolophon der ersten Aus-
gabe von »Die chemische
Hochzeit«, Straßburg, 1616.

zu einem zusammengehörigen Paar werden. In Leroi-Gourhans Analyse der poetischen Logik finden wir eine mythologische Struktur: der Speer ist für die Wunde, was der Phallus
für die Vulva, was der Mann für den Wisent ist. Wenn der
Mann ein Schamane ist und der Wisent ein Bild der Großen
Göttin, dann könnte der Wisent eine Erscheinung der Göttin
sein, wie sie dem Schamanen in der *power vision* erscheint,
die ihn von den gewöhnlichen Männern absondert.[49] In der
Mitte des Bildes befindet sich ein Stab mit einem Vogel auf der
Spitze, und das scheint mit der Tatsache im Zusammenhang
zu stehen, daß der Mann mit einem Vogelkopf gezeigt wird.
Der Stab mit einem Vogel an der Spitze, gleich ob Totempfahl
oder Caduceus, ist ein uraltes und universelles Symbol, und
dieses Gemälde aus Lascaux könnte tatsächlich ein Ausdruck
der Quelle paläolithischer Religion sein, der alle späteren
Bilder entspringen (siehe Abb. 7 und 8).

Der Stab des Gottes Merkur, der Caduceus, zeigt zwei

Schlangen, die sich um einen Stab winden, auf dem oben ein Vogel sitzt. Jeder, der in den Tantra Yoga eingeweiht wurde, weiß, daß die zwei Schlangen die Nervenkanäle, *ida* und *pingala* symbolisieren, die in Spiralen um den zentralen Kanal, *sushumna*, der Wirbelsäule herumlaufen. Die Schlange symbolisiert die chtonische Kraft, das Wesen, das auf dem Boden entlang kriecht; der Vogel symbolisiert die höheren Bereiche des Bewußtseins, jenes Wesen, das sich von der Erde befreit hat und in den Himmel fliegen kann. In den verschiedenen Kulturen dieser Welt wird dieses Wissen in ortsgebundenen Bildern vermittelt. In Indien benutzt man das Bild der Lotusblume, denn der Lotus wurzelt im Schlamm (dem Unbewußten), hat einen schlanken spinalen Stamm, der durch das Wasser (die körperliche Ebene des Bewußtseins) reicht, und eine Blüte, die »weiß und ungenäßt« auf dem Wasser ruht und zur Sonne (dem Überbewußtsein) gerichtet ist. In Mexiko ist das Bild ein Baum im Dschungel; seine Wurzeln sind im Dunkeln, und sein spinaler Stamm ragt auf in gesprenkeltem Licht, aber auf der Spitze des Baums, zur Sonne gerichtet, baut der in herrlichen Farben schimmernde Quetzal sein Nest. Die Schlange zu lehren, den Stamm hinaufzukriechen und ein Vogel zu werden oder eine gefiederte Schlange – ein Quetzalcoatl – so wurde Yoga im alten Mexiko ausgedrückt. Im alten Ägypten hingegen war es das Aufrichten der *Djed*säule des Osiris, das das Erwachen der *Kundalini* ausdrückte. Der Stab des Osiris war das äußere Anzeichen dieses initiatischen Materials. Was durch den Lotus, die gefiederte Schlange oder den Stab des Osiris symbolisiert wird, ist das Wissen des Yogis um die drei Gehirne des Menschen.[50] Das erste ist das Reptiliengehirn der Wirbelsäule, das Hirn der instinktiven Reflexe, das Gehirn des Unterbewußten. Das zweite ist der limbische Ring, das Gehirn der Leidenschaft und der Emotionen, von Kampf oder Flucht. Das dritte Gehirn in der menschlichen Evolution ist der Neocortex, die Zwillingshemisphären, die die zwei Flügel des Vogels auf dem Merkurstab sind. In tantrischer Meditation nimmt der Yogi eine innere Brücke im Mittelhirn wahr; ein Pol dieser Brücke befindet sich am hinteren Ende der Medulla Oblongata, und *Prana* scheint von außen an dieser Stelle einzutreten; diese

Energie trifft auf eine Kraft, die vom unteren Ende der Wirbelsäule aufsteigt und die Brücke überquert, bis sie einen
Punkt zwischen den Augen erreicht, das »dritte Auge«. Während die Energie seine Wirbelsäule hinaufsteigt, rollen die
Augen des Yogi nach oben, und er geht völlig auf in den
Visionen des einzelnen, des dritten Auges, und sein ganzes
Bewußtsein polarisiert sich. Zur gleichen Zeit, da er sich von
einer Vision emporgehoben und aus seinem Körper herausge-
tragen fühlt, reichert sich der untere Teil seiner Wirbelsäule
mit Energie an, seine Genitalien werden von Vibrationen
überflutet und der Penis richtet sich auf. Für einen Katholiken oder einen Mönch im Zölibat ist die Intensivierung genita-
ler Aktivität *verbunden mit* einer Ausdehnung des Bewußtseins überraschend, wenn nicht schockierend.[51]

Wenn van Löben Sels' intuitive Vermutung zutrifft und die
Szene mit dem Stab des toten Mannes tatsächlich eine schamanistische *power vision* und nicht die Abbildung einer tatsächlichen Jagd ist, dann ergibt die ithyphallische Verfassung
des Mannes einen Sinn. Die Erektion hat nichts mit Fruchtbarkeit zu tun, obwohl sie durchaus ein Zeichen von Potenz
ist; die Potenz aber wird dadurch ausgedrückt, daß der Schamane in tiefer Trance mit den Göttern kommuniziert. Wenn
der Vogel auf dem Stab ein Zeichen tantrischer Transformation darstellt, dann bedeutet der Vogelkopf des Mannes, daß
er jemand ist, dessen Bewußtsein in den Himmel fliegen kann;
er ist kein gewöhnlicher Mann, er ist ein Schamane, ein Eingeweihter, der sich die Gunst des göttlichen Weiblichen, der
Shakti, der Großen Göttin gewonnen hat. Die Darstellung des
Mannes als Strichfigur könnte dann als Mittelding zwischen
dem abstrakten Zeichenstil von Phallus und Vulva und dem
naturalistischen Stil der Tiere interpretiert werden, denn der
Schamane ist selbst ein Mittler zwischen den Gegensätzen
Mensch und Gott.

Es scheint, daß sowohl in der paläolithischen Religion wie
auch in den zivilisierten Religionen, die von ihr abstammen,
der Punkt, an dem sich die Gegensätze kreuzen, ein Ort der
Kreuzigung des Mannes ist. Der verwundete Mann zu Füßen
der Großen Göttin, des Wisents, oder der tote Mann in den
Armen der Jungfrau Maria dürften, obwohl Jahrtausende

zwischen diesen Bildern liegen, in etwa derselben Weise verwandt sein, wie das Bildnis der Venus von Laussel und die Dürer-Ikone von der Jungfrau Maria einander verwandt sind. Leroi-Gourhan spricht von einem Mann, der von einem Wisent verwundet wurde, während ich von dem Wisent als einer Erscheinungsform der Großen Göttin spreche, aber diese beiden Hypothesen schließen sich nicht gegenseitig aus. Die Manifestation eines Gottes in Trance oder in einer Vision wird als religiöse Erfahrung häufig als ein Zerren oder Reißen beschrieben. Die Bernini-Statue der Santa Teresa in Ekstase zeigt einen Engel, der Santa Teresa voller Freude mit einem Pfeil durchbohrt, während die Heilige als eine Frau in der Ekstase des Orgasmus gezeigt wird. Zukünftige Archäologen ohne Kenntnis religiöser Bewußtseinszustände, wahrscheinlich um Wissenschaftlichkeit und die Vermeidung allzu weit hergeholter Interpretationen bemüht, werden die Statue als eine beschreiben, bei der ein sadistischer kleiner Junge eine masochistische Frau mit einem mesolithischen Jagdinstrument ersticht.

Die »wörtliche« Interpretation des Gemäldes vom Stab des toten Mannes ist ganz offensichtlich eine grobe Simplifizierung einer komplexen Ikonologie; andererseits könnte meine Interpretation einer schamanistischen *power vision* zu weit hergeholt erscheinen: die Projektion meiner eigenen Erfahrungen im Kriya Yoga auf ein stilles Bild, das dem nichts entgegenzusetzen hat. Ein mit einer gesunden Skepsis ausgestatteter Leser dürfte Konkreteres verlangen als die Hypothese eines universellen Schamanismus, die indischen und mexikanischen Yoga mit der Religion des Jungpaläolithikums verbindet. Glücklicherweise gibt es, wie ich denke, andere Kunstwerke in der neolithischen Periode, die sowohl zurückreichen in die paläolithische, als auch nach vorn weisen in die Bilderwelt nachfolgender Religionen. Dank der Forschungsarbeit der Archäologin Marija Gimbutas können wir heute die Ikonographie des Vogel-Schlangen-Komplexes bis in das Zentraleuropa des 6. vorchristlichen Jahrtausends zurückverfolgen.

Die Schlangen- und Vogelgöttin war ein beherrschendes Bild im Pantheon des alten Europa. Kombiniert als Schlange und Wasservogel mit einem langen phallischen Hals war sie ein Erbe der Kultur des Magdalénien im Jungpaläolithikum. Obwohl sie gewöhnlich als Hybride dargestellt ist, konnte diese Gottheit auch eine reine Schlangengöttin sein. Sie ist das weibliche Prinzip.[52]

Im Yoga ist Shakti das weibliche Prinzip, die Große Göttin, die von allen Eingeweihten des tantrischen Transformationsprozesses erfahren wird. Die Tatsache, daß die Schlangen- und Vogelgöttin in der neolithischen Periode hoch entwickelt war, ist Gimbutas Meinung nach ein Anzeichen dafür, daß sie bereits eine lange Geschichte hatte. Das fehlende Bindeglied, das uns Gimbutas beschaffte, erlaubt uns, die Religion des Jungpaläolithikums als etwas einzuschätzen, das sehr viel mehr ist als der beschränkte Aberglaube eines einzigen Stammes; hier handelt es sich um die erste universelle Religion, deren Universalität als ikonisches System auf der Basis der Menstruationsmysterien und eines Mondkalenders Kulturen mit verschiedenen Sprachen und Werkzeugen überspannt. Es ist eine universelle Religion, die sich bereits im späten Pèrigordien von Spanien bis nach Zentralasien ausdehnt. Zur Zeit des Neolithikums hatte sie sich in ganz Afrika und Eurasien verbreitet. Meine Behauptung bringt uns dann lediglich einen Schritt zurück, vom 7. Jahrtausend im Balkan zum Magdalénien in Frankreich. Die ithyphallische Verfassung des vogelköpfigen Mannes in Verbindung mit einem magischen Stab mit einem Vogel auf der Spitze kann dann in einem Kontext betrachtet werden, in dem gerade diese Bilder eine Bedeutung besitzen.

Die Gegenwart der Vogel- und Schlangengöttin wird überall empfunden – auf der Erde, in den Himmeln und jenseits der Wolken, wo die uranfänglichen Wasser sind. Ihre Behausung liegt jenseits der Oberen Wasser, d.h. jenseits der mäandrigen Labyrinthe. Sie beherrscht die lebensspendende Kraft des Wassers, und ihr Abbild steht deshalb im Zusammenhang mit Wasserbehältern. . . .

Die Bisexualität der Wasservogel-Gottheit wird in der Betonung des langen Halses des Vogel ersichtlich, der symbolisch eine Verbindung zum Phallus oder zur Schlange aus der Zeit des Jungpaläolithikums und darüberhinaus durch viele Jahrtausende herstellt. Diese »Bisexualität« könnte sich aus der Fusion der zwei Aspekte der Gottheit ergeben haben, jenem des Vogels und jenem der Schlange, und nicht aus männlichen und weiblichen Prinzipien. Das Bild der phallischen Vogelgöttin beherrscht die Ägäis und den Balkan während des siebenten und des sechsten Jahrtausends.[53]

Die bisexuelle Bilderwelt wird universell in den schamanistischen Praktiken betont. In der sibirischen Kultur oder der der amerikanischen Prärieindianer wird ein Schamane häufig aufgrund der weiblichen Neigungen, die er zeigt, erwählt. Und wenn sich im Tantra Yoga die *Kundalini* in tiefen Meditationszuständen erhebt und *Prana* den zentralen Kanal der Wirbelsäule emporsteigt, dann heißt es häufig, es sei, als fließe der Samen die Wirbelsäule hinauf ins Gehirn. Die *Sushumna* der Wirbelsäule wird zur Vagina, und der Yogi erlebt eine ekstatische Erfahrung, die gleichzeitig männlicher und weiblicher Natur ist. Die Darstellung dieser Balance von gegensätzlichen Kräften kann als die Hochzeit von Shiva und Shakti im Gehirn beschrieben werden, oder aber als eine um ein Ei gewundene Schlange. Nach Leroi-Gourhans Analyse der Höhlenkunst ist es eben dieses Ausbalancieren von männlichen und weiblichen Kräften, worum es in der Kosmologie der Religion des Jungpaläolithikums geht.

Allerdings konfrontiert uns diese Kontinuität in der Ikonographie wie in den spirituellen Traditionen mit einem historischen Problem. Die konventionelle Darstellung von isolierten und ignoranten paläolithischen und neolithischen Stämmen, die schließlich in der »urbanen Revolution« zusammenkamen und die Zivilisation begründeten, taugt nicht. Drei alternierende Hypothesen bieten sich an. Erstens können wir feststellen, daß Kunst, Religion und astrologische Kosmologie der Eiszeitvölker wesentlich reicher und komplexer sind, als wir bisher annahmen, und daß es sich bei dieser Kultur um eine *Ur-Kultur* handelt, die sich als eine Art Brückenkopf für alle späteren zivilisierten Kulturen erweist, die sich aus der Welt erster universeller Religion entwickelten.[54] Zweitens können wir mit Rudolf Steiner und anderen Theosophen annehmen, daß es in der Vor- und Frühgeschichte eine fehlende *Ur-Kultur* gibt, die nicht paläolithisch sondern atlantisch ist. Die Theosophen würden behaupten, daß Lascaux, Mexiko, Ägypten und Indien deswegen ähnliche Initiationspraktiken haben, weil es einmal eine globale Elite mit einer hochentwickelten magischen Wissenschaft gab.[55] Drittens können wir mit den Jungianern davon ausgehen, daß es keinen äußeren physikalischen Ort gibt, von dem die Kulturen abstammen, wohl aber ein einziges universelles kollektives Unbewußtes der menschlichen Arten, und daß dieses Unbewußte jenseits von Zeit und Raum existiert. Für den Jungianer Erich Neumann ist die Kultur der Großen Mutter universal und allgegenwärtig, sie breitet sich nicht von Lascaux nach Mexiko aus.[56] Neumann verwirft die Verbreitungshypothesen der Vor- und Frühgeschichte; er vertritt einen evolutionären Standpunkt, bei dem der menschliche Geist überall einem Typus treu bleibt und auf ganz natürliche Weise Bilder von Vögeln und Schlangen konstruiert, denn Vögel fliegen nun einmal durch die Luft, wie Schlangen am Boden entlang kriechen, und so liegt es nahe, daß die einen zum Abbild der chthonischen und die anderen zum Abbild der himmlischen Kraft werden. Alle diese Theorien haben einiges für sich, und so folge ich der Vorstellung von Lévi-Strauss, wonach man alle Varianten eines Mythos berücksichtigen sollte, und akzeptiere alle diese Theorien als Varianten des Mythos vom menschlichen Ursprung. Ich glaube, die Kultur der eiszeitlichen Jäger war weitaus komplexer, als es sich irgendein Prähistoriker bisher vorgestellt hat; ich glaube aber auch, daß es eine verlorengegangene elitäre Kultur in der Vorgeschichte gab, und ich akzeptiere die Zeugnisse irischer, mexikanischer, ägyptischer, tibetischer, indischer und griechischer Mythologien, daß es diese »atlantische« Kultur tatsächlich gegeben hat.[57] Ich glaube, die jungianische Analyse mythologischer Muster ist außerordentlich brauchbar, aber aufgrund ihres introvertierten Fasziniertseins von Träumen ignorieren die Jungianer die Geschichte. Ein Jungianer liest jeden Morgen sein Traumtagebuch und nicht die Tageszeitung; die Geschichte hat für ihn keinerlei Bedeutung, weshalb er auch kein Gefühl dafür entwickelt. Neumann vertieft sich in neolithisches Material, behauptet aber immer und immer wieder, daß er nicht von historischen Zeitspannen, sondern ausschließlich von psychischen Ebenen spricht. Wenn ich de Koonings *Frau* mit der *Mona Lisa* vergleiche, dann möchte ich vielleicht über die psychische Wahrnehmung von Frauen reden, aber ich täte gut daran zu erkennen, daß es so etwas wie Geschichte gibt und daß deren Einfluß auf den Künstler von beträchtlicher Bedeutung ist, denn was da Vinci von de Kooning trennt, ist eine wichtige historische Zeitspanne.

Die Marxisten ignorieren die Innenwelt; die Jungianer ignorieren die Außenwelt. Jeder schreibt eine Vorgeschichte, die dem eigenen Temperament entspricht; der Marxist wird von Klassenkampf und Entfremdung reden, der Jungianer hingegen vom Kampf mit dem Drachen, bei dem sich das Bewußtsein von der Dominierung durch das Kollektive befreit. All dieses akademische Gezänk kommt von der Unfähigkeit, das Weiße und das Dotter von ein und demselben Ei zu erkennen. Es gibt ein kollektives Unbewußtes, das Geist und Geist verbindet, auch wenn sie durch Zeit und Raum getrennt sind; und Ideen reisen tatsächlich in einem Prozeß kultureller Verbreitung durch Zeit und Raum. Kein Zweifel, es gab eine reiche und komplexe Kultur unter den Eiszeitjägern und -sammlern des Jungpaläolithikums, und es gab ebenso eine elitäre atlantische Kultur. Historische Wirklichkeit ist um vieles größer als all unsere Orthodoxien und Häresien.

KAPITEL 3

Anfänge des Ackerbaus

DIE MENSCHEN LIEBEN ES, ÜBER DAS WETTER ZU REDEN.
Wenn Fremde in eine unbehagliche Nähe zu einander gebracht werden, sei es in einem Aufzug oder an der Theke eines
Cafés, dann können ein paar Worte über das Wetter die unbehagliche Atmosphäre transformieren und zu einem Moment
menschlicher Kultur machen. Diese kleinen Freundlichkeiten
sind unbewußte Rituale, die die bedeutende Beziehung zwischen Wetter und Kultur ausdrücken.

Jede einzelne entscheidende Transformation menschlicher
Kultur ging mit umfassenden klimatischen Veränderungen
einher. Die Hominisation oder Menschwerdung der Primaten
fand während einer Dürreperiode im Pliozän statt, während
die Wälder schrumpften, die Savannen sich ausdehnten und
die frühen Hominiden in eine neue ökologische Nische ge-
drängt wurden. Annähernd eineinhalb Millionen Jahre lang
bleibt jene ökologische Nische dann stabil, und der *homo
erectus* ist bei seinem Weg durch die Zeit nur wenigen evolutionären Veränderungen ausgesetzt. Aber vor etwa dreihunderttausend Jahren, im Verlauf der zweiten europäischen
Zwischeneiszeit, »kam es zum ersten Beweis von Bewußtwer-
dung«,[1] und die fossilen Überreste fangen an, die einzelnen
Stadien auf dem Weg zur Entwicklung der modernen Menschheit anzuzeigen. Etwa aus dieser Zeit stammen auch die ersten gravierten Steine und Werkzeuge, und sie lassen darauf
schließen, daß der Mensch jetzt sein Universum in symbolischer Form miniaturisiert. Dies ist der Moment, von dem an
wir wirklich von so etwas wie »Kultur« reden können.

Mit dem Auftauchen von Kultur scheint sich die Geschwindigkeit, mit der die Dinge sich verändern, zu erhöhen. Die

Menschwerdung fand im Verlauf von Jahrmillionen statt, während der Prozeß der Symbolisierung nur Hunderttausende von Jahren benötigte. Sobald aber ein klimatischer Wandel eine neue ökologische Nische eröffnet, scheint es zu einer Periode der Stabilität zu kommen. Fließgleichgewicht und Transformation scheinen einander abzulösen. Die Kultur der Eiszeitmenschheit zeigt sowohl eine gleichmäßige Steigerung der Komplexität der Werkzeuge, als auch eine Steigerung der Komplexität der künstlerischen Entwicklung. Wie schon Leroi-Gourhan nachwies, ist die Kontinuität der künstlerischen Traditionen über die Jahrtausende hinweg bemerkenswert. Aber, so die Weisheit der alten taoistischen Einsiedler, »Umkehrung ist die Bewegung des Tao«, und jedem Fließgleichgewicht folgt eine Periode der Transformation. Für die Menschheit heißt dies, daß das Wetter sich verändert und sie selbst wiederum in eine andere ökologische Nische gezwungen wird.

Während der Eiszeit war die europäische Tundra von riesigen Herden von Rentieren, Pferden und Wisenten bedeckt, aber als die Winde sich drehten, da fiel der Regen nicht mehr wie bisher auf Nordafrika, sondern auf Europa. Das Land antwortete mit dem Wachstum von Bäumen. Mittlerweile hatte sich die Menschheit aber so weit von seinem Ursprung im Pliozän entfernt, daß eine Rückkehr in ihre alte Waldheimat ganz und gar kein willkommenes Ereignis war. Die kulturell entwickelten Anpassungen der Eiszeitjäger schmolzen mit den Gletschern; jetzt folgte der Jäger einem einzelnen Tier durch den dichten Wald mit dem neuen Werkzeug Pfeil und Bogen.

Die klimatischen Veränderungen, die diese kulturellen Transformationen stimulieren, werden von der Wissenschaft noch nicht im vollen Umfang verstanden, aber langsam zeigt sich in der Literatur ein immer umfassenderes Verständnis dafür, wie alles auf sehr subtile Weise mit allem anderen verbunden ist. Vulkanausbrüche verändern die Atmosphäre; Verschiebungen des Rotationswinkels der Erde beeinflussen die Windbewegungen; und ganz langsam entwickelt sich die beinahe mythopoetische Vorstellung, daß »unsere inkonstante Sonne«[2] auf ihrem Weg durch die Galaxis kosmischen Jahreszeiten folgen könnte. Weil so vieles in der Archäologie auf

Vermutungen basiert, neigen die Wissenschaftler dazu, in den alten logischen Fehler des *post hoc, propter hoc* zu verfallen: die Dinge haben sich verändert, also veränderten sich die Dinge wegen der Veränderung. Einmal wird Erwärmung als die Ursache für den Wandel beschworen, ein anderes Mal gilt die immer größere Kälte als kulturelles Stimulans. In der Periode nach dem Pliozän zogen sich die Gletscher zurück, die Küsten erhoben sich um hundert Meter aus dem Meer, aus der Tundra wurde ein Wald, und die riesigen Herden verschwanden aus Europa. Und mit den Tieren verschwand auch die »Hochkultur« der eiszeitlichen Menschheit. Es ist keine Übertreibung, von der Hochkultur dieser Jäger und Sammler zu sprechen, denn Höhlenmalereien wie in Lascaux sind komplexe Werke, die deutlich von einem Überfluß an freier Zeit und von der reichen Kosmologie ihrer Schöpfer/innen sprechen. Hobbes mag geglaubt haben, daß das Leben unter den primitiven Bedingungen des Jagens und Sammelns »scheußlich, tierisch und kurz« war, aber wir wissen heute, daß diese sogenannten Primitiven das waren, was der Anthropologe Marshall Sahlins »die ursprüngliche Überflußgesellschaft« genannt hat.[3] Mit einem Arbeitsaufwand von fünfzehn Stunden pro Woche hatten die Jäger und Sammler alles, was sie brauchten. Sie hatten weitaus mehr freie Zeit als eine landwirtschaftliche Gemeinschaft, die laut Marx in »dem Schwachsinn ländlichen Lebens« gefangen ist, und ganz gewiß stand ihnen mehr Freizeit zur Verfügung als den gehetzten Arbeitern in den Fabriken und Büros der industrialisierten Ära. Da die Größe ihrer Bevölkerungen der Belastbarkeit ihrer Umwelt entsprachen,[4] verhungerten Jäger und Sammler selten, da sie nicht von einer einzigen Nahrungsart abhängig waren. Da ihre Bedürfnisse so leicht zu befriedigen waren, verbrachte die primitive Menschheit den größten Teil ihrer Zeit mit Ritualen und Kunst. Und so ist es kein Wunder, daß sie sich als ein kontemplatives Volk mit genügend freier Zeit viel mit der Beziehung zwischen Menstruation und Mond beschäftigten, die Natur beobachteten, einen Kalender entwikkelten, Geschichten erzählten und Hunderttausende von Bildern an die Wände von Höhlen malten. Wie die Sixtinische Kapelle die Blüte der Renaissance ausdrückt, so repräsentiert Lascaux die Blüte der Kultur des Magdalénien. In vielerlei Hinsicht haben diese beiden großen Wandmalereien vieles gemein, denn sie sind mehr als nur Dekoration; sie sind mythologische Visionen von der Natur der Zeit.

In den tausend Jahren, die die Magdalénien-Kultur andauerte, scheinen die Beziehungen zwischen Religion, Kunst und Technologie einen Zustand der Harmonie und der Ausgewogenheit erreicht zu haben. Aber alle Zeiten des Fließgleichgewichts sind für die Menschheit von vorübergehender Natur, und wenn wir zu glauben beginnen, wir könnten die Natur als gegeben betrachten, gleich ob wir in einer Jäger- oder in einer Industriegesellschaft leben, dann ändert sich das Wetter, und auch wir sind gezwungen uns zu verändern.

Übergangszeiten mit den damit einhergehenden Klimaveränderungen sind – wie wir selbst gerade zu entdecken scheinen – schwierige Zeiten rückläufiger Kultur. Die Anpassung an eine neue ökologische Nische bedarf einer neuen Adaption und erfordert die gesamte psychische Energie einer Kultur. Das Mesolithikum war solch eine Übergangszeit; ohne irgendetwas mit der Kunst des paläolithischen Lascaux ·oder den handwerklichen Fähigkeiten des neolithischen Çatal Hüyük Vergleichbares aufzuweisen, war es – wie das 5. nachchristliche Jahrhundert – ein dunkles Zeitalter.

In vielen Teilen des Südens und Südwestens Europas war die Kultur der mesolithischen Bewohner in jeder Hinsicht der ihrer Vorfahren im Spätpaläolithikum unterlegen. Die Überschwenglichkeit und die Ausdruckskraft der Jäger des Magdalénien basierte auf außerordentlichen Gesamtbedingungen, die mit der Eiszeit selbst zu Ende gingen.[5]

In den Tagen der riesigen Herden der Tundra konnte das Jagen zu einer so leichten Angelegenheit werden wie etwa das Pflanzensammeln der Frauen. In der Arbeitsteilung zwischen Männern und Frauen im Jungpaläolithikum scheint es eine ziemliche Ausgewogenheit gegeben zu haben. Die Harmonie männlicher und weiblicher Prinzipien, die auf den Höhlenwänden gepriesen wird, könnte sich, mit Frauen als Priesterinnen, Künstlerinnen, Handwerkerinnen und Sammlerinnen auf der einen Seite, und mit Männern als Schamanen, Künstler, Handwerker und Jäger andererseits, auch im Alltagsleben wiedergespiegelt haben. Diese ausgewogene Arbeitsteilung scheint im Verlauf der mesolithischen Periode gestört worden sein. Jagdgruppen mußten sich vermutlich weiter vom Hauptlager entfernen, und als das Jagd- oder Angellager zu einem längerfristigen Aufenthaltsort wurde, dürfte sich dort auch eine eigene männliche Subkultur mit eigenen Geschichten und Ritualen entwickelt haben. Und als das Sammeln der Frauen und Kinder allmählich immer mehr Nahrung einbrachte als das Jagen, dürften die Jagdausflüge noch weiter vom Hauptlager fortgeführt haben, wollte man nicht mit leeren Händen zurückkommen. Je weiter sie auszogen, desto länger blieben sie fort und desto größer wurde der Abstand zwischen der Subkultur der Männer und der traditionellen Kultur der Frauen innerhalb der Religion der Großen Göttin.

Die Große Göttin war immer noch, soviel ist sicher, »die Herrin der Tiere«, die Quelle allen Lebens und die Schutzpatronin der Jagd. Abb. 9 zeigt eine nordafrikanische Steinzeichnung, auf der die Große Göttin ihre Arme hebt, während eine Kraft aus ihrer Vulva direkt in den Phallus des Jägers fließt, der kurz davor ist, seinen Pfeil abzuschießen.[6] Das Tier, das er gerade zu schießen scheint, ist ein Strauß, ein Tier, dessen riesiges Ei als Wasserbehälter dienen kann, aber auch ein Tier, das symbolisch betrachtet einen langen phallischen Hals besitzt. Viele Figurinen der Großen Göttin weisen einen ähnlichen langen phallischen Hals auf; der Vogel drückt in jener poetischen Logik der alten Ikonologie, nach der »der Pfeil für die Wunde, was der Penis für die Vulva« ist, sowohl das weibliche wie das männliche Prinzip aus. Die Kraft aus der Vulva der Göttin schießt in den Penis des Jägers; sein Pfeil schießt in den phallischen Vogel der Großen Göttin, um eine neue Vulva als Wunde zu schaffen; und so drückt die Zeichnung die Energie eines Zyklus aus: von Vulva zu Vulva. Unsere Art und Weise, diesen Zyklus ewiger Wiederkehr auszudrücken, wäre »Staub bist du, und zu Staub sollst du werden.« Der phallushalsige Vogel gibt uns einen weiteren Anhaltspunkt dafür, daß ein Vogel auf einem Stab in dem Bild vom Speer des toten Mannes kein simples, flaches Gemälde eines

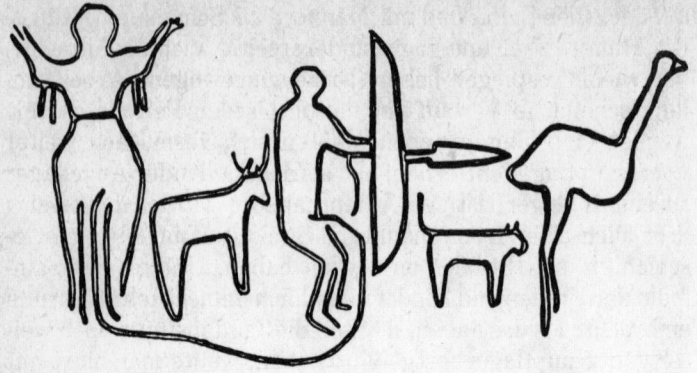

Abb. 9. Paläolithische Steinzeichnung, Algerien.

vogelköpfigen Mannes ist, der einen Wisent jagt. Beide Bilder erinnern uns daran, daß die Große Mutter ebenso zu den Mysterien der Jagd gehört wie zu den Mysterien der Menstruation und des Mondes.

Wenn zwei Subkulturen der gleichen Religion auf verschiedene Weise folgen, dann ist jene Religion nicht länger dieselbe, wie wir im Falle der Juden und der Christen zu Zeiten des Heiligen Paulus und bei den Katholiken und den Protestanten im heutigen Nordirland sehen können. Die Geschichten, die die Männer sich am Feuer ihres Jagdlagers erzählten, und die Geschichten, die die Frauen einem Mädchen bei ihrer ersten Menstruation erzählten, dürften nicht die gleichen gewesen sein. Als das Sammeln der Frauen und Mädchen mehr und mehr Nahrung ergab, bis seine Aufbewahrung eine neue Art ortsgebundenen Lebens erforderte und als das Jagen immer größere Entfernungen und damit immer längerfristige Feldlager voraussetzte, dürften die Distanz und die Spannung zwischen weiblichen und männlichen Lebensmustern immer deutlicher geworden sein.

Das Leben veränderte sich sehr für die Jäger der Eiszeit, aber wir wissen aus den Untersuchungen der Kulturgeschichte, daß immer dann, wenn ein Lebensstil untergeht, die Leute an ihm festhalten und versuchen, ihm einen intensiveren Ausdruck zu verleihen. Als das Rittertum im ausgehenden Mittelalter langsam verschwindet, werden die Rüstungen immer komplizierter, und der Lobgesang auf den gerüsteten Ritter auf seinem Pferd gerät zu einem unbewußten Lebewohl. Ob es der Geistertanz der amerikanischen Indianer ist oder das »Zurück zur Natur« im Romantizismus des industrialiserten Europa, das »Silver Swan«-Madrigal von Morley oder die *Kunst der Fuge* von Bach, immer handelt es sich um die Supernova eines sterbenden Sterns. Der Schwanengesang der Eiszeitjäger war meiner Meinung nach ein Festhalten, das zur Domestizierung von Tieren führte, wobei wir diese Domestizierung nicht als eine durch Nahrungsmangel bedingte Reaktion auf eine wirtschaftliche Notwendigkeit verstehen sollten. Eher war es ein religiöser Akt, eine emotionale Handlung, bei der die Tiere zuerst aufgrund ihrer symbolischen Verbindung zur großen universellen Religion domestiziert wurden. Bereits im Magdalénien könnten Tiere aus religiösen Gründen domestiziert worden sein, aber ich vermute, es wurde im frühen Mesolithikum zu einer kulturell intensiven Aktivität. Die meisten Prähistoriker siedeln die Domestizierung von Tieren wesentlich später an und sehen ihre Entwicklung im Gefolge der immer ausgedehnteren festen Siedlungen. Eduard Hahn legte im 19. Jahrhundert eine These vor, nach der das Ritual wahrscheinlich einer wirtschaftlichen Ausbeutung voranging. Ich sehe in der Zeit des Übergangs vom Jungpaläolithikum zum Mesolithikum die kulturellen Bedingungen für solch eine rituelle Domestizierung.

Eduard Hahn postulierte, daß das Motiv für das Einfangen und Gefangenhalten der Urs darin bestand, für Opferzwecke einen Bestand jener Tiere zur Verfügung zu haben, die der lunaren Muttergöttin geweiht waren, welche in einem großen Teil der alten Welt verehrt wurde. Der ökonomische Nutzen des Tieres wäre demnach das Nebenprodukt einer Haustierhaltung religiösen Ursprungs. Warum der Ur als heiliges Tier der Göttin ausgewählt wurde, ist ungewiß, aber wahrscheinlich geschah es wegen seiner gigantischen gebogenen Hörner, die an die Mondsichel erinnerten. Untersuchungen der prähistorischen und frühen historischen Religion zeigten, daß Rinder schon früh als Erscheinungen der Göttin oder ihres Partners aufgefaßt und beim rituellen Ausagieren des Mythos ihres Todes erschlagen wurden.[7]

Es ist nicht *ihr* Tod, sondern seiner; der Gott, der rituell getötet wird, ist niemals das ewig Weibliche. Es ist der König, der sterben muß; es ist Dumuzi, der sumerische Schäfer-König, und sie ist es, die seinen Tod verursacht. Wenn der Ethnologe Robert Briffault recht hat und der Mond als männlich aufgefaßt wird – als der Gatte der Göttin – dann wird der Mond getötet, wenn die Göttin menstruiert. Ich glaube jedoch, daß der Mond erst später der Gatte der Göttin wird, nämlich erst als uns die Entdeckung der Vaterschaft das Konzept von Ehemann und Vater beschert; in der früheren Form dürfte es eher die Göttin selbst sein, die mit dem Mond identifiziert wird, eine *participation mystique* des Mondes und der Vulva als fruchtbarer Mondsichel.

Das Züchten bei der Domestizierung von Rindern ist eine Aktivität, die durchaus die Voraussetzungen zur Entdeckung von Vaterschaft herbeiführen kann. Wenn Rinder zu Opferzwecken in heiligen Gehegen gehalten wurden, dann dürften die Wächter die Ausführenden heiliger Handlungen gewesen sein. Priester waren sie noch nicht, denn die Gesellschaften hatten sich zu diesem Zeitpunkt noch nicht bis zu dem Grad spezialisiert, aber sie könnten die Vorläufer derer gewesen sein, die später zu Priestern wurden. Der Priester und der Schamane sind nicht die gleiche Art von Mann. Der Schamane ist der Visionär, der Prophet oder Yogi, der außerhalb der Sozialstruktur steht; er ist ein Individuum, der allein eine Initiation durchläuft, die Krise überlebt und als jemand in die Gemeinschaft zurückkehrt, der stärker und weiser ist als seine Gefährten. Der Priester ist kein solch vereinzelter Eingeweihter, er ist die Stimme des Kollektivs, ein gesellschaftlicher Funktionär. Der Schamane oder Prophet ist von Gott erwählt, der Priester von der Gesellschaft. Man kann ein Priesterseminar besuchen und lernen, wie man ein Priester wird, die Ausbildung eines Schamanen hingegen ist weitaus gefährlicher.

Als die Bewacher des heiligen Geheges bei der Zucht die Vaterschaft entdeckten, da dürfte jenes Wissen als etwas Heiliges betrachtet worden sein, als etwas Ehrfurcht gebietendes und unbewußt Beunruhigendes. Die weitere Entdeckung, daß kastrierte Bullen leichter in die Kultur zu integrieren sind, schuf die Vorbedingungen, unter denen kastrierte Priester ihre Vaterschaft der Kultur der Großen Mutter opfern konnten. Das unbewußt beunruhigende Wissen um die Vaterschaft konnte auf diese Weise in die alte Ordnung integriert werden, und aus der priesterlichen Kaste der Hüter des Geheges konnten so die *castrati* der Großen Mutter werden. Die Muster, die wir zu Beginn der Zivilisation vorfinden, könnten somit bis weit ins Mesolithikum und zur ersten Domestizierung von Rindern zurückreichen.

> Die Vorstellung, Rinder für säkulare Arbeit zu nutzen, scheint sich aus dem Einsatz der Rinder beim Ziehen heiliger Wägen entwickelt zu haben. Die Kastration des Bullen, die zu einer der bedeutendsten Entwicklungen, dem Ochsen, führte, hat auch einen religiösen Ursprung. Weder der Zähmungseffekt noch die Verbesserung des Fleischgewebes konnte vorausgesehen werden. Die rituelle Kastration von Menschen, die Wiederaufführung des Schicksals der Gottheit in bestimmten Kulten nahöstlicher ritueller Mythologie (Tammuz, Attis usw.) diente wahrscheinlich als Modell für die Kastration von Bullen.[8]

Ich bin bereit, dieses Argument zu akzeptieren, würde es aber umkehren. Die Kastration von Bullen war ein Sozialisierungsprozeß, der aus einem Bullen einen Ochsen machte; in dieser Transformation wurde aus etwas Wildem etwas sehr Brauchbares; Natur wurde zu Kultur. Diese Erkenntnis wurde so zu einem Weg, durch den das gefährliche Wissen um die Vaterschaft zu einer brauchbaren Funktion umgewandelt werden konnte – das Aufkommen der Priesterschaft. Kastration ist eine zwanghafte Verhaltensform und stellt eine institutionelle Art und Weise dar, etwas »wörtlich« und konkret aufzufassen, was der einsiedlerische Schamane als Metapher für initiatische und geheime Bewußtseinszustände verstehen würde. Eben solch eine priesterliche Übertragung schamanistischen Wissens fand im Mexiko der Azteken statt. Im Yoga des Quetzalcoatl sprach der Eingeweihte davon, das Herz dem Sonnenlicht zu öffnen, womit das Öffnen der Chakras des »feinstofflichen« Körpers gemeint war. Die Aztekenpriester jedoch, als Stimmen der Kollektivierung, nahmen diese esoterischen Worte wörtlich, rissen den Opfern das Herz aus dem

Körper und streckten es der Sonne entgegen.[9] Die Kastration von Männern scheint eine ähnliche Mißinterpretation esoterischen Wissens darzustellen; um aber zu verstehen, wie es dazu kommen konnte, müssen wir einige der symbolischen Bedeutungen des Phallus vor der Entdeckung der Vaterschaft und der Domestizierung von Tieren verstehen.

Da die Jäger und Sammler des Magdalénien eine reiche und komplexe Kosmologie auf der Basis der Ausgewogenheit der komplementären Kräfte des Männlichen und des Weiblichen entwickelten, könnte es sein, daß die Entdeckung der Vaterschaft weiter zurück im Jungpaläolitikum angesiedelt werden muß. Und da die Menschen des Magdalénien die Kunst komplexer Zeitrechnung beherrschten, dürften die Brunftzeit der Elche oder die Zeit, wenn die Kälber geworfen wurden, genau beobachtet worden sein. Wir sollten uns daran erinnern, daß die Entdeckung der Vaterschaft nicht bedeutet, daß die Männer vor dieser Zeit sexuellen Verkehr nicht mit der Geburt von Kindern in Zusammenhang brachten. Nach Ashley Montagus Untersuchungen spielt in Australien die physiologische Vaterschaft im Vergleich zu dem Prozeß mythologischer Inkarnation, durch den ein Geist-Kind den Körper einer Frau betritt, so gut wie keine Rolle.

Ich habe in diesem Buch *ad nauseam* darauf hingewiesen, daß praktisch überall im Australien der Ureinwohner Geschlechtsverkehr im Gegensatz zur allgemeinen Annahme zwar im Zusammenhang mit der Empfängnis gesehen wird, *aber nicht als Ursache von Empfängnis oder der Geburt von Kindern...* Wie ich in diesem Buch gezeigt habe, haben die australischen Ureinwohner keine Vorstellung von physiologischer Empfängnis, sind aber doch davon überzeugt, daß eine Frau von einem männlichen Penis geöffnet werden muß, bevor ein Geist-Baby in sie eingehen kann.[10]

Die Präsenz phallischen Symbolismus' in der Kunst des Magdalénien bedeutet darum nicht automatisch ein Wissen um physiologische Vaterschaft; es bedeutet lediglich, daß der Penis Teil einer Kosmologie ist, über die wir nur Vermutungen anstellen können. Wenn wir einen Teil der *art mobilier* betrachten, dann stellen wir fest, daß der Penis vom männlichen Körper getrennt ist und als Symbol oder Hieroglyphe aufgefaßt wird. Er ist nicht mehr nur ein Penis; er ist ein Phallus. In einer Knochengravur findet sich ein Phallus neben einem Bärenkopf. Marshacks Interpretation dieser Darstellung ist folgendermaßen:

> Der Phallus erinnert in seiner Komplexität beinahe an eine Blume, er berührt auf der einen Seite über eine eckige Emanation einen Bärenkopf. Auf der anderen Seite scheint ein kleinerer Unterphallus in eine Form zu münden, die einer Vulva gleicht.[11]

Leroi-Gourhan betrachtet den Bär als ein Tier männlicher Wertigkeit; er faßt ihn nicht – wie den Wisent – weiblich auf. Wir wissen, daß es in der Zeit des Moustérien, in der Zeit der Neandertaler, einen Bärenkult gegeben hat. In einer Höhle fand man über zwanzig Bärenskelette, die zusammen unter einer flachen Steinplatte von annähernd einer Tonne Gewicht beerdigt waren. Wenn der Bär in den Höhlen lebte, dann könnte es eine poetische Gleichung gegeben haben, wie: Bär verhält sich zur Höhle wie Penis zur Vulva. Wenn der Bär ein Symbol der Männlichkeit ist, dann könnte die beabsichtigte Bedeutung des Zeichens eher lauten, daß der Atem des Bäres in den Phallus eingeht, und nicht, daß der Samen aus dem Penis in das Maul des Bären fließt. Natürlich können wir nie ganz sicher sein, aber diese Bilder belegen mit Sicherheit, daß der Phallus Teil eines komplexen mythologischen Systems ist.

Ein anderer geschnitzter Knochen zeigt einen fischförmigen Phallus, in den wiederum Fische eingeritzt wurden. Wenn diese zur Zeitmessung herangezogenen Tierzeichen die Urformen der Tierkreiszeichen sind, dann würde es sich hier um das spätere Zeichen der Fische handeln. Die Fisch-Phallus-Gleichung ist eine mythische Struktur, die bis in die ägyptische Zeit hinein überlebt: der Mythos von Isis und Osiris erzählt, wie Isis die verstreuten Einzelteile von Osiris' Körper zusammenträgt, seinen Penis aber nicht finden kann, weil ein Fisch ihn verschluckt hat. Isis' Bruder, Seth, hatte den Körper des Osiris in vierzehn Stücke zerschnitten, und wahrscheinlich symbolisierten diese Einzelteile die vierzehn Mondphasen vom Vollmond bis zum Neumond. Etwa so könnte die

Disintegration des Vollmonds und die Zerstörung des Osiris zusammengehören; der Fisch, der Osiris' Penis verschluckt, könnte ein Stern gewesen sein, der in einer bestimmten Beziehung mit einer dieser Mondphasen stand. Wir sollten deshalb auf die Erkenntnis vorbereitet sein, daß die Astrologie hinter diesen Mythen komplexer war und sich nicht lediglich mit den Mondphasen beschäftigte.[12] Marshack setzt sein Material weder zur Astrologie noch zum Mythos von Isis und Osiris in Beziehung; und doch läßt gerade seine Sprache Mythologie-Forscher aufhorchen: »Fisch, Phallus und Wasser scheinen Aspekte eines umfassenderen Mythos zu sein, zu dem offensichtlich auch die ›Göttin‹ gehörte.«[13]

Auch vor der Entdeckung physiologischer Vaterschaft dürfte der Phallus ein Symbol des Männlichen gewesen sein; da der Penis nicht nur beim sexuellen Kontakt, sondern auch in Träumen und Trancen erigiert, bot er sich geradezu an für komplexe symbolische Assoziationen, die dazu geführt haben dürften, daß er jene Apotheose durchlief, durch die er zum Phallus wurde. In all diesen Bereichen können wir nur Vermutungen anstellen; ich würde aber einmal davon ausgehen, daß das Konzept von Vaterschaft zur Zeit der Jäger des Magdalénien die physiologische Insemination nicht als kausales Agens betonte; ich würde sogar meinen, daß die Ideen der Eiszeitjäger denen der australischen Ureinwohner näher standen als den unseren.

Die Domestizierung von Rindern jedoch dürfte all das verändert haben. Rinder waren vielleicht aufgrund ihrer an die Mondsichel erinnernden gebogenen Hörner gewählt worden; sobald aber die Rinder in Gehegen gehalten und Nachfolgegenerationen in Gefangenschaft aufgezogen wurden, hat wohl die Beobachtung ererbter Charakteristika, wie bei Mendels Untersuchung der süßen Erbsen, die Aufmerksamkeit auf die Genetik gelenkt. Zum Zeitpunkt bewußter Zucht, glaube ich, stößt man höchstwahrscheinlich auf die Vorstellung physiologischer Vaterschaft. Der Phallus des Stiers dürfte danach einige Aufmerksamkeit auf sich gezogen haben, und zu diesem Zeitpunkt könnte sich das religiöse Ritual der Kastration entwickelt haben. Die Kastration wiederum hat möglicherweise weiterführende Gedanken zur Genetik ausgelöst, denn die Verhaltensänderungen bei kastrierten Stieren wurden jetzt beobachtet: Rituale haben sicherlich die Ideen von der Genetik beeinflußt, wie umgekehrt die Ideen von der Genetik die Rituale beeinflußten. Eine richtige Mysterienschule dürfte sich entwickelt haben, als die alten Tage der riesigen Herden zu Ende gingen. In dieser Mysterienschule hat wohl auch das alte Muster dessen, was Leroi-Gourhan als »das Thema des verwundeten Mannes« bezeichnete, eine neue symbolische Dimension angenommen.

II

Der natürliche Rhythmus des Mannes ist ein phallischer, ein Rhythmus des Ansteigens und des Fallens, gleich ob es sich um Türme, Wertpapierbörsen oder um ganze Zivilisationen handelt. Der natürliche Rhythmus der Frau ist ein Rhythmus ewiger Wiederkehr: die Vulva blutet und heilt, der Mond verdunkelt sich und wird wiedergeboren. In allen Mythen des Nahen Ostens sterben Männer, weil diese Mythen die philosophische Frage nach dem Sinn des Daseins und nach der Natur des Todes verkörpern. Der Mann verkörpert das Mysterium des Todes; sein klimaktischer Phallus scheint all das auszudrücken. Wir kommen aus der Materie (*materia*, *mater*) und sind nichts als viele kleine Einzelstücke, die von dem Einen abgebröckelt sind. Und als Fragmente können wir nur erhoffen, ein fragmentarisches Leben zu leben, bis das Eine uns im Tod zurückholt. Die Große Mutter ist nicht die simple Vorstellung einer primitiven Religion, sondern eine Idee innerhalb einer komplexen Mythologie, die von den Vorsokratikern entmythologisiert und säkularisiert, aber nicht verändert wurde. Das Männliche als das begrenzte und vergängliche Prinzip und das Weibliche als das unbegrenzte, ewige und umfassende Prinzip wurden von Anaximander einfach nur in anderer Form ausgedrückt als in der, derer sich die Maler von Lascaux oder Çatal Hüyük bedienten. Wenn wir zwei Begriffe von Anaximander paraphrasieren, dann gelangen wir aus dem klassischen Griechenland zurück in die alte universale Religion des Jungpaläolitikums.

> Das Nicht-Begrenzte (die Große Mutter) ist das ursprüngliche Material existierender Dinge; darüberhinaus ist die Quelle, aus der existierende Dinge (Männer) ihre Existenz empfangen, eben das, wohin sie notwendigerweise bei ihrer Zerstörung zurückkehren; denn für ihre Ungerechtigkeit lassen sie einander Gerechtigkeit und Wiedergutmachung widerfahren, entsprechend dem Arrangement der Zeit.[14]

In der Alten Religion wurde das Arrangement der Zeit durch die Astrologie beschrieben, durch die Tierbilder des alten Mondkalenders. »Alle Dinge haben ihre Zeit... eine Zeit zum Leben und eine Zeit zum Sterben.« Nichts ist kurzlebiger als eine Erektion; sie ist, wie der Krokus im Frühling, da für einen Moment, und schon ist sie wieder verschwunden; im einen Moment ist der Penis klein, weich und unbedeutend, und dann im nächsten Moment ist er hart, fest und drei- oder viermal so groß wie vorher. Der Penis ist geradezu das perfekt offensichtliche und natürliche Symbol momentaner Zeit. Im Gegensatz dazu ist die blutende Vulva der Menstruation das perfekte offensichtliche und natürliche Symbol für zyklische Zeit. Die Mythen konnten daher auf ganz natürliche Weise Geschichten erzählen, in denen der Mann die klimaktische, tragische Figur des Blühens und Vergehens ist. Die Erektion eines Babys, die Erektion eines Liebenden, die Erektion eines Mannes, der eines gewaltsamen Todes stirbt, die Erektion eines Träumenden, die Erektion eines Schamanen in der Trance: all dies dürfte beobachtet und im Kontext intensiver, aber vorübergehender Erfahrungen aufgefaßt worden sein. Die Männer sterben in all den Mythen des Nahen Ostens, nicht weil die Frauen grausame, kastrierende Huren sind, sondern weil Männer das unmittelbarste und offensichtlichste Symbol der Phänomenologie des begrenzten, vergehenden Körpers sind. Wenn in einigen der alten Mythen der König sterben muß, damit seine zerstreuten Einzelteile die Felder fruchtbar machen, dann deshalb, weil Mythos und Ritual Versuche darstellen, mit dem Tod zurecht zu kommen.

Wenn die Priester der Diana von Ephesus sich selbst kastrierten und anschließend ihre Genitalien auf dem Altar opferten,[15] dann deshalb, weil der Phallus das Symbol des sterbenden Körpers ist. Das Opfer des Phallus war somit die Bitte um Unsterblichkeit an die Göttin. Der Yogi hofft, das universelle Weibliche der Shakti in sich aufzunehmen, wenn er den sexuellen Verkehr aufgibt; er opfert seinen Phallus im Zölibat. Die Priester, die die esoterischen Mysterien der drei Gehirne und ihre Beziehungen zueinander in den yogischen Trancezuständen nicht kannten, nahmen die metaphorische Sprache wörtlich und hofften, höhere Bewußtseinszustände dadurch zu erreichen, daß sie sich kastrierten. Origen kastrierte sich, weil er die tantrische Erfahrung nicht verstand, auf die Jesus sich bezog:

> Es gibt nämlich Geschlechtsfreie, die aus dem Mutterleibe so geboren sind; und es gibt Geschlechtsfreie, die von den Menschen dazu gemacht worden sind; und es gibt Geschlechtsfreie, die sich um des Himmelreichs willen selbst dazu gemacht haben. Wer es zu fassen vermag, der fasse es.
>
> Matthäus, Kap. 19,12

Mit diesem historischen, Jahrtausende umfassenden Muster vor uns, gelingt es uns vielleicht, das Gemälde vom Speer des toten Mannes in Lascaux wahrhaft zu würdigen. Der ithyphallische Vogelmann ist das klimaktische, ekstatische, augenblickliche männliche Prinzip, das dem riesigen, langsamen, schwerfälligen und beständigen Prinzip des ewig Weiblichen in seiner Erscheinung als Wisent begegnet. Das Gemälde stellt eine Vision des höheren Bewußtseins dar, die an der Schnittstelle von Leben und Tod in Trance- und Meditiationszuständen durch das über die Wirbelsäule laufende Zusammenspiel von Gehirn und Genitalien zustande kommt. Das Bild ist eine mythologische Wiedergabe dessen, was Plato zu Parabeln, Gleichnissen und dialektischen Diskussionen über das Eine und die Vielen transformierte.

Das mythologische Muster des Ansteigens und Fallens des männlichen Prinzips war bislang als ein Motiv aus den nahöstlichen Mythen der Korngötter betrachtet worden, die James

George Frazer in seinem *Goldenen Zweig* diskutiert. Aber die Arbeit von Marshack und Leroi-Gourhan ermöglicht uns heute, diese späteren Religionen als Verfeinerungen der Kosmologien der universellen Religion des Jungpaläolitikums zu betrachten.

III

Die Kultur des Magdalénien um 12000 v.Chr. stellt ein vorübergehendes Fließgleichgewicht dar, eine Ausgewogenheit zwischen den Geschlechtern in einer harmonischen Arbeitsteilung, die in den nebeneinander dargestellten männlichen und weiblichen Zeichen auf den Höhlenwänden ihren Ausdruck findet. Die megalithische Kultur von 10000 bis 8000 v.Chr. war ein platonisches *magnus annus* kultureller Desorientierung, ein dunkles Zeitalter. Die neolithische Kultur von 8000 bis 6000 v.Chr. jedoch war eine strahlende Zeit der Wiederbelebung des Handwerks, des Übergangs vom Sammeln zum Gartenbau, der Entwicklung eines kulturübergreifenden Handels mit Obsidian und dem Auftauchen der ersten Städte. Wenn Astrologen dieses Muster betrachten, dann bestehen sie auf einer Übereinstimmung mit der Progression des Zodiak.[16] Ich bin kein Astrologe und vertrete ihre Ansichten nicht, aber ich bin in der Tat davon überzeugt, daß die Anfänge der Astrologie nicht bei den Chaldäern in Mesopotamien, sondern bei den Jägern und Sammlern der Steinzeit liegen. Ob wir an die Astrologie glauben oder nicht, ist hier nicht relevant; die Frage muß lauten: glaubten die Menschen des Magdalénien daran? Wenn das der Fall war, dann könnten sie ihr Leben in einer *self-fulfilling prophecy* (sich selbst erfüllende Prophezeiung) nach einem System religiöser Überzeugungen organisiert haben und nicht nur nach ökonomischen oder ökologischen Überlegungen. Nach der Tierkreisprozession der Pole, dem 25920-Jahre-Zyklus, liegt Lascaux im Zeitalter der Jungfrau, und die Jungfrau wird mit ausgezeichneten künstlerischen Leistungen und Unterscheidungsfähigkeiten assoziiert. Der mesolithische Übergang findet im Zeichen des Löwen statt, einem Zeichen, das für männliche Qualitäten wie Kraft und Wirklichkeitsnähe steht. Das Neolithikum, 8000 bis 6000 v.Chr., steht im Zeichen des Krebses, einem weiblichen Zeichen, das für Häuslichkeit, Bewahrung und Empfinden steht. Da die Zeit von 8000 bis 6000 v.Chr. das Aufkommen häuslicher Architektur und permanenter Dörfer und Städte erlebte, könnte der Übergang von jahreszeitlich bedingten Lagern zu dauerhaften Siedlungen von religiösen wie auch von wirtschaftlichen und umweltbedingten Gründen inspiriert worden sein.

Das Mesolithikum ist meiner Meinung nach eine Zeitspanne, in der die traditionelle Arbeitsteilung eine Veränderung erfährt: die Männer beschäftigen sich mit der Domestizierung von Tieren, während die Frauen ausschwärmen und ein viel größeres Spektrum von nahrhaften Pflanzen in ihr Sammeln einbeziehen. Physiologische Vaterschaft ist zwar mittlerweile bekannt, wird aber weiterhin als Bestandteil des mythologischen Systems der Religion der Großen Mutter betrachtet. Das Wissen um eine »Tatsache« und deren Institutionalisierung in der Gesellschaft sind zwei völlig verschiedene Dinge. So wurde Mord beispielsweise wahrscheinlich im Pliozän »entdeckt«, aber seine Institutionalisierung im Krieg scheint erst im späten Neolithikum oder in der Zeit unmittelbar vor der Verbreitung der Schrift geschehen zu sein. Und so bedeutet die Entdeckung der Vaterschaft nicht, daß die Religion der Großen Mutter durch die des Großen Vaters ersetzt wird. Jene Transformation wird kommen, allerdings nicht bevor die Menschheit den Schritt vom an überlieferte Gebräuche gebundenen Leben im intimen matrilinearen Dorf zum durch Gesetze regulierten Leben im komplexen patrilinearen Staat vollzogen hat. Wenn man ein Verständnis davon entwickeln möchte, wie die Menschheit vom einen zum anderen überwechseln konnte, dann muß man die Enantiodromie (eine Entwicklung, die zu ihrem Gegenteil wird) der Entwicklung vom Sammeln zum Ackerbau verstehen.

Die Archäologen erzählen uns, daß sich das Klima nach dem Pleistozän in Europa deutlich veränderte, in Südwestasien hingegen im wesentlichen das gleiche blieb. Das Aussterben der Megafauna des Pleistozän hatte dort geendet, lange bevor das in Europa der Fall war, und so war es dort schon eine ganze Zeit lang zu einem »weiten Spektrum« von Nahrungssammlung gekommen. Zum Entschluß, dabei auch wilde Körnerpflanzen mit einzubeziehen, könnte es anfänglich eher zufällig beim Sammeln gekommen sein; sobald diese Entscheidung aber einmal gefällt war, löste sie ein Durchgeh-System positiven Feedbacks aus, im Verlauf dessen sich die gesamte Kultur veränderte.[17] Hier haben wir es natürlich wieder mit den üblichen gelehrten Meinungsverschiedenheiten zu tun, bei denen Braidwood anderer Meinung ist als Childe mit seinen umweltlich-deterministischen Theorien, und Bindford, der nicht einverstanden ist mit Braidwoods Beschwörung von Kultur und menschlicher Natur, doch scheinen die meisten bereit zu sein, Flannerys kybernetisches Modell[18] zu akzeptieren. Die Experten sind sich einig, daß im hügeligen Vorland der Berge in Südwestasien bestimmte Arten wilder Körnerpflanzen wuchsen und daß Frauen und Kinder dort in drei Wochen genügend Getreide sammeln konnten, um damit eine Familie ein ganzes Jahr lang zu ernähren. Und wenn die Männer aus ihren Jagd- und Fischfanglagern zurückkehrten, dann fanden sie Hauptlager vor, die von Getreide überflossen. Wieder einmal hatte sich die wundersame Natur der Frauen bestätigt, und nur mit einer mondförmigen Sichel ausgerüstet war sie ausgezogen und hatte mehr Leben gesammelt, als ein Jäger töten konnte.

Die Frau war hinausgegangen und hatte unbewußt die Natur in die Kultur einbezogen, denn beim Sammeln des wilden Weizens hatte sie den Halm mit ihrer Sichel geschnitten und so dazu beigetragen, die wildblühenden Samen zu verteilen; dadurch, daß sie die Gräser nach Hause trug, steigerte sich unter dem zurückbleibenden Getreide der Anteil der Pflanzen mit schweren Ähren. Und dadurch, daß sie um das Hauptlager herum Samen zu Boden fallen ließ, kam es zu einer Auswahl von Getreidesorten. Pflanzen, die sich nur schwer in der Wildnis fortpflanzten, hatten jetzt eine Helferin gefunden, und der Prozeß, der zu Kreuzungen und Hybriden führt, wurde in Gang gesetzt. Und als die zu Boden gefallenen Samen immer näher am Hauptlager aufsprossen, da dürfte es den Eindruck erweckt haben, als würde die magische Frau, die Große Mutter und Herrin der Tiere, jetzt zur Herrin der Pflanzen werden. Ceres, die Weizengöttin, schickte sich an, ihren Platz in der Vorgeschichte einzunehmen. Wenn wir heute sagen, »der Platz der Frau ist im Haus«, dann nicht deshalb, weil die Männer sie dahinbefohlen haben, sondern weil das Heim zum Kapitol der Frauenmysterien wurde. Es ist das weibliche Gefäß, der weibliche Behälter, das Wunderhorn, das von Nahrung überquillt. Um das Problem des Überflusses zu bewältigen, gingen die Frauen noch einen Schritt weiter und erfanden Töpferwaren, um die Früchte der Natur aufbewahren zu können. Kein Wunder, daß die Töpfe die Formen großbrüstiger Matronen annahmen und daß sie nicht auf der Töpferscheibe, sondern an den Brüsten der Frauen rund gemacht wurden.[19]

In dem Durchgeh-System positiven Feedbacks beim Sammeln von Körnern wurde keine bewußte Entscheidung getroffen, die Kultur zu verändern. Es gab keinen Lenin, der von seiner Finnlandstation aus das dirigierte, was V. Gordon Childe gerne »die neolithische Revolution« nannte.[20] Und doch entwickelte sich mit immer größerer Geschwindigkeit eine neue Kultur. Ihr Wachstum konnte nur dazu führen, die alten Jagdgewohnheiten in den Hintergrund zu schieben. Natürlich dürften die Männer immer noch auf die Jagd gegangen sein, aber eher aufgrund der Kraft einer drei Millionen Jahre alten Tradition, zur Befriedigung der Männerbeziehungen in ihrer eigenen Subkultur und um den hektischen Aktivitäten der sammelnden, mahlenden, kochenden und töpfernden Frauen zu entkommen. Sie konnten den Frauen ihren Obsidian zur Verwendung bei den mondförmigen Sicheln anbieten, aber selbst jener Beitrag war zweideutig, denn alle späteren Mythen berichten von der Kastration mit der Sichel. Das von den Frauen geschnittene, aufrecht stehende Getreide dürfte bei den Männern keine glücklichen Assoziationen hervorgerufen haben. Wenn wir uns heute darüber wundern, wie leicht Männer sich von Frauen bedroht fühlen und daß auch der leiseste Ausdruck weiblicher Macht selbst bei einem großen Mann Kastrationsängste auslösen kann, dann täten wir vielleicht gut daran, an den Beginn des Ackerbaus zurückzudenken. Beim Sammeln war die Frau Botanikern, beim Kochen und Töpfern Chemikerin, als Mutter war sie Priesterin der Großen Mutter. Die Frau war in jederlei Hinsicht ein beeindruckendes Geschöpf, und der Ursprung des Ackerbaus endete nicht etwa mit dem Auslöschen der Religion der Großen Mutter aus dem Jungpaläolithikum, sondern damit, daß der Liste weiblicher Wunder ein weiteres hinzugefügt wurde.

Gleich ob der neolithische Mann sich danach sehnte, von den Frauen fort zum Fischen oder ins Jagdlager zu kommen oder nicht, der angesammelte Schatz in der Getreidekammer dürfte seine schützende Anwesenheit verlangt haben, und das war der Beginn der Enantiodromie des Ackerbaus für die Frauen. Jäger und Sammler besitzen nur wenig, und das Wenige können sie tragen, wohingegen die seßhaften Sammler bald Getreidevorräte, Mahlsteine und Tonsilos hatten, die sie nicht einfach zurücklassen konnten. Sie fangen an, zu Wohlstand zu kommen, und der Jäger mit seinem Speer und Pfeil und Bogen entdeckt einen neuen Anwendungsbereich für sein Werkzeug und sein Gewerbe. Wenn seiner Männlichkeit auch keine Bedeutung bei der Nahrungsbeschaffung durch die Jagd zukommt, so kann sie doch beim Schutz von Frauen und Wohlstand von Bedeutung sein. Es muß für den neolithischen Jäger frustrierend gewesen sein, heimzukommen und seinen Hirsch allen zur Bewunderung dargeboten zu haben, nur um zu erkennen, daß seine Beute ein paar Tage, die der Frauen aber für ein Jahr ausreichte. Ohne Zweifel dürfte der Jäger den Brei aus Getreide und Samen als »Frauenmahlzeit« abgetan und einigen Lärm um ein dickes Stück Wildbret veranstaltet haben, aber das geschäftige Treiben um ihn herum ging weiter, trotz all seiner Lobpreisungen über seine noble Jagd. Und auch das löste ein positives Feedbacksystem beschleunigten Wandels aus. Je unbedeutender die männlichen Aktivitäten wurden und je mehr Wohlstand die Frauen ansammelten, desto mehr neigten einige Männer zum Diebstahl und andere dazu, die neuen Errungenschaften zu verteidigen. Die Männer hatten eine neue Möglichkeit für Zusammenkünfte entdeckt, und damit war der Krieg geboren. Es waren weder ökologische Zwänge noch Proteinmangel, wie der Anthropologe Marvin Harris behauptete;[21] institutionalisierte Gewalt im Gegensatz zu den stilisierten Trauerqualen der Jäger, das war die Schattenseite der neolithischen Revolution. Es ist naiv, ständig nach negativen Dingen als Ursache von negativem Verhalten zu suchen; die Enantiodromien der Geschichte lehren uns, daß selbst positive Veränderungen einen Schatten werfen. Wir müssen verstehen, daß die Einzigartigkeit einer Sache gleichzeitig ihr tragischer Fehler ist. Die Ansammlung von Getreide schafft Wohlstand und vergrößert die kulturelle Distanz zwischen Männern und Frauen, und beide Phänomene sollten sich als sehr gefährlich herausstellen.

Jede Kultur, die jemals eine Klasse zu ihrem Schutz schuf, endete damit, daß sie sich vor ihren Beschützern schützen mußte. Im alten Mexiko riefen die Priester eine Kriegerkaste ins Leben, die später an die Stelle der Priester trat. In den Vereinigten Staaten haben wir ein Verteidigungsministerium eingerichtet, und nun sind wir alle bedroht. Genauso war es schon im Jahre 8000 v.Chr. Wohlstand bedeutete auch die Notwendigkeit von Verteidigung, und als die Männer so weit waren, die Frauen zu schützen, sprachen sie schon davon, *ihre* Frauen zu schützen. Aufgrund der Männerbeziehungen, der in jenem rätselhaften Reiz der Jagd gefangenen Subkultur, wird aus der Jagdgesellschaft eine militärische Truppe, und die Männer entdeckten, daß es gar nicht nötig ist, bei der Verteidigung halt zu machen: sie konnten sich auf die Jagd nach anderer Leute Wohlstand begeben. All das dürfte nicht über Nacht geschehen sein, aber die Enantiodromie bestand darin, daß die Entdeckung von Getreide durch die Frauen die Entdeckung der Kriegsführung durch die Männer zuließ.

Kriegsführung war aber nicht die einzige Entdeckung der neolithischen Jäger. Dadurch, daß immer genügend Nahrung vorhanden war, die über einen beträchtlichen Zeitraum hinweg aufbewahrt werden konnte, waren die Männer in der Lage, ihre Jagdausflüge zu Handelsreisen auszudehnen. Die Ureinwohner Australiens lieben es, zusammenzukommen und mit Steinäxten zu handeln, ebenso wie kleine Jungen sich mit Vorliebe zusammensetzen und Murmeln oder Jojos tauschen. Das Material, das aufgrund seiner Schärfe von allen Jägern geschätzt wurde, war Obsidian. Und dieses vulkanische Glas scheint weit im Umlauf gewesen zu sein, denn anatolischer Obsidian wurde in Palästina gefunden, so wie man Kaurimuscheln aus Palästina in Anatolien fand. Die Speicherung von Getreide und der Umstand, daß es leicht auf Reisen zu transportieren war, ermöglichte es einigen Männern, auch für längere Zeitspannen unterwegs zu sein. Das zwangsläufige Zusammentreffen von umherziehenden Jagdgruppen dürfte den Handel als eine Form gesellschaftlichen Umgangs gefördert haben, die potentiell gefährliche Begegnungen entspannen konnte.

Seit der neolithischen Revolution sind Handel und Krieg auf eine ganz besonders widersprüchliche Weise miteinander verbunden, denn einerseits stellt der Handel eine Sublimation männlicher Gewalt dar und eine Form kulturübergreifenden Austauschs, der friedliche Konditionen voraussetzt; andererseits führt Handel zur Ansammlung von Wohlstand und zur Ausdehnung von Macht, was wiederum Eifersucht, Rivalität und Krieg hervorruft. In dieser ganz besonders seltsamen und tödlichen Symbiose stimuliert Krieg den Handel und Handel den Krieg.

IV

Durch das Horten von Weizen, durch Jagd und Handel sowie aufgrund einer Epoche günstigen Wetters fing die Bevölkerung zu wachsen an. Ortschaften und selbst »Städte« waren bereits möglich, noch bevor die Frauen aus dem Sammeln Gartenbau gemacht hatten. Städte, so Jane Jacobs, kommen vor dem Ackerbau.[22] Der unbewußte Entschluß, wildes Getreide zu sammeln, ist in vielerlei Hinsicht ein bedeutsameres Ereignis als die angebliche »Erfindung des Akkerbaus«. Genau genommen gibt es solch ein Ereignis gar nicht; die neolithische Revolution ist eine Projektion der Idee der industriellen Revolution auf den Hintergrund der Vor- und Frühgeschichte. Solche Ideen haben den Vorteil, unsichtbare Transformationen sichtbar zu machen; wir dürfen dabei aber nicht vergessen, daß, wenn wir von solchen enormen

Transformationen wie der Hominisation, der Symbolisation oder den Anfängen des Ackerbaus sprechen, nicht von Ereignissen die Rede sein kann.

Transformationen der Kultur finden nicht innerhalb der Geschichte statt, sondern im Mythos. Eben weil das Individuum nicht in der Lage ist, innerhalb der Grenzen seines eigenen Lebens Transformationen wie die neolithische oder die industrielle Revolution wahrzunehmen, brauchen wir den Mythos. Ein Modell, eine Hypothese oder ein Mythos sind Wege, das Unsichtbare faßbar zu machen. Und weil das Unbewußte sich außerhalb der Zeit befindet, kann es Transformationen jenseits der Grenzen des Ich wahrnehmen. Diese unbewußten Wahrnehmungen werden in der Kunst oder in den Mythologien ausgedrückt. Wir selbst leben in einer Zeit kultureller Transformation, geht man aber zu den Experten und fragt nach einer Beschreibung, so können sie einem gar nichts erzählen. Man muß zu jenen gehen, die im Unbewußten und im Überbewußten zu Hause sind, zu den Künstlern und Propheten; im Mythos und im Symbol, in der Kunst, in der Science Fiction oder in der Religion werden sie die Gegenwart beschreiben, indem sie über die Zukunft sprechen.[23]

Natürlich steckt eine Gefahr in all diesem Fabrizieren von Mythen, gleich ob die Mythen religiöse sind, freudianische, marxistische oder soziobiologische. Wiederum verweist das, was wir sehen, auf das, was wir sind. Marshall Sahlins betrachtet die Sammler als Überflußgesellschaft; der marxistische zentraleuropäische Prähistoriker Dragoslav Srejovic betrachtet die mesolithische Sammlergemeinschaft von Lepenski Vir in Jugoslawien als einen echten Sowjet.

Das Alltagsleben der Leute von Lepenski Vir war ungewöhnlich hart. Um sich Nahrung, Baumaterial und Steine für Werkzeuge zu verschaffen, hatten sie die Geborgenheit ihrer vom Strom und von steilem Fels behüteten Ansiedlung zu verlassen und sich den Gefahren auszusetzen, die außerhalb der Grenzen ihres Siedlungsraums drohten. Kraft und Können eines einzelnen reichten nicht aus, um diesen Kampf zu bestehen. Nur mit vereinten Bemühungen war es möglich, genug Beute zu erzielen und sich mit ausreichenden Rohstoffmengen zu versorgen – und nur die Gruppe, das Kollektiv, garantierte sichere Rückkehr zur Ansiedlung.

Diese totale wirtschaftliche Abhängigkeit des einzelnen von der Gesellschaft schloß jede Art von persönlicher Freiheit aus. Jedes Mitglied des Siedlerverbandes sah sich gezwungen, seinen Beitrag zur Nahrungsbeschaffung für alle zu leisten, jeder mußte sein Haus dort bauen, wo es die Gemeinschaft wollte, und seine Ansprüche, ja sein gesamtes Verhalten hatte er mit den Ansichten der Mehrheit abzustimmen. Jede Disziplinlosigkeit, jedes eigenmächtige Handeln muß den Ausschluß des Unbotmäßigen von allen gemeinsamen Unternehmungen zur Folge gehabt zu haben. Mehr noch: Isolierung bedeutete in Lepenski Vir den Tod. Zwischen Wald, Feld und Wasser war der einzelne machtlos, verloren. Nur Selbstdisziplin, nur totale Anpassung, nur totales Sich-Einfügen in die Gemeinschaft boten eine Überlebenschance. Allerdings bewirkten der Verzicht auf persönliche Freiheit und der Einsatz aller Kräfte für die gemeinsamen Ziele aller eine bemerkenswerte kollektive Entwicklung menschlicher Energien, und so entstand eine tragfähige soziale Organisation, entstand eine ausgesprochen maskuline Kultur voller Kraft.[24]

Sieht man sich mit solch marxistischer Propaganda konfrontiert und dazu mit dieser paranoiden Vision von einer Fischergemeinschaft, die genügend Muße hat, »Europas erste monumentale Skulptur« zu erschaffen, dann fällt es dem Kulturhistoriker schwer, nicht zu verzweifeln. Es fällt schwer, nicht einfach aufzugeben und sich Voltaires Meinung anzuschließen, nach der »die Geschichte die Lüge ist, auf die sich alle geeinigt haben«, oder aber jener von Henry Ford, der sagte: »Geschichte ist Humbug.« Angesichts der marxistischen Phantasien eines Srejovic oder eines Childe oder der psychohistorischen Halluzinationen von Julian Jaynes[25] wird mir klar, daß die Geschichte niemals eine Wissenschaft war und nur selten eine Kunst und daß der Historiker, der auf dem einen besteht, das andere verliert.

Wie auch immer wir diese fest angelegten Dörfer betrachten wollen, wir müssen verstehen, daß sie lange vor jedem Ackerbau entstehen. Selbst zu einer Zeit, da der Ackerbau längst etabliert ist, gibt es weiterhin diese Dörfer von Jägern und Sammlern. Ein Beispiel solch einer Einheit ist Suberde in der Türkei um 6600 v.Chr.

Suberde ist von der Funktion her ein Dorf seßhafter Jäger und ist völlig von der Jagd abhängig. Der Ort wurde das ganze Jahr lang und nicht nur jahreszeitlich benutzt, und es gibt einige Hinweise dafür, daß das Vorhandensein des Dorfes deutliche Auswirkungen auf den lokalen Wildbestand hatte . . .

Die prähistorischen Ebenen von Suberde weisen schlecht erhaltene Überreste von Mauern aus Lehmziegeln vor, Fragmente gepflasterter Böden und verbrannte Überreste von mit Lehm beworfenem Flechtwerk, das entweder von den Dächern oder aber vom oberen Teil der Wände stammt. Es gibt Schleifsteine und große Vorratsbehälter aus Ton, aber kein Töpferwerk.[26]

Obwohl Suberde hier als Jägerdorf beschrieben wird, besagen die Mahlsteine und die tönernen Vorratsbehälter, daß es auch ein Dorf von Sammlern war. Wieder einmal wird die anthropologische Voreingenommenheit gegen Frauen deutlich (vielleicht auch deshalb, weil die fleischessenden Europäer und Amerikaner Getreide nicht als vollwertige Nahrung ernst nehmen können und daher das Fleischessen und die Jagd betonen). Die karikierte Darstellung der prähistorischen Frau, die von ihrem Höhlen-Ehemann an den Haaren gezogen wird, konditioniert wahrscheinlich die Wahrnehmungen der Archäologen mehr, als sie wahrhaben möchten. Childe drückte sich so aus: »Zuerst war die Kultivierung wahrscheinlich eine Zufallstat der Frauen, während ihre Herren und Meister mit ernsthafteren Dingen wie der Jagd beschäftigt waren.«[27] Mag sein, daß es 8000 v. Chr. so etwas wie den Bruder einer Mutter gegeben hat, aber ich bezweifle, daß es ein Tier mit Namen Ehemann gab, ganz gewiß aber keinen »Herrn und Meister«.

Die Zeitspanne von 9000 bis 7000 v. Chr. ist eine Periode, in der im Nahen Osten aus dem Sammeln die Gartenarbeit wird. Das Ansammeln von wildem Getreide ermöglichte es den seßhaften Dorfbewohnern, mehr Vieh zu halten, und eben der Prozeß des Sammelns von Getreide förderte wiederum Kreuzungen, die zu den neuen Arten domestizierten Getreides führen. Schritt für Schritt führt so jede zufällige Entdeckung zur Gestaltung eines völlig neuen Lebensstils. Um 6500 v. Chr. war die Landwirtschaft so weit etabliert, daß die neolithische Gesellschaft eine Renaissance des Denkens und der Religion des Jungpaläolithikums erlebte. Ähnlich wie im Florenz der Renaissance, wo es dank des Wohlstands der Bankierfamilie der Medicis zu einer Erneuerung der alten platonischen und neopythagoräischen Religion der hellenistischen Welt kam, so wurde das große zeremonielle Zentrum von Çatal Hüyük nicht nur zum Zentrum eines blühenden Handels mit Obsidian, sondern zu einer Akademie für den Ausdruck der alten universellen Religion der Großen Mutter.

Es ist durchaus möglich, daß es nie zu einem Niedergang der Religion im Mesolithikum kam, sondern lediglich zu einem Niedergang der Kunst. Auf alle Fälle überragt Çatal Hüyük, soweit es Religion, Kunst und Technik betrifft, als reiche und komplexe Kulturstätte seinen Nachbarn Suberde bei weitem.

Der Reichtum des in Çatal Hüyük zutage geförderten Materials hat seinesgleichen an keiner anderen neolithischen Fundstätte. Mehr noch: Da Çatal Hüyük kein Dorf, sondern eine stadtähnliche Ansiedlung oder gar eine wirkliche Stadt war, besitzt, was zutage tritt, entschieden städtisches Gepräge. Çatal Hüyük konnte sich den Luxus von Obsidianspiegeln, Zeremonialdolchen und Metallschmuckstücken leisten – einen Luxus, in dem es seine Zeitgenossen übertrifft. Kupfer und Blei wurden geschmolzen und zu Schmuckperlen, Zylindern, ja möglicherweise kleinen Geräten verarbeitet; damit gehen die Anfänge der Metallverarbeitung bis ins siebente Jahrtausend zurück. Die Erzeugnisse der Steinbearbeitung zu Çatal Hüyük – sie bestehen zum Teil aus in der dortigen Gegend vorkommendem Obsidian, teils aus eingeführtem Feuerstein – sind die elegantesten der Periode, Çatal Hüyüks Holzgefäße sind vielgestaltig und differenziert, seine textile Wollverarbeitung ist voll entwickelt. In Çatal Hüyük kann man zudem den Übergang vom akeramischen Neolithikum mit Körben und Holzgefäßen zum keramischen Neolithikum mit den Anfängen der Töpferei studieren.[28]

James Mellarts Entdeckung von Çatal Hüyük ist ebenso spannend und wichtig wie Schliemanns Entdeckung von Troja, und zwar aus ähnlichen Gründen; beide Ausgrabungsstätten helfen dem Historiker, Mythos und Vorgeschichte miteinander zu verbinden. Die Kontinuität in der Tradition vom Jungpaläolithikum bis zum Neolithikum ist in Anatolien nicht gebrochen. Eine *art mobilier* aus dem Süden bei Antalya weist die naturalistischen und geometrischen Stile des Jungpaläolithikums auf, und in den neolithischen Kunstformen von Çatal Hüyük im Norden können wir den Übergang von der Höhlenmalerei zur Wandmalerei nachvollziehen. Die Ikonographie dieser Wandgemälde weist voraus auf minoische und mykenische Zeiten und ebenso zurück zur religiösen Bilderwelt des Jungpaläolithikums. Wie die Bilder von Bellini zurückschauen auf die Ikonographie des Mittelalters und gleichzeitig vorausblicken in Erwartung des Aufkommens der Naturwissenschaften mit ihrer physikalischen Untersuchung der Natur, so schlagen auch die Gemälde von Çatal Hüyük eine Brücke zwischen zwei Welten. Wie im Falle der italienischen Renaissance ist es die Einbettung des Archaischen in das Moderne, das den Kulturhistoriker so fasziniert.

Im Gegensatz zu anderen Jungsteinzeitkulturen bewahrte Çatal Hüyük eine Anzahl von Überlieferungen, die in einer vollentwickelten neolithischen Kultur archaisch wirken. Die Art der Wandmalerei, die aus Ton modellierten oder in den Wandputz eingelassenen Reliefs, die naturalistische Wiedergabe von Tieren, Menschengestalten und Gottheiten, die gelegentliche Anwendung von Fingerdrucktonmustern nach »Makkaroni«-Art, die weiterentwickelte Verwendung geometrischer Muster, einschließlich von Spiralen und Mäandern, die man in Siegel einschnitt oder auf ein neues Medium, die Weberei, übertrug, das Modellieren von Tieren, die man bei Jagdriten verwundete, die Sitte der Rotockerbestattungen, die archaischen Amulette in Form einer vogelähnlichen steatopygen Göttin, schließlich gewisse Typen von Steinwerkzeugen und die Vorliebe für Zahnschnecken als Schmuck, all dies bewahrt die Erinnerung an ein jungpaläolithisches Erbe.[29]

Was in Lascaux implizit ist, ist in Çatal Hüyük explizit. In Lascaux müssen wir folgern, daß die Höhle den Körper der Großen Mutter darstellt und daß die Bilder in der zentralen Kammer Wesen im Leib von Mutter Natur sind. In Çatal Hüyük wird uns eine konkrete Darstellung der Großen Göttin

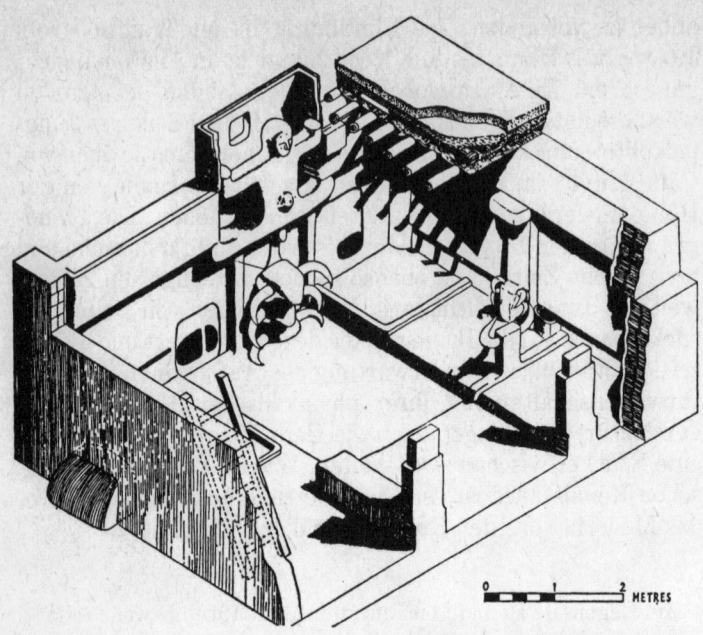

Abb. 10. Schrein VI. A. 10, Çatal Hüyük.

mit weit gespreizten Beinen gegeben, und wir sehen die Hörner eines riesigen Stiers aus ihrem Leib herauskommen (Abb. 10). Obwohl die meisten Häuser durch eine Öffnung im Dach betreten wurden, weisen einige Schreine kleine Durchgänge zu ebener Erde auf, sodaß die Gläubigen auf ihren Händen und Knien hineinkriechen mußten. Von den Bildern, der Dunkelheit und der Kinästhesie her wird klar, daß die Erbauer/innen sich einige Mühe gegeben haben, eine Höhlenatmosphäre zu schaffen.

All diese Ähnlichkeiten sind ganz augenfällig, was hingegen nicht bemerkt wurde ist, daß die Plazierung der Tierbilder Leroi-Gourhans Theorien über paläolithische Höhlenkunst zu bestätigen scheinen. Einige Räume sind entschieden weiblich bebildert mit Darstellungen der Zwillingsgöttin (Abb. 11); andere Räume sind entschieden männlich und voll von Stierhörnern; wiederum andere Räume scheinen Schreine zu sein, die männliche und weibliche Ikonen zusammen zeigen, denn

Abb. 11. Die Zwillings-
göttin, Çatal Hüyük.

auf der einen Wand entdecken wir die Zwillingsgöttin, während wir auf der anderen den Stier über den Wassern dargestellt finden. Das Gesamtsystem der Ikonographie scheint
eben jene paläolithische Kosmologie zu repräsentieren, die
Leroi-Gourhan als die Paarung männlicher und weiblicher
Kräfte explizierte. Da die Bilderwelt von Çatal Hüyük soviel
eindeutiger ist als jene von Lascaux, kann die Stätte uns als
eine Art Stein von Rosette dienen, die uns ein paar bekannte
Worte gibt, mit denen wir den Code des Unbekannten ent-
schlüsseln können.

Aber nicht nur die interne Dekoration der Architektur der
Stadt, sondern die äußeren Formen sind interessant. Die
Häuser sind dicht aneinander gebaut und haben teilweise
gemeinsame Wände, wodurch sie Nähe und ein intimes Gefühl

von Gemeinschaft ausdrücken. Äußere Eingänge gibt es nicht, da die Leute die Räume vom Dach her betraten. Mellaart interpretiert diesen Aspekt als eine Architektur der Verteidigung, aber es könnte auch eine weibliche Architektur der Einfriedung sein, die Architektur des weiblichen Körpers. Des im 19. Jahrhundert lebenden Theoretikers J. J. Bachofen brilliante intuitive Einsichten in das prähistorische Matriarchat scheinen zu Çatal Hüyük zu passen.

> Wie der Sitten und Gesetze, so wird auch der Städte Ursprung auf Demeter zurückgeführt. Unter cerealischen Gebräuchen werden die Städte gegründet, aus der Erde Mutterschoß erheben sich die Mauern, deren Unverletzlichkeit gerade in jenem Verhältnis zu dem mütterlichen Stoffe wurzelt.[30]

Die Wände könnten dazu gedient haben, nicht Eindringlinge, sondern die rituell Unreinen fernzuhalten. Bei einer Ausdehnung von annähernd dreizehn Hektar und einer Bevölkerung von einigen Tausend, dürften nur wenige Jägerbanden Çatal Hüyük bedroht haben. Die Mauern und Wachtürme des neolithischen Jericho scheinen in der Tat eine Verteidigungsarchitektur nahezulegen, aber Çatal Hüyük war höchstwahrscheinlich groß genug und als zeremonielles Zentrum wichtig genug, daß Händler in Ruhe und Sicherheit – außerhalb, nicht innerhalb der zeremoniellen Mauern – ihre Waren tauschen konnten; die Notwendigkeit defensiver Strukturen dürften sich erübrigt haben.

Da bisher nur ein Teil von Çatal Hüyük ausgegraben wurde, weiß Professor Mellaart nicht, ob der Rest der Ausgrabungsstätte mit Schreinen oder mit handwerklichen oder industriellen Werkstätten angefüllt ist. Meine eigene Vermutung geht dahin, daß die gesamte Ausgrabungsstätte aus Schreinen besteht und daß das zeremonielle Zentrum, wie von Jane Jacobs beschrieben, sein Handwerk an den Stadtrand verlegte. Ihr erstaunlicher Reichtum läßt vermuten, daß die Stadt nicht nur für die Konyaebene, sondern für ganz Anatolien und den Nahen Osten von Bedeutung war.

Als zeremonielles Zentrum der alten universellen Religion hatte Çatal Hüyük eine kulturübergreifende Atmosphäre an-

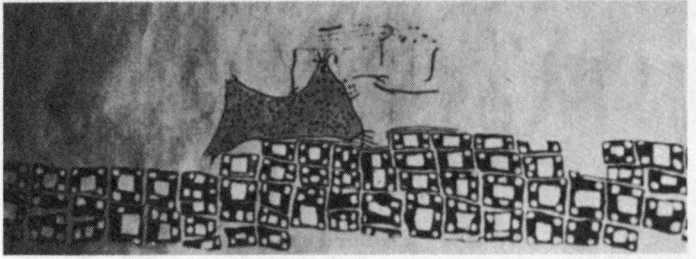

Abb. 12. Wandmalerei aus Çatal Hüyük.

zubieten, die es den Händlern der verschiedensten Stämme erlaubte zusammenzukommen. Es scheint, daß selbst damals im Neolithikum Religion gut für das Geschäft war. Wenn Obsidian als eine dunkle, chthonische Milch betrachtet wurde, die aus dem großen Busen des Vulkans Hasan Dag floß, dann könnte die Beziehung zwischen neolithischer Religion und Ökonomie so eng gewesen sein wie zwischen der bekannteren »Protestantischen Ethik und dem Geist des Kapitalismus«. Eines der Wandgemälde im Schrein (Abb. 12) scheint eine aus der Vogelperspektive dargestellte Sicht der Stadt und des Vulkans zu sein; vielleicht ist dieses Wandgemälde solch ein Loblied.

Ein anderes Wandrelief, von dem eine ähnliche Faszination ausgeht, stellt die Zwillingsgöttin dar. Mellaart interpretiert dieses Abblid als die zwei Frauen aus griechischen und mykenischen Zeiten, Demeter und Kore der Kornmysterien von Eleusis. Die Frau mit den Brüsten ist die Mutter, das junge Mädchen an ihrer Seite die Tochter. Der Stier auf der anderen Seite suggeriert das männliche Prinzip, jene Unterwelt, die sich öffnet und die Tochter stiehlt. Aber nicht nur an Griechenland läßt Çatal Hüyük denken, sondern auch an das minoische Kreta. Selbst der Stadtplan erinnert an den Grundriß des labyrinthischen Palasts von Knossos. Die Nebeneinanderstellung von Göttinnen und Stieren erinnert an die Gemälde der Stierspiele aus minoischen Zeiten. Wenn man Wandgemälde von Kreta mit ähnlichen Szenen von Çatal Hüyük vergleicht, beginnt man zu erfassen, wie unglaublich konservativ die Kraft der Religion ist. Ebenso beginnt man zu verstehen,

Abb. 13. Tonfigurine, die Göttin auf dem Leopardenthron bei der
Geburt, Çatal Hüyük.

daß die Religion der Großen Mutter tatsächlich der Welt erste
universelle Religion gewesen ist.

In den Bildern von Çatal Hüyük scheint die Große Mutter
drei völlig unterschiedliche Seiten zu haben. Eine davon ist
die bekannte Version der beleibten Großen Mutter mit breiten Hüften, riesigem Bauch und hängenden Brüsten. In der
Periode des Solutréen wurde die Geburt eines Kindes durch
diese Merkmale nur angedeutet; jetzt aber wird das alles
deutlich und explizit dargestellt, sieht man sie auf ihrem Leopardenthron sitzen und das göttliche Kind zwischen ihren
Beinen hervorkommen (Abb. 13). Andere Versionen dieses
Themas zeigen die Göttin in stilisierter Form mit den Hörnern
eines Stieres, der aus ihrem Leib hervorkommt. In dieser

Erscheinungsform ist sie nicht so sehr die Mutter des göttlichen Kindes, als vielmehr die alte paläolithische »Herrin der Tiere«. In ihrer nächsten Erscheinungsform sehen wir sie als Zwillingsgöttin, als Mutter und Tochter, in der neolithischen Version von Demeter und Persephone. Und schließlich gibt es die Alte des Todes, jene steatopygische (fettsteißige) Figur mit spitz zusammenlaufenden Füßen, die bis zur paläolithischen Siedlung von Dolne Vestonice zurückreicht. Zu jener Zeit wurden die dolchartigen Figurinen in der Nähe der Feuerstelle in die Erde gesteckt, aber diese Statue wurde mit einer Opfergabe von menschlichen Schädeln im Geierschrein gefunden. Offensichtlich wurden Geier bei der Bestattungspraktik der Exkarnation benutzt: nachdem die Knochen vom Fleisch befreit waren, wurden sie in den Schreinen aufgehoben. Der Geierschrein scheint insbesondere den Bestattungsriten gewidmet gewesen zu sein, und in einem seiner Bücher hat Mellaart mit viel Phantasie versucht, solch eine Zeremonie zu rekonstruieren.[31] Eine Seite des Schreins zeigt die Abbildungen von Männern ohne Köpfe und Geiern darüber; die Schädel wurden vor diese Bilder gelegt. Auf der gegenüberliegenden Seite findet sich ein riesiger Stierkopf, und im Innern des Schreins fand man die Alte zusammen mit einer Statue eines jungen Mannes, dem Sohngeliebten der Großen Mutter. Dieser Schrein dürfte jenem Teil der mythologischen Darstellung gewidmet sein, der vom Tod des männlichen Gottes berichtet, eine Version der alten Geschichte vom Aufstieg und Fall. So wie Adonis von dem Eber getötet wurde oder Osiris vom Bruder seiner Mutter, Seth, so erzählt der Geierschrein wahrscheinlich die frühere Version vom Leben und Sterben des jungen Gottes.

Die drei Bilder der Göttin – Mädchen, Matrone und Alte – liefern uns drei archetypische Beziehungen der Frau zum Mann: sie ist gewaltig und ruft uns aus ihrem Leib heraus; sie ist schön und ruft uns in ihr Bett; sie ist alt und häßlich und ruft uns in die Gruft. Leib (*womb*) und Gruft (*tomb*) reimen sich im Unbewußten ebenso wie in der englischen Sprache. Nichts zeigt dies deutlicher als die konkreten Bestattungspraktiken.

Die Toten wurden in Çatal Hüyük in den Häusern beerdigt,

und zwar unmittelbar unter dem Boden, auf dem die Lebenden schliefen. Die Lebenden liebten sich in der Tat auf den Gräbern ihrer Vorfahren. Die Frauen wurden unter der großen, zentralen Bodenplattform beerdigt, manchmal mit Kindern und meistens mit den schönsten Luxusgegenständen der Gemeinschaft – dem Schmuck und den Obsidianspiegeln. Im Gegensatz dazu wurden die Männer in der Ecke auf viel kleinerem Raum bestattet; niemals wurden sie mit Kindern oder den Luxusgegenständen beerdigt, die zum Tod einer Frau dazugehörten. Stattdessen wurden sie mit den Jagdwerkzeugen der Steinzeit bestattet. Solch eine bevorzugte Behandlung von Frauen im Tode deutet auf irgendeine Art bevorzugter Behandlung im Leben hin, da die Bedeutung eines Bestattungsritus darin besteht, eine Kontinuität zwischen Leben und Tod zu schaffen. Mellaart spricht von der Beerdigung des »Herrn« und der »Herrin« des Hauses, ich glaube jedoch, daß wenn wir das umfangreiche ethnographische Material berücksichtigen, das Briffault in *Die Mütter* zusammengetragen hat, wir zu dem Schluß kommen müssen, daß der Knabe, der dort in die Ecke abgeschoben wird, höchstwahrscheinlich der Bruder der Mutter und nicht ihr Gatte ist. Das Leben in Çatal Hüyük ist nicht das Leben in einem gemütlichen englischen Bungalow, mit dem Frauchen, die ihrem Herrn und Meister den Tee bereitet. Die Wandgemälde, die Statuen, die Bestattungspraktiken, die geschlossene und intime Architektur der Stadt: all das besagt recht deutlich, daß wir es in Çatal Hüyük mit einer matrilinearen Gesellschaft zu tun haben.

Eine wirklich bemerkenswerte Statue sagt alles, denn sie wirkt wie die Skulptur einer Henry-Moore-Vision von der archetypischen Familie. Die grünlichgraue Schieferskulptur besteht eigentlich aus zwei Figuren in einer (Abb. 15). Auf der einen Seite sehen wir die Große Mutter mit ihrem Kind, und auf der anderen Seite sehen wir die Große Mutter in der Umarmung mit ihrem Liebhaber. Die zwei Frauen befinden sich Rücken an Rücken und sind eigentlich ein einziger Körper, und in beiden Fällen ist das weibliche Wesen größer als das männliche.

Die männliche Figur ist ein Abbild des Sohngeliebten der Großen Mutter. Eine andere bemerkenswerte Abbildung die-

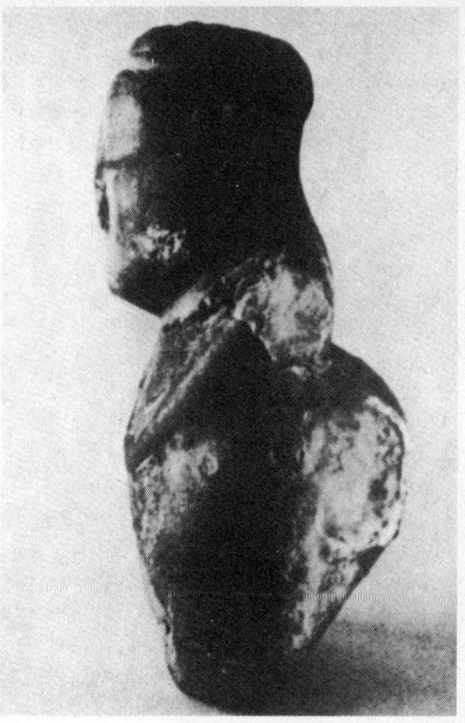

Abb. 14. Figurine einer
Göttin aus Çatal
Hüyük.

ser Beziehung stammt aus dem nahen Hacilar (Abb. 16). Hier
saugt der Sohn an der Brust, liegt aber gleichzeitig mit seinen
Genitalien über der Leistengegend der Mutter. In diesem
Zusammenhang lohnt es, sich an Hocketts und Ashers Spekulationen über die Bedeutung des Übergangs von dorsalem
zum frontalen Geschlechtsverkehr bei den Hominiden zu erinnern.

> Unsere Vermutung ist, daß er für die erwachsene Frau die ver-
> wandten Rollen des erwachsenen Mannes und des Kindes verän-
> derte, denn nach dieser Neuerung entsteht für sie eine weitaus
> größere Übereinstimmung zwischen ihrer Hinwendung zu einem
> Kind und zu einem Liebhaber.[32]

Neumann schreibt in seiner Arbeit über die Große Mutter,

Abb. 15. Statue aus Çatal Hüyük.

daß in diesem frühen Stadium des jugendlichen Sohngeliebten der Phallus zur Göttin gehört; wie alles andere Leben ist auch er ihr Eigentum, nicht seines. Die Opfer- oder Zurückgabe des Phallus ist somit einfach eine Wiedergutmachung »entsprechend der Anordnung der Zeit«, um es mit Anaximanders Worten zu sagen. Die Statuen der männlichen Götter – und verglichen mit der Anzahl der weiblichen sind sie dünn gesät – repräsentieren die verschiedenen Stadien im Lebenslauf des Mannes, die verschiedenen Stufen im Mysterium der Zeit. Zuerst ist er das Kind, das aus dem Leib der Großen Mutter kommt, dann der jugendliche Sohngeliebte, der mit den Stieren spielt, und schließlich die bärtige Figur, die auf dem Stier sitzt (Abb. 17). Die sitzende Figur wurde zusammen mit der

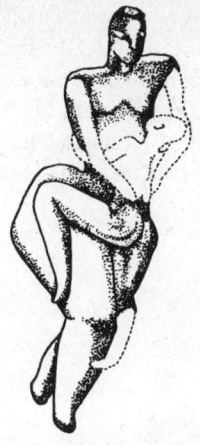

Abb. 16. Gebrannte Ton-
statuette aus Hacilar.

Abb. 17. Tonstatue aus Çatal
Hüyük.

Alten im Geierschrein gefunden (Abb. 14). Mellaarts Analyse
dieser Plazierung ist eine interessante Darstellung des Archetypus selbst.

> Männliche Gottheiten sind, obwohl nicht so herausragend wie ihre
> weiblichen Gegenstücke, dennoch ein Bestandteil von Çatal
> Hüyük. Die Figur des stolzen Jünglings, (siehe Figur 14), die mit
> der Totengöttin und ihrem Geier im Schrein VI A.25 gefunden
> wurde, scheint charakteristisch zu sein für die Selbstsicherheit,
> den Stolz und die Männlichkeit des Mannes von Çatal Hüyük,
> immer noch eine Figur, die es zu berücksichtigen gilt und noch
> nicht – wie in Hacilar – völlig den Listen von Frauen unter-
> worfen.[33]

Daß es im nahen anatolischen Dorf Hacilar keinerlei Statu-
en von Männern gibt, veranlaßt Mellaart zu dem Schluß, daß
die Frauen im späten Neolithikum alles unter sich hatten.
Hacilar ist ein Bauerndorf, Çatal Hüyük hingegen eine komplexe Stadt. Da ist eine reichere, komplexere und vollständige Ikonographie auch zu erwarten, während sich ein Bauerndorf auf die Hauptfigur der Großen Mutter konzentriert haben dürfte. Die Priester oder Priesterinnen in einem zeremoniellen Zentrum dürften jedoch am Mann und an den meta-

physischen Feinheiten interessiert gewesen sein, nach denen der phallische Mann als ein Symbol der Zeit und ihrer Vergänglichkeit aufgefaßt wurde. Das Nichtvorhandensein von männlichen Statuen heißt nicht, daß Hacilar ein Matriarchat war und Çatal Hüyük nicht, aber die Kunstformen beider Gemeinden werfen die wichtige Frage auf: waren diese Kulturen matriarchal?

V

Die Frage nach der Existenz eines historischen Matriarchats ist eine schwierige Frage, denn das Thema ist dermaßen mit den Emotionen von Archäologen und Historikern besetzt, daß es unmöglich ist, das Thema zu diskutieren, ohne bei Männern auf Kastrationsängste und bei feministischen Wissenschaftlerinnen auf Ausbrüche triumphierender Amazonenfreude zu stoßen. Marvin Harris, der bezeugt, Bachofen nie gelesen oder verstanden zu haben, spricht für die Brüderschaft der Anthropologen, wenn er sagt:

Unter Nicht-Anthropologen hat dies zur Wiederbelebung mystischer Theorien über ein Goldenes Zeitalter des Matriarchats geführt, in dem Frauen absolut über Männer geherrscht haben sollen. Die Anthropologen selbst haben nichts ermittelt, was die Exhumierung dieser Theorieleiche aus dem 19. Jahrhundert rechtfertigen könnte.[34]

Und für die Schwesternschaft von Nichtanthropologinnen hier die Worte von Elizabeth Gould Davis:

Von außerordentlicher Wichtigkeit bei den archäologischen Entdeckungen in Anatolien ist die Bestätigung des Mythos von der weiblichen Herrschaft im Goldenen und Silbernen Zeitalter des Menschen gewesen, der Beweis dafür, daß die Frauenherrschaft nicht nur im alt- und neusteinzeitlichen Leben bestand, sondern bis in die hochkultivierte Bronzezeit hinein andauerte.[35]

Die Schwierigkeit liegt darin, daß ein Mann, wenn er an das Matriarchat denkt, ein Patriarchat vor Augen hat, bei dem die Frauen die Rollen der Männer übernommen haben; keinen Moment lang denkt er an die Möglichkeit, daß das Matriarchat das völlige Gegenteil gewesen sein könnte. Wo das Patriarchat Gesetze schafft, schafft das Matriarchat Gewohnheiten; wo das Patriarchat militärische Macht etabliert, da etabliert das Matriarchat religiöse Autorität; und wo das Patriarchat die *aresteia* des einzelnen Kriegers fördert, da fördert das Matriarchat den an die Traditionen gebundenen Zusammenhalt des Kollektivs. Wenn man also versucht, sich ein Matriarchat vorzustellen, dann sollte man nicht Visionen von Amazonenbanden heraufbeschwören, die Brüste und Hoden abschneiden, um mit Waffengewalt zu herrschen. Bachofen hatte recht, was das anging: Amazonen sind keine prähistorischen Geschöpfe, sondern historische Gestalten aus dem dunklen Zeitalter um 1200 v.Chr. In irgendeiner ägäischen Gemeinde, in der bei einem Überfall alle Männer getötet und alle jungen Mädchen fortgeschleppt worden waren, waren nur die Matronen mittleren Alters zurückgeblieben, die man nicht für schön genug zum Mitnehmen und als nicht respektabel genug zum Töten erachtet hatte. Wenn nur *ein einziges Mal* in der ägäischen Vorgeschichte solch eine Gruppe von Frauen sich zu einer Truppe zusammenschloß, die kriegerischen Gewohnheiten ihrer Angreifer imitierte und einen Haufen von Plünderern und Gesetzlosen ausradierte, dann mußte das zu einer Legende werden. Es mußte einfach deshalb zur Legende werden, weil es mit alten Menschheitserinnerungen an die alten Tage des prähistorischen Matriarchats überlagert würde – zu unser aller ewiger Verwirrung.

Ich glaube in der Tat, daß Çatal Hüyük ein Matriarchat war, allerdings betrachte ich das Matriarchat nicht als einen »Amazonenstaat«. Stadtstaaten und stehende Heere wird es erst später geben; was wir in Çatal Hüyük vor uns haben, ist ein zeremonielles Zentrum, eine matrilineare Kultur, in der es eine organisierte Klasse von Priesterinnen und Priestern gibt, weil es ein Zentrum der alten paläolithischen Religion darstellt. Zur Zeit von Çatal Hüyük haben wir den Schritt von der diffusen Spiritualität der Jäger und Sammler zu den An-

fängen organisierter Religion und dem Auftauchen einer Priesterschaft vollzogen. In dieser neolithischen Stadt der Schreine wird nicht auf der Basis von Macht und maskulinem Gesetz, sondern nach Gebräuchen gelebt. Wir sollten nicht vergessen, daß noch im 20. Jahrhundert Gebräuche auch ohne
Polizeigewalt auskamen. Auf den *Aran Islands*, so stellt J.M.
Synge mit Erstaunen fest, fuhr ein Fischer, als er etwas
Unrechtes getan hatte, sein Boot allein nach Galway hinüber
und lieferte sich selbst ins Gefängnis ein.[36] Gebräuche, das
Kollektiv und eine Religion mit einer Tradition von mehr als
20000 Jahren, das sind die Kräfte, die Çatal Hüyük zusammenhalten. Hier geht es nicht um männliche politische Macht,
sondern um weibliche kulturelle Autorität.

Die Frauen hatten als Sammlerinnen langsam, in den Jahren von 9000 bis 6500 v.Chr. aus dem Sammeln Garten- und
Ackerbau werden lassen. Die riesigen Getreidelager produzierten jenen wirtschaftlichen Überschuß, der es den Männern ermöglichte, aus dem Jagen einen nostalgischen Sport
und ein atavistisches Ritual zu machen und sich dem Handel
als ihrer wirtschaftlichen Hauptaktivität zuzuwenden. Als ein
zeremonielles Zentrum in der Nähe der Straßen des Obsidian-
handels stellte Catal Hüyük eine wichtige kulturelle Kraft
dar, denn als religiöses Zentrum konnte es Einfluß ausüben
und dafür sorgen, daß der Handel frei und friedlich stattfand.
Wie ein Hongkong, ein Genf oder ein Zürich hatte sich Catal
Hüyük nicht zu verteidigen, weil es von allen Beteiligten in
Anatolien und im ganzen Nahen Osten gebraucht wurde. Und
natürlich läßt sich diese Art religiösen Einflusses in ökonomische Macht umsetzen. Die Städte wuchsen und wurden
schließlich zu groß für die vertraute Regierung durch Gebräuche und mütterliche Autorität, und die Ausgewogenheit der
Macht zwischen Religion und Handel gerät ins Wanken. Die
Anfänge eben dieses inneren Widerspruchs können wir entdecken, wenn wir jene Wandgemälde sehr genau anschauen,
die sich mit der Jagd beschäftigen.

Die Wandgemälde von der Jagd, oder genauer ausgedrückt, vom Einfangen von Stieren und Hirschen entstammen nicht den unteren Schichten des Hügels aus der Zeit um
6500 v.Chr., sondern wurden in jenen gefunden, die näher

Abb. 18. Wandgemälde aus Çatal Hüyük.

beim Ende der Siedlung um 5400 v.Chr. liegen; sie sind deshalb auch nicht bezeichend für die Zeit des Übergangs von der Jagd zum Ackerbau (Abb. 18). Tatsächlich könnten die Bilder zum ersten Mal in der Geschichte das Phänomen einer »nativistischen Bewegung« darstellen.[37] Der Anthropologe A.F.C. Wallace hat erläutert, wie eine Kultur kurz vor dem Aussterben in einer ritualistischen »Revitalisierungsbewegung« explodiert. Der Geistertanz nordamerikanischer Indianer ist ein Beispiel für dieses Phänomen. Die Bewegung in Çatal Hüyük scheint genauso erfolglos gewesen zu sein wie der Geistertanz, denn die Wandgemälde wurden später mit Gips abgedeckt, und an ihre Stelle traten die Vulvamuster der *Kelim*entwürfe aus den Weberarbeiten der Frauen. Wandgemälde als ein Kunstgenre verschwinden von den Wänden und tauchen als Muster für die Töpferarbeiten wieder auf. Eine ganze Weile sind die Tiere noch auszumachen, aber dann werden die Muster mit jeder folgenden Topfgeneration immer stilisierter und abstrakter, bis sie schließlich jeden Kontakt mit ihrem Ursprung verloren haben. Da die Töpferarbeit mit Sicherheit Bestandteil der Frauenmysterien ist, mußte es wohl zu diesem Kontaktverlust zur Quelle kommen; von der Frau, die nicht in männlicher Subkultur und ihrer Faszination von der Jagd verfangen war, konnte man erwarten, daß sie mehr am Muster selbst interessiert war, als an der liebevollen Darstellung der Tiere.

Dem Versuch der Männer, dem Trend zum Ackerbau und zur Stadtkultur zu entkommen und stattdessen zur guten alten Zeit zurückzukehren, war kein Erfolg beschieden. Die Gemeinschaft dachte nicht daran, sich aufzulösen und in die Wälder zurückzukehren. Mit jedem weiteren Schritt im Übergang vom Sammeln zum Gartenbau wurde die alte Arbeitsteilung zwischen den Geschlechtern weiter gestört. Einige Männer konnten den Schritt vom Jäger zum Händler machen, aber diese Art zu leben konnte die Bedürfnisse jener nicht befriedigen, die nach der alten religiösen Verbindung mit den Tieren hungerten. Die Faszination der Jagd hatte Millionen von Jahren an Tradition hinter sich; die ließ sich mit Sicherheit nicht über Nacht abschaffen, nur weil der Ackerbau eine neue Lebensweise geschaffen hatte.

Selbst heute läßt sich die Macht dieser Faszination noch erkennen. Viele Männer empfinden ein tiefes religiöses Bedürfnis, von Frauen fortzukommen, mit einer Gruppe von Männern zusammenzusitzen, beim rituellen Whiskeytrinken mitzumachen (man bedenke, daß im Gaelischen *uiskebaugh* Wasser des Lebens bedeutet – eine entschieden männliche Substanz) und die alten Gewohnheiten der Jagd wiederzubeleben.[38] Die Tatsache, daß Jagen zuviel Zeit benötigte, zuwenig abwarf und riesige, seßhafte Bevölkerungen nicht ernähren konnte, war für die Bedeutung der Jagd irrelevant. Tatsächlich dürfte es so gewesen sein, daß, als die Jagd geradezu zum wirtschaftlichen Gegenteil von Gartenbau geworden war, der Unterschied zwischen den beiden Aktivitäten das Ritual einer nativistischen Jagdbewegung ins Leben gerufen hat. Leon Festinger formulierte eine Theorie »kognitiver Dissonanz«, bei der die Anhänger einer Religion, sobald sie mit gegenteiligen Beweisen konfrontiert werden, nicht etwa ihren Glauben aufgeben, sondern sich aufmachen und Konvertierte suchen, um ihre eigenen wachsenden Ängste, Zweifel und Unsicherheiten zu beruhigen.[39] Die Jagd wird sich als Ritual also erst dann entwickeln, wenn sie vom Ackerbau bedrängt wird. Ökonomisch hält die Jagd keinem Vergleich mit dem Sammeln stand und noch viel weniger mit dem Gartenbau. Je mehr sich die kognitive Dissonanz des Konflikts zwischen Jagd und Ökonomie verschärfte, desto mehr Männer dürften sich der nativistischen Bewegung angeschlossen haben. Das Übertünchen der Wandgemälde scheint jedoch darauf hinzudeuten, daß das nostalgische Ritual in der Tat ein Geistertanz war. Es gab keinen Weg zurück.

Und so führte der Weg der Männer nach vorn, hinein in Handel und Krieg. Die Jägergruppe drehte sich auf der Spirale der Geschichte und wurde zur Händlergruppe und zur militaristischen Truppe. Die Frauen blieben als Gärtnerinnen, Töpferinnen, vielleicht sogar als Architektinnen zu Hause; die neolithische Siedlung war ihre Schöpfung, war ihr Triumph. Sie sollte auch ihr Verderben werden. Die Frauen wollten in der Nähe ihres Heims bleiben, in der Nähe der Schwesternschaft der Frauenmysterien, der alten Religion der Großen Göttin und der Priesterinnenschaft. Wenn ein zeremonielles Zentrum wie Çatal Hüyük ein konservativer Vatikan der alten universalen Religion gewesen sein sollte, dann ermöglichte der neue ökonomische Getreideüberschuß es den Männern, dem engen und geschlossenen Horizont des religiösen, zeremoniellen Zentrums zu entkommen und an der weiteren und offeneren Welt des kulturübergreifenden Handels zu partizipieren. Und während sich eine neue ökonomische Ordnung entwickelte und der Nexus des Handels ein Gitterwerk quer über den gesamten Nahen Osten ins Leben rief, bildeten sich langsam auch neue Bündnisformen unter Spezialisten heraus. Die technische Ordnung war dabei, sich von der moralischen Ordnung zu lösen.[40] Ebenso wie im Verlauf der Industriellen Revolution ging eine neue Klasse von Wirtschaftsspezialisten und Technikern daran, die Macht der alten Heiligen Mutter Kirche zu brechen.

Der Handel sollte das Aufkommen neuer Spezialisierungen fördern, wie beispielsweise die Metallbearbeitung, und je mehr diese Spezialisierungen zur Vermehrung des Wohlstands beitrugen, desto stärker war der Aufschwung der militärischen Klasse.

Frauen entwickelten den Ackerbau und produzierten jenen wirtschaftlichen Überschuß, der neue Siedlungsformen und neue Formen der Aufbewahrung verlangte. Und ebenso wie die Stadtmauern und die Silos Behälter sind, so ist es auch die Religion: eine organisierte Religion mit einer Klasse von Spezialisten, die sie aufrecht erhält, ist eine Form kultureller Auf-Bewahrung. Es ist also nicht sonderlich überraschend, daß die Kunst und Ikonographie von Çatal Hüyük so konservativ und paläolithisch ist. Die Spiritualität der Jäger und Sammler stellt eine Sakralisierung des alltäglichen Lebens dar; sobald wir aber eine formale Priesterschaft zu unterhalten beginnen, fangen wir auch an, Erfahrungen in heilige und profane zu unterteilen. Ackerbau und organisierte Religion sind auf das Engste miteinander verbunden; in der Aufbewahrung des Getreides und in der Bewahrung der Vergangenheit steht Çatal Hüyük für die Eindämmung der ersten universalen Religion, der Religion der Großen Göttin.

Jede Form von Kultur erreicht kurz vor ihrem Untergang ihren verfeinertsten und intensivsten Ausdruck. Çatal Hüyük war die Supernova der alten Religion, denn der landwirtschaftliche Überschuß unterhielt nicht nur eine konservative Priesterschaft von Frauen, er ermöglichte auch den Jägerbanden, ihre Aktivitäten auf den Handel und die Kriegsführung zu verlagern. Und während der Prozeß militärischer Entwicklung weiterging, wuchsen auch die Widersprüche, bis schließlich die konservative Religion der Großen Göttin von einer neuen Kultur eingeschlossen war.

Çatal Hüyük war eine großartige Leistung, repräsentiert aber auch die höchstmögliche Entwicklung einer traditionellen, matrilinearen Gesellschaft. Der Handel mit Obsidian brachte Leute von nah und fern in die Stadt. Wie kosmopolitisch die Stadt war, mag man der Tatsache entnehmen, daß man dort zwei verschiedene Rassen beerdigt fand: den langschädeligen Euroafrikaner und den kurzköpfigen protomediterranen Menschen. Wenn eine Ortschaft zu einer kosmopolitischen Stadt herangewachsen ist, dann ist sie zu komplex, um durch die engen und vertrauten Sitten und Gebräuche einer matrilinearen Gesellschaft regiert zu werden. Nach Elise Bouldings Analyse verhinderten die konservativen Eigenschaften der Frauenmysterien ein Schritthalten mit der immer komplexer werdenden Natur städtischen Lebens.

Die Instabilität matrilinearer Systeme kann ganz und gar strukturell erklärt werden. Hätten die Frauen den Aktivitäten am Rande, die nicht unmittelbar ihre Sache waren, mehr Aufmerksamkeit geschenkt und ihre Kommunikationsmuster entsprechend angepaßt, um einen weiteren Ereignisbereich abzudecken, dann hätte die Matrilinearität sich vielleicht einem neuen Umfang sozialer Operationen anpassen können. Die Tatsache, daß die Frauen das nicht getan haben, sollte nicht primär biologisch begriffen werden, obwohl ihre Dreifachfunktion – produzieren-gebären-ernähren – ihnen zum Nachteil gereicht haben könnte. Eine Betrachtung ihrer täglichen Arbeitsbelastung im Vergleich zu der während der früheren Jagd- und Sammelzeit legt nahe, daß sie vermutlich unter einer Arbeits- und Informationsüberbelastung litten und sich nicht Zeit nahmen, sich einen Gesamtüberblick zu verschaffen.[41]

Mit dem Aufkommen des Handels und dem wachsenden Wohlstand fanden Raub- und Kriegszüge immer häufiger statt. Hacilar II (5250 v. Chr.) ist eine befestigte Siedlung, die deutliche Anzeichen dafür zeigt, daß sie von Neuankömmlingen anderer Traditionen des Häuserbaus, der Bildhauerei und Töpferei niedergebrannt und eingenommen wurde.[42] Und während die Kriege im späten Neolithikum immer häufiger werden, entsteht eine neue Kultur, die Kultur der Nomadenherden. Laut Jane Jacobs Analyse sind diese Hirten keine Weiterentwicklung der mesolithischen Jäger, sondern eine Degeneration aus den neolithischen Städten.

Nehmen wir an, eine Mutterstadt wären von einem Unglück durch Menschenhand oder eine Naturkatastrophe betroffen worden. Dann hätten ihre Bauerndörfer – wären sie von der Katastrophe verschont geblieben – als isolierte Fragmente eines abgerundeten Wirtschaftslebens weiter existiert. Diese verwaisten Dörfer hätten natürlich ihre Spezialisierung fortgesetzt, hätten weiterhin ihre Arbeit verrichtet, zu der sie fähig waren, doch jetzt nur noch zu ihrer Selbsterhaltung. Eine Weiterentwicklung wäre nicht möglich gewesen ohne die Wirtschaft einer Mutterstadt als Bezugsquelle neuer Verfahren und Arbeitsmethoden. Auf solche Weise müssen in prähistorischen Zeiten immer wieder Dörfer durch die Zerstörung von Städten verwaist sein.

Ging solchen Dörfern ein Teil des eigenen Wirtschaftslebens verloren, dann hatten sie keine Möglichkeit, ihn wiederzugewinnen oder neu zu schaffen. Dies erklärt vermutlich den Ursprung der viehhütenden Nomadenvölker. Die Dorfbewohner des Neolithikums, denen nach der Zerstörung ihrer Mutterstadt das Saatgut ausging, konnten nirgendwo neues erhalten. Alles, was ihnen blieb, war die Viehzucht und die Ausübung einiger weniger handwerklicher Fähigkeiten zum eigenen Auskommen, und diese Arbeiten basierten auf Rohmaterialien, die großenteils von Tieren stammten. Solchen Gemeinden blieb nichts anderes übrig, als zu viehzüchtenden Nomaden zu werden.[43]

So wie das Sammeln von Gräsern ein durchgehendes positives Feedbacksystem auslöste, das aus jagenden und sammelnden Horden seßhafte Farmer machte, so löste die Etablierung von Händler- und Räuberbanden ein ähnliches System aus, im Verlauf dessen matrilineare Gartenbaugesellschaften zu patriarchalen, landwirtschaftlichen, militaristischen Städten wurden. Der Schutt, den dieser Zyklon von einer Transformation auswarf, war tatsächlich der nomadische Hirte.

Die Verbreitung von Privatbesitz wurde nachdrücklich durch die Domestizierung von Rindern verstärkt. Wild kann abwandern und Land ist unbeweglich, aber Reichtum in Form von Vieh ist dauerhaft und leicht zu stehlen oder zu tauschen. Da sie notwendigerweise Nomaden sind, können Herdenvölker ihren Reichtum schnell durch Viehdiebstahl und Krieg vermehren; und da der Krieg, der sich aus der Jagd entwickelt hatte, von den Männern geführt wurde, verstärkte das eine Tendenz, die ohnehin schon in Herdengesellschaften vorherrschte, nämlich daß sich der Wohlstand in ihren Händen anhäufte. Immer unterwegs, plündern diese aufrührerischen Stämme einen Bezirk nach dem anderen. Die männlichen Gefangenen werden getötet und die Frauen als bewegliches Vermögen verschleppt, wobei ihre Fähigkeiten am Webstuhl in Rindern kalkuliert werden. Kriegführung aber erfordert eine Einheit der Führung, und so entwickeln diese Stämme eine Art Königtum, die primär nicht magischer, sondern militärischer Natur ist. Als Belohnung für erfolgreiche Führung erhalten die Könige den Löwenanteil der Beute, und der so angehäufte Wohlstand fördert soziale Ungleichheiten, die von oben bis unten das ganze Gewebe der Stammesgesellschaft erschüttern.[44]

Frauen hatten an der Spitze der traditionellen neolithischen Gesellschaft gestanden, aber mit dem Übergang von religiöser, magischer Autorität zu maskuliner, militärischer Macht fiel ihr Einfluß in sich zusammen, und sie wurden in der

neuen handelnden und raubenden Gesellschaft zu Privatbesitz. Die mesolithische Gesellschaft dürfte die Domestizierung von Tieren erlebt haben und die neolithische Gesellschaft die Domestizierung von Pflanzen, aber die Zeit nach
dem Neolithikum erlebt die Domestizierung der Frauen
durch die Männer.

Die Periode von 6000 bis 4000 v.Chr. ist der *magnus annus*
der neolithischen Großen Göttin, aber um 4000 v.Chr. ist die
nahöstliche Welt dermaßen von Handelsstraßen durchzogen,
daß dieses Gitterwerk selbst zu einer neuen kulturellen Einheit wird, zur Einheit der Zivilisation. Zu einer Zivilisation
gehört nicht nur das Entstehen einer Stadt, sondern vielmehr
das Aufkommen eines urbanen Nexus, innerhalb dessen sich
die Spezialisierungen einer Zivilisation aufrechterhalten lassen. Um 4000 v.Chr. haben der Handel und seine handwerklichen Spezialisierungen wie Metallbearbeitung und Militarismus eine völlig neue Welt entstehen lassen, eine entschieden
männliche Welt.

Biologische Vaterschaft wurde wahrscheinlich im Mesolithikum, vielleicht auch schon im Jungpaläolithikum entdeckt.
Aber in der konservativen, matrilinearen Gesellschaft der
alten universellen Religion war wenig Platz für irgendeine
herausragende Position für den Gatten oder den Vater. In
matrilinearen Gesellschaften ist es der Bruder der Mutter und
nicht der Vater, der die wichtige männliche Person darstellt.
Aber mit dem Aufkommen einer neuen Wirtschaftsordnung
durch den Handel und den im Gefolge des Auftretens einer
militärischen Klasse sich entwickelnden speziellen Fertigkeiten waren die Bedingungen geschaffen, unter denen biologische Vaterschaft und das Vererben von Privatbesitz kulturell
anerkannt und gesellschaftlich institutionalisiert werden
konnte.

All das dürfte nicht über Nacht geschehen sein, aber es war
eine Revolution. Hunderttausende von Jahren lang war die
Kultur der Frauen und der Frauenmysterien die dominante
Ideologie der Menschheit gewesen. Die Hominisation der Pri-
maten in der Abkehr von Östrus bedeutete eine weibliche
Transformation. Das Aufkommen einer Aufzeichnung der
Mondphasen und die Anfänge einer beobachteten Periodizi-

tät, auf der alles menschliche Wissen basiert, war eine Schöpfung der Frauen. Landwirtschaft und das Aufkommen fester Dörfer und Städte waren weibliche Werke. Aber Zivilisation und Kriegsführung nicht; sie buchstabierten das Ende für die Große Mutter. Der Vater war auf der Bühne der Geschichte aufgetaucht, um eine Schlacht mit dem Bruder der Mutter zu beginnen, und in jener revolutionären Auseinandersetzung wurde die älteste Tradition dieser Erde vom Thron gestoßen. Diese Auseinandersetzung ist so jung und so revolutionär, daß die Männer sie bis heute nicht vergessen haben, und die leiseste Bewegung der Großen Mutter läßt sie nach ihren Schwertern und Gewehren greifen. Frauen mögen sich nach dem goldenen Zeitalter eines vertrauten, intimen und friedlichen Dorflebens zurücksehnen, Männer aber zittern bei der Vision, in der Herde erstickt und ausgelöscht zu werden. C.S. Lewis hat diesen männlichen Alptraum so ausgedrückt:

> Man könnte hinzufügen, daß wir im Bienenstock und im Ameisenhaufen die zwei Dinge voll verwirklicht sehen, die einige von uns für unsere eigene Spezies am meisten fürchten – die Dominanz des Weiblichen und die Dominanz des Kollektivs.[45]

Der Mann hat die Nabelschnur zur Großen Mutter mit einem Schwert zerschnitten, und seither hängt dieses Schwert über seinem Kopf.

TEIL DREI

Abendländische Zivilisation und die Verdrängung des Weiblichen

KAPITEL 4

Zivilisation und Entfremdung im alten Sumer

Es WÄRE HERRLICH, könnte man davon ausgehen, daß der Stufenturm der Babylonier die erste Ausdrucksform nahöstlicher Zivilisation ist, denn dann könnte man von der menschlichen Faszination von den Himmeln reden, von der menschlichen Suche nach der Verbindung mit dem Unendlichen. Es spielte keine Rolle, ob man den Tempel als Tafelberg betrachtete, auf dem die fliegenden Untertassen der Götter landeten (so die Theorien von Erich von Däniken), oder als das Zuhause einer Kultstatue, die zu den halluzinierenden Mitgliedern einer Menschheit sprach, deren rechte Gehirnhälfte von der linken ebenso getrennt war wie der Himmel von der Erde (so die Theorien von Julian Jaynes). Was auch immer der Stufenturm war, Religion müßte als das Primäre betrachtet werden, denn die Tempel wären zuerst dagewesen. Unglücklicherweise war es nicht so. Zuerst waren die Festungen da.

Wir können nicht mit Sicherheit sagen, ob die Mauern Çatal Hüyüks als Bestandteil von Demeter-Riten, als Architektur des Leibes oder nach martialen Gesetzen, als Verteidigungsarchitektur, hochgezogen wurden. Es scheint, als sei die Stadt in der Zeit zwischen dem 7. und dem 6. Jahrtausend nicht ein einziges Mal eingenommen worden, aber das 5. Jahrtausend war eine weniger ruhige Periode.

In Çatal Hüyük sind Wohn- und Sakralarchitektur identisch; Tempel gibt es nicht, nur Schreine; ein Haus der Götter ist tatsächlich ein Haus wie alle anderen auch. Im Falle von Hacilar II hingegen muß ein großer kollektiver Aufwand getrieben worden sein, um in einer einzigen großen Anstrengung eine riesige Mauer zum Schutz der Siedlung zu errichten. Halicar II ist tatsächlich das, als was Mellaart es beschreibt: eine Festung. Çatal Hüyüks Größe endete um 5400 v.Chr. und damit, so scheint es, eine Zeit friedlichen neolithischen Handels und der Verehrung der Großen Göttin. Um 5200 v.Chr., der Zeit von Hacilar II, war Anatolien zu einem Kriegsschauplatz geworden. Hacilar II wurde zerstört und ebenso die nahen Ortschaften Mersin und Can Hasan.

Zusammen mit der Festung kam eine neue Waffe, die Steinschleuder, auf. Vielleicht war Holz in der baumlosen Konyaebene zu wertvoll, um für Pfeile verschwendet zu werden. Die Steinschleuder und die Festung scheinen Anatoliens Beiträge in der Zeit von 5000 bis 4000 v.Chr. zu sein. Mellaart bemerkt dazu folgendes:

Im Vergleich zur Festung von Hacilar I zeigt jene von Mersin einen beträchtlichen Fortschritt in der Militärarchitektur verbunden mit älteren Prinzipien, eine Entwicklung, wie man sie im Verlauf der annähernd tausend Jahre erwarten durfte, die zwischen diesen beiden ältesten Beispielen anatolischer Festungen liegen. Es sollte betont werden, daß diese Art Architektur ihren Usprung offensichtlich in Anatolien, wahrscheinlich auf dem Plateau, hat.[1]

Trotz des Krieges, oder vielleicht auch gerade deswegen, breitete sich der Einfluß Anatoliens aus. Die halafische Kultur an den Ufern des Euphrat gegen Mitte des 6. vorchristlichen Jahrtausends, scheint Mellaart zufolge[2] stark von Anatolien beeinflußt gewesen zu sein; damit hätte sich die anatolische Kultur über einen Bereich erstreckt, der etwa die heutige Türkei, Nordsyrien und einen Teil des Irak umfaßt.

Diese Periode der Kriege scheint die Entwicklung der menschlichen Kultur schwer belastet zu haben. Einige Siedlungen in Palästina und in Südsyrien kehrten zum nomadischen Leben zurück, und es gab keine uns bekannte große Siedlung wie Çatal Hüyük, die einen Einfluß auf die Entwicklung von städtischem Leben hätte ausüben können. Wenn Jane Jacobs Annahme stimmt, daß die Herdennomaden die

Überlebenden zerstörter Städte und Ortschaften sind, dann muß die Zeit von 6000 bis 4000 v.Chr. eine Zeit des Niedergangs der Festungen und des Aufkommens von Herdennomaden gewesen sein. Der Übergang von stabilen und zunehmend urbanen zu instabilen und nomadischen Lebensbedingungen könnte eine Verschiebung des Schwergewichts von ortsansässiger Landwirtschaft hin zu Weidewirtschaft und Raubzügen bedeutet haben, beides Aktivitäten, die durchaus aus einer männlichen Subkultur eine dominante Kultur werden lassen konnten. Solch eine Gewichtsverlagerung könnte tatsächlich als eine Revolution betrachtet werden, in der weibliche Tätigkeiten, wie Töpferarbeit und Gartenbau, zur Subkultur innerhalb einer neuen militaristischen und nomadischen Lebensweise wurden.

Mit der Ausweitung der anatolischen Kultur bis hinab zu den Ufern des Euphrat bei Tel Halaf nähern wir uns der Periode unmittelbar vor dem Aufkommen der Städte. Ähnlich der Zeit des Mesolithikums von 10 000 bis 8000 v.Chr. scheint auch die Zeit von 6000 bis 4000 v.Chr. eine schmerzvolle Übergangzeit gewesen zu sein. Neuerungen wie die Metallurgie gingen wieder verloren, und obwohl sich noch immer die Tonfiguren der Großen Göttin finden, so gab es doch keine Kultur, die, wie Çatal Hüyük, Religion und Technik in einer brillianten Synthese hätte verbinden können. Das Zeichen des Zwillings scheint keinen wohltuenden Einfluß auf die Entwicklung der menschlichen Kultur ausgeübt zu haben, aber als der *magnus annus* des Stiers begann, hat sich alles wohl etwas stabiler und solider entwickelt. Die durch Raub und Krieg geprägte Übergangsperiode, die das Dorfleben der Kreidezeit gewaltsam gestört haben muß, stimulierte das Wachstum immer größerer, befestigter Städte. Und während sich immer mehr Menschen hinter die immer höheren Stadtmauern begaben, wurde aus der befestigten Siedlung die ummauerte Stadt. Und durch die implosive Gewalt solcher konzentrierten Menschenmassen begann die Kultur selbst sich zu verändern. Wie Organellen einer Zelle entwickelten sich immer neue Spezialisierungen. Vorbei war die Zeit des einfachen Dorflebens, und mit dem Aufkommen der Schrift entstand eine neue Beziehung zwischen einer der Schrift mächtigen Elite und den der Schrift unkundigen Bauern. Die Archäologen haben diese Konstellation von künstlich bewässerter Landwirtschaft, Spezialisierung und Schrift »Zivilisation« getauft und darüberhinaus den Sumerern zugeschrieben, der Welt erste Zivilisation geschaffen zu haben. Der Archäologe Samuel N. Kramer sagte das so: »Geschichte beginnt mit Sumer.«

Obwohl man einmal davon überzeugt war, daß die Sumerer sich, von irgendeinem Hochland kommend, erst in der Uruk-Periode in Sumer niederließen, neigen die Gelehrten jetzt zu der einvernehmlichen Meinung, daß sie bereits früher dort waren, zumindest bereits während der 'Ubaid-Periode; und da 'Ubaid der kulturelle Höhepunkt der beiden vorangegangenen Entwicklungsphasen, Haji Muhammad und Eridu, war, dürfte es schwer fallen zu leugnen, daß die Sumerer die ersten Siedler von Niedermesopotamien waren. Die Entdeckungen von Seton Lloyd und Fuad Safar haben somit die Anfänge der sumerischen Zivilisation bis in die Mitte des 6. vorchristlichen Jahrtausends auf die Schwemmlandebene des alten Sumer zurückverfolgt ...

Wenn die frühesten Bewohner von Eridu, wie wir ebenfalls annehmen, Sumerer waren, dann muß man akzeptieren, daß sie ihre Häuser auf der Ebene erst dann bauten, als sie die Bewässerungstechniken in ihrem alten Zuhause zu Füßen der Zagrosberge – wahrscheinlich in Khuzistan – bereits beherrschten. Als die Erben von annähernd eintausend Jahren einfachen Dorflebens im Iran mit primitivem Ackerbau, Viehtreiben, Jagen und der Produktion von Töpferwaren waren sie zumindest gut gerüstet, um sich den Herausforderungen einer neuen Umwelt zu stellen. Vor Invasionen durch die Seen und Sümpfe geschützt, gelang es ihnen, langsam eine Zivilisation aufzubauen, mit der sich nur wenige andere sollten vergleichen können.[3]

Mit dieser Periode der Zivilisation begeben wir uns in die Zeit der Geschichte und der geschriebenen Aufzeichnungen. Bei Lascaux und Çatal Hüyük müssen wir eine Mythologie aus der Ikonographie an den Wänden ableiten, aber im Falle der sumerischen Kultur können wir die Mythologie direkt den Übersetzungen der Tontafeln entnehmen. Dort begegnen wir den Überresten einer Revolution, eines Übergangs von den dominierenden weiblichen Göttinnen des neolithischen Dorfs zu den organisierenden und kontrollierenden Göttern einer der Schrift mächtigen Stadt. In einem Mythos mit dem Titel »Enki und die Weltordnung« werden die Veränderungen in der neuen männlichen Kultur ganz offen in einer Weise gepriesen, die sich nicht anders als eine Ode an den Phallus bezeichnen läßt.

> Nachdem er seinen Blick auf den Platz geworfen hatte,
> Nachdem Vater Enki ihn über den Euphrat gehoben hatte,
> Stand er stolz auf wie ein wilder Stier,
> Hebt er seinen Penis, ejakuliert,
> Füllt den Tigris mit sprudelndem Wasser.
> Die wilde Kuh, die auf der Weide nach ihren Jungen muht,
> Der Skorpion (überschwemmt den) Stand,
> Der Tigris ergab sich ihm, wie einem tobenden Stier.
> Er hob den Penis, brachte das Brautgeschenk,
> Brachte Freude zum Tigris wie ein großer wilder Stier, preist ihn, weil er gebiert.
> Das Wasser, das er brachte, ist sprudelndes Wasser, sein »Wein« schmeckt süß,
> Das Korn, das er brachte, sein vielfältiges Getreide, die Leute essen es,
> Er füllte Ekur, das Haus von Enlil, mit Besitz.
> Mit Enki, singt Enlil, (ist) Nippur (erleuchtet).[4]

In der sumerischen Sprache bedeutet das Wort für Wasser auch Samen, und da Enki der Gott des Wassers ist, ist er auch der Gott des Samens. In dieser Ode an den Großen Vater fließt das Land Sumer an Samen geradezu über. Die sumerische Landschaft mit ihren Sümpfen, Deichen und Kanälen ist deshalb eine männliche Landschaft der Bewässerungstechnologie, der militärischen Gesellschaftsorganisation und der männlichen Macht zu befruchten. Wie revolutionär diese Transformation tatsächlich war, kann man einem anderen Mythos entnehmen, in dem Enki, der Gott des Wassers, und Ninhursag, die Göttin der Erde, sich aneinander messen. Als Wasser fließt Enki überall. Die Eigenschaft des Wassers, überall zu fließen, wird in diesem Mythos erzählerisch so dargestellt, daß Enki seine Töchter und Töchterstöchter befruchtet. Diese Vereinigung von Erde und Wasser ruft natürlich pflanzliches Leben hervor, aber die Mutter des steinigen Bodens, Ninhursag, findet Enki unerträglich; nachdem Enki ihre Tochter Utu verführt hat, entfernt sie Enkis Samen aus deren Körper, und aus diesem Samen sprießen acht Pflanzen. Nach einer Weile trifft Enki auf diese Pflanzen, ißt sie und muß danach feststellen, daß er mit acht Göttern schwanger ist, die sich an verschiedenen Stellen in seinem Körper eingenistet haben. Nachdem Enki nun ganz offensichtlich nicht für Schwangerschaften konstruiert ist, wird er sehr krank. Ninhursag erbarmt sich Enkis und kommt ihm zur Hilfe, indem sie ihn in ihrer Vagina unterbringt, wo er sodann acht Göttinnen gebären kann, alle nach den verschiedenen Teilen seines Körpers benannt.[5]

Diese zutiefst zweideutige Geschichte dramatisiert den Konflikt zwischen den Geschlechtern, der im Verlauf des Übergangs von der neolithischen matrilinearen zur zivilisierten patriarchalen Ordnung entstand. Einerseits zeigt der Mythos die Macht des männlichen Gottes Enki, der sich ohne die Kontrolle von Mutter Erde bewegen kann; er zeigt den Mann, der mit seinem Versuch, sich die Macht der alten Geburtsmysterien von den Frauen anzueignen, die natürlichen Grenzen überschreitet. Aber das Bild des sich selbst befruchtenden Enki ist kein gesundes, und so drückt der Mythos die Notwendigkeit der Verbindung der Gegensätze von männlich und weiblich aus. Das Kind auf dem Schoß der Großen Mutter ist ein neolithisches Bild; Enki in der Vagina der Großen Mutter, aber selbst Göttinnen gebärend, ist ein zivilisiertes Bild der Distanz zwischen den Geschlechtern. Enki wird ganz offensichtlich zum alten Bild der Vulva verwiesen, aber selbst dort, inmitten des weiblichen Körpers, versucht er selbst zu gebären. Dieses Bemühen, das Weibliche von seinem angestammten Platz zu verdrängen, scheint die archetypische Grundlage der Zivilisation zu sein, denn die männliche Menschheit hat seither davon nicht abgelassen; gleich ob er Mutter Natur herausfordert, indem er mit Raketen von ihr fortfliegt oder sie mittels Genmanipulation auf der Erde verändert, der Mann hat noch immer nicht den Versuch aufgegeben, der Großen Mutter und der konservativen weiblichen Religion das Geheimnis des Lebens zu entreißen.

Diese schwierige Beziehung zwischen Mann und Frau, Enki und Ninhursag, Wasser und steinigem Boden, stellt Schwemmland dar, auf dem das sumerische Leben basiert. Das Instrument, das dem Mann erlaubte, seine Beziehung zur Erde zu verändern, ist der Pflug. Eine neue Technik machte es möglich, daß der Mann der Frau die Gartenarbeit nahm und Landwirtschaft daraus machte; der Pflug ist der große Phallus, der die Labia Majora der Erdfurchen teilt, und der Pflug untersteht Enkis Majestät.

> Er richtete den Pflug und das Joch,
> Der große Prinz Enki brachte den »gehörnten Ochsen« in...
> Öffnete die heiligen Furchen,
> Ließ das Getreide auf dem bebauten Feld wachsen.[6]

Gartenarbeit war Frauenarbeit gewesen; die Domestizierung von Tieren war die Arbeit des Mannes, des Jägers, gewesen. Als der Mann seine Tiere zum Pflügen auf das Feld führte, umschloß er die alte Kultur mit einer neuen Technologie. Frauenarbeit wurde Inhalt einer umfassenderen Struktur. Als zu jener Verbindung von Ochse und Pflug die komplexe gesellschaftliche Organisation hinzukam, die die Deiche, Kanäle, Mauern, Speicherhäuser sowie die Aufzeichnungen von Berichten repräsentierten, da hatte sich die Zivilisation aus dem Dorfleben der Kreidezeit herauskristallisiert.

Im Verlauf des Übergangs vom Dorf zur Stadt wird die alte Ordnung der Frau zunehmend als einfach und primitiv betrachtet, da sie über keine einzige der großen technologischen Wunder männlicher Zivilisation verfügt. Eine Frau ist Gärtnerin, ein Mann hingegen ein ernstzunehmender Bauer. Eine Frau generalisiert, ein Mann aber ist ein Spezialist. In einer Vorahnung zeitgenössischer männlicher Überzeugung, nach der eine Frau als Köchin einfach eine Hausfrau, ein Mann als Koch aber ein Professioneller, ein Chef ist, erklärt Enki angesichts Inannas Beschwerden im Hinblick auf die neue Ordnung: »Enki machte viel besser, was Aufgabe der Frauen ist.«[7]

Was aber wird aus der Frau in dieser neuen zivilisatorischen Ordnung? Die Göttin Inanna, die Himmelskönigin, fühlt sich in dieser neuen männlichen Welt nicht berücksichtigt, und so kommt sie als Bittgängerin zu Enki und sucht um den ihr zustehenden Anteil nach. Hinter dieser dringenden Bitte eines jungen Mädchens können wir die Beschwerde der neolithischen Großen Göttin vernehmen, die das Ende ihrer Zeit beklagt.

Dann ganz auf (sich) allein gestellt, ihr königliches Zepter aufgegeben,
Die Frau,..., das Mädchen Inanna, die das königliche Zepter aufgegeben hat,
Inanna, zu ihrem (Vater) Enki,
Betritt das Haus (und), (demütig) klagend, äußert eine Beschwerde:
»Die Annunaki, die großen Götter – ihr Schicksal
Legte Enlil fest in deine (Hand),
Mich, die Frau, (warum) behandelst du sie anders?
Ich, die heilige Inanna, – wo sind meine Hoheitsrechte?«[8]

Den Schwestern von Inanna hat Enki Aufgaben zugeteilt, Inanna aber wurde vergessen. Diese Königin der Liebe und der Schlacht, diese Göttin des Morgensterns, die die Akkadier später Ishtar nennen werden, wird sich als eine unbändige Frau erweisen, die zu vergessen sich nicht auszahlt. Enki versucht Inanna zu beruhigen, indem er in einer Litanei all die Einflußsphären aufzählt, die ihr zuerkannt wurden: den Stab der Hirten, die Angriffe und Schlachten, das Spinnen des Fadens. Aber all dies nimmt sich nur aus wie die Überreste des Hauptgangs, an dem sich die Männer gütlich getan haben. Enki bricht sogar mitten in dieser Rezitation der Geschenke an Inanna ab, denn in der Offenbarung männlicher Macht und Fruchtbarkeit treten die Flüsse über die Ufer und überschwemmen das Land.

Jungfrau Inanna, die du nicht die fernen Quellen kennst, die Befestigungsriemen (?)
«Siehe, die Flut ist gekommen, das Land ist gerettet.»
«Enlils Flut ist gekommen, das Land ist gerettet.»[9]

Die übrigen neunzehn Zeilen der Tafel sind zerstört, aber es scheint, daß diese Hymne an Enki zu einer Zeit gesungen wurde, als alle darauf warteten, daß Tigris und Euphrat über die Ufer treten. Und so wird Inannas Beschwerde beiseite geschoben; die Flut männlicher Macht schiebt sie an den Rand der Geschichte. Der große Gott Enki ist zu beschäftigt, um sich mit einem Mädchen abzugeben, die sich übervorteilt fühlt.

II

Wenn die Frau ihrer Macht beraubt und die alte Schwesternschaft matrilinearer Ordnung aufgelöst wird, dann kann die Frau ihre Macht nicht länger offen und unmittelbar ausüben, denn militärische Macht ist eben genau die Kraft, die die weibliche gegen die männliche Ordnung ausgetauscht hat. Die weibliche Kompensation dieser Verlagerung der natürlichen Ausgewogenheit der Dinge besteht in einer Verschiebung des sexuellen Schwergewichts von der Fruchtbarkeit – das heißt von der Macht der Fortpflanzung – zur erotischen Macht – das heißt Macht nicht über das Kind, sondern über den Geliebten. Vorbei ist es mit der beleibten Großen Göttin; jetzt kommt das schlanke junge Mädchen, die Himmelskönigin. Jetzt begegnet uns »sexueller Reiz« in der männlichen Ordnung der Zivilisation, die erotische Kraft der jungen Frau, die den mächtigen Mann in seine eigene Zerstörung locken kann. Inanna wird zum Archetyp aller kommenden Kleopatras; sie, die »göttliche Hure«, die seit ihrem ersten Erscheinen in der sumerischen Zivilisation in allen anderen Zivilisationen weiterleben wird – in Mythos und Legende, Roman und Gedicht, Schauspiel und Hollywoodfilm. Die erste von den Tausenden von Geschichten, die noch folgen sollten, ist die Liebesgeschichte von Inanna und dem Schäferkönig Dumuzi. Leroi-Gourhan spekulierte über das «Thema des verwundeten Mannes» in der paläolithischen Kunst, und Mellaart mutmaßte über den Tod des Sohngeliebten der Muttergöttin in Çatal Hüyük, aber in Sumer müssen wir uns nicht mit Spekulationen oder Mutmaßungen abgeben; hier können wir die tragische Geschichte vom Aufstieg und Fall des Schafhirten, der ein König wurde, direkt von den Tontafeln ablesen.

Thorkild Jacobsen beschreibt die Dumuzigeschichte als Teil eines Fruchtbarkeitskultes und betrachtet den Mythos des sterbenden Getreidegottes als die zentrale Metapher der sumerischen Religion des 4. vorchristlichen Jahrtausends. Aber als geschriebenes Dokument ist der Mythos immer viel jünger als sein Vorfahr, die mündlich überlieferte Legende. Man kann die ältere, orale Qualität der Geschichten und Lieder an dem Durcheinander der Identitäten von Dumuzi erkennen. In einigen Liedern ist er ein Schafhirte, in anderen wird er mit der Dattelpalme identifiziert, und wiederum andere stellen ihn in den Zusammenhang von Viehherden oder Milchwirtschaft. In den Zeiten der Dörfer, vor dem Aufkommen der großen Städte, dürften diese Aktivitäten nicht als voneinander getrennt betrachtet worden sein; nur die Zeit dürfte sie getrennt haben. Ebenso wie es im Christentum eine Jungfrau Maria für den Bauer und eine andere für den Fischer gibt, die Aufzählung ihrer Namen und Attribute aber lediglich die Charakteristika der Aspekte der Jungfrau Maria darstellen, so gibt es auch viele Dumuzis. Sie alle sind aber Aspekte einer einzigen großen Geschichte, der Geschichte vom sterbenden Gott am Ende des Jahres.

Im Mittelpunkt des Mythos steht die Heilige Hochzeit von Dumuzi und Inanna. Im Vollzug ihrer Hochzeit erkennt man den Reichtum, die Fruchtbarkeit und den Überfluß all der verschiedenen Nahrungsmittel, die das Land hervorbringt. Inanna ist die Himmelskönigin, der Morgenstern, auf der Erde aber ist sie die Göttin der Lagerhäuser.

Entsprechend repräsentiert der Bräutigam Amaushumgalanna das, was im Speicher gelagert wird. Wie sein Name schon andeutet, der »die eine große Quelle der Datteltrauben« bedeutet, ist er die personifizierte Macht in der einen riesigen Knospe, die die Dattelpalme jedes Jahr sprießen läßt und aus der sich die neuen Blätter, die Blüten und die Früchte entwickeln. Dumuzi-Amaushumgalanna ist somit die Personifikation der Kraft hinter dem

alljährlichen Sprießen der Palme und der Produktion ihrer Dattelernte; er ist damit die Kraft in und hinter der Dattelernte.

Daß diese zwei Kräfte miteinander verbunden sind, bedeutet,
daß die Kraft der Fruchtbarkeit und des Wachsens im Numen des
Speichers eingefangen ist – und dadurch von der Gemeinschaft –
und so für alle Zeit ihr verläßlicher Versorger wurde.[10]

Die geschlechtliche Vereinigung zwischen Dumuzi und
Inanna wird somit als das Unterbringen männlicher Fruchtbarkeit im Lagerhaus betrachtet. Diese Vision des *cornu
coepia*, des Schoßes, aus dem alles Leben kommt, hat in der
städtischen Gesellschaft eine Transformation erfahren und ist
nicht länger die Höhle, aus der die Tiere bei der Jagd auftauchen, sondern das Lagerhaus, in dem das Getreide aufbewahrt wird. Erinnern wir uns daran, daß die Statuen der
Großen Mutter Çatal Hüyüks in den Getreidebehältern gefunden wurden; was aber an dieser Transformation des Bildes am
faszinierendsten erscheint, ist, daß sie im Zusammenhang
steht mit der Transformation der fettleibigen Großen Mutter
in ein schlankes und erotisches junges Mädchen. Die Frau hat
die neue militaristische Ordnung der Zivilisation gebilligt,
aber zu Hause, im Lagerhaus, im Ehebett fand sie eine neue
kompensatorische erotische Macht. Die männliche Militarisie-
rung der Kultur führte zu einer weiblichen Erotisierung. Es
ist kein Zufall, daß Inanna, die Göttin der Liebe, auch die
Göttin des Schlachtfelds ist, denn nirgendwo sonst durch-
kreuzt die dauerhafte Kraft der Frau dramatischer das phallische Prinzip von Aufstieg und Fall als im Bett und auf dem
Schlachtfeld.

Der Liebeszyklus von Gedichten über Inanna und Dumuzi
enthält Lieder, die aus verschiedenen Zeiten stammen, vielleicht sogar aus verschiedenen Klassen der Gesellschaft. Um
aber Lévi-Strauss' Rat zu beherzigen, sich nicht mit der
fruchtlosen Suche nach der einen Urversion des Mythos auf-
zuhalten, sondern alle Versionen, frühe und späte, als Teile
des einen wahren Mythos zu behandeln, betrachte ich die
Lieder als Bestandteile eines einzigen mythologischen Zyklus
jahreszeitlicher Arbeitslieder, die viel älter sind als jene Versionen, die dann schließlich auf die Tontafeln kopiert wurden.

Als jahreszeitliche Arbeitslieder punktuieren diese Gedichte das Mysterium der Zeit, das erste Erblühen des Frühlings, das volle Sprießen der Datteln, die hohe Erektion der Grashalme und schließlich das Welken und Sterben des Jahres. Da es sich bei den Gedichten um eine Untersuchung der Natur der Zeit handelt, ist es wichtig, sich des im wesentlichen zeitlichen Aufbaus des Liebeszyklus bewußt zu sein. Meiner Meinung nach gibt es sechs Abläufe in dem Zyklus, die wie folgt beschrieben werden können:

I. *Einleitung*.
Die erste Begegnung der Liebenden und das Erwachen ihrer Leidenschaft.

II. *Frustration und Sublimation*.
Dumuzis Verlangen wird eingedämmt, da seine wilde Leidenschaft in die gesellschaftliche Form der Ehe dirigiert wird.

III. *Vollendung*.
Der Geschlechtsverkehr der Liebenden, die Vereinigung von natürlicher Fruchtbarkeit und kulturellem Behälter des Lagerhauses, und somit die Verbindung von Natur und Kultur.

IV. *Erhaltung*.
Die Periode von postkoitaler Wärme, der herbstliche Reichtum des vollen Lagerhauses.

V. *Desintegration*.
Die postkoitale Wärme führt zur *hybris*, einem falschen Gefühl von Zuversicht; der Fehler zu glauben, daß für immer genug Nahrung da sein wird, daß sie ausreichen wird, um durch den Winter zu kommen. Die Zeit der Sonnenwende.

VI. *Zerstörung*.
Dumuzis Tod. Tiefer Winter, vor dem kritischen Punkt, an dem es zum Umschwung und zur Geburt eines neuen Jahres kommt.

In den Texten, die uns auf den Tafeln der verschiedenen Städte vorliegen, findet sich die oben angedeutete Ordnung nicht. Es gab keinen Dichter, der – wie im Falle des Gedichtzyklus über Gilgamesh – die Lieder zu einem einzigen großen Werk zusammenwob. Und so tauchen in verschiedenen Bearbeitungen verschiedene Gedichte an verschiedenen Orten auf. Der Sumerologe Jacobsen plaziert beispielsweise jenes Gedicht, in dem die junge Inanna – noch ein Mädchen in der Pubertät – einen Hofmusikanten bittet, ihr beim Komponieren eines Gedichts über ihre Vulva zu helfen, in die Mitte des Zyklus an einen Zeitpunkt, an dem sie sich der frühen Tage erinnert, als sie sich Dumuzi zum Gefährten erwählte. Doch geht aus dem Gedicht ganz klar hervor, daß sie herauszufinden versucht, wer einmal ihr Liebhaber sein wird, und so stelle ich es mit an den Anfang: ein Gedicht über die jungfräuliche Inanna in der Meditation über die Mysterien ihrer eigenen Vulva.

Inanna prei(st) ihn,
(Komponiert (?)) ein Lied auf ihre Vulva:
Die Vulva, sie ist . . .,
Wie ein Horn . . . beim großen Wagen,
Das «Himmelsboot», befestigt die Seile . . .,
Wie die neue Mondsichel, Leidenschaft . . .,
Soweit es mich betrifft (?), meine Vulva ist ein kleiner Hügel, – für (?) mich (?),
Ich, das Mädchen, wer wird ihn pflügen?
Meine Vulva ist . . . feuchter Boden für (?) mich (?)
Ich, die Königin, wer wird dort den Ochsen anbinden?
«Herrin, der König wird ihn für dich pflügen,
Dumuzi, der König wird ihn für dich pflügen.»
«Pflüge meine Vulva, mein Liebling.»[11]

In den Eröffnungszeilen des Zyklus erzählt Dumuzis Schwester Gestinanna ihrem Bruder, wie sehr Inanna von ihrer Liebe zu ihm überwältigt ist, wie sie sich allein zu Hause nach ihm sehnt und in Liebesqualen windet. In einem anderen Gedicht, das von der frühen Zeit der Werbung berichtet, haben sich die Liebenden gerade getroffen, und Dumuzi versucht Inanna zu erklären, welche Lügen sie erzählen muß, damit sie sich endlich lieben können, aber Inanna zögert; sie zieht die Hochzeit heimlichen Verabredungen vor. Dann gibt es ein Gedicht über Dumuzis Vorfahren, das deutlich macht, daß Dumuzi ein passender Partner für Inanna ist. Die Hochzeit wird vorbereitet: einige Gedichte befassen sich mit den Vorbereitungen des Bruders, dem Erwerb der Leintücher der Braut und schließlich mit der Hochzeit selbst. In einem dieser Gedichte wird der zeremoniellen Ankleidung von Inanna und all ihrem Schmuck für die verschiedenen Körperteile größte Aufmerksamkeit gewidmet; dieses Ankleiden ist eine Parallele zum Entkleiden von Inanna in dem Gedicht «Inannas Abstieg in die Unterwelt», und so sollten wir berücksichtigen, daß die Juwelen wahrscheinlich eine starke symbolische Dimension enthalten, die uns verloren gegangen ist.

> Der König geht erhobenen Hauptes zu den heiligen Lenden, geht erhobenen Hauptes zu den heiligen Lenden von Inanna...
> Nachdem er im heiligen Bett in den heiligen Lenden die Königin beglücken konnte,
> Nachdem er auf dem Bett, in den heiligen Lenden die heilige Inanna beglücken konnte, besänftigt sie nun sein Herz dort auf dem Bett:
> »Wahrlich, ich werde ständig die Lebenstage von Iddin-Dagan verlängern.«[12]

Die Hochzeit der Göttin mit dem Hirten macht ihn zum Schäfer-König; in ihrer Umarmung werden Himmel und Erde vermählt. Lange vor dem Erscheinen des biblischen Schäferkönigs, König David, wurde das nahöstliche Muster von Dumuzi geprägt. Und lange vor dem hebräischen *prothalamion*, »dem Lied der Lieder Salomos«, wurden Stil und Tonart erotischer Poesie durch den Liebeszyklus von Inanna und Dumuzi bestimmt.

> Als ich... der Geliebte meiner Augen,
> Mein Geliebter traf mich,
> Hatte sein Vergnügen an mir, erfreute sich zusammen (?) mit mir.[13]

Im warmen Nachglühen nach der Liebesnacht überzieht das Land ein Gefühl von Zufriedenheit, Sicherheit und die Überzeugung, daß der weitere Verlauf des Lebens durch Sexualität und Nahrung sichergestellt wurde. In einem recht deutlichen Gedicht werden die orale Natur von Sexualität und Nahrung in einer *participation mystique* verbunden.

> Auf dem Schoße des Königs, die hochstehende Zeder ...,
> Die Pflanzen standen hoch an (seiner) Seite, das Getreide stand hoch an seiner Seite.
> Die Gärten erblühten strahlend an seiner Seite.
> Im Hause des Lebens, dem Haus des Königs,
> Lebte sein Weib an seiner Seite in Freude,
> Im Hause des Lebens, dem Haus des Königs,
> Lebte Inanna an seiner Seite in Freude.
> Inanna erfreut sich in seinem Haus,
> Trägt dem König eine Bitte vor:
> «Mache die Milch mir gelb, mein Bräutigam, mache gelb (mir)
> Mein Bräutigam, ich will die frische Milch (mit dir trinken)
> Wilder Stier Dumuzi, mach die Milch gelb mir,
> Mein Bräutigam, ich will die frische Milch (mit dir trinken)
> Die Milch der Ziege lasse in den Pferch für mich (fließen (?)),
> Mit dem Käse fülle (?) mein heiliges Butterfaß,
> Dumuzi, die Milch ... der »himmlische Käse«,
> Vom »himmlischen Käse« die Milch ...,
> Deren Rahm ist gutes Bier ...
> Herr Dumuzi, ich werde (trinken) mit dir die frische (?) Milch.
> Mein Gatte, den guten Speicher, den Pferch, (?) Ich, Inanna, werde ihn für dich bewahren,
> Ich werde dein Haus des Lebens (bewachen).
> Den herrlichen Platz, der das Land bezaubert,
> Das Haus, in dem das Schicksal aller Länder beschlossen wird,
> Wo der Lebensodem für das Volk erlassen wird,
> Ich, Ninegal, werde ihn für dich bewahren,
> Ich werde dein Haus des Lebens bewachen.
> Das Haus des Lebens, der Speicher, der langes Leben spendet.«[14]

Im Sumerischen bedeutet das Wort »Pferch« auch Vulva, und aus dem Gedicht geht klar hervor, daß »Haus des Lebens« auch Hodensack bedeutet. Somit sind sowohl das mit Getreide gefüllte Lagerhaus als auch der Hodensack voller Samen Zeichen der Sicherheit und des andauernden Lebens. Dieses Gedicht stellt ein Arbeitslied dar, das von den Mägden bei der Milchverarbeitung gesungen wurde, wenn sie den Rahm im Butterfaß bearbeiteten. Das Butterfaß, der Stock und die Bewegungen, die zur Herstellung der Butter nötig waren, erinnern offensichtlich an sexuellen Verkehr, und so wird dieses Arbeitslied zu einer ganzen Reihe von *double entendres*, bei denen die Milchmägde die in ihrer Nähe arbeitenden Männer necken und so das Spiel der Werbung zwischen Inanna und Dumuzi aufleben lassen konnten, um ihre Arbeit zu heiligen.

Viele Leute neigen zu der Annahme, daß orale Sexualität eine relativ junge Erfindung dekadenter Intellektueller sei, ein Resultat der Lektüre der Werke von Joyce oder D.H. Lawrence oder der französischen Literatur ist; andere wiederum glauben, diese Praktiken seien charakteristisch gewesen für die dekadenten Höfe aus der Zeit des mittelalterlichen Khajuraho in Indien oder im hellenistischen Griechenland. Diese Lobpreisung hier, die nun einmal der ältesten Literatur der Welt entstammt, stellt alle diese Vermutungen in Frage.

Ein anderes Ammenmärchen, mit dem hier aufgeräumt wird, ist die auch im 20. Jahrhundert noch lebendige Idee aus den medizinischen Lehrbüchern der viktorianischen Zeit, nach der intensive sexuelle Leidenschaft männlicher Natur sei, die die Frau lediglich um der Geburt eines Kindes willen erduldet. In der sumerischen Literatur ist es die Frau, die sich am Brautgeschenk des Penis erfreut; es geschieht aus Dankbarkeit darüber, daß ihre sexuellen Wünsche erfüllt werden, wenn die Frau den Mann segnet, wenn sie verspricht, ihn zu umsorgen und sein »Haus des Lebens« zu behüten. Indem er der Göttin Inanna ein guter Liebhaber ist, sorgt Dumuzi dafür, daß es seinem Volk wohl ergehen wird, denn Wohlergehen ist das Geschenk der Göttin. In paläolithischen und neolithischen Zeiten wäre dieses Geschenk des Lebens in den Begriffen der Großen Mutter ausgedrückt worden, aber in zivilisierten Zeiten hat sich die äußere Erscheinung der Großen Mutter zu der einer schlanken jungen Geliebten gewandelt, zum Bild der Göttin der Liebe. Ihre alte Rolle wurde jedoch nicht vergessen; die Sumerer wissen immer noch, daß die Große Mutter die Herrin über Leben und Tod ist, und sie drücken diese Erkenntnis aus, indem sie Inanna als die Göttin der Liebe und des Krieges besingen.

In anderen Arbeitsliedern dieses Liebeszyklus um Inanna und Dumuzi werden nicht Milch und Käse, sondern Bier und

Wein gepriesen. In einem Gedicht ist Dumuzi die Kraft des Getreides, das zu Bier transformiert und dann unterirdisch aufbewahrt wird. Die Getreideernte im späten Frühling und im frühen Sommer wird zu einem Symbol für Dumuzis Tod, wohingegen die unterirdische Aufbewahrung des Getreides zu einem Symbol für seinen Abstieg in die Unterwelt wird. Sein Tod sichert das Weiterleben der Gemeinde. Dumuzis Schwester, Gestinanna, wird der Geist des Weines, der im Herbst geerntet wird.[15] Das Getreide wird zu Bier, die Trauben werden zu Wein; und so werden Bruder und Schwester zu Geistern der Transformation von Natur zur Kultur.

Im Mittelalter standen bestimmte Handwerkergilden unter dem Patronat gewisser Heiliger oder der Jungfrau Maria. Die religiöse Qualität dieser Konsekration von Arbeit machte das, was wir als Arbeitergewerkschaft kennen, zu einer geheimen Gilde. Eine ähnliche Verbindung zwischen Religion und Ökonomie muß es ganz offensichtlich auch schon im alten Sumer gegeben haben. Die Arbeiter bei der Milchverarbeitung, in den Weinbergen oder in der Brauerei kamen bei den Festen zusammen, die die wichtigen Zeiten des Jahres markierten. Indem sie ihre Arbeit den Göttern widmeten und ihre Lieder von Sexualität und Nahrung sangen, hofften sie darauf, daß sie durch ihre Arbeit das Weiterleben der Gemeinschaft sicherstellen konnten. Die Arbeiter bei der Dattelernte hatten ihre Lieder, die Milchmägde ihre, als aber das Dorf zu einer Stadt heranwuchs, da wurden diese Festivals zu den verschiedenen Zeiten des Jahres zu einem priesterlichen Kalender zusammengefaßt.

III

Eines der komplexesten Gedichte in dem mythologischen Zyklus ist »Inannas Abstieg in die Unterwelt.« Dieses Werk hat nicht den Stil eines Mägdeliedes, sondern scheint eher ein Ausdruck von Priesterschaft und Astrologie zu sein, und eine Untersuchung der Natur der Zeit.

Schwieriger ist der Mythos über Inanna und ihren Abstieg. Versuchsweise meinen wir, daß er sich mit jener Zeit beschäftigt, in der die Nahrungsmittelversorgung an ihrem kritischsten Punkt angelangt ist, mit dem späten Winter also, wenn die Vorräte in den Lagerhäusern immer geringer werden und schließlich ganz ausgehen. In den auf Menschen übertragenen Begriffen des Mythos wird dies zum Tod des Speichers und der in ihm wirkenden Kraft, Inanna; entsprechend wird das im Frühjahr von den Feldern erfolgende Wiederauffüllen zur Wiedergeburt ihrer Kraft. Wenn dies zutrifft, dann wird Inannas Absicht, die Unterwelt zu übernehmen, die Art und Weise widerspiegeln, in der der unterirdische Speicher in dem Maß großräumiger wird, wie die Vorräte abnehmen und mit jenem anderen unterirdischen Raum zu wetteifern scheint, der den Alten vertraut war: dem Grabgewölbe.[16]

»Inannas Abstieg in die Unterwelt« könnte sein Leben durchaus als ein Arbeitslied im winterlichen Lagerhaus begonnen haben, aber in der Form, in der es uns heute vorliegt, scheint es von einer Priesterkaste zu etwas wesentlich metaphysischerem als einem Bauernlied überarbeitet worden zu sein. Es gibt eine andere Dimension des Mythos, den Gelehrte wie Jacobson und Kramer in der Regel ignorieren; um diese Dimension kennen und schätzen zu lernen, sollten wir uns die Theorien von Professor Hertha von Dechend vornehmen. Von Dechend geht davon aus, daß die Astronomie der ältesten Zivilisationen wesentlich komplizierter ist, als wir bisher zur Kenntnis genommen haben. Sie betrachtet den Mythos als die technische Sprache einer wissenschaftlichen und priesterlichen Elite;[17] wenn nun ein Mythos ganz besonders konkret, ja geradezu grob erscheint, dann wird diese figurative Sprache häufig eingesetzt, um astronomische Ereignisse wie beispielsweise den Eintritt eines Planeten in ein lunares Haus zu beschreiben. Wenn es also heißt, Saturn verschlinge seine Kinder oder wenn Marduk beschrieben wird, wie er die Große Mutter erschlägt, dann geschieht da noch etwas anderes. Manchmal können diese Ereignisse recht komplex sein, wenn beispielsweise die Figur, die Merkur bei seinen Hin-und-Her-Bewegungen am Himmel hinterläßt, nachgezeichnet und zu einem Schriftzeichen wird. Merkurs Caduceus oder das Schlangengesicht des mexikanischen Regengottes Tlaloc wären dann von Dechend zufolge Hieroglyphen für die Bewegungen des Planeten Merkur.[18]

Von Dechends These, das der Mythos eine astronomische Dimension enthält, was von den konventionellen Archäologen des Mythos nicht verstanden wird, ist meiner Meinung nach zutreffend. Die Menge an Informationen, den sie den Mythen der ganzen Welt entnommen hat, ist eindrucksvoll, aber ebenso wie Freud oder Lévi-Strauss verallgemeinert sie ihre These. Was eine Dimension unter vielen sein sollte, wird zur *einzigen* Art und Weise, den Mythos zu betrachten, und so wird eine komplexe Mythologie von einer wissenschaftlichen Dampfwalze zu einer sehr dünnen Schicht plattgewalzt. Aber obwohl Professor von Dechend nicht das *oeuvre* von Freud, Jung oder Lévi-Strauss schuf, ähnelt sie ihnen doch sehr. Hat man einmal Jung oder Lévi-Strauss gelesen, kann man nicht mehr wie vorher an den Mythos herangehen, und so verhält es sich auch mit von Dechend: hat sie uns erst einmal darauf aufmerksam gemacht, daß es eine astronomische Dimension in den mythischen Darstellungen gibt, können wir uns nicht mehr wie vorher mit dem Thema beschäftigen.

Hätten die Professoren Kramer oder Jacobsen von Dechend gelesen, dann hätte sich möglicherweise ihr Verständnis ihrer eigenen Spezialgebiete vertiefen können. Professor G.S. Kirk hat den Versuch unternommen, die definitive Erläuterung des Mythos zu schreiben,[19] aber auch er hat von Dechend übersehen und kann deshalb nicht allzu viel Sinn in »Inannas Abstieg in die Unterwelt« entdecken. Wenn wir aber von Dechends Nachhilfeunterricht zu entnehmen bereit sind, daß Inanna mit dem Planeten Venus identifiziert wird, dann verstehen wir auch, daß dieser Mythos mehr beinhaltet als eine dramatische Bearbeitung von leeren Lagerhäusern im Winter.

> Vom »Großen Obigen« richtete sie ihren Geist auf »das Große
> Unten«,
> Die Göttin, vom »Großen Obigen« richtete sie ihren Geist auf das
> Große Unten.[20]

Die Eröffnungszeilen des Gedichts verkünden, daß wir es

mit dem Abendstern zu tun haben, der unter den Horizont versinkt. Venus erscheint als der Abendstern, verschwindet für acht Tage unter dem Horizont, um dann als Morgenstern wieder zu erscheinen. Im alten Mesopotamien wie in Mexiko wurde diese Bewegung poetisch als Reise durch die Unterwelt dargestellt. Als Inanna sich auf den Abstieg vorbereitet, befestigt sie die sieben göttlichen Gesetze an ihrer Seite, und als sie auf die Unterwelt zuschreitet, spricht sie mit ihrem Wesir Ninshubur. (Ninshubur ist bei Samuel N. Kramer eine Frau; d. Übers.) Wenn sie sich in der Unterwelt befindet, soll Ninshubur einen Trauergesang anstimmen und sich zur Versammlung der Götter begeben. Dort soll er sich an Enlil (den Gott der Luft) wenden; wenn Enlil ihr nicht helfen will, dann soll er zu Enki (dem Gott des Wassers) gehen. Wenn wir uns jetzt vorstellen, wie dieses Gedicht im Tempel zur Zeit der Wintersonnenwende rezitiert wird, dann sollten wir uns auch ausmalen, wie die Priester und Sänger sich in einem Ritual zu verschiedenen Fenstern begeben, um die Position der Himmelskörper zu beobachten. Und wenn es im Text heißt, daß Enlil dem Antrag Ninshuburs nicht entspricht, dann sollten wir das so verstehen, daß ein Planet nicht erscheint oder aber sich nicht bewegt; wenn hingegen die Sänger an einem anderen Fenster Nacht für Nacht feststellen, daß sich dieser Planet tatsächlich bewegt, dann würde dies anzeigen, daß dieser Planet ihr in der dramatisierten Form zu Hilfe kommt. Da Enki als der trickreiche und schnelle Gott beschrieben wird, würde ich annehmen, daß er mit dem Planeten Merkur assoziiert wird. Die Bewegungen von Merkur und Venus zur Zeit der Wintersonnenwende ergäben dann den astronomischen Hintergrund für den Mythos. Natürlich ist es schwer zu sagen, was hier tatsächlich stattfindet, aber mit Hilfe der Erkenntnisse von Dechends können wir sensibler werden für die Rolle des Himmels im Mythos. Jacobsens Theorie vom leeren Warenhaus bleibt nach wie vor gültig, denn ein Mythos hat niemals nur eine einzige Bedeutung; ein Mythos ist eine polyphone Fuge vieler Stimmen. Dies ist auch der Grund, warum ein Mythos auf vielerlei Weise interpretiert werden kann. Zu den gängigen freudianischen, jungianischen und strukturalistischen Interpretationen müssen wir eine vierte hinzufügen, die astronomischen Interpretationen von Professor von Dechend.

Das Drama des Lagerhauses auf der Erde findet seinen Gegenpart im Himmel, und wenn wir sowohl die Ansichten von Jacobsen wie die von Dechends zu akzeptieren bereit sind, dann können wir erkennen, daß der Mythos ein Prinzip zu verkörpern beginnt, das später in dem hermetischen Axiom *Wie oben, so auch unten* ausgedrückt werden sollte. Tatsächlich ist es eben diese Beziehung zwischen dem Oben und dem Unten, der in diesem Mythos untersucht wird. Durch die Erhebung eines niederen Schafhirten zum Gefährten der Göttin wird die vermittelnde Institution menschlichen Königtums ins Leben gerufen. Durch den Abstieg in die Umarmung durch einen Sterblichen und dadurch, daß sie die Gesetze der Zivilisation, die *Mes*, von den Göttern stiehlt und sie in die Stadt der Menschen hinabbringt, hat sie Himmel und Erde in einer Weise verbunden, die die Zivilisation ermöglicht. Zivilisation bedeutet durch das Numen göttlichen Königtums die Vermittlung zwischen den unmöglichen Höhen der Götter und den angsteinflößenden Tiefen der Unterwelt. Aber als solch eine Vermittlung von Gegensätzen stellt die Zivilisation eine Bedrohung für die Position der beiden Extreme dar, und darum geht es bei Inannas Abstieg um die Erkundung, wie oben und unten in einem menschlichen Kosmos artikuliert werden können.

Die Hochzeit der Himmelskönigin Inanna mit dem Schäferkönig Dumuzi hat die Menschen in der Erschaffung der Zivilisation herauf- und die Götter herabgebracht. Deshalb ist auch die gesamte Zivilisation bedroht, als Inanna sich von der menschlichen Gesellschaft zurückzieht und in die Unterwelt hinabsteigt. Der Mythos beschreibt den gefährlichen Moment des Nadir mitten im Winter, jenen Moment, in dem niemand weiß, ob die Welt wiedererschaffen wird und ob ein weiterer Zyklus einen weiteren Frühling bringen wird. Als Inanna in die Unterwelt hinabsteigt, ist sie zeremoniell mit all ihrer Macht, den sieben göttlichen Gesetzen bekleidet. Die Kabbalistik der Zahl Sieben wird betont, denn in der Hölle nehmen ihr sieben Richter an jedem einzelnen von sieben Toren eines dieser göttlichen Gesetze. Diese Zahlenmystik dürfte anzeigen, daß eine esoterische Dimension dieses Mythos existiert, die Dimension der Initiation. Wie beim Öffnen der Sieben Siegel in der Offenbarung des Johannes haben wir es hier nicht nur mit dem physischen, sondern auch mit dem »feinstofflichen« Körper zu tun.

Das Öffnen der Siegel oder das Öffnen der Chakras in der yogischen Tradition ist der Initiationsprozeß, der Abstieg in das Unterbewußte als notwendiges Vorspiel für den Aufstieg zu einem höheren Bewußtsein. Als Eingeweihter kann man nicht im normalen Bewußtsein eines Krämers verweilen; man muß beides, hinab in das Unterbewußte, das Verdrängte, in die Funktionen des vom Bewußtsein her nicht zu beeinflussenden Nervensystems, hinab in das Reich der Instinkte; und auch hinauf in das Überbewußte, die Bereiche jenseits von Subjekt und Objekt, ins *Samadhi*. Diese Form der Initiation bedeutet, daß es zumindest der Schamane vermag, den menschlichen Bewußtseinsbereich mit dem Göttlichen zu verknüpfen und dadurch die Integrität der menschlichen Welt zu bewahren. Der Yogi oder der Schamane ist ein Umformer, der die machtvollen Energien aufnimmt und sie in einer schwächeren Wechselstromspannung weiterreicht, die auch in den Häusern der gewöhnlichen Menschen verwendet werden kann. Der Prozeß der Zivilisation hängt davon ab, ob eine Gesellschaft jemanden hat, der die zwei Welten verbinden kann; dieser jemand kann ein Gott sein oder aber jemand, der in Gottes Auftrag handelt, ein Agent Gottes.

Der überwältigenden Mehrheit der sumerischen Bevölkerung dürften die psychologischen und die astronomischen Dimensionen des Mythos unbekannt gewesen sein. Ihre Religion ist wahrscheinlich eine Bauernreligion gewesen und die Mysterien interessierten sie nur insoweit, als sie ihre Mägen betrafen; für sie handelt es sich bei dem Mythos um das Lagerhaus mitten im Winter. Der gewöhnliche Mensch mag den Schrecken der Wintersonnenwende verspüren, aber für den esoterischen Prozeß der Initiation wird er kaum ein Gespür haben. In unserer Zivilisation ist es nicht anders.

Schaut man sich die sieben Gesetze einmal näher an, die Inanna mit in die Unterwelt nimmt, dann beginnt man allmählich ein schwach erkennbares Muster wahrzunehmen.

> Bei ihrem Eintreten
> die Shugurra, das Getreide der Felder auf ihrem Kopf,
> wurde entfernt.[21]

Das Verschwinden des Getreides auf den Feldern und der Wegfall des Ackerbaus könnte als eine Umkehrung von der Zivilisation zur Barbarei verstanden worden sein. Im Schrecken der Wintersonnenwende scheint die Zeit sich rückwärts zu bewegen zu dem, was Milton »das Chaos und die Alte Nacht« genannt hätte. Die wesentlichsten Grundlagen der Zivilisation gehen verloren. Dies ist die soziale Dimension des Mythos; was die esoterische Dimension angeht, so drückt das goldene Getreide um ihren Kopf das aus, was den Christen als Heiligenschein bekannt ist. Dieser Kranz goldener Energie um den »feinstofflichen« Körper ist der *prima facie*-Beweis der erwachten *Kundalini*; in diesem Mythos kehrt Inanna nicht nur die kulturelle Evolution um, sondern auch die Evolution des Bewußtseins: und das macht ihn in der Tat zu einem äußerst bedrohlichen Mythos.

Als Inanna das zweite Tor durchschreitet, wird die Umkehrung der Zeit sogar noch eindeutiger dargestellt, denn dort wurde ihr »der Maß-Stab aus Lapislazuli« genommen. Die Standardisierung von Gewichten und Maßen aber ist ein System, von dem eine Stadt abhängt; entfernt man dieses kleine und einfache Ding, dann dürfte in jeder Stadt ein Chaos ausbrechen. Die esoterische Bedeutung ist hier nur schwer zu entziffern; abhängig von der Form des Lapisstabes könnte er die Wirbelsäule darstellen, jenes schlanke Band, das den physischen und den »feinstofflichen« Körper zusammenhält.

Das Anlegen der sieben Gesetze und ihre Entfernung durch die sieben Richter an sieben Toren scheint tatsächlich eine Parallele zu den sieben Siegeln und den sieben Chakras aufzuweisen, aber der Symbolismus des dritten, vierten, fünften und sechsten Gesetzes wird mir nicht klar. Am dritten Tor werden die kleinen Lapissteine von Inannas Hals genommen; da das Halschakra Sprache und normale rationale Intelligenz beherrscht, könnte dies den Verlust der Sprache symbolisieren, aber ich möchte hier nicht auf dieser esoterischen Interpretation beharren. Wenn der Leser oder die Leserin esoterische Spekulationen über die Bedeutung dieser Steine vermeiden möchte, kann er oder sie sich an die einfachere Interpretation halten, wonach das Verschwinden des Getreides auf den Feldern und das Fortnehmen des Maß-Stabs eindeutig darauf hindeuten, daß durch den Abstieg in die Unterwelt die Zeit umgekehrt wird und der Schrecken der Sommersonnenwende als eine Umkehr von der Zivilisation zur Barbarei dargestellt wird.

Am vierten Tor werden die zwei Zwillingssteine aus Nunuz von Inannas Brüsten genommen; am fünften Tor nimmt man ihr den goldenen Ring von der Hand; am sechsten Tor nimmt man ihr die Brosche, auf der »Komm, Mann, komm« steht; und am siebenten Tor schließlich nimmt man ihr das »Königliche Gewand«. Nackt in der Hölle wird Inanna vor die Göttin Ereshkigal und ihre sieben Richter geführt. Exoterisch verstanden dürfte die Entfernung der Kleider, die ihren Stand deutlich machen, bedeuten, daß im Tode alle sozialen Unterschiede aufgehoben werden und daß der Tod über alle in letztlicher Gleichheit herrscht. Im esoterischen Sinne jedoch, wenn die sieben Gesetze tatsächlich die sieben Chakras darstellen, würde das Auflösen der Knoten, die den physischen an den »feinstofflichen« Körper binden, bedeuten, daß der ätherische Astralkörper im körperlosen Zustand (*out-of-body-state*) in der Hölle umherwandert. Diese Ablösung des ätherischen oder »feinstofflichen« Körpers vom physischen Körper mußte das Bewußtsein in einen dermaßen tiefen Konzentrationszustand versetzen, daß der Körper äußerlich wie im Koma erscheinen mußte. Und eben dieser Zustand ist es, den Inanna erfährt, denn Ereshkigal sieht sie mit dem Blick des Todes an und hängt sie dann als Leichnam an einen Nagel. Drei Tage und drei Nächte hängt Inanna dort, eine Zeitspanne, die nicht willkürlich gewählt wurde. Auch in anderen Mythen, wie beispielsweise bei den Höllenqualen, die Christus erleiden muß, steigt der Eingeweihte die drei magischen Tage lang in die Unterwelt. Drei Tage scheinen das Maximum an Zeit zu sein, die der ätherische Körper ohne dauerhaften Schaden vom physischen Körper getrennt sein kann. In der Initiationserfahrung steigt das Individuum in ein Grabgewölbe hinab, verfällt dort in einen Zustand tiefer Trance, währenddessen er seine ätherischen und astralen Körper vom physischen Körper befreit, und durchläuft dann in diesem Bardozustand eine Reihe von Konfrontationen und Versuchungen. Da der physische Körper eigentlich einen Filter bildet, der die psychischen Bereiche ausschließt, befindet man sich – wenn man den physischen Körper verlassen hat – außerhalb des Schutzes durch die Mauer: was immer man denkt, wird sofort als Erfahrung erlebt – Alptraum oder strahlende Vision. Ist die Reise durch das Unterbewußte erfolgreich, dann kann der Eingeweihte in seinen physischen Körper zurückkehren; war die Konfrontation mit dem Schrecken zuviel, wird das Individuum psychotisch, stirbt oder aber wird gerettet, aber der Zutritt zu den Mysterien wird ihm verwehrt.

Agnostische oder atheistische Gelehrte an den Universitäten versuchen diese Mythen in einer Weise zu interpretieren, die im Einklang steht mit ihrer eigenen Weltsicht, aber ein religiöser Mythos muß mit Intuition, Sensitivität und einem Verständnis von der Natur religiöser Erfahrungen interpretiert werden. »Inannas Abstieg in die Unterwelt« kann nicht im vollen Umfang erfaßt werden, wenn man lediglich mit einem soziologischen Ansatz daran geht. Die jahreszeitlichen Rituale, das leere Lagerhaus und der astronomische Hintergrund sind alles wesentliche Bestandteile des Mythos, aber sie sind Teile, die der Dominanz des esoterischen Ganzen unterstehen.

Während Inanna an einem Nagel in der Hölle hängt, begibt sich ihr Wesir zu den Göttern, um ihre Hilfe zu erbitten. Aber »Vater Enlil stand ihr nicht bei«, und auch »Vater Nanna (der Mondgott) stand ihr nicht bei«. Dies könnte möglicherweise bedeuten, daß weder Jupiter noch der Mond in dieser dunklen Nacht des Schreckens für Inanna am Himmel zu sehen waren. Aber Vater Enki ist beunruhigt, und er rührt sich. Der Planet Merkur nähert sich der Venus und bringt das magische Wasser des Lebens, das Inanna wieder zum Leben erwecken kann. Aus dem Schmutz unter seinen Fingernägeln erschafft Enki zwei Boten, wobei er dem einen die Nahrung des Lebens, dem anderen das Wasser des Lebens mitgibt. Sie machen sich auf den Weg in die Unterwelt, und als sie Inanna mit den magischen Substanzen besprenkeln, ersteht sie wieder auf. Ich würde das Wasser des Lebens als männlichen Samen interpretieren, die Nahrung des Lebens hingegen als Blut, das den Embryo ernährt, wenn die Frau im Verlauf der Schwangerschaft nicht menstruiert. Was Enki Inanna in ihrem Zustand des *Bardo* anbietet, ist im Grunde die Wiedergeburt: ein Ausweg aus der psychischen Ebene der Unterwelt wieder hinauf und zurück ins Leben.

In der Hochzeit zwischen Inanna und Dumuzi konnten wir zwischen den beiden eine ausgewogene Beziehung feststellen, eine Hochzeit von Himmel und Erde, aber jetzt, bei Inannas Fall in die Hölle, wird die Beziehung der beiden unausgewogen. Jeder »lebt des anderen Tod, stirbt des anderen Leben«, um es in den esoterischen Worten Heraklits auszudrücken, die Yeats so sehr liebte. Wie bei den Zwillingskreisen bei Yeats oder den Zwillingsseelen der gnostischen Mythologie inkarniert sich die eine Hälfte der Seele, bleibt die andere Hälfte oben.[22] Und deshalb wird Dumuzi verdammt und muß hinab in die Hölle, als Inanna wiederaufersteht und heraufkommt.

Was sich hier in all diesem dem Positivismus zeitgenössischer Wissenschaft so fremden religiösen Kauderwelsch ausdrückt, ist eine Neuinszenierung der Geschichte der Seele vor dem Beginn terrestrischer Evolution. Das Initiationsritual im *Bardo*bereich stellt eben solch eine Wiederaufführung dar, die die tiefe Erinnerung der Seele zu erwecken versucht und es dadurch dem Eingeweihten ermöglichen soll, erleuchtet die Wahrheit des Seins zu erkennen. Um sich erinnern zu können, muß der Eingeweihte jenen Gedächtnisverlust der Menschheit überwinden, jene illusorische Geschichte, die ihn an eine lokale Zeit und an einen ganz bestimmten Ort bindet.

Als das Wasser des Lebens Inanna wieder zum Leben erweckt, wird Ereshkigal zornig und will nicht akzeptieren, daß jemand in ihr Reich eingriff, und so verlangt sie einen Ersatz. Sie läßt ihre Dämonen Inanna folgen, um sicherzustellen, daß Inanna ihr einen Ersatz aus der oberen Welt schickt. Als Inanna zurückkehrt, muß sie feststellen, daß Dumuzi ihretwegen keine Klagelieder gesungen hat, sondern auf seinem Thron den Großen und Mächtigen spielte. Und so ergeht es auch der Geschichte der Seele: während sich die *Anima* in der Welt der Psyche aufhält, vergißt sie das normale *Ego* völlig und beschäftigt sich stattdessen mit den »realen« Dingen, indem es Wohlstand ansammelt und Macht ausübt. Das Ich glaubt, daß seine lokale Zeit, sein konkreter Raum die ganze Realität ausmachen und daß die politischen und ökonomischen Aktivitäten wesentlich wichtiger sind als all dieser obskure Hokuspokus. Zornentbrannt über Dumuzis arroganten Stolz wird Inanna zur unbändigen *Anima* und läßt die Dämonen wissen, daß sie Dumuzi als Ersatz in der Hölle haben können. Die Tage der elysischen Hochzeit von Himmel und Erde sind dahin; das Königtum als Mittler der gegensätzlichen Reiche ist zerfallen. Der Mann vergaß die Seele und verdammte somit seine Zivilisation zur Apokalypse.

Mit den Dämonen auf den Fersen flieht Dumuzi zu seinem Schwiegervater Utu, der Sonne. Utu verwandelt Dumuzi in eine Schlange, damit er den Dämonen entkommen kann, aber selbst dieses solare Erwecken der *Kundalini* kann die Bedingungen verkörperter Geschichte nicht umkehren. Alle Transformationen von Dumuzi sind zwecklos; weder Utu noch Geshtinanna können ihm helfen. Der Schäferkönig flieht aufs Land; an seinem Ende steht sein Anfang, und schließlich findet sich Dumuzi wieder im Innern eines Pferchs. Die Zeiten seines Königtums sind vorbei, und er ist wieder ein bescheidener Schäfer. Die Dämonen betreten den Pferch, und einer nach dem anderen strecken ihn die fünf Dämonen nieder. Wenn man weiß, daß »Pferch« im Sumerischen »Vulva« bedeutet, dann erkennt man, daß die Große Mutter ihn im Tode zurücknimmt. Inanna als erotisches Mädchen war nichts als eine zivilisierte Verkleidung für die alte Große Göttin, die Große Mutter. Wenn auch das zivilisierte Leben die alten Wahrheiten verdeckt hatten, so lernt Dumuzi doch in seinem tragischen Tod, daß der Pferch immer noch da ist, um ihn zurückzuverlangen. Seine kurze Karriere als König einer Zivilisation war nichts als ein momentanes Vergessen.

Und damit bleibt das Muster bestehen: das Weibliche stirbt, aber es wird wiedergeboren; das phallisch Männliche hingegen steigt auf zu Größe, um dann zu fallen. In »Enki und die Weltordnung« sehen wir den zuversichtlichen männlichen

Gott, wie er das Universum regiert, den Pflug dirigiert und den weiblichen Göttern erzählt, was für sie von Bedeutung sein sollte. Der ältere mythische Zyklus von Inanna und Dumuzi ist zeitlich früher angesiedelt, am Übergang vom dörflichen zum städtischen Leben, beim Übergang von der neolithischen Religion der Großen Göttin zur zivilisierten Religion des Gottes. In dem späteren Werk, »Inannas Abstieg in die Unterwelt«, finden wir uns in einer Zeit der Priesterschaft, Tempelastronomie und damit verbundenen Initiationsriten. Die Periode der voll entwickelten Zivilisation hingegen ist eine Zeit, in der Individuen und Institutionen ihre Ursprünge vergessen haben; es ist eine Zeit der großen Trennung zwischen dem Ich und der Seele, zwischen Menschen und Göttern, zwischen Himmel und Erde. Letztlich verkörpert »Inannas Abstieg« die tragische Vision, daß die Menschheit in einer Zivilisation nur durch eine gewaltsame Apokalypse, durch ein Zerreißen der Schleier, durch ein Zerstückeln der eigentlichen Struktur der Wirklichkeit aufgeweckt werden kann. Alle Zivilisationen basieren auf einer Vision, und alle Zivilisationen haben am Ende, in ihrer späten Entwicklung, ihre sie begründende Vision vergessen; und so wird aus dem mächtigen Thron ein Pferch, und das Ich und die Zivilisation werden zurückgeschickt zu einer weiteren Reinkarnation. W.B. Yeats verstand diese uralten Mysterien:

> Another Troy must rise and set,
> Another lineage feed the crow,
> Another Argo's painted prow
> Drive to a flashier bauble yet.
> The Roman Empire stood appalled:
> It dropped the reigns of peace and war
> When that fierce virgin and her Star
> Out of the fabulous darkness called.[23]

Ein weiteres Troja muß erstehen und fallen,/ Ein anderes Geschlecht die Krähe füttern,/ Einer anderen Argo bemalter Bug/ Zu noch glänzenderer Spielerei aufbrechen./ Das Römische Reich stand bestürzt:/ Ließ fallen die Zügel über Frieden und Krieg/ Als jene wilde Jungfrau und ihr Stern/ Aus sagenumwobener Dunkelheit riefen.

IV

Dumuzi mag der Schäfer-König sein, der vergißt, daß er seine Macht der Göttin verdankt, aber die späteren Gedichte über Gilgamesh zeigen uns noch eine ganz andere Beziehung zwischen den Geschlechtern in der zivilisatorischen Kultur der Städte.

Lévi-Strauss war es, der sagte, daß es nicht um die Suche nach der wahren und authentischen Version eines Mythos ginge, daß man stattdessen jede Variante berücksichtigen sollte. Wiederum mit diesem Gedanken im Hinterkopf, möchte ich meine Diskussion des akkadischen Gilgamesh-Epos mit einem früheren Fragment, dem sumerischen »Gilgamesh und der Huluppu-Baum«[24] beginnen. Die Geschichte spielt sich folgendermaßen ab. Es war einmal ein Huluppu-Baum (vielleicht war es eine Weide), der irgendwo an den Ufern des Euphrat wuchs, aber dieser Platz taugte nichts, denn der Südwind zerrte an ihm von der Wurzel bis zur Krone, und der Euphrat überflutete ihn. Eines Tages kam die Göttin Inanna, die Himmelskönigin, vorbei, nahm den Baum in die Hand und pflanzte ihn in den heiligen Garten ihres Hauptheiligtums in Erech. Sie sorgte gut für ihn, denn sie hatte vor, aus seinem Holz einen Sessel und eine Liege für sich zu machen, wenn er groß genug war.

Der Baum wuchs heran, aber als es für Inanna an der Zeit war ihn zu fällen, um ihre Liege daraus zu machen, konnte sie es nicht mehr tun. An der Wurzel des Baums hatte sich nämlich »die Schlange, die keinen Zauber kennt« ihr Nest gebaut, während sich oben in der Baumkrone der Imdugud-Vogel mit seinen Jungen niedergelassen hatte, und in der Mitte hatte sich Lilith, die Maid der Öde und Verwüstung, ihr Haus gebaut. Inanna weinte bitterlich und beschwerte sich bei ihrem Bruder Utu, dem Sonnengott.

Gilgamesh, der große Held von Sumer, Erechs (Uruks) legendärer König, hörte Inannas Klagen und beschloß, ihr zur Hilfe zu kommen. Er legte seine Rüstung an, nahm seine große Axt zur Hand, seine Streitaxt, und erschlug die Schlange an der Wurzel. Als er dies sah, floh der Imdugud-Vogel mit seinen Jungen ins Gebirge, und Lilith riß ihr Haus ein und floh in die trostlose Gegend, in der sie sich gewöhnlich aufhielt. Die Männer von Erech, die Gilgamesh begleitet hatten, fällten sodann den Baum und präsentierten ihn Inanna für ihren Sessel und ihre Liege.

Und jetzt kommt es zu einer Meinungsverschiedenheit unter den Übersetzern, was wohl als nächstes geschah. Kramer sagt, daß Inanna das Holz nahm und eine Trommel und einen Trommelstock daraus machte, während Jacobsen behauptet, daß der *pukku* und der *mikku* der Puck und der Hockeyschläger eines Spiels sind, das die Männer von Erech zu Ehren von Gilgameshs Sieg spielten.[25] Es scheint, als hätten die Männer zu sehr gefeiert, denn ein armes kleines Mädchen, das vergessen worden war, rief den magischen und furchtbaren Namen des Sonnengottes, »I-Utu«, aus, und der Gott hörte sie. Der Boden tat sich auf, und Puck und Hockeyschläger fielen hinab in die Unterwelt. Gilgamesh war unglücklich und zutiefst beunruhigt, und so erbot sich sein geliebter Gefährte Enkidu rasch, in die Unterwelt hinabzusteigen und sie zurückzuholen. Gilgamesh gab Enkidu ausführliche Anweisungen mit auf den Weg, wie er sich in der Unterwelt zu verhalten hätte, damit er auch wieder zurückkehren könnte: ruhig zu sein, keine feinen Kleider zu tragen, keine Emotionen zu zeigen bezüglich derer, die er im Leben liebte oder haßte. Enkidu aber beachtet die Weisheit dieses Rates nicht und bleibt somit unten gefangen. Nur seinem Geist gelingt es, durch eine Spalte auf die Erde zu gelangen und Gilgamesh von dem Leid im unteren Reich zu berichten. Gilgamesh befragt ihn, wie gewisse Leute dort unten behandelt würden, und es scheint, als würden einige »als jemand, der den Göttern nahe ist« behandelt, während andere ein Schattendasein führen und keine Ruhe finden.

Wenn ich einmal Jacobsens Übersetzung von *pukku* und *mikku* als Puck und Hockeyschläger akzeptiere, dann würde ich diesen Mythos folgendermaßen interpretieren. Die Geschichte ist ein Ursprungsmythos, in diesem Fall die Geschichte des Ursprungs der heiligen Sodalität der Männer in der Stadt Erech. Sie beginnt mit einer Beschreibung der Landschaft ihrer Welt vor der Zivilisation, als der südliche

Euphrat in der Nähe des Persischen Golfs ein wildes Sumpf-
gebiet war, immer wieder vom Südwind heimgesucht: ein
Gebiet, in dem kein Baum wachsen konnte. Die Göttin Inanna, dessen Haupttheiligtum sich in Erech befand und die deshalb höchstwahrscheinlich die Schutzpatronin dieser religiösen Bruderschaft um Gilgamesh und die Männer von Erech
war, fand etwas, das in seinem wilden Zustand nicht wachsen,
in ihrem geliebten Erech hingegen gedeihen konnte. Wir sehen also, daß der Mythos nicht nur die Gründung der Sodalität, sondern auch die besonderen Qualitäten von Inannas
Stadt preist. Der Baum, der in der Wildnis nicht ordentlich
wachsen kann, erblüht in der Stadt. Die Stadt und auch die
Zivilisation im allgemeinen bleiben allerdings offen für gewisse Probleme. Der Baum im heiligen Garten der Inanna ist ein
Symbol des menschlichen Körpers; hier begegnet uns wieder
einmal die schon bekannte Struktur von Vogel-Baum-Schlan-
ge, ein Symbolismus, der bis in die Religion des Jungpaläolithikums zurückreicht. Die Schlange, die keinen Zauber
kennt, ist die uns bekannte *Kundalini*, die zusammengerollt
am unteren Ende der Wirbelsäule liegt. Der Imdugud-Vogel,
der unheilvolle Donnervogel, ist das Bewußtsein, und Lilith,
das Gegenstück zu Inanna, der Schutzpatronin der Stadt, ist
die Schutzpatronin der Ruinen; sie wohnt in der mittleren
Region um die Wirbelsäule herum, die die Schlange und den
Vogel verbindet. Drei esoterische Bereiche werden hier dargestellt: die physische Ebene der Schlange, die astrale oder
psychische Ebene Liliths und die spirituelle Ebene des Don-
nervogels. Der Körper kann durch die richtige Transformation durch die Göttin zu einem göttlichen Bett werden.

> Inanna richtete den Baum mit ihrer Hand, plazierte ihn zu ihren
> Füßen,
> »Wann wird er mir ein fruchtbarer Thron zum Sitzen sein,« sagte
> sie,
> »Wann wird er mir ein fruchtbares Bett zum Liegen sein,« sagte
> sie.[26]

Das Gedicht beschäftigt sich somit mit dem Transformationsprozeß, der aus wilder Natur einen Bereich menschlicher

Kultur schafft. Im Christentum wird die Welt der Schemel Christi genannt; in dieser sumerischen Vision dürfte der erwachte Körper das Bett der Himmelskönigin genannt worden sein. Inanna nimmt die Natur und verwandelt sie im heiligen Garten ihrer Stadt in Kultur, wozu der Körper vorbereitet werden muß. Allerdings kann der Körper auch niedere Wesen anziehen, und so müssen die Dämonen verscheucht werden, wenn der Transformationsprozeß vollendet werden soll.

Mit Hilfe des großen Heros, des Königs von Erech, kommen das männliche und das weibliche Prinzip, das Menschliche und das Göttliche in einer Verbindung der Gegensätze zusammen, aus der das heilige Spiel entsteht. Wie schon im Liebeszyklus von Inanna und Dumuzi wird die Institution des Königtums dargestellt als ein Bereich, der den Mann zu den Göttern erhebt und das Göttliche in die menschliche Gesellschaft herabholt. Durch die Dienste und Aufgaben des Königs kommen Himmel und Erde zusammen. Aus dem wilden Baum wird das Holz, das für ein heiliges Spiel benutzt wird, und dieses Spiel sollte – wie das heilige Ballspiel der Mayas – als ein ritueller Sport mit kosmologischen Dimensionen und nicht nur als körperliche Ertüchtigung betrachtet werden. Unglücklicherweise vergessen die Männer von Erech, die Männer der heiligen Bruderschaft, das wilde weibliche Prinzip; das kleine Mädchen, auf das niemand achtete, ist ganz offensichtlich eine Maske von Lilith, die Maid der Öde und Verwüstung. Im späteren hebräischen *Midrash* wird Lilith als die Frau dargestellt, die den furchtbaren Namen Gottes auszusprechen und so großes Unheil auszulösen vermag; daß dieses kleine Mädchen den furchtbaren Namen des Sonnengottes ausruft und damit ein Erdbeben verursacht, könnte ein Hinweis dafür sein, daß dieses Mädchen in der mythischen Struktur mit Lilith verbunden ist.

Das Spiel selbst, obwohl von Männern gespielt, sollte wahrscheinlich – mit dem Puck als weiblichem und dem Hockeyschläger als männlichem Symbol – eine Verbindung der Gegensätze von männlich und weiblich darstellen. Aber ganz offensichtlich ist das weibliche Prinzip in der Sodalität der Männer, wie in der Männerbeziehung zwischen Gilgamesh und Enkidu, weder auf besonders machtvolle Weise noch gleichgewichtig präsent, und so gelingt es dem kleinen Mädchen, das Spiel zu unterbrechen. Das Spiel sollte jedoch auch selbst als eine Verbindung zwischen der oberen Welt und der Unterwelt aufgefaßt werden; die Tatsache, daß die Männer auf der nur dünnen Kruste des Lebens spielen, die sie vom Reich des Todes trennt, ist ein weiteres Symbol für die Beziehung zwischen dem Tod im wilden Reich der Natur und dem Leben im Reich menschlicher Natur.

Die Instruktionen, die Gilgamesh Enkidu als Vorbereitung auf seinen Abstieg in die Unterwelt gibt, sind für mich eindeutige Hinweise dafür, daß das Gedicht, wie *Das Tibetanische Totenbuch*, ein Handbuch der Einweihung ist, eine Reihe von Instruktionen eines Eingeweihten für den Kandidaten, die ihm sagen sollen, was es im körperlosen (*out-of-the-body*) oder *Bardo*zustand zu erinnern und zu tun gilt. Tatsächlich sind Gilgameshs Instruktionen noch immer gültige Anweisungen des *Guru* an den *Chela*. Man soll sich nicht mit dem identifizieren, was man sieht; er soll nicht die gewohnte Verfangenheit des Ichs zeigen, die Liebe für sein verlorenes Weib, den Zorn über ein ungehorsames Kind, die Vorliebe für feine Kleidung oder das Gefühl des Stolzes und der eigenen Wichtigkeit. Es wird einem geraten, nicht einmal so zu tun, als sei man ein mächtiger Magier und Eingeweihter, denn solche Gedanken würden nur noch mächtigere Dämonen anziehen.

Wirf nicht den Wurfstock in der Unterwelt,
Damit nicht die vom Wurfstock Niedergeschlagenen dich um-
ringen ...
Küsse nicht dein geliebtes Weib,
Küsse nicht deinen geliebten Sohn,
Schlage nicht dein verhaßtes Weib,
Schlage nicht deinen verhaßten Sohn.[27]

Nur wenn es dem Initiationskandidaten gelingt, seine Emotionen zu meistern, jene Astralebene, in der die Göttin Lilith lebt, kann er ein echter Eingeweihter und ein Mitglied der Sodalität von Inanna und den Männern in Gilgameshs Erech werden. Aber Enkidu versagt, und so bleibt er in der Unterwelt gefangen; nur als Geist kann er zurückkehren, um die Lebenden zu warnen, ein gutes Leben zu führen, damit sie es im späteren Leben besser haben. Initiation durch einen Priester wird so zu einer Lektion in gesellschaftlicher Moral; das Gedicht dramatisiert jenen gesellschaftlichen Zustand, in dem Initiation unmöglich wird und die Priester sich von esoterischer Transformation hin zu exoterischer Moral wenden. Für die Männer der Bruderschaft, die sich wie Enkidu unmöglich von ihren Bindungen dieser Welt lösen können, besteht die einzige Hoffnung darin, in diesem Leben gut zu sein und auf einen besseren Platz im kommenden Leben zu hoffen.

Die Geschichte von Gilgamesh und dem Huluppu-Baum wurde nicht in das akkadische Gilgamesh-Epos einbezogen. Vielleicht geschah es deshalb, weil den späteren Akkadiern die kulturelle Bedeutung dieser sumerischen Sage verloren gegangen war. Zweifellos haben die Hofdichter nur wenige Geschichten in die letzte Redaktion des Gilgamesh-Zyklus miteinbezogen, aber es fällt schwer, ihnen daraus einen Vorwurf zu machen, denn das Epos, ist so wie es dasteht, eine außerordentlich feine Arbeit. Ebenso wie Fausts Geschichte jene mittelalterliche Legende war, die zum Mythos des modernen wissenschaftlichen Menschen wurde und solch verschiedene künstlerische Bearbeitungen wie die durch Marlowe, Goethe und Mann erfuhr, so ist Gilgamesh die zentrale Legende der alten zivilisierten Menschheit, die zu *dem* Mythos der Menschheit und der Zivilisation werden sollte.

Gilgamesh war, soweit man das beurteilen kann, eine historische Gestalt, um 2600 v.Chr. der Herrscher über die Stadt Uruk (dem biblischen Erech). Es ergibt durchaus einen Sinn, daß die Geschichten über ihn noch lange nach seinem Tod im Umlauf waren, während sie für uns erst um 2100 v.Chr. faßbar wurden, als sie von den Hofdichtern der Dritten Dynastie von Ur aufgegriffen wurden. Die Könige jener Dynastie zählten Gilgamesh zu ihren Vorfahren. Wir besitzen eine Reihe kurzer epischer Fassungen in sumerischer Sprache, deren Originale aus der Zeit des wiederauflebenden Interesses an ihm datieren müssen, während das eigentliche Gilgamesh-Epos, mit dem wir es hier zu tun haben, aus der Zeit um 1600 v.Chr. datiert, am Ende der Altbabylonischen Periode, und in akkadischer Sprache abgefaßt wurde.[28]

Das Gedicht beginnt mit einer Lobpreisung des großen Heros. Gilgamesh, der weit gereist ist, kannte viele geheime Dinge, und er brachte Wissen mit aus der Zeit vor der Flut.

> Die Mauern um Uruk-Gart ließ er bauen,
> Um das heil'ge Eanna, den strahlenden Hort.
> Sieh an seine Mauer, deren Friese wie Bronzeschalen scheinen!
> Ihren Sockel beschauen, dem niemands Werk gleicht!
> Auch den Blendstein faß an – der seit Urzeiten da ist! -
> Nahe dich Eanna, dem Wohnsitz Ischtars -
> Das kein späterer König, kein Mensch ebenso machen kann!
> Auch steig auf die Mauer von Uruk, geh fürbaß,
> Prüfe die Gründung, besieh das Ziegelwerk!
> Ob ihr Ziegelwerk nicht aus Backsteinen ist,
> Ihren Grund nicht legten die sieben Weisen![29]

Die sieben Weisen sind die legendären weisen Männer, die den sieben ältesten Städten Mesopotamiens Wissen brachten, und der Wall, den diese Eingeweihten bauten, ist mehr als nur ein Haufen Schutt, der sich zwischen Stadt und Wüste auftürmt; hier haben wir es mit einem Stück heiliger Geometrie zu tun, dessen Maße und Proportionen ein Loblied auf das universelle Gesetz darstellen. Die Stadt entwickelte sich nicht vom Boden her, sie senkte sich von Himmel herab; die *Mes*, jene göttlichen Gesetze, die das Programm der Zivilisation darstellen, wurden von Inanna vom Sitz des Enki in Eridu zu ihrem geliebten Erech (Uruk) herabgebracht; ohne diese göttlichen Gesetze bleibt keine Stadt bestehen, keine Mauer hielte dem zerstörerischen Wind der Wüste stand. In der sumerischen Vision entwickelt sich die Zivilisation nicht vom Dorf her, nicht von unten nach oben, sondern von den Göttern herab, von oben nach unten. Das Königtum kommt vom Himmel.

Gilgamesh selbst ist ein Mann, zu zwei Drittel Gott, zu einem Drittel sterblich. Er stellt den Ort dar, wo sich die Devolution vom Himmel und die Evolution von der Erde sich berühren. Die Göttlichkeit verleiht Gilgamesh größere sexuelle Energie als jedem anderen normalen Mann, und als König verlangt er das *ius primae noctis* aller Bräute der Stadt. Die Männer der Stadt stöhnten unter der Last seiner Arroganz und seiner ungezügelten Lust, und sie beteten zu den Göttern um einen, der Gilgamesh gleich wäre, so daß die zwei Giganten sich aneinander messen könnten und Uruk in Frieden ließen.

Als die Göttin Aruru die Gebete der Männer der Stadt vernahm, erdachte sie sich einen Doppelgänger des Gottes Anu; sie drückte ein Stück Lehm zu einem Klumpen und warf ihn dann in die Steppe hinaus. Und so wurde Enkidu erschaffen, der wilde Mann der Steppe, ein Mann, der von oben bis unten mit langen und zerzausten Haaren bewachsen war. Wenn Gilgamesh der Halb-Unsterbliche ist, der vom Himmel herabsteigt, dann ist Enkidu der wilde Mann der Natur, der sich der Stadt von unten her nähert. Der eine repräsentiert die Evolution nach oben, von der Natur zur Kultur, der andere repräsentiert die Devolution von oben nach unten, von der Göttlichkeit zur Menschheit.

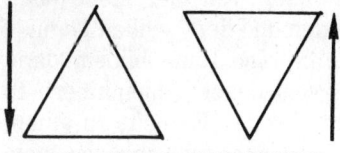

MEDIATION oder KOPULATION

DEVOLUTION   EVOLUTION

Im Liebeszyklus von Inanna und Dumuzi ist der Geschlechtsverkehr der Liebenden das verbindende Glied zwischen den beiden Gegensätzen Himmel und Erde, und er bringt die Stadt hervor und macht sie zu einem Ort, wo Natur (Fruchtbarkeit) und Göttlichkeit sich zur Kultur, zur Zivilisation verbinden. Hier – und das ist höchst interessant – stellt sich anscheinend die Verbindung von Gegensätzen über das männliche Paar Gilgamesh und Enkidu her. Die platonische Liebe der beiden Männer schafft ein Band, das die gewöhnliche Krämerwelt der Stadtleute transzendiert.

Als Paar bilden Gilgamesh und Enkidu ein archetypisches Muster. In den kreisenden Spiralen der menschlichen Geschichte dreht sich ein Muster und kommt dann zurück; dabei bleibt es einer älteren Version des Musters zwar nahe, befindet sich aber darüber. Uns scheint diese Vorstellung von zwei Arten von Männern zu gefallen, wie aus unseren Mythen und unserer Geschichte klar hervorgeht: da gibt es den *australo-pithecus gracile* und den *robustus*, und neuere Forschungen scheinen darauf hinzudeuten, daß der *homo erectus* und der *homo sapiens* im Verlauf der vorletzten Zwischeneiszeit in Zentraleuropa koexistierten;[30] später drehte sich das Muster auf der Spirale weiter und drückte sich dann in der Koexistenz von Neandertaler und Cro-Magnon erneut aus. Vielleicht ist dieses prähistorische Muster eine der Ursachen dafür, daß wir – in Mythos und Literatur – Paare wie Gilgamesh und Enkidu, Jacob und Esau, Robinson Crusoe und Freitag, Natty Bumpo und Chingachgook oder Ishmael und Queequeg so sehr schätzen. In unseren religiösen Mythen sagen wir, wir seien vom Himmel auf die Erde gefallen, in unseren wissenschaftlichen Mythen behaupten wir, wir hätten uns von den Tieren hochentwickelt. Vielleicht brauchen wir diese Geschichten, die von den zwei Rassen reden, von den Brüdern zweier verschiedener Mütter oder von der liebevollen Freundschaft zwischen dem wilden und dem weißen Mann.

Wenn Muster auf einer Spirale eine Linie bilden, dann werden sie wie Töne auf den verschiedenen Linien innerhalb des Notensystems, zu einer synchronen Einheit, zu einem archetypischen Muster. Und so können wir uns das vorstellen:

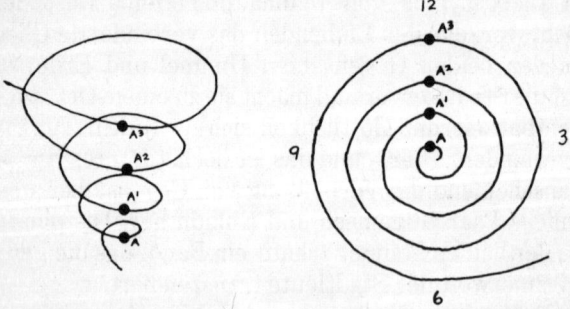

Wenn wir uns die Spitze der Spirale als das Zifferblatt einer Uhr vorstellen, dann sind alle Umdrehungen, die sich in der Position einer beliebigen Stunde, sechs Uhr oder zwölf Uhr, befinden, in Harmonie miteinander. Und so drücken Gilgamesh und Enkidu als Dyade ein Wagnersches *Leitmotiv* aus, dessen Thematik den Menschheitserinnerungen an die zwei verschiedenen Rassen zu Beginn der Hominisation entspringt. Wir können sie uns als Cro-Magnon und Neandertaler, als *australopithecus gracile* und *robustus*, als Mensch und Göttersohn vorstellen. Eine Geschichte, ein Science-Fiction-Film oder sogar eine wissenschaftliche Theorie kann so, diachronisch, auf einer höheren und späteren Umdrehung der Spirale plaziert werden, synchronisch jedoch kann es sich um die Darstellung eines Musters oder Themas handeln. Diese synchronische Harmonie, diese Metastruktur, die jenseits bloßer Chronologie existiert, ist das, was ich unter einem Archetypus verstehe. Gilgamesh und Enkidu werden zu einem archetypischen männlichen Paar, weil das Thema, das sie einbringen, zeitlich zurück auf einen viel umfassenderen Kontext verweist. Wie ich es im Prolog darstellte, ist der Fall eines dieser archetypischen Muster, das sich mit jeder Umdrehung der Spirale wiederholt. Wenn wir uns die Spirale von oben gesehen vorstellen und den Fall auf zwölf Uhr Mitternacht plazieren, dann sind alle zwölf Uhrs auf jeder beliebigen Ebene der Spirale Rekapitulationen des ursprünglichen Falls in die Zeit, der Beginn der Spirale menschlicher Geschichte.

Tatsächlich finden wir eben solch eine Darstellung des mythischen Musters des Falls in der Geschichte von Enkidus Sozialisierung. Als Enkidu die Steppe durchstreift und mit den Tieren am Wasserloch trinkt, wird er von einem Fallensteller entdeckt. Der Fallensteller ist überrascht und verstört, als er feststellt, daß dieser wilde Mann alle Tiere aus seinen Fallen befreit hat. Er geht nach Hause und beklagt sich bei seinem Vater, und die beiden entwerfen einen Plan, um Enkidu zu fangen. Der Vater beauftragt seinen Sohn, zu Gilgamesh in Uruk zu gehen und ihn um eine Tempelhure zu bitten, da die Macht einer Frau den wilden Mann wohl zähmen wird. Der Sohn befolgt die Anweisungen seines Vaters, macht sich auf den Weg nach Uruk zu Gilgamesh und kehrt dann mit der Hure als Lockvogel in die Steppe zurück. Trapper und Dirne begeben sich zum Wasserloch und warten; als der Trapper Enkidu erspäht, bittet der die Hure, ihre Kleider auszuziehen und »ihre Reife bloßzulegen«.

Als Enkidu die Dirne mit ihren bloßen Brüsten und ihrer

nackten Reife sieht, liebt er sie sechs Tage und sieben Nächte
lang. Nachdem er davon genug hat, kehrt er zu seinen geliebten Gefährten, den wilden Tieren zurück, aber jetzt laufen die
Gazellen fort und halten sich von ihm fern. Der Geschlechtsverkehr mit einer Frau hat Enkidu seine wilde Unschuld und
die einfache Gemeinschaft mit den Tieren der Natur genommen. Enkidu ist gefallen, und Sexualität war die Bedingung
seines Falls. Wieder läßt sich das yogische Muster, »Samen-
verlust ist gleich Seelenverlust« erkennen. Aber hier haben
wir es mit zwei Umdrehungen der Spirale zu tun. Zum einen
geht es um den Fall der Seele in den Körper. Vater und Sohn,
die besprechen, wie sie Enkidu fangen können, sind wie die
Archonten des Gnostizismus, die versuchen, die Seele im
Körper einzufangen. Zum anderen besteht eine weitere Umdrehung der Spirale darin, daß die rosarote Scham, die weiblichen Genitalien, Enkidu von seinen wilden Gefährten fortlok-
ken und ihn damit in die menschliche Gesellschaft eintreten
lassen. Diese Umdrehung der Spirale stellt eine Rekapitulation jener Zeit dar, als es zur weiblichen Abkehr vom Östrus
kam, und die rosafarbenen Genitalien und die schwellenden
Brüste die Männer von ihren Gefährten fort in die neue soziale
Gruppe der Hominidenbande lockte. Bei der einen Umdrehung der Spirale geht es um den Fall der Seele in den Körper,
beziehungsweise um das Hinabsinken von Bewußtsein in die
sich entwickelnden Formen auf dem langsam abkühlenden
Planeten; bei der nächsten Umdrehung der Spirale geht es um
die Konzentration von Bewußtsein in einer spezifischeren
Form, als es sich hinabsenkt in den sich hinaufentwickelnden
Körper des Hominiden. Erst handelt es sich um den Fall in die
Zeit, und dann um den Fall aus der Unschuld der Tiere in die
menschliche Kultur. Eine dritte Umdrehung der Spirale würde sich im Lebenszyklus des Individuums ausdrücken, wenn
das Anschwellen der Genitalien den Menschen aus der Unschuld der Kindheit und der Tiere in die Welt der Erwachsenen führt. In unbewußter Erinnerung an diese Verbindung
zwischen Tieren und Unschuld füllen sich traditionellerweise
die Kinderzimmer mit Stofftieren. Und wenn sich das Mädchen psychologisch darauf vorbereitet, einen Geliebten in ihr
Bett zu nehmen, dann muß sie die Stofftiere forträumen.

Enkidu kann nicht zu seinen Tieren zurück; es gibt keinen Weg zurück, aber die Dirne tröstet ihn und sagt: »Ihr seid weise, Enkidu; Ihr werdet wie ein Gott werden.« Ähnliche Worte richtete die Schlange an Eva, denn die Hebräer erkannten, daß Eva, als sie Adam den roten Apfel anbot, sie wie die Dirne war, die ihre Reife Enkidu anbot. Die Dirne beruhigt Enkidu und erbietet sich, ihn in ihre Stadt Uruk mitzunehmen. »Mit freiem Herzen sehnt er sich nach einem Freund.« Die Hure teilt ihre Kleider mit ihm und reicht ihm die äußeren, während sie selbst sich mit den inneren Teilen bekleidet, und so, von der heiligen Dirne der Inanna mit einem sexuellen Körper ausgestattet, verläßt Enkidu die Natur und betritt die Kultur, die große Stadt des König Gilgamesh.

Aber bevor Enkidu in der Lage ist, die Stadt zu betreten, kehrt er in einem Rasthaus ein, jenem Pferch, in dem sich die Schäfer am Stadtrand versammeln. Da »Pferch« im Sumerischen auch Vulva bedeutet, heißt dies, daß Enkidu auf seiner Reise wiedergeboren wird. Er kann nicht direkt von den wilden Tieren der Steppe in die Stadt der Menschen eintreten, und so macht er einen Umweg über den Ort domestizierter Tiere, wo er zivilisiert wird, indem er menschliche Nahrung und Getränke zu sich nimmt. Lévi-Strauss hat das Kochen als ein Symbol für die Transformation von roher Natur in Kultur diskutiert;[31] es ergibt einen Sinn, daß Nahrung und Sexualität die physischen Mittel für Enkidus Transformation darstellen. Zuerst muß Enkidu immer wieder aufstoßen, aber dann gefällt ihm das starke Getränk immer besser, und er trinkt sieben Becher, bis sein Gesicht aufglüht. Nachdem er die Nahrung und die Getränke der Menschen zu sich genommen hat, ist Enkidu auf die andere Seite übergewechselt, und jetzt, statt seine Stärke zur Befreiung der wilden Tiere aus den Fallen einzusetzen, fängt er die Wölfe und Löwen, die die Herden der Schäfer angegriffen haben.

Während Enkidu bei den Schäfern weilt, kommt ein müder Reisender vorbei und legt eine Rast bei ihnen ein; dabei berichtet er vom Leben in der großen Stadt und von den Exzessen des König Gilgamesh, wie er in die Volksversammlung einbricht, auf das *ius primae noctis* besteht, einer archaischen Sitte, die die Sumerer schließlich aufgegeben hatten, die aber von Gilgamesh wieder eingeführt worden war. Enkidu ist entsetzt über diese Geschehnisse, erhebt sich sofort und macht sich auf den Weg nach Uruk.

Als der riesige Enkidu durch die Straßen geht, umringen ihn die Leute und rufen, wie sehr er dem großen Gilgamesh ähnelt. Endlich scheinen ihre Gebete erhört worden sein, da nun jemand auftauchte, der Gilgamesh gewachsen ist. Der wilde Mann aus der Natur wird als der Champion des Volkes gegen den himmlischen König betrachtet. Als Gilgamesh in Ausübung seines *droit de seigneur* durch die Straßen geht, trifft er auf Enkidu, der ihm die Tür mit dem Fuß versperrt. Der wilde Mann der Steppe, der aus dem Vulva-Pferch auftauchte, steht jetzt an der Vulva-Braut-Tür und verbietet dem König selbst den Zutritt. Diese Konfrontation zwischen dem Erdenmann und dem Himmelsgott impliziert eine andere alte Schlacht: Enkidu wurde zum Bruder der Mutter, dem Beschützer der Matrilinearität und somit der Verteidiger der Braut. Indem er den Weg versperrt, inszeniert er ein Ritual mit der Forderung, daß die neue patrilokale Ehe der älteren matrilokalen Ehe ihre Reverenz erweist. Und so spielt diese Geschichte des Stadtlebens uralte Themen durch und konstruiert im Ausdruck der Auseinandersetzung zwischen den Kräften von Enkidu und Gilgamesh den Gegensatz zwischen zwei komplexen Einheiten. Enkidu stellt die Werte der Natur dar, matrilinearen Konservatismus, die Volkstümlichkeit der Versammlung, der Versammlung der Dorfältesten aus den Tagen vor der Diktatur durch das Militär. Gilgamesh hingegen drückt die Werte der Götter aus, die die Kultur von den Himmeln herabbringen, die patrilineare Abstammungslinie und die patrilokale Ehe, das Charisma des militärischen Heros und seine Institutionalisierung in der Monarchie. Die Schlacht der Giganten an der Tür zur Braut erinnert so an die ganze schmerzvolle Transformation, in der die Kultur des neolithischen Dorfes zur urbanen Zivilisation wurde.

Die Schlacht der Titanen an der hochzeitlichen Tür entlädt sich auf dem Marktplatz; Mauern und Torpfosten brechen zusammen, als sie mit der Wut von Stieren aufeinanderprallen. Aber es gelingt Enkidu, Gilgamesh auf die Knie und zu

Boden zu zwingen. Überrascht von seiner unglaublichen Niederlage akzeptiert Gilgemesh die veränderte Situation in einer stillen und gemäßigten Stimmung, aber als er sich zum Gehen umwendet, vernimmt er Enkidus noble Worte: »Wie so einzig gebar deine Mutter dich, ... Dir bestimmte der Leute Königtum Enlil.« Ebensosehr von der Großzügigkeit seines Gegners wie von der Erkenntnis über sein eigenes Königtum berührt, macht sich Gilgamesh Enkidu zum Freund.

Die zwei, denen keiner gleich kommt, werden zu Freunden ohnegleichen. Zu einem anderen historischen Zeitpunkt wäre es wahrscheinlich nicht nötig, etwas so einfaches wie Freundschaft zu erläutern und es von homosexueller Liebe zu unterscheiden. Aber wir leben in einer Zeit, in der man aus der Homosexualität eine politische Ideologie macht, und so erscheint es angebracht, die Freundschaft zwischen Gilgamesh und Enkidu genau unter die Lupe zu nehmen. Sowohl Gilgamesh als auch Enkidu werden als Männer mit einem enormen sexuellen Appetit auf Frauen dargestellt; tatsächlich nehmen sich die sexuellen Leidenschaften normaler Männer neben ihren erotischen Trieben kümmerlich aus. Da sie Helden sind, wird auch ihre Sexualität in einer heroischen Größenordnung dargestellt. Keine Blockade behindert ihr instinktives Leben, und wenn die beiden Männer kämpfen, dann ist die physische Nähe kein Ersatz für ein nicht ausgelebtes sexuelles Leben. Und eben weil beide Männer mit einem Sexualtrieb ausgestattet sind, der gigantisch ist, sehnen sich auch beide nach etwas, das über die Sexualität hinausgeht; sie hungern nach völliger Freiheit, nach einem Ausweg aus dem Körper der Sexualität und des Todes. Die beiden Männer sehnen sich nach einer Freiheit der Seele, die nicht durch die Bindung an den Körper begrenzt ist, und in dem Maß, wie die Frau Ausdruck des Lebens des Körpers ist, sehnen sie sich auch nach Befreiung von der Frau.

Im Verlauf der Hominisation der Primaten im Pliozän führte die weibliche Abkehr vom Östrus dazu, daß die männlichen Hominiden aus ihren männlichen Zweierbeziehungen und ihrer Freiheit in die Anforderungen einer neuen Sozialstruktur gezogen wurden. Die weiblichen Hominiden stehen somit für den Druck des kollektiven Willens, für die sozialen Forderungen nach einem Schutz der Jungen während ihrer ungewöhnlich langen Phase der Abhängigkeit. Von der Hominidenbande bis zum neolithischen Dorf sind es die Frauen, die die Macht des Kollektivs in der konservativen Religion der Großen Mutter ausdrücken. In der Welt des Handels jedoch, im Krieg und im Sport befreien sich die Männer von der unmittelbaren, erdrückenden Kontrolle des Dorfes und bekräftigen ihren Anspruch auf die männliche Subkultur. Die archetypische Zweierbeziehung unter Männern stellt somit den Versuch dar, die alte Freiheit zurückzuerlangen. Zahllose Hollywoodfilme erzählen die Geschichte von den zwei Soldaten oder den zwei Seeleuten auf Urlaub; für sie bedeutet die Jagd auf Frauen nichts anderes als die Befreiung von einem genitalen Druck. Frauen werden lediglich als austauschbare Objekte betrachtet, denen jenes tiefe Verständnis und jene Kameradschaft unter Männern fehlt. Nun ist natürlich in vielen dieser Fälle die Beziehung zwischen den Männer tatsächlich eine homosexuelle, und der Mann, der mit seinem Freund die gleiche Frau teilen will, sucht eigentlich eine sexuelle Beziehung zu seinem geliebten Freund. Und häufig genug ist ein Mann, der Frauen, die Ehe und das bürgerliche Leben in einem normalen Haushalt verabscheut und sich nach der Freiheit des Bohémien, des Künstlers oder des am Rande der Gesellschaft Lebenden sehnt, einer, für den homosexuelle Liebe ein Hohelied auf die Flucht aus den körperlichen Banden des weiblichen Körpers und den Anforderungen des Kollektivs darstellt. Ich möchte in keiner Weise die Realität, die Komplexität oder die Varianten der Homosexualität bestreiten, aber ich bestreite ganz entschieden, daß das, was wir im Gilgamesh-Epos vorfinden, das Porträt von zwei homosexuellen Liebenden ist.

Was wir tatsächlich in diesem Epos gefeiert finden, ist die »höhere« Seelenliebe, die später von Plato und Ficino in ihren nur von Männern besuchten Akademien in Athen und Florenz gepriesen wurde. Für diese transzendentalen Mystiker waren sowohl die homosexuelle wie die heterosexuelle Erotik Formen des Gefangenseins. Der Homosexuelle lehnt die heterosexuelle Liebe als geschmacklose Bindung an das Normale und an bürgerliche Häuslichkeit ab, der platonische Liebhaber der Seele hingegen verwirft jede Form von Sexualität als Bindung an die physische Welt. Es ist kein Zufall, daß der Wunsch von Gilgamesh und Enkidu, sich von Sexualität und Tod zu befreien, sie von Angesicht zu Angesicht in einen Konflikt mit Inanna, der Göttin der Sexualität und des Todes, bringt. In der Verbindung von Sexualität und Tod in der sexuellen Fortpflanzung kann man das eine nicht ohne das andere bekommen. Der Wunsch der beiden Männer, sich einen Namen zu machen und dem Tod zu trotzen, ist eine totale Beleidigung nicht nur der guten Hausfrauen im Dorf, sondern der Großen Göttin selbst.

Das archaische Erbe des Mannes besteht in Freiheit und im Nichtvorhandensein jeglicher Verantwortung. Die Bürde der Sorge um die Kinder geht ihn nichts an, sie wird ihm lediglich aufgezwungen. Obwohl die ethologischen Untersuchungen der Schimpansen uns kein Bild vom Leben der Protohominiden liefern, lassen sie doch einige Vermutungen zu, wie diese Lebensbedingungen ausgesehen haben könnten. Wenn Jane van Lawick-Goodall eine Lebensweise beschreibt, in der Mutter und Kind die Familie bilden und den Männchen die Freiheit bleibt, dauernde Freundschaften einzugehen und spielend und die überall vorhandene Nahrung genießend durch den Wald zu streifen, dann beschreibt sie auch das Leben der Urmenschen, bevor Eva Adam den roten Apfel anbot und ihn aus dem Garten und von den Bäumen fortlockte. Eben weil das menschliche Kind für so lange Zeit abhängig ist, übte die Frau instinktiv und unbewußt ihre Anziehungskraft auf den Mann aus. Die Ambivalenz männlicher Aufmerksamkeit und Ablehnung der Frau gegenüber führt bis zur Teilung von Seele und Körper. Der Körper unterliegt der Beherrschung durch die Frau, und kein Mann kann der Anziehungskraft der Mutter oder der Geliebten widerstehen, aber mit Geist und Seele sehnt er sich nach der alten Freiheit, der Freiheit des Waldes, die er vor dem Auszug in die Savanne kannte, und die Freiheit der Seele vor ihrer Inkarnation in der planetaren Strömung der Evolution. Sobald sich der Mann am Körper der Frau Erleichterung verschafft hat, sehnt er sich nach jener alten Freiheit in der Gesellschaft von Männern. Gleich ob der kleine Junge das Essen seiner Mutter vergißt, um sich wieder mit seinen Spielkameraden zu treffen, oder ob der Mann aus seiner Verantwortung ausbricht und in die Kneipe geht, in einen Club, auf die Jagd oder die philosophische Akademie eines Plato oder eines Ficino besucht, er sehnt sich danach, sich von der Inkarnation zu befreien und in die absolute und bedingungslose Freiheit der Seele zu entkommen.

Eben diese Teilung zwischen Körper und Seele finden wir auch im Gilgamesh-Epos. Die zwei äußerst potenten Männer fühlen sich zu Frauen hingezogen, sehnen sich aber nach einer größeren, transzendenten Liebe. Die Liebe zwischen Inanna und Dumuzi war keine persönliche und romantische Liebe, sondern unpersönlich und elementar, eine Metapher für natürliche Prozesse und kulturelle Notwendigkeiten: die Hochzeit zwischen Fruchtbarkeit und Lagerhaus. Kein Mann sieht sich gerne nur als phallisches Werkzeug im Besitz der Großen Mutter; das mag jenen Eunuchen-Priestern genügen, die ihre Hoden auf dem Altar der Großen Göttin opfern, aber der Heros ersehnt sich mehr von seiner Existenz. (Das folgende und die weiteren Zitate aus dem Gilgamesh-Epos sind derselben Quelle entnommen; siehe Fußnote [29]).

> Gilgamesh tat den Mund auf und sprach zu Enkidu:
> »Wer, mein Freund, könnte zum Himmel aufsteigen?
> Götter nur thronen ewig mit Schamasch;
> Der Menschheit Tage aber, sie sind gezählt,
> Eitel Wind ist, was immer sie wirken mag!«[32]

Bleiben sie in der Stadt, dann können Gilgamesh und Enkidu nur zusammen alt und schwach werden und ihre Macht verlieren. Ein Leben inmitten von Vergnügungen wie Speisen und Sex ist ein Leben in der Gefangenschaft eines Systems der Begrenzungen. Der Geist des zum Teil göttlichen Gilgamesh kann diese Begrenzungen nicht akzeptieren, denn seine Doppelnatur quält ihn. Wäre nicht ein Teil von ihm göttlich, dann könnte er sich vielleicht zurücklehnen und mit dem Schicksal eines Krämers begnügen. Er ist aber zu zwei Dritteln ein Gott und nur zu einem Drittel ein Mensch, und so vergällen ihm die Begrenzungen das Leben ebenso, wie später die gleichen Begrenzungen dem zum Teil göttlichen Achilleus das Leben zum Teil vergällen. Die Geschichte lehrt uns, daß der Revolutionär oder der Prophet häufig genug der gespaltene Mann ist, das Wesen, das in zwei Kulturen zu Hause ist und in dem sich diese Gegensätze bekämpfen. Dieser Konflikt erzeugt eine Energie, die die eines normalen Menschen übersteigt. Moses, halb Ägypter und halb Hebräer, ist das archetypische Beispiel solcher revolutionärer Propheten wie Louis Riel, Padraic Pearse und Malcolm X. Der Anführer ist der Mann, der mit den Verhältnissen der Oberklasse vertraut ist, sich aber mit dem Leben der Unterdrückten identifiziert. Als König und Kind der Götter kennt sich Gilgamesh mit den Göttern aus, aber als Sterblicher weiß er, daß sein Schicksal mit der Menschheit steht und fällt, und die Herabwürdigung und Beleidigung durch den Tod vergällt ihm das Leben.

Und so schlägt der Heros eine heilige Suche vor, eine Reise in die Tiefen des Zedernwaldes, um dessen Schutzdämon Huwawa zu erschlagen. Hier wird das tragische Paradoxon des Epos besonders klar: der Mann hat seine Grenzen, und eines Mannes Name, sein Ich, stellt das Etikett seiner Grenzen dar, denn ein Name ist die Bezeichnung von etwas, das stirbt. Als Gilgamesh Enkidu vorschlägt, hinauszugehen und den Schutzdämon des Waldes zu erschlagen und sich so einen Namen zu machen, einen Namen, der auch nach ihrem Tode weiterleben wird, da schlägt er vor, dem Ich ein Monument zu errichten. Im Gegensatz zu den Theorien von Julian Jaynes, die besagen, daß Bewußtsein erst im 6. vorchristlichen Jahrhundert entstanden sei, betreten wir mit diesem großartigen Kunstwerk eindeutig die Welt des Selbst-Bewußtseins, denn es ist das Dilemma des Bewußtseins, worum es im Gilgamesh-Epos geht.[33]

Der Name ist das Etikett des Ichseins. Die Helden haben Ichsein und Bewußtsein erlangt und sind sich jetzt schmerzhaft bewußt, daß sie nicht länger Teil des ewigen Zyklus der Großen Mutter sind. Sie leben ein Leben, eine lineare phallische Ausdehnung, ein Leben mit einem Anfang und einem Ende. Eben weil sie von der ewigen Wiederkehr an den Busen der Großen Mutter abgeschnitten sind, können sie das natürliche Leben des Todes nicht akzeptieren. Endgültig und definitiv ist das Ich auf der Bühne der Geschichte aufgetaucht, und schreiend versucht es sich gegen seine kosmische Isolation zu wehren. Nicht im 6. Jahrhundert v.Chr. werden das Ich und das Bewußtsein geboren; es ist jenes Jahrhundert, in dem der Trauergesang, den Gilgamesh anstimmt, gehört und von Buddha, Laotse, Pythagoras und dem Deuterojesaja beantwortet wird. Das Ichsein erwachte mit der Zivilisation, und zweifelsohne ergaben sich durch das gleichzeitige Aufkommen von Kriegen für viele Männer die Gelegenheit, über die Bedeutung des Todes zu meditieren. Der Jäger betet zum Schutzgeist der Herde; er rechtfertigt sein Töten damit, daß er nur das nimmt, was er braucht. Wie der Wolf trägt der Mann als Jäger beim Töten der schwachen und nicht lebensfähigen Tiere eigentlich dazu bei, die Gesundheit der Herde aufrechtzuerhalten. Der zivilisierte Mann hingegen ist ein ganz anderes Wesen, und wenn er eine ganze Stadt auslöscht oder einen ganzen Wald einebnet, dann arbeitet er nicht länger innerhalb der natürlichen Ausgewogenheit der Dinge. Im Krieg ist man durch das Erschlagen seines Feindes von der Natur abgeschnitten; im Krieg nimmt die *Natur* des Todes eine völlig neue kulturelle Dimension an.

Das bewußte Ich wird im zivilisatorischen Prozeß noch verstärkt. Die Mauern, die sich erheben, um die Stadt von der Natur zu trennen, trennen auch den Stadtbewohner von der Natur. Das Kontinuum ist zerbrochen, und der Aufschwung der Schrift trägt dazu bei, auch das sensorische Kontinuum zu brechen, indem es Bewußtsein im geschriebenen Wort lokalisiert. Was das geschriebene Wort für das Sensorium ist, das ist das Ich für das Gesamtbewußtsein und die Stadt für die Gesamtheit der Natur. Schrift, Individuation und Zivilisation sind alles Teile einer umfassenderen kulturellen Phänomenologie. Weil sich die Zivilisation in der dritten Dynastie in Ur in einem überreifen Zustand befindet, hebt sich im Gilgamesh-Epos der gesamte Zivilisationsprozeß im Gilgamesh-Epos ins Bewußtsein. «Die Eule der Minerva erhebt sich bei Einbruch der Dunkelheit.»

Die Mauern der Stadt definieren Uruk; der Name einer Person bezeichnet das Individuum; aber was sowohl durch die Stadtmauer als auch durch den Eigennamen ausgeschlossen wird, ist die spirituelle Dimension, jene verbindende Natur, die das Einzigartige und das Universelle vereint. Für den zivilisierten Mann, der es kaum erwarten kann, sich endlich einen Namen zu machen, ist die Schutzgottheit des Waldes ein Monster und ein Dämon. Gilgamesh, der König der Stadt, der Mann, der mehr als alle anderen Persönlichkeit und Zivilisation exemplifiziert, betrachtet es deshalb als seine Aufgabe, die Stadt zu verlassen und den Geist des Waldes zu erschlagen. Hier finden wir die Wurzeln der ökologischen Krise unserer Zivilisation. Das «Mobiliar» der Zivilisation beziehen wir aus dem Tod des Waldes, nicht nur von den Bäumen. Männer bitten nicht länger den Schutzgeist um Erlaubnis, sich das Minimum zu nehmen, das sie brauchen; anmaßend und überheblich marschieren sie an und fällen den ganzen Wald. Gilgamesh erkennt jedoch nicht, daß er dem Tod ein neues Leben schenkt, wenn er den Geist des Waldes erschlägt und die Stadt von der Natur abtrennt. Vorher waren alle kulturellen Prozesse an die natürlichen Zyklen gebunden; im Sterben kehrte der Stammesmensch einfach zur Großen Mutter zurück. Als aber der zivilisierte Mann Mauern zwischen sich und dem Wald errichtet und als er seinen persönlichen Namen gegen die Sterne setzt, da sorgt er dafür, daß sein nunmehr isoliertes Ich in der schmerzvollen Erkenntnis seiner völligen Entfremdung aus Angst vor dem Tode aufschreien wird.

Als der große Gilgamesh bei der Vorbereitung der großen Expedition seine Rüstung und seine Waffen poliert, da zieht er die Aufmerksamkeit von Ishtar (Inanna), der Göttin der Liebe und des Krieges auf sich, die ihm mitteilt, daß sie seine Geliebte sein will. Ishtar wartet mit all ihrer Schönheit auf und macht Gilgamesh große Versprechungen, aber der Heros konzentriert sich ausschließlich auf sein heroisches Ideal und weist Ishtar in einer Weise ab, die einer Verwünschung gleich kommt. Hier tritt der Konflikt zwischen Männerbindung und Kameradschaft bei der transzendenten Suche einerseits und sexueller Liebe und dem Eingebundensein in die Immanenz körperlichen Lebens andererseits ganz deutlich zutage. Gilgamesh rezitiert eine ganze Litanei, die alle Treulosigkeiten Ishtars enthält, er zählt alle ihre verflossenen Liebhaber auf, die sie ruiniert hat. Ishtar gerät außer sich, als sie das hört, fährt auf in das Reich des Himmelsgottes Anu und verlangt, daß der Himmlische Stier auf die Erde geschickt wird, um Gilgamesh zu zerstören. Mit der Drohung, sonst eine Hungersnot auszulösen und die Toten auferstehen zu lassen, wenn ihr Wunsch nicht erfüllt werden sollte, gelingt es Ishtar, Anu dazu zu bewegen, ihren Wunsch zu erfüllen. Anu läßt sich also erweichen und schickt den Himmlischen Stier (ein Komet?) herab, der Gilgamesh angreift. Aber die Göttin hatte vergessen, daß Stiere und Ochsen dem Bereich des Mannes zugehören, ihm, der die Tiere zähmte, und so ist es für die beiden Cowboys Gilgamesh und Enkidu ein leichtes, mit dem Stier fertig zu werden. Wieder ist Ishtar außer sich und erhebt sich auf die Stadtmauern von Uruk und ruft: «Unheil über Gilgamesh, der mich beleidigte.» Als Enkidu Ishtars Drohung vernimmt, reißt er dem Himmelsstier den rechten Schenkel aus und wirft ihn nach ihr. Zweifellos ist «rechter Schenkel» ein Euphemismus für die Genitalien des Stiers, und indem er der Göttin den Phallus ins Gesicht schleudert, verspottet Enkidu sie in ihrer Rolle als Göttin der Liebe *und* des Krieges und parodiert die alten Rituale zur Beschwichtigung der Großen Göttin in den Kastrationsriten. Daß wir Zeugen der Parodie eines alten Rituals sind, wird noch offensichtlicher, als Ishtar auf Enkidus Spott reagiert, indem sie den alten Trauergesang um den zerrissenen Gott anstimmt.

> Es scharte Ishtar die Dirnen um sich,
> Die Huren und Buhlerinnen:
> Über der Keule des Himmelsstiers hebt sie ein Klagen an.
> Aber Gilgamesh rief die Meister, alle die Waffenschmiede,
> Es rühmten die Meisterssöhne der Hörner Umfang...
> Er hängte sie hinein ins Schlafgemach des Hausherrn.

Während die Frauen über den abgetrennten Phallus des zerrissenen Gottes klagen, gehen die Handwerker wieder an die Arbeit, und Gilgamesh bringt die länger haltbaren Hörner in sein Gemach, ein Raum, der dadurch wie ein Stierschrein in Çatal Hüyük aussieht. Dadurch, daß ein altes Ritual in einen neuen Kontext versetzt wird, verhöhnen die Männer die alte Religion, in der die Frauen den Tod des Dumuzi beweinen. In diesem neuen Kontext wird die alte konservative Religion der Frauen in einem Lobgesang auf männliche Ambitionen verspottet. Die Schlacht zwischen den Geschlechtern könnte deutlicher nicht sein.

In den alten Ritualen wurde der Stier zu Ehren der Großen Göttin getötet. Diese zwei Männer jedoch haben jetzt ihre Unabhängigkeit, ihr Ich bestätigt, ihren Wunsch nach Transzendenz der nach unten ziehenden Kraft des Kollektivs, indem sie aus einem Sakrament ein Sakrileg machten. Und hier sollten wir uns daran erinnern, daß Uruk Inannas Stadt ist; es ist jene Stadt, in die die Künste der Zivilisation gebracht wurden, die *Mes* von Eridu; es ist die Stadt, die den Eanna einschließt, den geheiligten Bereich der Inanna. Was Gilgamesh da inszeniert, stellt eine ziemlich radikale Herausforderung der traditionellen Autorität dar. Wenn wir zwischen den Zeilen dieses Epos lesen, dann wird deutlich, daß dieses Ereignis nicht nur den Konflikt zwischen den Geschlechtern beschreibt, sondern auch den zwischen der politischen und säkularen Autorität des Königtums und der alten traditionellen Autorität der konservativen Religion des Tempels. Bestandteil des Konflikts zwischen Ishtar und Gilgamesh ist der Konflikt zwischen der Institution des Tempels und jener der militaristischen Monarchie, der Konflikt zwischen den zivilisierten Überresten der alten neolithischen Religion und der neuen männlichen Ordnung der Zivilisation.

Die Aktion der zwei Männer ist nichts weniger als eine kosmische Revolte. Es ist etwas geschehen, denn jetzt sind die Männer nicht nur entschlossen, die alten elementaren Naturgeister anzugreifen, sie sind auch fest entschlossen, den Göttern zu trotzen. Hier tritt zum ersten Mal in der Literatur das Muster des mit der Tragödie verbundenen übermäßigen Stolzes auf. Gilgamesh preist sich selbst, als er zu den Lyren der Mädchen singt:

«Wer ist der herrlichste unter den Mannen?
Wer ist der gewaltigste unter den Helden?
Gilgamesh ist der herrlichste unter den Mannen!
Gilgamesh ist der gewaltigste unter den Helden!»

Das Epos des Gilgamesh ist die eigentliche Grundlage der abendländischen Literatur, denn was wir hier verfolgen, legt das Muster für die gesamte folgende hebräische und griechische Literatur fest. Die zwei Helden sind ehrfurchtgebietend, aufregend und furchteinflößend, aber wie Achilleus oder Patroklus vor den Mauern der Achäer, oder wie König David sind auch sie Männer, die zu weit gegangen sind. Das Ich, das ein individuelles Bewußtsein durch Abspaltung von den Göttern des Himmels und den Geistern der Natur etablierte, hat seinen »Namen« in einem »Ich bin!« in den Horizont hineingeschrien, aber das Echo, das von Himmel und Erde zurückkommen wird, wird aus einem einzigen Wort bestehen, dem Todesurteil.

Das Unterfangen, Huwawa, dem Geist des Waldes zu töten, ist von Anfang an verflucht. Vielleicht weil er der wilde Mann der Steppe ist, zögert Enkidu, als sie schließlich das Haus von Huwawa erreichen. Enkidu versperrte Gilgamesh den Weg, als er die Schwelle zur Braut überschreiten wollte; jetzt versucht er noch einmal, Gilgamesh vom Tor des Wächters des Waldes zurückzuhalten. Aber Gilgamesh fährt ihn an, sich nicht wie ein Feigling aufzuführen, und beide stürmen sie über alle Grenzen hinweg in das Reich des Geistes.

Huwawa wird erschlagen; die Sieger triumphieren, aber der Sieg sollte sich als Pyrrhussieg für Gilgamesh erweisen, denn die Götter sind zusammengekommen und haben beschlossen, daß Enkidu sterben soll. Das Bewußtsein des Todes soll Gilgamesh vor Augen geführt werden, denn er wird den Rest seines Lebens über den Tod seines geliebten Freundes nicht hinwegkommen. Für Enkidu soll es auch keinen Heldentod geben; er wird nicht in der Schlacht sterben, sondern langsam an einer degenerativen Krankheit zugrunde gehen. Und nichts anderes kann der große und mächtige Gilgamesh tun, als völlig hilflos zuzuschauen.

Als Enkidu auf seinem Totenbett liegt, blickt er zurück auf sein Leben und verflucht die Dirne, die ihn in der Steppe betört hat. Er fordert, daß die Straße zu ihrer Bleibe werde und daß die Trunkenen sie schlagen sollen. Als der Gott Shamash Enkidus Fluch vernimmt, unterbricht er ihn und fragt ihn, wie er eine Frau verfluchen könne, die ihn gelehrt habe,

das Brot der Götter zu essen, und die ihn zu seinem geliebten
Freund Gilgamesh gebracht hätte. Enkidu betrachtet nun die
andere Seite seines Schicksals, lenkt ein, preist die Prostituierte und sagt, daß um ihrer Liebe willen der Mann seine Frau
und Mutter von sieben Kindern verlassen werde. Fluch und
Segen für die Prostituierte lassen die Ambivalenz in der
männlichen Wahrnehmung der Frau erkennen. Er fühlt sich
von ihr angezogen und abgestoßen; er sieht sowohl die schöne
Kurtisane, für die ganze Weltreiche untergehen werden, und
gleichzeitig die elende Straßenhure, die ihr Geschäft in den
Tavernen hinter den Stadtmauern verrichtet.

Das Bild des Mannes von der Prostituierten enthält eine
Progression durch vier Stufen hindurch, die an die Stufen des
Vicoschen Geschichtszyklus erinnern: das Zeitalter der Götter, das Zeitalter der Helden, das Zeitalter der Menschen und
das Zeitalter des Chaos. Das erste Zeitalter ist das Zeitalter
der Großen Göttin; dann kommt das Zeitalter der Tempelprie-
sterin, danach jenes der heiligen Tempelprostituierten und
schließlich das der völlig säkularen Straßenhure. Während die
Macht des Mannes zunimmt, nimmt die religiöse Macht der
Frauen ab. Zuerst gab es *hieros gamos*, den heiligen Verkehr
von Fruchtbarkeit und Lagerhaus, bei dem die Frau die Rolle
der Göttin spielte. Dann gab es die heiligen Tempelprostituierten, die das Ritual für viele zugänglich machten; aber in
dieser Routinisierung von Charisma ging die heilige Bedeutung verloren, und die gewöhnliche Prostituierte wurde zu
jener völlig säkularen Figur, die in der Subkultur der Männer
herumspukte. In dem *Diminuendo* jener Entwicklung von
der Priesterin zur Prostituierten finden wir einen Prozeß
fortschreitender Urbanisierung und Säkularisierung beschrieben, der in eine neue Welt führt, in der die alte universelle Religion der Großen Göttin vergessen ist.

Mit einem Fluch und einem Segen für jene Dirne auf den
Lippen, die ihn gefangen und in die Gesellschaft gebracht
hatte, stirbt Enkidu, und Gilgamesh beginnt seinen wilden
Trauergesang. Der Mann, der den Geist des Waldes tötete,
muß sich jetzt mit dem Tod und der Bedeutung seiner Handlung auseinandersetzen. Er, der bereit war, um seines Na-
mens willen ein Ich vom Universum abzutrennen, muß jetzt

lernen, daß die Definition von Individualität gerade in der Begrenzung besteht, daß die Form eines Dings durch seinen Rand bezeichnet wird und daß der Rand des Seins der Tod ist.

Da Gilgamesh ein Heros ist, zu zwei Drittel Gott und nur zu einem Drittel Mensch, ist der Tod für ihn ein größerer Affront als für einen gewöhnlichen Menschen. Er kann sich nicht mit den Begrenzungen eines Menschen abfinden, sondern muß immer wieder zu den äußersten Grenzen aller Dinge vordringen. Seine Weigerung den Tod zu akzeptieren, veranlaßt ihn zu einer Reise an den äußersten Rand der Welt. Er tritt an den Rand des Raums und blickt hinter die Ränder der Zeit, um einen Einblick in das Mysterium der Zeit vor der Flut, vor Beginn dieser Epoche zu erlangen.

Auf einer der Wegstationen seiner langen Reise spricht ein Barmädchen in einer Taverne mit Gilgamesh und versucht ihm etwas Wirklichkeitssinn für die menschliche Situation mit auf den Weg zu geben.

»Gilgamesh, wohin läufst du?
Das Leben, das du suchst, wirst du sicher nicht finden!
Als die Götter die Menschheit erschufen,
Teilten den Tod sie der Menschheit zu,
Nahmen das Leben für sich in die Hand.
Du, Gilgamesh – dein Bauch sei voll,
Ergötzen magst du dich Tag und Nacht!
Feiere täglich ein Freudenfest!
Tanz und spiel bei Tag und Nacht!
Deine Kleidung sei rein, gewaschen dein Haupt,
Mit Wasser sollst du gebadet sein!
Schau den Kleinen an deiner Hand,
Die Gattin freu' sich auf deinem Schoß!
Solcher Art ist das Werk der Menschen!«

Aber gesunder Menschenverstand ist nichts für Gilgamesh, und so reist er weiter, bis er an das gefährliche Meer am Rande der Welt gelangt. Er hat Steppen überquert, das Tor des Skorpions durchschritten, Berge überstiegen, und er ist durch die lange Dunkelheit eines Tunnels gegangen, wo er die zwölf Doppelstunden des Tages ohne Licht war. Als Gilgamesh endlich an den Wassern des Todes ankommt, sucht er nach dem Bootsmann des Utnapishtim, der der einzige ist, der ihn über die gefährlichen Gewässer übersetzen kann. Er kann den sagenumwobenen Bootsmann nicht finden, aber er stößt auf zwei Steinbilder, die dem Bootsmann gehören, und aus Zorn und Frustration zerschmettert der große heroische Extrovertierte, der Mann, der es gewohnt ist, was auch immer er fühlt, sofort auszuleben, die Steine.

Die Gelehrten betrachten die zwei steinernen Götzenbilder, die der Bootsmann benutzte, als magische Talismane, die ihm halfen, die trügerische See zu überqueren, aber es könnte auch eine andere Bedeutung geben. Im *Midrash* über Noah heißt es, daß Noah einen Stein bei sich trug, der, wenn er im Dunkel der Arche hochgehalten wurde, seine Farbe veränderte, sofern draußen die Sonne schien.[34] Auch die Wikinger benutzten bestimmte polarisierende Kristalle, die ihnen an nebligen und bedeckten Tagen navigieren halfen. Es könnte durchaus sein, daß die Steine des Bootsmannes nicht nur Fetische, sondern möglicherweise eine Art alter Navigationskristalle waren. Und tatsächlich sagt der Bootsmann, als er zurückkommt, zu Gilgamesh, daß er genau das zerstört hat, was es ihm ermöglicht hätte, die See zu überqueren.

Nach dem Verlust der magischen Steine sucht der Bootsmann nach einem anderen Weg zurück und beauftragt Gilgamesh, einhundertzwanzig Bäume zu fällen, um Staken daraus zu machen, denn das Wasser ist dermaßen tödlich, daß es die Staken bei jedem Stoß zerfrißt. Sobald er mit seiner Aufgabe fertig ist, ist auch der Bootsmann bereit, und nach großen Mühen kommt Gilgamesh schließlich am Haus von Utnapishtim an. An dieser Stelle der Geschichte treffen wir nun auf eine neue Anordnung von Gegensätzen. Enkidu war der haarige Mann der Steppe und Gilgamesh der Heros der Zivilisation; jetzt aber besteht der Kontrast zwischen Gilgamesh, dem König, dem Mann mit politischer Macht, dem heroischen Mann der Tat und Extrovertierten einerseits, und Utnapishtim, dem Mann religiöser Autorität, dem introvertierten Weisen andererseits. Weit über den Rand der Welt hinaus und weit entfernt von allem, was irgend jemand über die Geschichte wüßte, sitzt Gilgamesh jetzt zu Füßen des Weisen, des großen alten Mannes der Berge, und hört die Geschichte von der Flut und wie die Götter selbst Utnapishtim warnten und ihm rieten, eine Arche zu bauen. Das Boot, das die Götter Utnapishtim zu bauen beauftragen, ist kein gewöhnliches Boot, sondern ein perfekter Würfel mit sieben Ebenen; diese Arche erinnert eher an einen platonischen Kubus aus dem *Timaios* als an ein seetüchtiges Gefährt. Der Würfel ist das traditionelle hermetische und alchemistische Symbol für die Erde; es scheint beinahe, daß hier die Erschaffung eines neuen Erdkörpers für die neuentstehende Weltepoche beschrieben wird. Um sich vor den Katastrophen zu retten, die jeweils am Ende eines Weltzyklus auftreten, kann man nicht einfach fortlaufen; man muß innerlich eingestimmt sein auf den neuentstehenden »feinstofflichen« Körper des Planeten: eingestellt nicht auf ein Versteck im physischen Körper, sondern auf die Formen des ätherischen Körpers. Und deshalb ist die Arche kein Boot, sondern ein kristalliner Würfel, der die neuen Lebensformen enthält.[35]

Die Geschichte von der Flut und dem Bootsmann, den ein Gott warnt, ist uns natürlich aus der Geschichte von Noah bekannt, die viel von ihrem sumerischen Vorläufer geborgt hat. Aber bei all den vielen Ähnlichkeiten zwischen den beiden Berichten von der Flut – die Arche, die Errettung der Tiere und das Aussenden des Raben, um trockenes Land zu finden, nachdem der Regen aufgehört hat – so sind doch auch die Unterschiede bemerkenswert. Die sumerische Version ist esoterischer; heilige Geometrie und Numerologie treten im Zusammenhang mit der Struktur der Arche zutage, und Utnapishtim wird zu einem eingeweihten Weisen und Lehrer. Der Beiname von Utnapishtim ist »Atrahasis« oder »der über die Maßen Weise«, aber seine Weisheit ist nicht nur die einfache volkstümliche Weisheit eines alten Mannes. Utnapishtim ist viel mehr ein Yogi als Noah es war. Seine Instruktionen für Gilgamesh sind täuschend einfach, aber in seinen Worten steckt verborgenes Wissen:

Wer aber wird nun zu dir die Götter versammeln,
Daß du findest das Leben, welches du suchst?
Auf, begib des Schlafs dich sechs Tage und sieben Nächte!

Was dieser Introvertierte dem großen Extrovertierten im Grunde sagt, ist: »Du hast Löwen getötet, oh großer Held; aber kannst du auch deinen eigenen Geist erschlagen?« Nur dem fortgeschrittensten Praktiker der Meditation könnte es gelingen, Utnapishtims Test zu bestehen und sechs Tage und sieben Nächte lang ohne einzuschlafen auf seinen Geist zu achten. Was Utnapishtim Gilgamesh da aufgetragen hat, ist eine Übung des *Yoga Nidra*, des Yoga des Schlafs. Der fortgeschrittene Yogi beobachtet, wie sich sein Geist in den hypnagogischen Zustand begibt, dann in den Traumzustand und wie er schließlich aus dem Traumzustand »aufwacht« zu einem wachen Geist auf der Astralebene, von der aus er herabblicken und seinen physischen Körper auf dem Bett ruhen sehen kann. Von dort kann der Yogi durch einige *Bardo*erfahrungen auf der Astralebene hindurchgehen, bis auch der Astralkörper abgestreift ist und das Sein sich zu den höheren Ebenen des spirituellen Bereichs erhebt. Schließlich, so lehren die vedischen *Upanishaden*, begibt sich das Individuum zu Füßen des Brahman, jenseits aller Ebenen manifester Formen, in einen Bereich reinen göttlichen Bewußtseins. Eine durchschlafene Nacht ist ein Mikrokosmos innerhalb des gesamten kosmischen Zyklus von Schöpfung und Wiedereinatmen durch das Universum. Als Utnapishtim den großen Heros hinterhältig dazu auffordert, seinen Geist zu beobachten und nicht einzuschlafen, da fordert er ihn eigentlich dazu auf, ein Yogi zu werden. Gilgameshs Aufgabe scheint so einfach zu sein und ist doch in Wirklichkeit die schwierigste Aufgabe der Welt.

Und so überrascht es nicht, daß der große Held nach ein paar Sekunden schnarcht. Als Utnapishtim Gilgamesh betrachtet, sagt er zu seiner Frau: »Schau dir den starken Mann an, der (ewiges) Leben will.« Der Kontrast zwischen dem Mann politischer Macht und dem Mann religiöser Autorität, dem Extrovertierten und dem Introvertierten, könnte größer nicht sein. Und man kann nur staunen über die Größe jener Hofsänger der 3. Dynastie von Ur, die die Episoden des mythischen Zyklus um Gilgamesh zusammenstellten, denn das Epos ist nicht länger nur ein Mythos, der das kollektive Unbewußte ausdrückt; es wurde zu einem Kunstwerk, das

das individuelle Bewußtsein des Künstlers verdeutlicht. Durch die Größe der Kunst gelangten das einzigartige Bewußtsein des individuellen Künstlers und das universelle Bewußtsein der Kultur zur Einheit.

Gilgamesh schläft ein und schläft ebenso viele Tage, wie Enkidu in der Steppe die Dirne geliebt hat. Als er schließlich wieder aufwacht, behauptet er, er sei nur für einen Moment eingeschlafen. Aber Utnapishtims Frau hat jeden Tag einen Laib Brot gebacken und ihn neben dem schlafenden König gelegt. Der Schimmelpilz auf dem alten Brot macht Gilgamesh klar, daß er nicht nur einen kurzen Moment lang geschlafen hat. Und jetzt erkennt der große Held, daß seine Suche nach eigener Unsterblichkeit vergebens war und verzweifelt erkennt Gilgamesh, daß er das Schicksal der Menschheit als sein eigenes akzeptieren muß. Aus Mitleid mit ihm beauftragt Utnapishtim seinen Bootsmann Ursunabi, Gilgamesh zum Platz der Reinigung zu bringen, damit Gilgamesh die Zeichen seiner langen und fruchtlosen Reise auslöschen kann. Als kleinen Trost gibt ihm Utnapishtim ein besonders Kleidungsstück, das die ganze Rückreise lang halten wird.

Gebadet und neu gekleidet klettert Gilgamesh wieder in das Boot von Ursunabi, aber beim Abschied sagt Utnapishtims Frau zu ihrem Mann, daß Gilgamesh ein Abschiedsgeschenk erhalten solle. Utnapishtim hört die Bitte seiner Frau und erzählt Gilgamesh, wo er eine stärkende und verjüngende Pflanze finden kann. Die wundersame Pflanze wächst in der Tiefe, und um sie zu erlangen, muß Gilgamesh Gewichte an seinen Gürtel binden, um auf den Boden des unterirdischen Wassers sinken zu können. Bei dieser Aufgabe, die heroisches Handeln und Mut verlangt, ist Gilgamesh in seinem Element, und so gelingt es ihm, die Pflanze zu entdecken und heraufzuholen. Mit diesem Abschiedsgeschenk des Weisen in seinen Händen beginnt Gilgamesh seine Rückreise. Als er und Ursunabi aber über Nacht Halt machen, nimmt Gilgamesh ein Bad in einem kleinen Teich, aus dessen Tiefe eine Schlange emporsteigt und ihm die Pflanze entreißt. Unmittelbar nachdem sie die magische Pflanze gegessen hat, wirft sie ihre Haut ab und verjüngt sich. Gilgamesh sieht, was die Schlange getan hat, aber es ist zu spät, den Diebstahl zu verhindern. In der Erkenntnis dieses Verlusts setzt sich der große König nieder und weint. Es scheint, daß der Heros von dieser Expedition nichts anderes mitbringen kann als das, was Herz und Verstand mitnehmen können – die Weisheit der Reise.

Die Schlange, die auf dem Boden des Teichs lebt und heraufsteigt, um sich die Verjüngungspflanze zu nehmen, ist eine bekannte Darstellung der Schlange der *Kundalini*, die, wenn sie sich erhebt, eine Kraft größter Intensität und erneuerter Jugend freisetzt. Aber die Tatsache, daß die Schlange wieder in die Tiefen des Brunnens zurückkehrt, nachdem sie sich die Pflanze geholt hat, zeigt an, daß Gilgamesh kein Eingeweihter geworden ist. Der alte Yogi Utnapishtim gab Gilgamesh eine Chance, aber Gilgamesh nahm sie nicht wahr; stattdessen versuchte er die Pflanze für die alten Männer der Stadt und für sein eigenes Alter aufzubewahren. Weisheit ist jedoch kein Gebrauchsartikel, den man aufheben kann; man muß sie sofort gebrauchen, sonst geht sie verloren. (Die mittelalterliche Vorstellung dieser spirituellen Wahrheit ist in der Geschichte vom Heiligen Gral ausgedrückt; als Parzival den Gral im Schloß des Fischerkönigs findet, es aber versäumt, danach zu fragen, verliert er seine Chance und zerstört sein Schicksal). Spirituelle Transformation ist kein Gegenstand, der gehortet werden kann; ihre Energie muß sofort genutzt werden, sonst geht es einem schlechter, nicht besser: Stasis führt zur Degeneration. Das Bild der schlafenden Schlange am Boden des Teichs, mit dem sich über der Pflanze der Verjüngung schließenden Mund, ist ein Bild des »feinstofflichen« Körpers eines nicht erwachten Menschen. Gilgamesh mag zu zwei Dritteln ein Gott gewesen sein, aber am Ende all dieses Umherziehens muß er nach Uruk zurückkehren als einer, der ganz und gar ein Mensch ist, definiert durch jene Begrenzungen, die alle Menschen auszeichnen.

Gilgamesh kehrt in seine Stadt zurück, und in einer *Aria da Capo* führt der Hofsänger sein Publikum zurück zu einer Meditation über die Mauern der Stadt; dieses große Epos endet mit dem Akzeptieren von Begrenzung und einem Lobgesang auf jene Form von Begrenzung, die Mauer. Der Mann, der den Geist des Waldes erschlug, konnte das Monster des Todes nicht erschlagen; die Mauern der Stadt mögen sich gegen die Wüste erheben, aber für wie lange, kann kein Mann sagen und kein Dichter besingen.

V

Der Hofdichter, der den Legenden von Gilgamesh die Form eines Epos gab, diente Königen; er war ein Mann, der sich am Rande hielt, der die Machtkämpfe, die Kriege und den Geiz beobachten konnte. Die 3. Dynastie von Ur war eine Zeit, als in den königlichen Gräbern siebzig Diener getötet und mit ihrem toten König inmitten einer zeremoniellen Prozession des Luxus, goldener Streitwagen, feiner Kleider und Juwelen begraben wurden. Vielleicht dachten die Könige, sie könnten all dieses Gold über den Tod hinaus mitnehmen, und vielleicht war unser Hofsänger einer der Diener, die getötet wurden, um den großen König und Abkömmling von Gilgamesh auf seiner Reise in die Unterwelt zu begleiten. Der Dichter jedoch ließ ein Monument zurück, großartiger als alles Gold der Gräber und auch großartiger als die große Mauer von Uruk, denn in seiner Meditation über den Tod und die Grenzen heroischen Handelns bei der Verfolgung von Machtinteressen, schenkte er uns ein Porträt des weisen alten Einsiedlers, der jenseits der Zivilisation und ihrer Mauern lebt und all ihre Torheiten kennt. Das Muster, das von diesem anonymen Hofdichter der 3. Dynastie von Ur niedergelegt wurde, sollte zur Grundlage aller späteren Geschichten über Macht und Autorität werden, angefangen bei Laotse, der sich weigerte, zum Kaiser zu kommen, bis hin zu William Faulkner, der nicht zu den auserlesenen Abendessen bei Präsident Kennedy erschien. Wenn sowohl der Weise wie der Künstler sich weigern, am königlichen Hof zu tanzen, dann folgen sie dem Pfad des weisen alten Mannes weit jenseits der Zentren der Macht.

Trotz all ihrer Macht sollte die 3. Dynastie von Ur nicht allzu lange existieren. Der Hofsänger mag das Epos um 2150 v.Chr. gesungen haben, aber um 1950 v.Chr. singt ein anderer Dichter die »Klage um die Zerstörung von Ur«.

Das Volk trauert.
Der Leute (Leichen), nicht Tonscherben
verunreinigten die Wege.
Die Mauern klafften auf;
die großen Tore, die Straßen,
waren mit Toten überhäuft.
In den breiten Straßen, in denen (einstmals) die feiernde Menge
sich versammelte,
übereinander lagen sie.
In allen Straßen und Durchgängen lagen Leichen.
Auf offenen Feldern, die sonst voller Tänzer waren,
lagen die Leute in Haufen.
Des Landes Blut füllte jetzt seine Löcher,
wie Metall in einer Gußform;
Körper zerflossen – wie Butter in der Sonne.[36]

Die Mauern der Stadt hatten das Lagerhaus und die Schätze eingeschlossen, und beides zog die wilden Männer der Berge, die Elamiten an. In der Menschheit »Aufstieg zur Zivilisation« war die menschliche Rasse in die Zivilisierten und die Barbaren aufgeteilt worden, womit das Muster, Barbaren gegen die Stadt, ausgelegt war. In China, in Mohenjo Daro in Indien, in Sumer, in Mykene, in Troja, in Rom, in Teotihuacan im alten Mexiko sollten Städte mit ihren Stadtmauern heranwachsen, mit Stufentürmen und Pyramiden; doch dann, nach einer kurzen Zeit der Herrlichkeit, würden die Barbaren hereinströmen, und wieder einmal würde der Geist Liliths kommen und auf den Ruinen tanzen. Gleich ob die Barbaren Elamiten, Hunnen oder Chichimeken hießen, die Geschichte von den wilden Männern im Kampf gegen die Stadt ist immer die gleiche.

Aber selbst in ihrem Tod sollte die sumerische Zivilisation die Imagination der alten Welt gefangen halten. Die sumerische Sprache, ebenso wie das Griechische in den Tagen der römischen Kaiser, galt als die klassische Sprache der Kunst und des Wissens; die kulturellen Muster lebten weiter im Leben des semitischen Volkes, das nach ihnen kam. Die sumerische Zivilisation dauerte einen ganzen platonischen Monat lang, von 4000 bis 2000 v.Chr. Viele Zivilisationen können das nicht für sich in Anspruch nehmen. Als der Kreis der Sternzeichen sich weiterbewegte und die Geschichte in das 2. Jahrtausend v.Chr. eintrat, kam es zu einer weiteren Periode der Instabilität. Ur wird 1959 v.Chr. zerstört. Gegen 1900 haben sich Griechen in Mazedonien niedergelassen, gegen 1850 sind die indo-europäischen Hethiter in Anatolien ansässig, gegen 1750 wird Stonehenge aufgegeben, und zur gleichen Zeit beginnen andere indo-europäische Stämme aus den Steppen Eurasiens wegzuwandern, zuerst in den Iran hinein und später bis nach Indien. Wo auch immer diese Stammesleute hingehen, sie bringen eine äußerst bewegliche Kriegergesellschaft mit.

> Die Schlußfolgerung, daß die Indo-Europäer eine patriarchale Gesellschaftsform hatten, ist berechtigt. Es gibt ein beträchtliches gemeinsames Vokabular an Begriffen für agnatische Beziehungen und kaum eines für die Verwandtschaft mütterlicherseits. Dies stimmt mit dem äußerst patriarchalen Gesellschaftscharakter unter den Römern, den Ariern sowie den frühen Kelten und Germanen überein...
> Die Indo-Europäer scheinen eine Art Stammesgesellschaft entwickelt zu haben, die im Krieg eine effektive Führung zuließ.[37]

Die Eingeborenendörfer auf dem Dekkan könnten zur Großen Mutter gebetet haben, aber die Kriegerstämme, die in Indien eindrangen und die vedische Tradition etablierten, waren patriarchale und militaristische Gesellschaften. Gleich ob in Indien, Anatolien oder Mesopotamien: Der Übergang vom engen und vergleichsweise friedlichen Leben im neolithischen Dorf zum Stadium der Zivilisation ist ein Übergang von der Großen Mutter zum Großen Vater.

Neumann sah eine psychologische Evolution des Bewußtseins in dieser Entwicklung,[38] aber es gibt auch andere Interpretationen. Gleich ob man in einem umherziehenden Stamm lebt oder in einer ansässigen Zivilisation, der Krieg ist die Natur der gesellschaftlichen Wirklichkeit, und Krieg ist eine Subkultur, die sich um die Gestalt eines Anführers oder Königs herum ansiedelt. Das dörfliche Matriarchat hat der Bedrohung durch eine ausgewachsene Invasion einfach nichts entgegenzusetzen.

Hellmut Wilhelm, der an Jungs jährlichen Eranos-Konferenzen teilnahm, würde wie Neumann einen psychologischen Übergang von einem Archetypus zu einem anderen sehen, wobei er allerdings darüber hinaus bei dieser Transformation des Bewußtseins auch eine äußere, historische Dimension zu erkennen glaubte. Ob wir über Indien, Anatolien, Mesopotamien oder über China reden, immer scheint es um den Übergang vom Matriarchat zum Patriarchat zu gehen.

> Die totemistische matriarchale Religion der Shang, die ihre Anhänger durch Furcht kontrollierte, war den frühen Chou-Herrschern fremd. Ebenso fremd war jenes undefinierbare Zwielicht, das die Beeinflussung der dunklen Kräfte der menschlichen Psyche zuläßt und ihnen in Blutopfern ein sanktioniertes Ausdrucksmittel verschafft.[39]

Von den neolithischen Dörfern zum organisierten Staat, vom Gartenbau zum künstlich bewässerten Ackerbau, von der Ikonographie zur Schrift, von unorganisierten Überfällen zur institutionalisierten Kriegsführung, von Gebräuchen zu Gesetzen, von matriarchaler religiöser Autorität zu patriarchaler politischer Macht, vom Mysterium zur Geschichte: die Transformation war so vollkommen, daß die Vergangenheit selbst neu erfunden werden mußte, um eine neue Grundlage für eine radikal veränderte Gegenwart zu schaffen. Heute, da wir selbst eine radikal veränderte Gegenwart betreten, ist es nicht verwunderlich, daß das patriarchale Bild der Vor- und Frühgeschichte auseinanderfällt. Der Schritt in die Zukunft beinhaltet immer eine Revision der Vergangenheit.

KAPITEL 5

Zivilisation und Initiation im alten Ägypten

W ÜRDE EIN HISTORIKER auf Çatal Hüyük im 7. vorchristlichen Jahrtausend blicken und dann auf Uruk im 4. Jahrtausend und sich dann fragen, ob es nicht irgendwo ein mythologisches Gemälde oder eine Geschichte gibt, die die Übergangsstufe vom Matriarchat der neolithischen Ortschaft zum Patriarchat urbaner Zivilisation darstellt, dann wäre der Mythos von Isis und Osiris die Antwort. In dieser Legende aus dem alten Ägypten findet sich eine klare Darstellung des Konflikts zwischen dem Mutter-Bruder und dem Sohn um die Legitimität einer so neuartigen historischen Figur wie den »Vater«.

Obwohl uns viele Hymnen auf Isis, Osiris und ihr göttliches Kind Horus erhalten geblieben sind, so steht uns unglücklicherweise doch keine vollständige Erzählung des Mythos aus einer Zeit vor Plutarchs Wiedererzählung der Geschichte zur Verfügung. Der ägyptische Mythos in Plutarchs römischen Händen ist wie ein Fossil in den Marmorfliesen, die die Foyers New Yorker Hochhäuser dekorieren. Wenn wir uns einen präkambrischen Trilobit in der Lobby einer New Yorker Bank ansehen, dann ist es nicht gerade einfach, über seine urzeitliche Umwelt zu spekulieren. Aber wenn wir uns noch einmal den Ratschlag von Lévi-Strauss zu Herzen nehmen, daß nämlich jede Variante eines Mythos Berücksichtigung finden sollte, dann erweist sich die späte römische Konservierung eines alten ägyptischen Mythos doch nicht als wertlos. Da ein Mythos immer eine bestimmte archetypische Struktur besitzt, ist es für den Geschichtenerzähler schwer, sie völlig zu verdrehen. So kann man beispielsweise die Geschichte von Jesus nicht erzählen, ohne seine Geburt, seinen Tod und seine Auferstehung zu erwähnen. Genauso ist es mit Osiris. Aus Plutarchs Erzählung geht hervor, daß er nicht versteht, was er da weiterreicht, aber gerade die Tatsache, daß das, was er da wiedergibt, für ihn so fremd ist, ist ein Hinweis dafür, daß sie nicht von ihm stammt. Gleich welche Zusätze sich der Geschichte angegliedert haben, sie waren Bestandteil der Kultur, für die der Mythos von Isis und Osiris von Bedeutung war, und sie wurden so Teil des Ganzen. Ein Mythos ist nicht so sehr ein Ausdruck einer bestimmten Zeit als vielmehr ein Ausdruck von Zeit an sich. Was uns heute alt erscheint, war zu seiner Zeit eine Wiederbearbeitung von etwas, das schon für die Alten uralt war. Ein Mythos handelt immer von den alten Zeiten. Bei spezialisiertem wissenschaftlichen Wissen geht es immer um Teile, bei der Mythologie hingegen geht es immer um das Ganze, um den Anfang und das Ende der Dinge. Ein Astronaut umkreist den Mond und rezitiert die Genesis, aber die Autoren der Genesis waren selbst damit beschäftigt, alte Geschichten in eine neue Landschaft zu versetzen. Ebenso Plutarch: seine Geschichte über Isis und Osiris ist nicht nur ein Fossil; sie ist ein Fossil in einer Kiste in einer Kiste in einer Kiste. Der Mysterienkult der Isis im römischen Ägypten war ein Versuch, zur Religion des Neuen Reichs zurückzufinden, die ihrerseits versuchte, zur Religion des Alten Reichs zurückzufinden. Und die Religion des Alten Reiches war die zivilisierte Krönung eines Wandlungsprozesses, der in prähistorische Zeiten zurückreicht.

Es findet sich bis heute kein eindeutiger Hinweis dafür, daß Osiris in der vorgeschichtlichen Zeit verehrt wurde. Aber selbst wenn dem nicht so wäre, dann würde das nicht bedeuten, daß die primitive Gestalt mit dem hochentwickelten Gott historischer Zeiten viel gemein hätte. Kürzlich wurde ein Osirissymbol gefunden, das zeitlich zu Beginn der historischen Epoche, um 3000 v.Chr. plaziert wird, aber ansonsten gibt es keinen definitiven Beweis für seine Existenz, bis er in den Texten in den Pyramiden auftaucht, die zwischen 2400 und 2200 v.Chr. geschrieben wurden. In diesen Texten ist er bereits hochentwickelt, ausgestattet nicht nur mit

einer vollständigen Mythologie, sondern auch mit einer wohl-
durchdachten Theologie.[1]

Die Geschichte entwickelt sich spiralförmig, und mit jeder
Umdrehung gelangt sie auf einer neuen Ebene zurück zu ihrer
Ausgangsposition, vom Freimaurertum in Mozarts *Zauber-
flöte* über die Hermetik der Renaissance, den Synkretismus
zu Zeiten Plutarchs Römischen Reichs, das Neue Reich und
die Reformation der ägyptischen Religion bis zum Alten
Reich und die Begründung der Zivilisation. Aber wie ich in
diesem Buch zu zeigen versuche, ist die Geburt der Zivilisation weit entfernt vom Anfang der Dinge. Und so wende ich
mich auf der Spirale zurück zu Plutarch, der selbst auch
zurückschaut.

»Man sagt: Nachdem Nut heimlich dem Geb beigewohnt habe,
habe Re, der es bemerkte, eine Verwünschung über sie gesprochen, daß sie weder in einem Monat noch in einem Jahr gebären
könne. Auch Thot habe die Göttin geliebt und sei mit ihr zusammengekommen; darauf habe er mit der Mondgöttin (Selene) das
Brettspiel gespielt und ihr von jedem Tag $\frac{1}{70}$ abgewonnen, aus
allen (Siebzigsteln) habe er fünf Tage gebildet und diese den 360
(Tagen des Jahres) hinzugefügt, die die Ägypter nun die › Hinzuge-
fügten‹ (Epagomenen) nennen und als Geburtstage der Götter
feiern. Am ersten sei Osiris geboren und bei seiner Geburt habe
sich eine Stimme vernehmen lassen, daß der Allherr ans Licht
getreten sei ... Am zweiten Tag sei Haroeris geboren, den einige
Apollon oder auch den älteren Horus nennen; am dritten Seth,
allerdings nicht zur rechten Zeit und auch nicht auf die übliche
Weise, sondern mit einem Stoß die Weiche durchbrechend sei er
herausgesprungen; am vierten sei Isis im ganz Feuchten geboren
und am fünften Nephthys ... Osiris aber und Haroeris stammen
von Re, von Thot stamme Isis und von Geb Seth und Nephthys.
Deshalb hielten die Könige den dritten Epagomenentag für einen
Unglückstag und erledigten keine Geschäfte noch pflegten sie sich
selbst bis zur Nacht. Nephthys habe den Seth geheiratet. Isis und
Osiris liebten sich und hätten schon vor der Geburt im Mutterleib
in der Dunkelheit sich vermischt ... «[2]

Der Mythos beginnt mit einer Diskussion über die Gliederung des Kalenders und über die fünf zusätzlichen Tage des

Jahres, denn es geht in diesem Mythos um die Natur der Zeit. Die Götter sind unsterblich und werden deshalb nicht *innerhalb* der Zeit der menschlichen Gesellschaft geboren; sie werden »außerhalb« geboren, in dem umfassenderen Rahmen der epagomenalen Tage. Da die Gliederung des Kalenders ein ganz wesentlicher Bestandteil der Gliederung einer Zivilisation ist, wird der Ursprung der Gesellschaft als Metapher für die Gliederung von allem benutzt – besonders für den Ursprung des Sonnensystems.

Wir sollten erinnern, worauf von Dechend immer wieder hinweist, und vermeiden, allzu herablassend zu reagieren, wenn wir es mit anscheinend absurden mythologischen Darstellungen zu tun haben, sondern erkennen, daß wir es mit der technischen Sprache einer Elitekaste von Priesterastronomen zu tun haben. Tausend Jahre weiter und es könnte sich eine andere Kultur über uns lustig machen und behaupten, daß man in jener Zeit glaubte, ein Wind wehte von der Sonne bis ans Ende des Sonnensystems, ohne dabei zur Kenntnis zu nehmen, daß wir den Begriff »Wind« als Metapher für eine Aktivität benutzen, wenn wir vom »Sonnenwind« reden. Ebenso die alten Ägypter: wenn sie den Kopf eines Tieres auf den Körper eines Gottes setzen oder Osiris' Körper grün darstellen, bedeutet das nicht, daß die Götter Tierköpfe haben oder daß Osiris' Haut grün war. Stattdessen kann die für ein Tier charakteristische Aktivität oder Qualität metaphorisch die Aktivität des Gottes beschreiben. Da man von Osiris annahm, daß er eng mit der Kraft lebendiger Vegetation verbunden war, wurde er grün gemalt. Ein Ägyptologe, ein Astronom und ein Psychologe wären nötig, die Besonderheiten dieser alten Kosmologie zu entziffern, aber trotz allem können wir uns zumindest bewußt bleiben, daß das, was uns in diesem Ursprungsmythos dargeboten wird, kein abergläubisches Geschwätz, sondern die poetische und intuitive Erinnerung an die Gliederung des Sonnensystems ist.

Geb ist im Grunde nicht die Erde, sondern vielmehr eine Metapher für die kosmische Staubwolke vor der Trennung in Sonne und einzelne Planeten. In anderen ägyptischen Mythen wird erzählt, wie Shu mit Hilfe der Windgeister den Himmel anhebt, um Nut von Geb zu trennen. In der sumerischen

Kosmologie dehnt sich Enlil, der Gott der Luft, aus, um Himmel und Erde, An und Ki, zu trennen. Wenn also die Ägypter oder die Sumerer über Luft oder Wind sprechen, dann reden sie von der Ausdehnung der Gase und benutzen den Wind, wie wir das auch heute noch tun, als eine poetische Metapher. Und während sich die uranfänglichen Gase verändern, wird der trübe kosmische Staub, Geb und Nut, transformiert, und aus diesen Ureltern tauchen nach und nach Abkömmlinge, die Planeten auf. Isis, die Figur einer Muttergöttin bis hinein in römische Zeiten, ist höchstwahrscheinlich der Planet Erde, und Osiris, von dem man annimmt, daß er ursprünglich ein Mondgott war,[3] ist der sie begleitende lunare Himmelskörper. Wenn der Mythos sagt, daß Isis und Osiris sich im Mutterleib geliebt haben, dann sollten wir verstehen, daß dies die Überzeugung darstellt, daß Mond und Erde einmal eins und nicht getrennt waren.[4] Wenn also der Mythos vom Geschlechtsverkehr anderer Götter spricht, dann liegt die Vermutung nahe, daß es um die Ausprägung der verschiedenen Planeten und ihre späteren astrologischen Konjunktionen geht. Da Seth den Körper von Osiris in vierzehn Teile aufschneidet und später der Bug des Sonnengottes Ra wird, würde ich annehmen, daß Seth mit dem Planeten Venus verknüpft war. Wenn die Venus nahe dem Mond steht, dann bezeichnet dies die Zeit der Zerstückelung, und wenn die Venus der Morgenstern ist, der vor der Sonne am Morgenhimmel aufsteigt, dann wird Seth zum Bug des Schiffes von Ra und führt die Sonne.

Die Bewegungen der Planeten werden zu Geschichten dramatisiert, die wie alle großen Mythen eine Bedeutung für Kinder haben können und eine andere für den Erwachsenen, der dem Kind die Geschichte erzählt. In einer hierarchischen Gesellschaft dürfte der Mythos eine Bedeutung für den Priesterastronomen und eine andere für den Bauern gehabt haben.

Um zu verstehen, wie ein Mythos über den Ursprung des Kalenders gleichzeitig den Ursprung des Sonnensystems behandeln kann, müssen wir uns klar machen, daß ein Mythos kein linearer Code ist, sondern eine polyphone Fuge. Ein einzelner Mythos kann eine Beschreibung der Gliederung des

Sonnensystems sein, der zeitlichen Bewegungen der Planeten und Sterne, der Gestaltung der Zivilisation im Übergang vom neolithischen Matriarchat zum patriarchalen Staat, der Entwicklung des Bewußtseins von der Großen Mutter bis zum völlig individuierten Sein und schließlich der Transformation des zentralen Nervensystems im Verlauf des yogischen Wegs zur Erleuchtung. Eine mythische Darstellung funktioniert über ein System von Übereinstimmungen, so daß ein Gott gleichzeitig ein Ordnungsprinzip, eine Zahl, eine geometrische Figur, ein Tanzschritt, ein Mantram, ein spezieller Planet und ein himmlisches Wesen ist. Selbst wenn man die Analysen von Jung, Lévi-Strauss, von Dechend, Neumann und meine eigene zusammennimmt, dann hätte man immer noch nicht alle Dimensionen des Mythos dargestellt.

Die lunaren Häuser – betrachten wir sie als Gasthäuser – und die Planeten, die in ihnen einkehrten: das war die »himmliche Schrift«; der Himmel wurde als Buch verstanden. Das könnte auch eine Erklärung dafür sein, daß viele alte Alphabete die Vokale nicht schreiben: sie sind »Planeten«, Wanderer zwischen den Buchstaben, und es wäre nicht richtig, sie festzulegen.

Aber jeder Planet hat nicht nur einen ihm zugeordneten Vokal, ein Element, einen Edelstein, einen Baum, bestimmte Tiere – sondern auch Tanzschritte und Maßeinheiten.

Wenn die Zahl die einzig anerkannte Wirklichkeit ist, dann ist all dies und vieles mehr möglich...

Es klingt schwierig und ist es auch: Wörter sind Abbilder oder Kopien von Zahlen, und die Zahl ist die verstandesmäßig faßbare Ordnung des Kosmos. Erinnern wir uns an die babylonischen »Götter«, die in reinen Zahlen geschrieben wurden.[5]

In der alten Zeit von Gelehrten wie F.M. Cornford und Henri Frankfort[6] wurden die Ausdrücke mythopoeitischen Gedankenguts als Produkte einer prälogischen Mentalität betrachtet, weil sie Aristoteles' Satz vom ausgeschlossenen Dritten ignorierten und eine Sache gleichzeitig zwei oder mehrere Bedeutungen haben könnte. Hätte die platonische Tradition im abendländischen Denken über die aristotelische triumphiert, dann würde uns die lineare Mißinterpretation polyphonen mythischen Denkens nicht (immer wieder) in die Irre führen.

Es hat eine ganze Reihe von Versuchen gegeben, die platonische oder pythagoräische Tradition zu erneuern, aber sie sind alle so unterschiedlicher Natur, daß sie kein einzelnes und scharfes Bild ergaben.[7] Von Dechend betont, daß »die Zahl die einzig anerkannte Wirklichkeit« sei und reduziert einen Gott zu »nichts als« einer Zahl, wodurch sie sich eben jenen Wissenschaftlern nähert, denen sie sich widersetzt. An anderer Stelle habe ich dargelegt, daß es beim Mythos oder beim hieroglyphischen Denken vier Ebenen gibt: 1. eine Tonfolge, 2. eine geometrische Figur, 3. eine Gleichung oder numerische Beziehung und 4. ein archetypisches Bild.[8] Einen Mythos lediglich als Ausdruck einer Zahl zu betrachten, wäre das gleiche, als hörte man nur eine Tonfolge in einer vierstimmigen Fuge. In dem für eine esoterische Kosmologie charakteristischen System von Übereinstimmungen gibt es deshalb vier Ebenen mythischen Denkens, weil es vier Manifestationsebenen des Seins gibt: die kausale, die astrale, die ätherische und die physische Vibrationsebene. Wenn man von der physischen Ebene spricht, kann der Gott ein Planet sein; spricht man von der ätherischen oder der astralen Ebene, dann wird jener Gott zur belebenden Kraft; ist von der kausalen Ebene die Rede, von der archetypischen Welt der Formen, die die manifestierte Welt mit dem transzendentalen Bereich verbindet, dann ist der Gott ein formatives Prinzip, ein Erzengel, ein Kristall, oder eine Zahl, die für alle vier Ebenen gleichzeitig steht: ein »Samenkorn« der Manifestation. Jede der vier Ebenen »erfaßt« die anderen; und so begegnet uns in diesem – in hieroglyphischen Schriften so häufigen – Spiel mit Worten ein reicherer und umfassenderer Denkmodus, als wir es normalerweise gewohnt sind.

Dieses seltsame Verfahren ist nicht länger Bestandteil unseres bewußten Denkens, aber die Psychologen verdeutlichten, daß dem freien Assoziieren von Ideen ähnliche verbale Übungen zugrunde liegen. Das ist natürlich auch die Technik von James Joyce in *Finnegans' Wake*. Die Ägypter lebten in einer engeren Beziehung zu den Kräften des Unbewußten als wir. Wenn zwei Worte ähnlich klangen, dann mußte das, was sie ausdrückten, etwas miteinander gemein haben.

Ihre Neigung zu Wortspielen stand in enger Beziehung zu ihrer Verehrung des »Wortes«.[9]

In einem Wortspiel oder einer hieroglyphischen Figur führen mehrere Linien zu dem, was Whitehead »ein Erfassen« nannte, zusammen. Im Begreifen eines Ereignisses, jener gleichgestimmten Resonanz zwischen dem Beobachter und der beobachteten »Sache«, besteht eine Übereinstimmung zwischen dem kosmischen Wort der Götter (dem Logos des Heiligen Johannes) und den inneren »Worten« des menschlichen Geistes, denn beides partizipiert am Sein als Manifestation göttlicher Gesetze und Harmonie. In diesem erfassenden Denkmodus ist nicht das einzelne »Ding« oder die »Zahl« von Bedeutung, sondern das Muster, die gesamte Bedeutungsstruktur. Diese Musterbildung enthält ein Wiederholungsprinzip, bei dem ein jüngeres historisches Ereignis als Analog für ein älteres prähistorisches oder kosmologisches Ereignis gesetzt werden kann. Und so können die Gliederung des Kalenders und die Etablierung der Zivilisation als Vehikel für die Darstellung nicht nur des Ursprungs des Kalenders, sondern der Zeit selbst eingesetzt werden. Der Stereotyp steht also im Schatten des Archetypus, wie auch in der konventionellen ägyptischen Bildhauerkunst der historische Pharao häufig unter dem Gott, unter den Horusflügeln dargestellt wird. (Dieses und die folgenden Zitate Plutarchs entstammen derselben Quelle; siehe Fußnote [10]).

Als Osiris König geworden sei, habe er die Ägypter sofort von ihrer armseligen und rohen Lebensweise abgebracht, indem er ihnen den Ackerbau zeigte, Gesetze gab, und die Götter zu ehren lehrte; später habe er alles Land zivilisierend durchzogen, wobei er kaum der Waffen bedurfte, sondern die meisten durch Überreden und Vernunft nebst aller Art Gesang gewinnend erzogen; deswegen erscheint er den Griechen derselbe wie Dionysos zu sein.[10]

Hier wird Osiris als die bekannte Figur des »kulturellen Heros« dargestellt, als der Überbringer der Künste der Zivilisation an die Menschheit. Der Übergang von der Jagd zur Landwirtschaft ist eine friedliche Revolution, und keine Unterjochung mit Waffengewalt ist für ihre Durchsetzung verantwortlich. Der Gott, der mit dem zunehmenden Mond assoziiert wurde, ist die geheimnisvolle Kraft, die Dinge wachsen läßt. (Diese alte Art zu denken existiert noch heute in den mystischen biodynamischen Gartenbaupraktiken Rudolf Steiners, die das Pflanzen nur dann erlaubt, wenn sich der Mond in einer für die betreffende Pflanzenart günstigen Position befindet). Osiris ist der Held der Zivilisation, aber auch der alte paläolithische Mondgott, der Geist des Wachstums; er ist nicht die Erde, sondern die imaginierte Beziehung zwischen Mond und Vegetation. Er ist ein Geist des Wachstums und der Transformation und hier Ausdruck der Transformation von der Barbarei zur Zivilisation. Ebenso wie der Mond die Pflanzen auf geheimnisvolle Weise zum Wachsen auffordert, so fordert Osiris die Menschen auf, sich von der Barbarei, dem Kannibalismus und den Menschenopfern abzuwenden und ein neues Zeitalter der Landwirtschaft, der Poesie und der Musik beginnen zu lassen. Als der Avatar einer neuen Epoche steht er natürlich im Widerspruch zu Seth, dem Beschützer des alten nomadischen Lebens in Afrika. Steinwerkzeuge, das Wildschwein, Afrika bis zum Süden von Ägypten und die Konstellation des Großen Bären: all das steht im Zusammenhang mit der reaktionären Gestalt des Seth. Seth ist die Verkörperung von Mutterrecht, Krieg, Terror, Menschenopfer; er ist eine elementare Gottheit, der in der fundamentalen Realität des Blutes wirkt.

Seth habe während seiner Abwesenheit keine Neuerungen eingeführt, weil Isis durchaus auf der Hut war und ihm tatkräftig entgegentrat. Dem Zurückkehrenden (Osiris) aber habe er eine List vorbereitet, wobei er 72 Männer zu Bundesgenossen machte und zur Mithelferin eine aus Äthiopien stammende Königin, die sie Aso nennen, hatte. Nachdem er heimlich die Körpermasse des Osiris genommen und eine entsprechend schöne und reich geschmückte Lade gefertigt habe, habe er sie zum Gastmahl mitgebracht. Als sie sich an dem Anblick freuten und ihn bewunderten, habe Seth im Scherz versprochen, dem die Lade zum Geschenk zu machen, der sie liegend ausfüllen würde. Als es einer nach dem anderen versucht hatte, keiner aber hineinpaßte, sei schließlich Osiris hineingestiegen und habe sich niedergelegt. Da seien die

Verschwörer hinzugelaufen, hätten den Deckel darauf geworfen, die Lade von außen mit Nägeln verschlossen, heißes Blei darüber gegossen, sie zum Fluß hinausgetragen und durch die tanitische Nilmündung ins Meer geschickt; deshalb ist diese Mündung noch jetzt den Ägyptern verhaßt und gilt als verflucht. Man sagt, dies sei am 17. Tag des Monats Hathyr geschehen, an dem die Sonne den Skorpion durchläuft. Es sei das 28. Regierungsjahr des Osiris gewesen; doch sagen einige, er habe diese Zeitspanne gelebt und nicht regiert.

Mit der Beschreibung des Kastens, der Osiris einschließt und der zu seinem Sarg wird, in dem er den Fluß hinuntertreibt, wird eine esoterische Note angeschlagen. Der Mythos geht hier von der Beschreibung der Gliederung des Sonnensystems und der Entwicklung der Erde als eines planetaren Körpers über zur Darstellung der Gliederung des menschlichen Körpers und des Falls der Seele in die Zeit. Seth ist das Prinzip der Begrenzung, das Prinzip der Auszählung des Einen in die vielen; weil er die Zahlen von Osiris' Körper erlernt, lernt er ihre innerste Natur kennen, denn den heiligen Namen von etwas zu kennen oder die vibrierende Signatur der Zahlen zu kennen, heißt Macht über sie zu haben. Der schöne Kasten mit all seinen außen angebrachten Riegeln ist der Kausalkörper, und der Fluß, auf dem Seth den Körper aussetzt, ist der Fluß der Zeit. Seth ist das, was die Gnostiker in einer Ableitung aus dieser alten ägyptischen Tradition als den bösen Archon kannten, der den menschlichen Körper erschafft und die Seele im Menschenalter, in der Generation gefangen hält. Das Zeitalter dieses ägyptischen Mythos ist das astrologische Zeitalter des Skorpions, jene Konstellation, von der es heißt, daß sie den Bereich der Sexualität und der Lenden beherrscht. Die kosmische Bühne ist auf angemessene Weise hergerichtet für das Gefangensein in der Welt der Generationen. Nur wenn es Osiris gelingt, diese gefallene Welt der Menschenalter zu erlösen, kann er auferstehen und der Gott der wachsenden und sich entwickelnden Dinge werden.

Daß wir uns am Beginn der Zeit und der Menschenalter befinden, wird eindeutiger, wenn wir bedenken, daß Seth zweiundsiebzig Mitverschwörer hat. Das platonische Große Jahr, die Zeit, die zu einem vollständigen Umlauf durch alle astrologischen Zeichen benötigt wird, beläuft sich auf 25.920 Jahre; ¹⁄₃₆₀ dieses Kreises oder auch ein Grad ist zweiundsiebzig.[11] Mit der Gefangenschaft in der Zeit beginnt die große Uhr der Himmel zu schlagen. Auch die Sumerer betrachteten diese Zahl als signifikant, denn es ist die Zahl der unbedeutenderen Götter, der Annunaki, die gewöhnlich als die größeren Sterne betrachtet werden.

Seth mißt Osiris aus; diese Handlung ist ein Indiz dafür, daß Seth nicht einfach böse ist, sondern vielmehr das Prinzip der Begrenzung. Für die Seele, die es gewöhnt ist, sich frei durch das spirituelle Reich zu bewegen, bedeutet Begrenzung aber Gefangenschaft. Aus einer anderen Perspektive betrachtet, gibt es ohne die Begrenzung durch die Form kein Wachsen. Man kann den Mythos also auch als eine Äußerung über den Ursprung der Form betrachten – der ausgeprägten Formen der Planeten nach ihrem Entstehen aus den kosmischen Staubwolken und der unverwechselbaren Gestalt des menschlichen Körpers auf seiner Reise durch die Zeit. Die lunare Qualität Osiris' wird dadurch betont, daß sein Alter mit achtundzwanzig angegeben wird, der Anzahl der Mondphasen.

Osiris ist der Gatte von Isis. Die Gestalt des Osiris geht zurück bis in die alte neolithische Religion, in der Isis die Große Mutter und Osiris der Sohngeliebte, ihr Gefährte, ist. In diesem zivilisierten Mythos jedoch werden wir Zeugen einer Transformation; er stellt das dar, was Erich Neumann einen Individuationsmythos nennen würde,[12] denn aus der Mutter-Sohn-Beziehung wird hier die Gatte-Gattin- beziehungsweise die Bruder-Schwester-Beziehung. Eine neue Generation tauchte auf, und das universal Weibliche wird nicht so sehr als Hathor, die Kuh-Mutter, sondern als Isis, die Gattin und Gefährtin, dargestellt. Osiris ist immer noch der sterbende männliche Gott der Vorgeschichte, aber auch er hat eine neue Rolle angenommen, denn er soll der Vater des göttlichen Kindes werden, der Vater von Horus, der wiederum der weltliche König werden soll.

Da nun zuerst die in der Gegend von Chemmis wohnenden Pane und Satyrn das Unglück erfuhren und die Nachricht über das

Geschehene verbreitet hätten, so wird noch jetzt plötzlicher Schreck und Verwirrung der Leute ›panisch‹ genannt. Als Isis es aber erfahren habe, habe sie sich dort, wo sie war, eine ihrer Locken abgeschnitten und Trauerkleider angelegt, woher diese Stadt bis jetzt den Namen Koptos trägt... Während sie nun überall elend herumirrte, traf sie niemanden ohne ihn zu befragen; auch wenn sie kleine Kinder traf, fragte sie nach der Lade. Die hätten sie zufällig gesehen und ihr die Mündung genannt, durch die die Freunde des Seth das Behältnis ins Meer gestoßen hätten. Deswegen glaubten die Ägypter, daß die kleinen Kinder seherische Kraft besäßen, und betrachteten als Vorzeichen besonders die Laute, die in den Tempeln spielende Kinder zufällig hören lassen.

Hier begegnet uns die früheste Version dessen, was einmal zu einem wichtigen Motiv der Gnostiker – der klassischen wie der modernen (siehe den Prolog) – werden soll: wenn die Seele in einem Körper gefangen und in die Materie gefallen ist, bleibt die weibliche Hälfte, das Gegenstück, weinend in den spirituellen Bereichen zurück und sucht nach seinem Partner. Die Seele kann sich nicht vollständig in einem Körper inkarnieren; der Teil, der zurückgelassen wird, ist die Psyche. Die Geburt einer Seele in einem Körper ist darum aus spiritueller Sicht ein Tod; um in einem physischen Körper inkarniert zu werden, muß man in einen spirituellen Sarg steigen.

Von diesem habe sie über die Lade erfahren, daß sie vom Meere in das Land von Byblos gespült worden sei und daß die Woge sie sanft an einem Ereike-Strauch abgesetzt habe. Die Ereike ist als herrlicher Schößling in kurzer Zeit hoch aufgewachsen, umschloß die Lade, umwuchs sie und verbarg sie in sich. Der König (von Byblos) bewunderte die Größe des Gewächses, schnitt den gewölbten Teil, der unsichtbar den Sarg barg, ab und stellte ihn als Stütze seines Daches auf.

Wenn wir bei dem Sarg ankommen, der mittlerweile fest in einem Baum verankert ist, dann befinden wir uns, wie jeder Schüler des Yoga weiß, ganz offensichtlich im Bereich der esoterischen Physiologie des zentralen Nervensystems. Schon der große Eingeweihte William Blake konnte das in seinem Gedicht »The Human Abstract« darstellen.

The Gods of the earth and the sea
Sought through nature to find this Tree;
But their search was all in vain:
There grows one in the Human brain.

(Die Götter der Erde und der See/durchsuchten die Natur, um diesen Baum zu finden;/aber ihre Suche war vergeblich:/es wächst einer im menschlichen Gehirn.)

Der Sarg ist der Kausalkörper; das Hinabschwimmen auf dem Fluß der Zeit ist der Abstieg durch die Zwischenreiche, die Astralebene; und das Stranden auf der Erde, wo er sich in einem Baum verankert, ist dann der abschließende Prozeß der Inkarnation in einen physischen Körper. Der Baumstamm ist die Wirbelsäule der animalischen, physischen Form. Um die Unterschiede zwischen dem physischen und den »feinstofflichen« Körpern erfassen zu können, was zugegebenermaßen recht schwierig ist für jemand, der nicht in Yoga oder in einer der synkretistischen Bewegungen wie der Theosophie geschult ist, muß man wissen, daß es in der esoterischen Physiologie der ägyptischen Priester mehr als nur den einen physischen Körper der modernen materialistischen Wissenschaft gibt.

Wenn ein Ägypter geboren wurde, ging man davon aus, daß er einen physischen Körper (Khat) besaß, ein nichtmaterielles Double (Ka), das im Körper lebte und in enger Verwandtschaft mit dem im Herzen residierenden Ba gesehen und anscheinend mit dem Schatten des physischen Körpers in Verbindung gebracht wurde. Irgendwo im Körper lebte Khu, die Geist-Seele, deren Natur unveränderlich, unbestechlich und unsterblich war. Wenn der Körper starb, dann konnte man mit heiligen oder magischen Worten und von Priestern ausgerichteten Zeremonien einen Geist-Körper auferstehen lassen, der Sahu genannt wurde und den Khu (die Geist-Seele) nach ihrem Belieben bewohnen konnte.[13]

Diese bizarre Ansammlung von Körpern würde jeden modernen Wissenschaftler vor den Kopf stoßen, dessen Wissen um diese Dinge durch die Formen akademischer Forschung begrenzt wird. In unserer gespaltenen Kultur wird das, was an unseren Universitäten geschieht, von jenen, die Yogaerfahrungen haben, bedauerlicherweise häufig ignoriert, und vice versa. Im alten Ägypten wurde alles Wissen an den Tempelschulen vermittelt, und Initiation und Ausbildung fanden nicht voneinander getrennt statt. Heutzutage verabscheuen und ignorieren die meisten anerkannten Ägyptologen die Esoterik, und das in aller Regel aus gutem Grund, denn die okkulten Buchläden quellen über mit Psychomüll und Phantastereien, die an Comics erinnern. Wenn diese geschätzten Wissenschaftler aber die Religion selbst analysieren wollen, dann müssen sie unglücklicherweise feststellen, daß sie keinen Zugang zu ihrem Thema finden. Sehen wir uns die unerquickliche Lage Henri Frankforts an, als er versucht, Ba und Ka zu verstehen:

> Wenn wir versuchen, die ägyptische Vorstellung von der Persönlichkeit des Menschen zu beschreiben, dann wirken sich die Unterschiede zwischen deren und unseren geistigen Prozessen ganz besonders störend aus. Wir stoßen auf eine Reihe ägyptischer Begriffe, die in einem Kontext für Qualitäten stehen, während sie in einem anderen als unabhängige spirituelle Entitäten dastehen... Die Begriffe »Ka« und »Ba« gehören in etwa der gleichen Kategorie an. Traditionellerweise werden sie mit »Geist« und »Seele« übersetzt, und die Ägypter benutzen sie manchmal in der uns vertrauten Art und Weise, die sie als Bestandteil eines größeren Ganzen, der menschlichen Persönlichkeit, erscheinen lassen. Bei anderen Gelegenheiten aber statten sie sie mit einem Maß an Unabhängigkeit aus, die uns sinnlos erscheint.[14]

Jede ganz gewöhnliche Person, die sich bei einem Nickerchen schon einmal außerhalb ihres Körpers befunden hat, weiß, was ein Ba ist, aber unglücklicherweise zwingen die Dogmen unserer materialistischen Kultur den Menschen, seine Erfahrung zu ignorieren und zu verdrängen. Der Durchschnittsmensch fürchtet, daß eine solche ganz gewöhnliche Erfahrung bedeutet, er würde sich »aufspalten« und schizophren werden. Andererseits sind jene, die diese Erfahrungen nicht verdrängen, häufig so sehr davon fasziniert, daß sie anfangen, in schlechtmöglichster Manier aus einer okkulten, magischen Gier nach medialen Kräften mit ihnen herumzupfuschen, was unterschiedslos von allen großen esoterischen Schulen des Judentums, Christentums, Buddhismus, Islam und des Hinduismus abgelehnt wird. In einer integrierten Zivilisation hingegen würde der Eingeweihte im Tempel eine Ausbildung erhalten, die ihm eine angemessene Balance zwischen psychischer und intellektueller Erfahrung erlaubte. Wenn wir Glück haben, wird vielleicht die nächste Kultur nach uns in der Lage sein, Institutionen zu schaffen, in denen Weisheit und Wissen, Initiation und Ausbildung verbunden werden können. Der erste Schritt zur Schaffung der Vorbedingungen für die Entwicklung einer solchen Kultur bestünde darin, die Bedeutung dieser alten ägyptischen Mythen zu entdecken, wie das der Ägyptologe Schwaller de Lubicz bei der Tempelanlage von Luxor getan hat.[15]

Das Ba ist der ätherische Körper, der »feinstoffliche« Körper, der im engen Zusammenhang zu den physiologischen Prozessen des gewöhnlichen physischen Körpers steht. Wie ein Umformer, ein Transformator, der eine starke Energie aufnimmt und sie heruntertransformiert, um sie der Arbeit auf einer niederen Ebene verfügbar zu machen, so nimmt auch der ätherische Körper *prana* (Energie) oder *Chi* auf, wovon die Gesundheit des physischen Körpers abhängt. Alle heutigen Praktiker von Hatha Yoga, Tai Chi Chuan, Shiatsu oder Akupunktur kennen diesen feinstofflichen Körper, den die Ägypter Ba nannten. Das Ba ist auf das Engste mit dem Herz verbunden, und das heißt, daß man in tiefen meditativen Zuständen oder in Trancen das Herz zur Ruhe bringen oder den Körper in einen komatösen Zustand versetzen muß, um den ätherischen Körper vom physischen, das Ba vom Khat zu lösen.

Das Ka ist das, was als Astralkörper bekannt ist. Es ist der spirituelle Körper, den eine Person zwischen zwei Inkarnationen annimmt. Der ätherische Körper wird während der Entwicklung des Fötus vom Astralkörper aufgebaut, und der ätherische Körper überdauert den physischen Körper nur um jene magischen dreieinhalb Tage, die in so vielen Mythen und auch in »Inannas Abstieg in die Unterwelt« angesprochen werden. In traditionellen Kulturen, in denen »das zweite Gesicht« weniger außergewöhnlich und akzeptierter war, konnten die Leute den ätherischen Körper der gerade Gestorbenen sehen; Bestattungsgebräuche wie das irische Wachen, wo der Verstorbene gelobt und aufgefordert wird voranzuschreiten, galten nicht nur den Trauernden; sie waren vor allem für den Geist bestimmt, der in seinem neuen, toten Zustand verloren und orientierungslos war. Eine ordentliche Beerdigung stellte sicher, daß sich kein umherwandelnder Geist bildete, denn wenn die Seele zufriedengestellt und befreit und die letzte Bindung aufgegeben war, dann konnte sich der ätherische Körper auflösen, während der Astralkörper sich in das spirituelle Reich oder in eine neue Inkarnation begeben konnte.

In hellseherischen Kulturen und bei den noch verbliebenen hellsehenden Individuen unserer heutigen materialistischen Kultur können Eltern die Gegenwart des Astralkörpers einer Seele fühlen, die sich von ihrer karmischen Beziehung und ihrem physischen Akt des Geschlechtsverkehrs angezogen fühlt. Wenn die Eltern die Gegenwart jener Seele in ihrer astralen Form akzeptieren, dann inkarniert sich die Seele und beginnt aus dem karmischen Muster aller drei über ihr zukünftiges Leben zu meditieren, und diese Meditation über ihre Bestimmung besteht formal aus der Konstruktion des neuen ätherischen Körpers.[16]

Das Sahu ist der Kausalkörper oder der Daimon, das integrale Wesen aller eigenen Inkarnationen, das Wesen, das sich in den Kreislauf von Geburt und Tod begibt. Die kausale Ebene ist erste Stufe beim Fall aus dem reinen, nicht differenzierenden Sein ins manifestierte Universum. Der Bereich der Astralebene ist ein Zwischenreich; darunter befindet sich die Welt der Materie, darüber die Welt reinen Seins. Die Astralebene ist die Welt der Psyche, die Domäne des kollektiven Unbewußten, die Welt, die Jung untersuchte, doch der höhere Bereich der Kausalebene ist die archetypische Welt von Platos Formen; es ist eine Welt angelischer Intelligenzen oder Prinzipien und Gesetze, die die Samenkörner oder Ursachen von Manifestation darstellen. Die Körper der Engel haben mehr mit Musik als mit Materie gemein; sie erinnern eher an singende Kristalle mit einer komplexen Geometrie und tausend Augen als an Menschen aus Fleisch und Blut mit Taubenflügeln. Die Kausalebene ist viel »realer« als die veränderliche Welt der Psyche; sie ist das Reich der Götter, nicht der Götter der Astralebene, die Projektionen des Unbewußten sind, sondern jener, die die Ägypter die Neteru nannten.

Die höchste Ebene des Bewußtseins ist das Khu; es ist das, was die Inder Atman nennen würden. Auf dieser Ebene haben wir es mit einem göttlichen Bereich zu tun, in dem spiritueller Geist und Gott eins sind. Die niedrigeren Bereiche sind Welten von Ursache und Wirkung, von Gegensätzen und Unterscheidungen, aber in der Welt des Khu hilft uns Sprache nicht weiter. Besteht man auf Sprache, dann muß man entweder im Paradox und im Oxymoron sprechen, oder man muß sich auf Absurditäten einlassen wie die Frage nach der Anzahl der Engel, die auf einer Nadelspitze tanzen können, oder wer »recht hat«, die Hindus mit ihrer Vorstellung vom Atman oder die Buddhisten mit ihrer Vorstellung von keinem Atman, vom Anatama. Es gibt kein Atman, und es gibt es doch. Hier ist Sprache unbrauchbar, hier hilft nur Erfahrung. Viel zu häufig ist der Lehrtheologe ein Mann, der nicht *weiß*, wovon er spricht. Auf dieser Ebene sind Atman und Brahman wie eine Kleinsche Flasche oder eine Möbiussche Schleife: es gibt hier keine Schwelle, von der aus man sagen kann, jenes ist das Atman, aber dies hier ist das Brahman. Das Ganze ist im Teil; das Universum ist ein Hologramm. Der Hindu würde sagen, Atman und Brahman sind eins; der Buddhist würde sagen: »Form ist nicht anders als Leere, Leere nicht anders als Form.«

Aber das Brahman kann sich durch das *Maya* (Illusion) verschleiern und so dem Atman erlauben, einen Daimon oder Kausalkörper in die manifestierte Welt zu projizieren. Dies ist der Fall aus dem Einen in das Viele. Die Kabbala beschreibt diese Vorstellung als Gott, der sich zurückzieht, damit die Schöpfung stattfinden kann. In der gnostischen Mythologie würde der Fall als das Werk der Archonten beschrieben, der Erzengel der Evolution, die den Planeten erschaffen als Sarg des Osiris oder als das, was die Kabbalisten den Urkörper Adams nennen würden, und so das Sein physisch einfassen in Raum und Zeit. Der Sarg des Osiris ist der Kausalkörper; seine Reise den Fluß hinab ist der Abstieg durch das wässrige

Zwischenreich der Psyche, die Astralebene, und sein schließ-
liches Stranden und seine Verankerung im Baum ist der abschließende Inkarnationsprozeß in einen physischen irdischen
Körper.

Daß der Baum das zentrale Nervensystem des physischen
Körpers ist, wird offensichtlich, wenn wir die zwei wichtigsten Zeichen des Gottes untersuchen, das Zepter des Osiris
und die Djed- oder Tet-Säule.

Eines der ersten Objekte, die mit der Verehrung und dem Kult
des Osiris in Zusammenhang gebracht wurde, ist der Gegenstand,
der gewöhnlich durch das Zeichen ☱ abgebildet und »Tet« genannt wird. Viele Theorien wurden formuliert, viele Erläuterungen angeboten, aber keine ist in jeder Hinsicht befriedigend.
Meiner Meinung nach handelt es sich bei dem Gegenstand um das
Sacrum des Osiris♥, das mit einem Teil des Rückgrats verwechselt wurde und deshalb als ♈ gezeichnet wurde...

Zu einem sehr frühen Zeitpunkt wurde Osiris mit dem Tet
verbunden, und die Zeremonie des »Aufstellens« des Tet wurde
zum Äquivalent der Wiederherstellung des Rückgrats und des
Körpers von Osiris ganz allgemein.[17]

Das Steißbein hat im Yoga eine außerordentlich wichtige
Bedeutung, denn es gilt als der Sitz der *Kundalini*, jener
Schlangenkraft, die den »feinstofflichen« Körper an den physischen binden. Durch das Erwecken der Schlangenkraft ist
man in der Lage, die *Kundalini*energie umzukehren und die
sieben Knoten, die *Chakras* zu lösen, die die »feinstofflichen«
an den physischen Körper anbinden. Dies gibt dem Eingeweihten die Gelegenheit, sein Bewußtsein in andere Welten
zu schicken oder auszudehnen. Im Absteigen der *Kundalini*
inkarniert sich die Seele, oder Osiris wird im Baum eingeschlossen; in der Erleuchtungserfahrung erhebt sich die *Kundalini*, oder Tet wird aufgestellt, und der höhere Körper wird
wiederhergestellt. Wie ich an früherer Stelle bereits bemerkte, soll ein ätherischer Kanal das Sacrum mit den Samendrü-
sen des Mannes verbinden, und so wird der *Chela* beim Praktizieren von *Kundalini*-Yoga angehalten, zölibatär zu leben,
so daß das *Prana* seinen nach außen in die Sexualität und das
Erschaffen von *Karma* gerichteten Fluß umkehren und durch

die Wirbelsäule hinauf ins Gehirn fließen lassen kann. Wenn diese ätherische Energie das Gehirn überflutet, werden die »feinstofflichen« Zentren des Gehirns geweckt, das »dritte Auge« öffnet sich, und der *Chela* hat Visionen der spirituellen Bereiche.

Wir haben alle längst vergessen, warum wir das untere Ende der Wirbelsäule mit dem Wort »Sacrum« heilig nennen, aber die Termini und Bilder dieses alten Systems liegen überall um uns herum wie die Steine eines alten Tempels um einen McDonald's-Stand in Rom. Aufgrund der Faszination, die der indische Mystizismus ausübt und durch seine Popularität in den sechziger Jahren, ist dieses esoterische Wissen weiteren Kreisen bekannt. Es wurde sogar vulgarisiert und kommerzialisiert, und bei einigen Gurus kann man schon fast von McDonalds des Mystizismus sprechen. Da die alte ägyptische Zivilisation nicht mehr lebt, die Yoga-Ashrams aber immer noch blühen und gedeihen, neigen die meisten Menschen dazu, diese esoterische Physiologie ausschließlich mit Indien in Zusammenhang zu bringen, aber sowohl Indien wie auch Ägypten entstammen einer früheren initiatischen Tradition. Die Schulen von Ägypten und Mexiko gibt es nicht mehr, esoterisches Wissen ist aber durch das Geschenk eines lebendigen Indien zugänglich; will man zu mehr als nur zu einem akademischen Wissen dessen kommen, worum es bei der Religion von Osiris geht, dann muß man in einer dieser yogischen Traditionen unterrichtet oder initiiert worden sein.

Eines der wichtigsten Symbole der alten ägyptischen Religion ist beispielsweise das Zepter von Osiris. Während das Tet-Symbol sich im wesentlichen auf die Beziehung zwischen Sexualität und esoterischer Praxis konzentriert, auf die Notwendigkeit, das Zölibat einzuhalten, wenn es um die Befruchtung von Isis geht, damit sie das göttliche Kind zur Welt bringen kann, bezieht sich das Zepter des Osiris auf die Wirbelsäule und ihre Beziehung zur Mittelhirnbrücke. Die zwei Sprossen am unteren Ende des Zepters verweisen auf die zwei Nervenkanäle, die im Sanskrit als *Ida* und *Pingala* bekannt sind; der Stab des Zepter repräsentiert *Sushumna*, den zentralen Kanal im Innern der Wirbelsäule. Yogaschülern wird beigebracht, daß *Prana* am Hinterkopf, an einem Punkt

auf der *medulla oblongata* in den physischen Körper ein-
dringt. Dieser Punkt hat, wie die beiden Pole eines Magneten,
einen Zwillingspunkt im dritten Auge, der Epiphyse oder
Zirbeldrüse. Diese Epiphyse, ein altes, angeblich verküm-
mertes Organ, mit dem die frühen Säugetiere das Pulsieren
des Lichts erspürten, wird von den Yogis mit größter Aufmerksamkeit bedacht. Obwohl die Zirbeldrüse mitten im Gehirn liegt, wird sie als vorne liegend wahrgenommen, wenn
man seine Augäpfel in yogischer Meditation nach oben rollt.
In ihrer zentralen Position liegt sie genau an der Stelle, an der
die drei Gehirne zusammentreffen.[18] (Es sei daran erinnert,
daß sich Ödipus' Schicksal erfüllte und er den Auslöser seines
Karmas, seinen Vater, an einem Ort entdeckte, wo drei Wege
zusammenliefen). Beim Praktizieren von Yoga werden bestimmte Funktionen, die bis dahin unterbewußt waren, dem
Bewußtsein zugänglich; dieses Öffnen des Unterbewußten
wird ausgezeichnet auf einigen tibetischen *Tankas*, oder, in
der abendländischen Kunst, in Gemälden wie »Die Versuchung des Heiligen Antonius« von Bosch oder Grünewald sehr
gut dargestellt. Bei einem ausgebildeten Yogaschüler bewirkt
diese Erfahrung, so furchterregend sie auch sein mag, keinen
psychotischen Zusammenbruch; bei einer neurotischen Person, die LSD nimmt, kann die plötzliche Öffnung zu unterbe-
wußtem Material in der Tat, wie das schon häufig geschehen
ist, die psychotische Desintegration der Persönlichkeit auslösen. Da das Gehirn das ist, was Aldous Huxley »ein Reduk-
tionsventil« nannte, das die Millionen Signale, die wir pro
Sekunde empfangen, ausschließt, läßt das Gehirn nur die paar
Signale pro Sekunde hinein, die wir »Realität« zu nennen
geneigt sind. Wird diese Unterdrückungsfunktion plötzlich
aufgehoben und das Individuum mit sensorischen Signalen
und psychischen Inhalten überflutet, dann wird es von der
Schlange überwältigt.

Im Verlauf der frühen Stadien von Osiris' Unterweltentwicklung
hält Nehaher (die Schlange) den Gott fest umschlossen; als aber
Osiris wieder zum Leben erwacht, ist die Schlange ein Gegner
seiner Wiederherstellung als positive, aktive Kraft. Wenn Osiris
»aufstehen« soll, dann muß die Schlange aufgerichtet oder besiegt

und gefesselt werden. Die Schlange wirkt sowohl schützend als auch behindernd.[19]

Das Reptilienhirn, das älteste Gehirn der Evolution, das spinale Gehirn, ist das Gehirn des Unterbewußten, der Aufbewahrungsort des gesamten Evolutionsmaterials, aber jene Schlange muß zur Einweihung ins Bewußtsein gehoben werden. Wenn ein Mensch lediglich seine intellektuellen, vernunftsmäßigen Seiten entwickelt hat, dann wird er eine widersprüchliche Mixtur aus *cleverness* und Wildheit sein. Solch ein Mann ist für sich selbst und für seine Kultur gefährlich. In einer Führungsposition könnte er die Art von Arzt werden, der Foltermethoden oder Massenvernichtungswaffen erforscht. Wenn das Individuum kein verkrüppeltes Monster werden soll, dann muß es dafür sorgen, daß die Schlange sich aufrichten kann, damit die Kraft durch den zentralen Kanal des Zepters von Osiris, die Wirbelsäule, aufsteigen kann.

Wieder möchte ich hier betonen, daß dieses esoterische Wissen einmal universelles Wissen war. Ob man ein alter mexikanischer Eingeweihter ist, der der Schlange das Fliegen beibringt oder ein Schüler von Moses oder Jesaja, und weiß, wie man die Schlange in der Wildnis aufsteigen läßt und wie man »eine gerade Straße in der Wüste für unseren Gott« anlegt, immer handelt es sich um einen Eingeweihten des Einen. In Zukunft, wenn die Periode exoterischer Religionskriege vorüber ist und nachdem die globale Implosion aller Kulturen der Welt die Transformation in eine planetare Kultur ermöglicht hat, wird diese Beziehung zwischen dem Einen und dem Vielen besser verstanden werden. In der Zwischenzeit werden Individuen, die die wahre Bedeutung ihrer eigenen Religion nicht verstehen, weiterhin die Mitglieder anderer Religionen umbringen, ganz gleich, ob es dabei um Katholiken gegen Protestanten in Irland geht, um Christen gegen Moslems im Libanon, um Juden gegen Moslems in Israel oder um Kommunisten gegen alle Religionen überall auf der Welt. Diese gewalttätigen Leidenschaften verursachen unser Leid, eben weil wir die Leute lehren, durch und mit Maschinen zu leben, sie aber nicht über das innere Wirken der menschlichen Seele informieren.

Die Welt des Geistes und des Geldes

DEUTSCHLAND

«Mythen sind …

… oft wahrhaftigere Ausdrucksformen des Wirklichen als wissenschaftliche Fassungen: so kann man sagen, daß Gott immer nur dort persönlich eingreift, wo Ihm nichts anderes übrig bleibt, weil niemand sonst die Verantwortung tragen mag, und daß er sich jetzt, wo die okzidentalische Welt gar so verantwortungsfreudig geworden ist, von den Geschäften ganz zurückgezogen hat. Jetzt handelt der Mensch als Gott mit den gleichen Hoheitsrechten, und die Wendung der Dinge beweist, daß diese Stellung keine angemaßte ist.»

Hermann von Keyserling,
«Reisetagebuch eines Philosophen: Indien»

So liegt es auch in der Verantwortung des einzelnen, wie er sein Geld anlegt – in Risikogeschäften, wo von Anfang an nur Beten hilft; oder in gewinnbringender Sicherheit, wo der Erfolg irdisch-verläßlich ist.

Wenn wir bei der Initiation der instinktiven und unterbewußten Welt der Schlange gegenübertreten, dann erhebt sich
die vitale Kraft der Schlange und überflutet das zweite Gehirn, das Mittelhirn, den limbischen Ring. Dieses zweite Gehirn ist das alte zu den Säugetieren gehörige Gehirn des
»fliehen oder kämpfen«; es ist das Gehirn der Leidenschaften
und der elementaren Sinneswahrnehmungen wie des Ge-
ruchs. In diesem Stadium meditativer Praxis erlebt der
männliche *Chela* Erektionen oder spontane Orgasmen, plötzliche Tränenausbrüche und eine hohe emotionale Sensitivität,
sowie etwas seltsame Sinneswahrnehmungen wie das »Rie-
chen« von Auras. Extrovertierte Leute werden dieses Stadium verstärkter Emotionen und Leidenschaften in der Welt
ihrer Beziehungen, in ihrem *Karma* reflektiert finden; Introvertierte hingegen werden eine Auflösung der Barrieren zwischen den physischen und den astralen Ebenen erleben. In
jedem Fall ist dieser wesentliche Übergangszustand eine gefährliche Periode der Instabiltät. Wenn der *Chela* seine Emotionen nicht leidenschaftslos beobachtet, sondern sich mit
ihnen identifiziert und sich in ihnen verfängt, dann kann er
sogar noch mehr *Karma* auslösen und andere in seine Phantasien hineinlocken. Es gibt in unserer Kultur viele Individuen,
die diese Energie ihre Wirbelsäule hinaufbrausen fühlen und
fälschlicherweise denken, sie seien erleuchtete Wesen und
hätten das Recht, Schüler anzunehmen. Dieses Stadium auf-
geblähter Machtgefühle führt oft zur Gründung instabiler
Kultgemeinden, die ganze Gruppen in einer kollektiven
Selbsttäuschung einfangen können. Die karikierteste Form
eines solchen Stadiums von Aufgeblähtheit und Selbsttäuschung wurde durch das Massaker des Kults um den Reverend Jim Jones in Guayana verdeutlicht.

Das Aufsteigen der *Kundalini* ist keine Erleuchtung, es ist
lediglich der Beginn der Einweihung, nicht ihr Ende. Ein
Zenmeister versteht dies sehr gut, und seine Strategie, diese
inflationären Exzesse zu vermeiden, besteht darin, daß er
allem Gerede über psychische Kräfte und der ganzen yogischen Terminologie aus dem Wege geht und den Schüler durch
physische Arbeit und die anstrengende religiöse Disziplin des
Klosters auf dem Boden hält. Eine kluge Disziplin, denn die-

ses Stadium der Initiation ist gefährlich. Ein Individuum in der Auseinandersetzung mit dieser Energie kann außerordentlich charismatisch sein.

Ich erinnere mich an ein Gespräch mit einem christlichen Mönch, der glaubte, der *Zweck* von Meditation sei die Entwicklung psychischer Kräfte, und wenn er seine gloriosen Visionen mit der prosaischen Haltung seines Abts verglich, dann vermeinte er als einziger zu wissen, worum es hier eigentlich ging. Ein guter Abt würde dafür sorgen, daß ein solcher Mann die Toiletten reinigt, aber dieser Mann fühlte sich von einem bloßen Priester herabgesetzt, der »die Geheimnisse« nicht verstand, und so verließ er das Kloster und versuchte, in den Workshopkreisen des *Human Potential Movements* ein Lehrer zu werden. Ganz ähnlich war Gopi Krishna, der ganz allein, ohne Guru oder Abt arbeitete, davon überzeugt, daß er allein in der Welt »das Geheimnis des Yoga« kenne; und er behauptete vor einer Zuhörerschaft von tausend Leuten in New York, daß er der einzige Mann in der Welt sei, der das Aufsteigen der *Kundalini* erlebt hätte.[20] Diese immense Aufgeblähtheit und narzistische Sorge um die Einzigartigkeit der eigenen Emotionen ist für dieses zweite Initiationsstadium charakteristisch. In einem wirklichen Erleuchtungszustand fühlt man hingegen die Einheit universellen Mitempfindens mit allen fühlenden Wesen; man trennt sich nicht durch aufgeblähte Gefühle von Herrlichkeit und göttlicher Auserwähltheit vom Rest der Menschheit ab. Solch eine Person gibt einen dynamischen Anführer eines Kults ab, aber keinen guten Abt in einem Kloster einer der großen universellen Religionen. Der Legende nach soll Dschingis Khan, nachdem er das energetisierende Stadium der Initiation erreicht hatte, seinen Lehrer getötet haben, damit er allein Macht über die Männer hätte und damit die Gelegenheit, die Welt zu erobern. Ein guter Abt oder *Roshi* ist an nichts weniger interessiert als an Macht, und ein wirklich erleuchteter Philosoph und Fürst wie der Kaiser Ashoka im alten Indien wäre mehr am Mitgefühl für die leidende Menschheit interessiert als an Macht über die Staaten der Welt.[21]

Zumindest während der Periode seiner wirklichen Größe, bevor die dekadenten Erscheinungen in seiner Tradition einsetzten, verfügte das alte Ägypten in seinen Tempeln über eine Priesterschaft, die den erzieherischen Prozeß der Initiation überwachen konnte. Hatte der Eingeweihte das zweite Stadium der Energetisierung des Limbischen Rings des Mittelhirns erreicht, so gab es im Tempel Eingeweihte, die über die zu erwartenden Persönlichkeitsveränderungen Bescheid wußten und ihn dirigieren konnten. Das Zepter des Osiris galt als ein Symbol der Macht. Doch bevor der Kandidat dieses Zepter sicher und weise handhaben konnte, mußte er begreifen, daß er trotz all der verführerischen Herrlichkeit der Psyche und all dieser aufgeblähten Machtgefühle erst am Anfang und nicht am Ende der Straße angekommen war.

Das dritte Stadium der Initiation hatte mit der Entwicklung des »höheren Geistes« zu tun, mit dem *intellektus spiritualis*, wie Joachim von Fiore ihn nannte. Das Öffnen des dritten Auges erlaubt dem Eingeweihten, die Vereinigung der drei Gehirne zu fühlen, und es stellt sich ein Gleichgewicht her zwischen den Bereichen rationaler Gedanken im Neokortex und den psychischen Empfindsamkeiten des inneren Gehirns. Jetzt gelangt der *Chela* langsam über die veränderliche und illusorische Welt der Psyche, der Astralebene mit all ihrem verführerischen Glanz und psychischen Kräften hinaus auf die mentale Ebene, die zum unteren Bereich der Kausalebene gehört. Hier erfährt er die archetypische Welt der Musik und der Mathematik, »die Musik der Sphären«, und die platonische Welt archetypischer Formen. Er überschreitet die Projektion und Denkformen seiner eigenen Schöpfung und betritt eine völlig andere und unabhängige Welt angelischer Intelligenzen. Die meditative Erfahrung dieses Bereichs erlaubt es ihm dann, in die Welt zurückzukehren und in einer »bodenständigen« Art und Weise an der Beherrschung des Physischen zu arbeiten, gleich ob im Bereich heiliger Architektur, Mathematik, Astronomie, Musik oder Poesie. Wir finden einen Ausdruck dieses höheren Geistes in den Tempeln von Ägypten, in den Pyramiden von Teotihuacan oder bei uns in der Kathedrale von Chartres oder der Musik von Guillaume de Machaut verkörpert.

Unglücklicherweise ist uns beim Übergang von der sakralen Kultur des Christentums zur säkularen Kultur einer kom-

merziellen Zivilisation das Bewußtsein von einem »höheren
Geist« verloren gegangen. Der moderne, akademisch gebilde-
te Intellektuelle gleicht einem Hochleistungssport treibenden
Gewichtheber, der seine Muskeln bis zum Extrem ausbildet.
Es ist durchaus faszinierend zu beobachten, daß solch ein
Wachstum möglich ist, aber Gewichtheber ebenso wie japanische Sumo-Ringer sind etwas Abnormes, das als solches lediglich die kulturelle Bandbreite ausdrückt. Der Kontaktverlust zu Körper und Emotionen und die ausschließliche Konzentration auf das Vernunftsmäßige führen weder zur Weisheit noch zum wahren *intellektus spiritualis*. Zur Entwicklung des höheren Geistes muß man sich zuerst nach unten
wenden und die Schlange sich aufrichten lassen oder die Tet-
Säule des Osiris aufstellen. Man muß sich dem Unbewußten
stellen, leidenschaftslos seine Leidenschaften beobachten und
mit Intelligenz, Güte und Bescheidenheit an den Steinen des
Tempels arbeiten. Wenn man die Einheit der drei Gehirne gut
im Griff hat, dann kann man tatsächlich das Zepter des Osiris
handhaben. Das Tet soll ein Symbol für Stabilität und das
Zepter ein Symbol für Macht gewesen sein. Die Weisheit der
ägyptischen Zivilisation können wir wirklich erst ermessen,
wenn wir bedenken, wie instabil – trotz all unserer Harvards
und M.I.T.s – unsere Macht ist.

Osiris' Macht ist so groß, daß er zur Säule der Gesellschaft
werden kann, und hier ist der Mythos auf herausragende
Weise scharfsichtig. Als der König von Byblos den vom Baum
umschlossenen Sarg dazu benutzt, sein Dach zu errichten, da
handelt er als das Ich in seinem Königreich und benutzt die
Gaben des Geistes, um ein Dach zu bauen und die Sterne
auszuschließen. Osiris, der tot in seinem Sarg liegt, umschlossen vom Baum, wird jetzt auch in der Sozialstruktur verankert: das Göttliche in jedem Menschen wird durch den Fall in
einem Ich eingeschlossen und in einer Gesellschaft von anderen Ichs an seinem Platz gehalten. Wenn unsere bessere Hälfte, die Göttin Isis, auf der Suche nach uns hinabsteigt, dann
sind wir so tot, daß wir sie nicht erkennen oder uns nicht
erinnern, woher wir kommen.

Als Isis das durch den wunderbaren Hauch der Fama erfahren habe, sei sie nach Byblos gekommen, habe sich niedergedrückt und verweint an eine Quelle gesetzt und mit niemandem gesprochen. Aber die Mägde der Königin habe sie freundlich behandelt, ihnen die Haare geflochten und dabei ihrer Haut den ihr eigenen wunderbaren Wohlgeruch eingehaucht. Als die Königin nun ihre Mägde sah, fühlte sie ein Verlangen nach der Fremden, deren Haar und Haut ambrosisch dufteten. Sie schickte nach ihr, wurde mit ihr vertraut und machte sie zur Amme ihres Kindes...

Wir sollten registrieren, daß Isis nicht in das Land einmarschiert und verlangt, dem Führer vorgeführt zu werden. Sie kommt nicht im Sinne des Ichs in die Zeit, sondern unauffällig und hält sich an die Diener. Nicht durch das naheliegende Sinnesorgan des Auges wird Isis' Göttlichkeit erkannt, sondern durch den subtileren, älterern und animalischen Geruchssinn. Ein Geruch ist eine unmittelbare und unschuldige Wahrnehmung. Beim Sehen gerät leicht der Verstand dazwischen, denn man muß *kennen*, was man sieht; einen Geruch hingegen kann man auch wahrnehmen, ohne zu wissen, was man da riecht. Dieser animalische Sinn ist so viel älter als die Sprache, daß es schwer ist, Gerüche zu kategorisieren; es ist unmöglich, sich an sie zu erinnern, und es ist unmöglich, sie zu vergessen. Eine *Vision* kann als Phantasie oder als Traum hinwegrationalisiert werden, ein Geruch nicht; er *ist* einfach da. Wenn die *Kundalini* erwacht ist und in das Mittelhirn fließt, dann wird die menschliche Aura zuweilen nicht gesehen, sondern gerochen. Diese subtilen und ätherischen Gerüche sind weitaus verlockender als die des physischen Körpers.

Der moderne Mensch *blickt* in die Welt hinaus und interpretiert, was er sieht, als objektiv und, was er fühlt, als subjektiv. Jung hat bemerkt, daß das Numinose als Ausdrucksform des Unbewußten sich in den minderwertigen Funktionen des Individuums ausdrückt: handelt es sich bei der Person um eine intuitive und transzendentale Persönlichkeit, dann wird sich das Unbewußte körperlich und in den animalischen Instinkten ankündigen; handelt es sich jedoch um eine äußerst rationale Persönlichkeit, dann werden die Gefühle zur Bühne der Erleuchtung.

An dieser Stelle der Darstellung wird auch ein anderes archetypisches Muster verdeutlicht. Im Alten Testament ist sowohl bei Isaak als auch bei Jacob und Moses das Betreten neuer Länder oder Städte mit einer Szene am Brunnen verbunden, bei der sie auf Dienerinnen treffen, die Wasser holen. Dieses Motiv wird auch im Neuen Testament wieder aufgegriffen, als Jesus am Brunnen mit der Frau aus Samaria spricht. Selbstverständlich suchen Reisende, die an einen neuen Ort kommen, einen Brunnen oder eine Quelle auf, um sich zu erfrischen, aber im Mythos endet keine Geschichte auf der wörtlichen Ebene; jedes Motiv ist eine Analogie für den parallel verlaufenden Strom des Übernatürlichen. Vergessen wir nicht, daß Wasser aus unbekannten Tiefen quillt und das normale Leben an der Oberfläche erhält und daß die niedrigen Dienstmägde, die entweder ignoriert oder aber als selbstverständlich betrachtet werden, diejenigen sind, die das Wasser holen müssen. Quelle oder Brunnen repräsentieren einen Punkt, an dem unsichtbare Energien in die Gesellschaft einfließen; in der Geomantie sind diese Stellen als »Kraftzentren« bekannt. Wo diese Energien auftreten, da kommen Naturgewalten oder *genii loci* oder Naturgeister zusammen. Diese Geschöpfe transformieren Energie auf ihrer Ebene und machen sie für das Leben auf der physischen Ebene verfügbar. Alles Leben eines Gebiets hängt von diesen »Feen« ab; wenn also ein Eingeweihter einen Ort betritt, dann geht er nicht zum König, dem königlichen Ich, das glaubt, es sei hier für alles zuständig, sondern er erweist stattdessen seinen Respekt dem Engel des Ortes, dem *genius loci*.[22] Diese Wesen können dann den Fremden leichter auf den Ort einstimmen, der sich so müheloser in das Leben der Gemeinschaft einfügen kann. Da es in der alten Zeit gefährlich sein konnte, ein Fremder in einem fremden Land zu sein, hatten die Alten ihre eigene, eher psychische Version von Paß entwickelt.

Isis habe es genährt, indem sie ihm statt der Brust den Finger in den Mund steckte. Nachts aber habe sie die sterblichen Teile (des Kindes) verbrannt; sich selbst habe sie in eine Schwalbe verwandelt und klagend die Säule umflogen, bis die Königin sie (einmal) beobachtete und laut aufschrie, als sie das Kind brennen sah; dadurch entzog sie ihm die Unsterblichkeit.

Die ungleiche Beziehung zwischen der Gesellschaft und der Welt der Götter, zwischen dem Ich und dem Daimon, wird hier dadurch ausgedrückt, daß das Geschenk der Göttin als Angriff interpretiert wird. Das Ich würde sich selbst und sein Reich (auf ewig) erhalten, der Geist jedoch würde es in einem Augenblick vernichten. Da das Königreich nicht offen ist für die Gaben der Götter, kann Isis wenig mehr tun, als Osiris mit sich zurückzunehmen.

Darauf offenbarte sich ihr die Göttin und bat um jene Säule; leicht zog sie sie heraus und schnitt die Ereike ab. Darauf hüllte sie diese (die Ereike) in Leinen, goß Salbe darüber und überreichte sie dem Herrscherpaar. Noch jetzt verehren die Byblier das im Tempel liegende Holz der Isis. Sie habe sich über den Sarg geworfen und so gejammert, daß der jüngere von den Söhnen des Königs gestorben sei. Den älteren nahm sie mit sich, setzte den Sarg auf ein Schiff und fuhr davon... Sobald sie in die Einsamkeit kam, habe sie die Lade geöffnet, habe ihr Antlitz auf das des Toten gelegt, habe es geküßt und geweint. Als sie bemerkte, daß der Knabe schweigend von hinten herankam und (ihr Tun) wahrnahm, habe sie sich umgewendet und aus Zorn ihn so fürchterlich angeschaut, daß er den Schrecken nicht ertrug, sondern starb...

Die Abkömmlinge des Königs, des Ich, sind verschiedene Söhne oder Denkformen; sie besitzen an und für sich wenig wirkliche Substanz, aber gäbe man ihnen den Thron, wären sie sicherlich in der Lage, die Abstammungslinie des Ich weiterzuführen. Als der Daimon von hoch oben seinen Blick auf diese geschätzte Nachkommenschaft richtet, kommt sie sofort um. Was bei einer wörtlichen Interpretation dieses Ereignisses als Grausamkeit empfunden werden müßte, ist hier eine Metapher für spirituellen Rat. Der vedische Philosoph Patanjali drückt das so aus: »Laß den Seher die Wirklichkeit erschlagen, und dann erschlage den Totschläger.« Und in der *Bhagavad Gita* rät Krishna dem Arjuna, seine Verwandten zu erschlagen, womit er sein *Karma* meint, seine Verbundenheit in der Zeit. Wenn spirituelles Wissen verlorengegangen ist, dann laufen Narren, die alles wörtlich verstanden haben wollen, herum und erschlagen ihre Verwandten oder schneiden Herzen heraus und halten sie der Sonne entgegen.

Als Isis nun zu ihrem Sohn Horus reiste, der in Buto erzogen wurde, habe sie das Gefäß (mit dem Osirisleichnam) beiseite gesetzt. Seth sei zufällig darauf gestoßen, als er nachts bei Mondschein jagte; als er den Körper erkannte, habe er ihn in 14 Stücke zerrissen und sie verstreut.

In Plutarchs Version des Mythos scheint es, als wäre Horus bereits geboren, lange bevor Isis den Sarg findet, aber aus einer früheren Hymne aus dem Neuen Reich geht klar hervor, daß Plutarch die Ordnung der Ereignisse durcheinander gebracht hat. Als Isis den Sarg findet, ist sie nicht in der Lage, Osiris ins Leben zurückzuholen, aber es gelingt ihr, ihn soweit wiederzubeleben, daß sie seinen Phallus erigiert und sich selbst mit dem Kind Horus befruchten kann. Ein Basrelief aus Abydos zeigt die Mumie des Osiris und Isis, wie sie als Falke über dem erigierten Phallus des entkräfteten Gottes schwebt.[23]

> Gütige Isis, die ihren Bruder schützte
> und nach ihm suchte, sie wollte
> nicht ruhen, bis sie ihn gefunden hatte.
> Sie schenkte ihm Schatten mit ihren Federn und Luft
> mit ihren Flügeln.
> Sie verlangte nach Freude und brachte ihren Bruder an Land.
> Sie belebte die Müdigkeit des Teilnahmslosen
> und nahm seinen Samen in ihren Körper,
> (womit) sie ihm einen Erben schenkte.
> Sie stillte das Kind im Geheimen, an einem Ort, wo
> er unerkannt war.[24]

Die Vereinigung von Isis und Osiris ist, wie die Vereinigung von Shiva und Shakti, keine normale sexuelle Vereinigung. Das sterbliche Kind wird aus physischer Sexualität geboren, aus der Sexualität, die *Karma* hervorbringt; das göttliche Kind hingegen wird aus der Vereinigung der Polaritäten der »feinstofflichen« Körper geboren. Die Vereinigung der gefallenen Seite eines Wesens, des Astralkörpers, mit der höheren Seite, dem Daimon oder Kausalkörper, kann das erleuchtete Wesen erzeugen, das nicht nur ein simples Ich werden kann, ein König von Byblos, sondern ein großes Wesen in der Zeit, der König von Ägypten, Horus. Aber da der Herr dieser Welt, der Archon, Seth ist, kann sich das göttliche Kind nicht offen der Welt ankündigen; es muß »heimlich gesäugt« werden und muß den abschließenden Kampf zwischen Gut und Böse abwarten. Vom Ausgang dieses Wettkampfs hängt das ganze Schicksal der Welt ab.

Daß Seth ein Archon ist und eine Macht aus den Tagen vor der Zivilisation, ist klar, denn er wird als Jäger in der Nacht dargestellt. Als er den Körper des Osiris findet und ihn in vierzehn Stücke schneidet, da zerstückelt er den Mond in seine vierzehn Abschnitte vom Vollmond zum Neumond. Seth tötet nicht nur den Geist, indem er ihn in Raum und Zeit gefangen hält, sondern er zerstückelt ihn auch in kleine Fragmente, die die Inkarnationen von kleinen Persönlichkeiten darstellen, die ihr fragmentarisches Leben eines nach dem anderen in der sublunaren Welt leben. Dieses Stückwerk unseres Lebens auf der Astralebene zu sammeln und zu einem integrierten Wesen zusammenzufügen, das über die Grenzen eines Lebens als Ego hinaussieht, das ist die Aufgabe von Isis und Osiris.

Wenn der Mond am Himmel abnimmt, wird er zu den Teilen des Gottes. Zu späteren Zeiten haben die Tempelastronomen Osiris mit Orion in Zusammenhang gebracht,[25] aber in der früheren Version, die ihre Wurzeln in der jungpaläolithischen Kosmologie hat, war Osiris der Mond und die Große Mutter auf der Suche nach ihrem zerstückelten Sohngeliebten war Isis.

Als Isis das erfahren habe, habe sie zu suchen begonnen, indem sie auf einem Papyrusnachen die Sümpfe durchfuhr. Deshalb sollen die, die auf solchen Nachen fahren, nicht von Krokodilen belästigt werden, weil diese sich vor der Göttin fürchten oder sie verehren. Deshalb auch nenne man in Ägypten so viele Osirisgräber, weil sie da, wo sie jeweils ein Glied fand, ihm ein Grab errichtet habe. Andere leugnen das und sagen, sie habe Abbilder gemacht und diese jeweils den Städten gegeben, als gäbe sie den wahren Körper, damit er von mehreren verehrt würde und damit Seth, falls er Horus überwände, auf der Suche nach dem echten Grabe durch vielseitige Auskünfte und Hinweise erschöpft würde. Von den Gliedern des Osiris habe Isis allein das Schamglied nicht finden können, denn es sei sogleich in den Fluß geworfen worden und der Lepidotos, der Phagros und der Oxyrhynchos hätten es verschlungen, die (deshalb) am meisten von allen Fischen verabscheut würden. Isis habe dafür eine Nachbildung gemacht und den Phallus geheiligt, den auch jetzt noch die Ägypter feiern.

In diesem Teil der Geschichte stoßen wir auf einige Elemente, die den jungpaläolithischen Ursprung des Mythos offenbaren. Marshack versuchte, die Ikonographie der phallusförmigen Stöcke mit den eingravierten Fischen zu interpretieren und kam zu dem Ergebnis, daß »Fisch, Phallus und Wasser Aspekte eines umfassenderen Mythos zu sein scheinen, der offensichtlich auch die ›Göttin‹ mit einschließt.«[26] Erich Neumann hat behauptet, daß der Phallus eigentlich der Großen Mutter gehört[27] und daß bei verschiedenen Ritualen der Phallus des sterbenden männlichen Gottes abgeschnitten und ihr zurückgegeben oder aber zur Düngung der Felder im nächsten Jahr aufbewahrt würde. Die Eunuchenpriester der Diana von Ephesus kastrierten sich selbst und opferten ihre Genitalien auf dem Altar der Göttin, wie wir bereits früher erörterten. Mir scheint, als hätten wir in diesem Teil des Mythos eine zivilisierte Sublimation jenes alten Brauchs vor uns, bei der zwar immer noch der Phallus in seiner Beziehung zur großen Göttin betont wird, in diesem Falle aber Isis diejenige ist, die versucht, den Phallus in sublimierter Form wiederherzustellen. Der physische Penis wird von gemeinen Fischen verzehrt, Tieren aus den äußersten Tiefen, aber der höhere Phallus, das Bild der Auferstehung durch die Göttin, ist als heiliges Bildnis geformt. Um diese Angelegenheit noch weiter zu komplizieren, enthält dieser Mythos wahrscheinlich eine astronomische Dimension. Vielleicht haben die Fische, die den Phallus schlucken, etwas mit dem Mond im Zeichen der Fische zu tun, oder vielleicht gibt es eine Beziehung zu den Sternen im Orion. Um alle Dimensionen dieses Mythos von Isis und Osiris verstehen zu können, müßte man ein Ägyptologe, ein Kulturhistoriker, ein Psychologe, ein Astronom und ein Eingeweihter einer der bedeutenderen esoterischen Schulen sein. Da es nicht so ohne weiteres möglich ist, alle diese Fächer in einem einzigen Leben zu meistern, muß der Forscher sein Wissen – wie Isis – all den überall in der historischen Landschaft verstreuten Einzelstückchen entnehmen. Die abschließende Arbeit über Astronomie und alte Mythen muß erst noch geschrieben werden. Das beste, was ein Forscher heute tun kann, ist sich daran zu erinnern, daß es sich bei der merkwürdigen Beschreibung eines bizarren Ereignisses in einem Mythos um eine technische Sprache handeln könnte, die sich unmittelbar an den Eingeweihten wendet.

> Es gab noch andere Versionen darüber, was Horus für seinen Vater tun konnte, wovon das Wichtigste darin bestand, daß er »seinen Mund öffnen« konnte. Das geschah so, daß er den Mund des Osiris mit einem Querbeil berührte, das den Großen Bären darstellte – eine Konstellation, die zu Seth gehörte – und mit der jener in einem vergessenen Mythos »die Münder der Götter öffnete«.[28]

Die Kosmologie, die sich in der Zerstückelung des Osiris durch Seth ausdrückt, ist uralt, und natürlich wissen wir nicht, was »Fisch, Phallus und Wasser« den paläolithischen Jägern und Sammlern bedeutet hat. Wenn wir die Szene in der Höhle bei Lascaux als Anhaltspunkt nehmen können, dann standen der tragische Tod des Mannes und seine Rückkehr zur großen Mutter im Zusammenhang mit einem Fisch, der den Phallus zurückbringt in die tiefen Gewässer der Mutter. Der an die Wand gemalte Mythos hatte auch sein Bild am Himmel, die verschiedenen Konstellationen erzählten die Geschichte vom Aufstieg und Fall des männlichen Gottes. In den neolithischen, Ackerbau treibenden Gesellschaften wurden der geopferte Mann und seine Überreste zu den Feldern gebracht, die befruchtet werden mußten, und dort wird die große Mutter zur Erde, die das befruchtende Blut empfängt.

> Sowohl die Zerstückelung des Osiris wie der Raub seines Phallus, später dem Seth zugeschrieben, sind älteste Teile des Fruchtbarkeits-Rituals, die gerade dadurch ergänzt werden, daß Isis den Phallus durch einen hölzernen Kultphallus ersetzt und vom toten Osiris schwanger wird. Während die zerstückelten Teile des Osiris – so kann man das Ritual rekonstruieren – die Fruchtbarkeit des

Abb. 19. Auf Osiris' Totenbahre empfängt Isis als Falke den
Horus; aus Abydos.

Jahres garantieren, indem sie auf die Felder verteilt werden, fehlt
der Phallus. Denn Osiris wird kastriert, sein Phallus wird einbal-
samiert und bis zum nächsten Auferstehungsfest der Fruchtbarkeit bewahrt. Von ihm aber empfängt Isis dann ihre Fruchtbarkeit, den Horus, das Kind. Für diesen Horus ebenso wie für den
Horus als Sonne ist noch die Mutterschaft der Isis wichtiger als
die Vaterschaft des Osiris.[29]

In Neumanns jungianischer Interpretation des Mythos ist
Isis die Furchtbare Mutter, die Osiris kastriert; in einer
späteren Kulturphase übernimmt der Bruder der Mutter, der
starke Arm der Matrilinearität, Seth, die Aufgabe der Kastration und der Zerstückelung. Es gibt jedoch nirgendwo
einen Hinweis darauf, daß Horus nach der Zerstückelung
empfangen wurde. Da aber das Basrelief bei Abydos (Abb. 19)
Isis als Falken zeigt, wie sie über dem erigierten Phallus der
Mumie von Osiris schwebt und dabei Horus empfängt, gehe
ich davon aus, daß sie das Kind empfängt, nachdem sie den

Leichnam aus Byblos geholt hat, jedoch vor der Zerstückelung durch Seth. Der erste Tod und das Einschließen in den Kasten dürften auf den Fall in den Kausalkörper hinweisen; die Reise den Fluß hinab deutet dann den Abstieg durch die astralen, psychischen Bereiche an; und die Verankerung im Baum wäre dann schließlich die Inkarnation in einem physischen, animalischen Körper. Als Isis Osiris aus dem Baum herausholt und sich dann mit ihm vereinigt, um das göttliche Kind zu empfangen, ist ein Hinweis auf die Vereinigung der höheren und niederen Teile des Selbst, mit dem Ziel, ein erleuchtetes Wesen zur Welt zu bringen. Aber Osiris ist auf der Astralebene noch immer nicht frei, denn Seth findet ihn dort und zerstückelt ihn und macht so seine Seele zum Gegenstand vieler fragmentarischer Inkarnationen, bevor er Befreiung erlangen und seine Seele zum Himmel aufsteigen und ein Stern werden kann. Seth, der Osiris zuerst in einem Sarg einschloß, sperrt ihn nun in die Astralebene ein, in den *Bardo*bereich der Körperlosen; bevor Osiris der Gott der Toten werden kann, muß er der Herr der Astralebene werden. Und wieder kommt ihm die Göttin zu Hilfe und setzt ihn zusammen, kann aber seinen Phallus nicht finden, denn die körperlosen Geister der Astralebene besitzen diese physischen Organe der Fortpflanzung nicht. Sie fühlen sich von Paaren im Geschlechtsverkehr angezogen, denn sie sehnen sich nach der Welt der Fortpflanzung; diese Bindung an die Sexualität knüpft sie an den Kreislauf von Geburt und Tod, und so werden sie wiedergeboren. Die Göttin allein kann Osiris nicht retten, denn die Astralebene ist ein Zwischenreich, ein Bereich ohne die Eindeutigkeit der körperlichen Ebene und ohne die spirituelle Kraft der Kausalebene. Die Befreiung aus dem Kreislauf von Geburt und Tod kann nicht auf der Astralebene stattfinden: eine Seele muß sich in einem physischen Körper inkarnieren, soll sie Befreiung oder *Moksha* erreichen. Im mythischen Sinne bedeutet dies, daß sich Osiris an seinem Sohn, seinem inkarnierten Abkömmling auf der physischen Ebene, orientieren muß, um Seth zu überwinden. Das Individuum muß die Inkarnation annehmen und nicht mit dem illusorischen, psychischen Bereich der Astralebene herumspielen. Alle großen universalen esoterischen Schulen im Buddhismus, Hinduismus, Judaismus, Christentum und im Islam bestehen darauf, daß die Faszination, die die psychischen Kräfte auf den Schüler ausüben, sobald er in der Lage ist, sich aus seinem Körper hinauszuprojizieren, eine gefährliche Falle ist; der Yogi darf sich nicht darin gefallen, mit psychischen Kräften zu spielen, sondern muß erkennen, daß er in seinem physischen Körper Aufgaben zu erfüllen hat. Nur Horus vermag Seth zu besiegen. Osiris kann in seinem Astralkörper Horus beraten, aber nur Horus in seinem fest umrissenen physischen Körper kann Seth auf der Kausalebene überwinden und den Fall ausgleichen, indem er den spirituellen Tod und den Kreislauf von Geburt und Tod umkehrt zu Auferstehung und spiritueller Befreiung.

> Darauf sei Osiris aus der Unterwelt zu Horus gekommen, um ihn zum Kampf zu rüsten und zu üben. Dann habe er ihn gefragt, was er für das Schönste halte. Er habe geantwortet, Vater und Mutter zu rächen, wenn sie Unrecht erfahren hätten.

Hier sind viele Ebenen gleichzeitig im Spiel. Auf der soziologischen Ebene drückt Horus sehr radikale Ideen aus, denn er stellt sich eine Beziehung zum Vater her und nicht zum Bruder der Mutter. Aber diese soziologische Ebene ist selbst eine Metapher für die esoterische; der mütterliche Bereich ist das, was die Seele bindet; seinen Vater zu entdecken heißt, die Geschichte der Seele zu entdecken, bevor sie unter die Herrschaft des Archon, Seth, geriet. Die lunare Zerstückelung von Osiris ist ein Motiv, das zurückreicht bis ins Paläolithikum; die Auferstehung von Osiris ist ein neolithisches und auf Ackerbau gegründetes Motiv, wohingegen die Schlacht des Vaters Sohn gegen den Bruder der Mutter ein Motiv aus der Zeit des Übergangs vom neolithischen Dorf zur Zivilisation ist. In diesem reichen und komplexen Mythos wird keine der früheren Ebenen aufgegeben, alle sind mitberücksichtigt. Jede folgende kulturelle Ebene umfaßt die vorige und nimmt sie in sich auf; und so wird ein Mythos über die Evolution der Kultur selbst zu einer Darstellung, einer Aufführung der Evolution der Kultur.

Bei der Ausbildung des Sohnes durch den Vater finden wir

eine exoterische und eine esoterische Beschreibung vor. Die exoterische beschäftigt sich mit dem Übergang vom Mutterrecht zum Vaterrecht; die esoterische hingegen mit der Evolution einer erhöhten Individualität, mit der Schöpfung eines inkarnierten Wesens auf der physischen Ebene, das die menschlichen Bindungen an die körperlosen Bereiche des Todes aufheben kann. Der Individuationsprozeß und der Zivilisationsprozeß sind somit parallele Konstruktionen; das »Aufrichten« der Tet- oder Djed-Säule der Stabilität ist die Schöpfung des Rückgrats für den individuellen Körper wie für die Gesellschaft. Das passive Wesen von Osiris, »der Teilnahmslose«, der jugendliche Sohngeliebte der Großen Mutter der neolithischen Religion, muß abgelöst werden von dem dynamischen, agierenden Mann, dem Krieger-Heros der Zivilisation, von Horus. Horus ist der einzige, der den gnostischen Archon, der die ganze menschliche Rasse gefangenhält, herausfordern kann. Seth, die uralte Gestalt des menschlichen Ursprungs, und Seth, der Arm des neolithischen Matriarchats verdichten sich somit zu einer einzigen reaktionären Gestalt.

Dann fragte er, welches Tier er für die zum Kampf Ziehenden für das nützlichste hielte. Als Horus das Pferd nannte, habe er sich gewundert und gefragt, warum er nicht lieber den Löwen statt des Pferdes genannt habe. Da habe Horus gesagt, daß der Löwe wohl einem nützlich wäre, der Hilfe brauche, das Pferd aber verfolge den Fliehenden und vernichte den Gegner. Als Osiris das gehört habe, habe er sich gefreut, da Horus nun recht vorbereitet sei. Es wird erzählt, daß, als sich immer mehr auf Horus Seite schlugen, auch Thoeris, die Nebenfrau des Seth, gekommen sei; eine Schlange, die sie verfolgte, sei von den Gefolgsleuten des Horus zerhauen worden; deshalb werfen sie noch jetzt einen Strick hin und zerhauen ihn.

Der Löwe war einmal *das* Symbol unbändiger Kraft, und für die Schäfer, die um ihre Herde fürchteten, war der Löwe ein mächtiges Abbild des Schreckens. Die Episode, in der Gilgamesh mit zwei Löwen kämpft, berichtet von der unglaublichen Kraft des Helden. Osiris, als Mann der Vergangenheit, der Mann des Übergangs vom Dorf zur Zivilisation,

Abb. 20. Ramses II. auf seinem Kriegswagen; aus Abu Simel.

würde natürlich an diesem traditionellen Bild der Macht festhalten. Aber im Neuen Reich, nach der Invasion der Hyksos (Hirtenkönige) mit ihren von Pferden gezogenen Streitwagen, wurde das Pferd das mächtigere Bild. Die technologische Überlegenheit der Barbaren war atemberaubend; der Streitwagen wurde der Panzer seiner Zeit und ein noch mächtigeres Bild der Kraft. Abbildung 20 zeigt Ramses II. in seinem Streitwagen. Dort ist der kleinere Löwe von den mächtigen Beinen des Pferdes eingerahmt; der Löwe will fortlaufen, nicht angreifen. Und so ist auch Horus' Loblied, das das Pferd über den Löwen stellt, eines der Details in Plutarchs Darstellung, das uns zeigt, wie sich die Hinzufügungen der Jahrtausende an diese römische Darstellung angelagert haben.

Der Kampf habe viele Tage gewährt und Horus habe gesiegt. Isis aber, die den gebundenen Seth erhielt, habe ihn nicht getötet, sondern losgebunden und freigelassen. Das habe Horus nicht ertragen können, sondern Hand an seine Mutter gelegt und ihr die Krone vom Kopf gerissen. Dafür habe ihr Thot einen kuhköpfigen Helm aufgesetzt. Als dann Seth den Horus wegen unehelicher Geburt verklagte, kam Thot zu Hilfe und Horus wurde als vollbürtig anerkannt. Dann sei Seth in zwei weiteren Kämpfen überwunden worden. Danach gebar Isis von Osiris, der ihr nach seinem Ende beiwohnte, den Harpokrates, der zu früh geboren war und an den unteren Gliedern schwächlich.

Im Konflikt zwischen Seth und Horus tritt der Antagonismus zwischen matrilinearer und patrilinearer Folge ganz klar hervor. Als der Bruder der Mutter stellt Seth die Macht und die Kraft der alten Lebensweise dar; er, nicht der Vater, ist die wichtige männliche Gestalt in der Gesellschaft. In einer Version des Gerichts, die uns in einem Text aus dem Jahre 1150 v.Chr. erhalten blieb, will sich Seth nicht dem Gericht der Gesetze stellen, sondern dem des Wettkampfs, denn der Bruder der Mutter ist in der Blüte seiner Kraft, während der Sohn lediglich ein Heranwachsender ist. Darauf zu warten, bis der Prinz erwachsen ist, würde bedeuten, sich an einer Zeit der Schwäche zu erfreuen; Seth jedoch schätzt nur die Kraft und hat keine Geduld mit dieser neuen Evolution zu einer höheren Stufe der Individualität und einer höheren Zivilisationsstufe.

Dann sagte Seth, der starke, Nuts Sohn: »Hier bin ich, ich bin Seth, der stärkste der Götter. Jeden Tag erschlage ich den Feind des Re, wenn ich am Ruder der Barke der Jahrmillionen stehe, was sich kein anderer Gott getraut. Deshalb bin ich es, der Osiris' Stellung verdient.«

Worauf sie sagten: »Seth, Nuts Sohn, hat recht.« Aber Onuris und Thoth erheben ihre Stimme und rufen: »Soll man das Amt dem Bruder der Mutter geben, wenn der eigentliche Sohn von Osiris Körper zur Verfügung steht?«

Worauf der Widder von Mendes aufschrie: »Ganz im Gegenteil, soll man das Amt einem bloßen Jungen geben, solange Seth, sein älterer Verwandter, zur Verfügung steht?«[30]

Es überrascht nicht, daß Isis in Plutarchs Darstellung Seth gegenüber noch immer Loyalität empfindet und ihn losbindet, denn Seth gehört zu ihrer Familie. Als sie Seth freisetzt, ist das eine Bestätigung ihrer alten Geschichte als Muttergöttin. Aber Horus will nichts mit diesem Rückgriff auf die alten Gewohnheiten zu tun haben; er ist nicht der Sohngeliebte der neolithischen Großen Göttin; er ist Horus, der Sohn des Vaters. Und darum reißt er seiner Mutter die Krone vom Kopf. In einer Offenbarung von Isis' alter Rolle als Muttergöttin setzt ihr Thoth als Krone einen Kuhkopf auf. Ganz offensichtlich sind die alten Blutsbande zu stark für Isis, und sie kann sich nicht ganz auf die Seite von Horus stellen, und so wird die patriarchale Revolution von Horus allein vollzogen. Die Muttergöttin ist degradiert. Wahr ist, daß die patriarchale Revolution im alten Ägypten nicht so gewaltsam wie in Sumer stattfindet, denn es besteht eine größere Ausgewogenheit zwischen Isis und Osiris als im Falle der weiblichen Herrschaft von Inanna über Dumuzi einerseits und der männlichen Herrschaft von Enki über Inanna oder von Gilgamesh über Ishtar andererseits; und trotzdem, auch Ägypten beschließt, daß der Individuations- und der Zivilisationsprozeß eine Abwendung vom Weiblichen und eine Hinwendung zum Männlichen bedeuten.

Aber wenn wir den Mythos nur in den soziologischen Begriffen des Übergangs vom Mutterrecht zum Vaterrecht, vom neolithischen Dorf mit seiner Unterordnung des Individuums unter das Kollektive verstehen, dann gehen uns die anderen Stimmen der polyphonen Fuge verloren. Als Isis Seth freiläßt, ist dies ein Ausdruck einer höheren weiblichen Weisheit, die erkennt, daß Seth und Osiris nicht Feinde, sondern Polaritäten sind; sie sind die Zwillingspolaritäten des manifestierten Universums. Horus könnte nicht als ein Bewußtsein in einem physischen Körper existieren, hätte nicht Seth ursprünglich Osiris in den Sarg eingeschlossen. Gleich dem Gegensatz zwischen Christus und Luzifer im esoterischen Christentum oder dem Gegensatz zwischen Quetzalcoatl und Tezcatlipoca in der mexikanischen Mythologie sind auch Seth und Osiris die Zwillingspole jenes Demiurgen, der der Mechaniker des manifestierten Universums ist. Als Isis davon Abstand nimmt, Seth zu töten, da weiß sie, daß Seth solange nicht getötet werden kann, bis das gesamte Universum vernichtet ist. Aus eben diesem Grunde erhält Seth in anderen Versionen die Aufgabe, das Boot auf dem Nil zu sein, das die Totenbahre von Osiris trägt oder aber der Bug des Sonnengottes Ra. Sollte Horus sich nicht völlig inkarnieren, sondern stattdessen nur Leidenschaft, Begrenzung und Ignoranz verkörpern, dann besteht die Gefahr, daß das Ich das Esoterische verdrängen wird und daß die Zivilisation alles Wissen um die Geschichte der Seele auslöscht. Um diesen Zusammenbruch zu verhindern, ersetzt Thot die Krone der Isis, wobei es sich diesmal um die älteste aller Kronen handelt – eine Erinnerung an die alte paläolithische Religion der Großen Göttin.

Die neue Balance zum Vorteil von Individuation und Zivilisation ist delikat, und die leiseste Verlagerung des Schwergewichts kann sie zerstören. Die Evolution vom Matriarchat zum Patriarchat ist eine Entwicklung von der Blutrache und dem Zwang des Clans zur Herrschaft des Gesetzes und der Freiheit der Stadt. Wenn aber das Weibliche total verdrängt wird und Blut, Natur und die esoterischen Dimensionen der Himmel ganz und gar ausgelöscht werden, dann wird damit eine fürchterliche Situation geschaffen, die das Erscheinen eines anderen Avatars der Evolution notwendig macht, einer Lilith der Transformation durch Zerstörung. Das aber bedeutet, in der Geschichte von der ägyptischen Zivilisation vorzugreifen auf unsere eigene.

Die Befreiung des Sohnes aus seiner Abhängigkeit von der Großen Mutter ist ein Loblied auf den Individuationsprozeß. Der Aufstieg von Osiris zum Gott der Toten oder zur Schutzgottheit, zum Schutzgeist der Astralebene, bedeutet die Befreiung der Menschheit vom Fall und ein Eröffnen der Astralebene, durch die sich die Menschheit als individuierte Seelen ihren Weg bahnen kann zur Großen Befreiung. Als Herr der Astralebene überwacht Osiris die Interaktion von Sonne und Erde, die alle Dinge wachsen läßt, aber darüberhinaus ist er auch der Erlöser, der durch die im ägyptischen *Buch der Toten* dargestellten Mysterien einen Ausweg aus dem Zwischenreich der körperlosen Geister anzubieten hat. Falls man denkt, ich würde hier eine buddhistische religiöse Vision auf das alte Ägypten projizieren, lohnt es sich, die Analyse eines Gemäldes im Innern eines ägyptischen Sarges des Ägyptologen Rundle Clark zu berücksichtigen.

Bisher wurde dieser Sarg als eine Reihe voneinander getrennter und in keiner Beziehung zueinander stehender mythologischer

Bilder beschrieben. Wenn man sie jedoch von unten nach oben interpretiert, dann finden wir ein Schema von der Errettung der Seele. Im Grab liegt die Seele zusammen mit ihrem Körper in der Dunkelheit des Mumienbehälters. Unbeweglich und hilflos ohne die Unterscheidungsfähigkeit des Kopfes, muß sie von der Schlange und deren Hilfsdämonen beschützt werden. Trotz allem ist sie eine verborgene Kraft, denn der Käfer steigt aus ihr hervor, das Zeichen für »Form« und »Werden«. Im nächsten, dem osirischen Zustand durchdringt die Nachtsonne die Unterwelt, und ihre Strahlen fallen auf die Seele in ihrer neuen Form als Körper von Osiris. Wie im Leben der Natur, wo Osiris das potentielle Leben in der Erde ist und die Sonnenstrahlen die Vegetation hervorrufen, so kann auch die Seele sagen:

> »Ich bin die Pflanze des Lebens, die durch
> die Rippen von Osiris wächst.«

In der nächsten Szene jedoch wird das osirische Schicksal transzendiert. Das Symbol der aufsteigenden Seele ist jetzt zur Sonne geworden, wie sie sich am östlichen Horizont, bewundert von den Morgensternen, erhebt. In Nut- und Hike-Diagrammen haben wir dann das Einbrechen des Lichts in die Welt und das Segeln der Sonne in ihrer wirklichen Tagesform als Re. Im obersten Bild schließlich ist die Sonne der Universelle Gott, der fortbesteht durch alle seine Formen hindurch, bei Tag und Nacht, kosmisch und universell.[31]

Durch den Triumph des Horus, jenes eindeutigen, individuierten Wesens, des Königs der Welt, kann sich Osiris erheben und einen Ausweg aus der Astralebene öffnen. Horus als Herr der physischen Ebene und Osiris als Herr der Astralebene: damit ist die Menschheit nicht länger in der Materie gefangen. Der Fall wird umgedreht zum Aufstieg. Manifestation wird zum Vehikel der Auferstehung, aber dieses Mysterium enthält die gesamte Quaternität von Isis und Osiris, Seth und Horus, die nötig ist, um die Natur der Evolution der menschlichen Seele auszudrücken. Seth erschafft den Sarg, der dann auf seinem Rücken schwimmt; die Entwicklung von Seth als dem Schöpfer des Sarges zu Seth als dem Träger von Osiris stellt die grundsätzliche Enantiodromie dar, in der der Fall zur Auferstehung wird. Seth ist niemand, der vernichtet werden muß, denn er ist das Prinzip der Begrenzung, das Maß, das zur Form wird. Trotz seiner furchterregenden Eigenschaften ist Seth der unverzichtbare Erzengel der menschlichen Evolution.

Der ganze Mythos ist eine Erläuterung des Inkarnationsmysteriums. Eine Form der Vereinigung zwischen Isis und Osiris erzeugt das göttliche Kind und den König dieser Welt, Horus, eine andere Form der Vereinigung aber erzeugt Harpocrates. Ich würde den Mythos folgendermaßen interpretieren: Als Isis Osiris aus dem Baum befreit, verkehrt sie mit ihm in ihrer Erscheinung als Falke und empfängt den Falkengott Horus. Als sie nach der Zerstückelung des Leichnams durch Seth (seiner Begrenzung auf die Astralebene) den Phallus des Osiris nicht finden kann, verkehrt sie mit dem hölzernen Phallus und empfängt Harpocrates. Die Vereinigung des spirituellen mit dem unbeständigen und illusorischen psychischen Bereich des Astralen erzeugt kein erleuchtetes und befreites Wesen, denn Harpocrates wird zu früh und mit einem nur schwach entwickelten physischen Körper geboren; seine Glieder sind so schwach, daß er nicht auf der harten und festen Materie der Erde stehen kann. Daß diese kleine Vignette, die Plutarch dem Schlußabsatz des letzten Satzes anheftet, voller Weisheit ist, das würde jeder Abt einer kontemplativen Schule erkennen. Jene Meditierenden, die aufgehen in psychischer Verzückung oder sich nur noch damit beschäftigen, Auren zu bestaunen, Gedanken zu lesen, Visionen hinterherzujagen oder Astralreisen zu veranstalten, werden niemals erleuchtete Wesen werden. Sie werden zu Hedonisten des Astralbereichs, ebenso wie ihre Kumpanen in der äußeren Welt Hedonisten des physischen Bereichs sind. Die Weisheit des Zen-Buddhismus läßt die Eingeweihten arbeiten, um eine solide Basis für ihre Meditation zu schaffen, denn das letzte Stadium buddhistischer Erleuchtung, wie die berühmten zehn Bilder vom Ochsenhüten zeigen, besteht nicht darin, im *Samadhi* zu verbleiben, sondern »mit Freude schenkenden Händen« in die Stadt zurückzukehren. Man kehrt dorthin zurück, wo man angefangen hat, nur nicht auf dieselbe Ebene der Spirale, denn die Auferstehung des Körpers heißt, daß man die Weisheit des Falls in die Zeit in das himmlische Reich zurückzutragen vermag. Als der verlorene Sohn zum Vater zurückkehrt, wird er aufgenommen und beinahe höher geachtet als der loyale Sohn, der nie gefallen ist. Die Engel bleiben bei Gottvater und fallen nicht in einen Tierkörper in Zeit und Raum, aber wenn ein Mensch in der Lage ist, sein Bewußtsein aus der Gefangenschaft des Körpers zu befreien und in den Himmel wiederaufzusteigen, wird er fast höher als die Engel geachtet. Und so kommt es, daß die Zeit, in die lichte Körper fielen, zu der Zeit wird, in der fallende Körper zum Licht kommen.

TEIL VIER

Der Mythos jenseits der Geschichte

EPILOG

Der Fall in die Zeit

MYTHOS IST DIE GESCHICHTE DER SEELE. Die Geschichte des Ich mit ihrer Abfolge von Königen und Kaiserreichen, Technologien und Kriegen wird uns in der Schule beigebracht. Als die Lüge, auf die sich alle geeinigt haben, wird die Geschichte zur Apologie für die jeweilige Klasse, die sich gerade an der Macht befindet oder für die, die an die Macht kommen möchte. In unserer heutigen Zeit versucht eine Klasse von Verhaltens- und Politikwissenschaftlern die Macht über Natur und Kultur zu ergreifen und durch Gentechnologie und Soziobiologie die natürliche Selektion der Natur und die künstliche Selektion der Kultur zu verändern, um eine perfekte, wissenschaftliche Gesellschaft zu erschaffen – rational geplant und verwaltet. Mythos und Religion als das alte Erbe unserer Vorfahren aus den dunklen Zeiten vor dem Aufkommen der Technologischen Gesellschaft stehen dabei im Weg, und so haben die Sozialwissenschaftler die Geschichte umgeschrieben, um sie unter ihre Kontrolle zu bringen. Die Geschichte der Seele wurde ausgelöscht, das Universum wurde ausgeschlossen, und an den Wänden von Platos Höhle erzählen die Experten im Schattenwerfen die Geschichte des Aufstieg des *Mannes* aus der Unwissenheit zur Wissenschaft dank der Macht der Technologie. Von der Erziehung der Kinder mittels Verhaltensmodifikation in den Grundschulen bis zur philosophischen Indoktrination an den Hochschulen hat eine Klasse von Verhaltenswissenschaftlern an den strategisch wichtigen Machtpositionen unserer säkularisierten Gesellschaft Stellung bezogen. Als Psychologen sind sie unsere Gedankenpolizei, als Professoren unsere kulturelle Polizei; als Regierungsberater sind sie die Gesetzgebenden, die unsere Polizei ermächtigen. Und so verwundert es nicht, daß diese Sozialwissenschaftler, wenn sie Geschichte schreiben, lediglich eine Geschichte der Ökonomie und der Technologie schreiben.

Die Re*vision* der Geschichte ist deshalb ein revolutionärer Akt. Sie stellt die Legitimität einer Beschreibung der Wirklichkeit in Frage und damit die Schreiber, die jene Darstellung formulierten. Sollte sich dies marxistisch anhören, dann deshalb, weil ich die Form von Marx' Soziologie des Wissens beibehalten, den alten Mann selbst aber auf den Kopf gestellt habe, denn in dieser Position kann er sich besser mit Hegel unterhalten, den nun wiederum er auf den Kopf gestellt hat. Wenn ich die Darstellung des menschlichen Ursprungs, den mir die Soziobiologen angeboten haben, in Frage stelle, dann bezweifle ich auch ihre Darstellung der Zukunft. Ob am einen oder am anderen Rand der Geschichte, ich ziehe es vor, deutlich zu machen, daß ihre Konstruktion der Geschichte die Bühnenausstattung einer Hollywood-Show ist; an beiden Enden der Straße trifft man die alten Stars, die jene Zeit charakterisieren, die der Zivilisation bleibt, bis ihre zweidimensionalen Nichtigkeiten in sich zusammenfallen.

Die Re*vision* der Geschichte ist deshalb auch ein prophetischer Akt – prophetisch nicht im Sinne von Voraussagen, denn das Universum ist zu frei und offen für die Manipulationen irgendeiner religiösen Überheblichkeit –, sondern prophetisch in dem Sinne, daß man die Geschichte im Licht des Mythos betrachtet. Der technologische Mann hat bewußt den Mythos aus seinem Bewußtsein ausgeschlossen; das aber hat ihn zurück unter die Herrschaft des kollektiven Unbewußten gebracht. Er fühlt einen starken Drang zur Reise durch den Weltraum, um den Begrenzungen von Mutter Erde zu entkommen und seine eigene Version von Natur und Kultur in der imaginierten, völligen Freiheit einer Raumkolonie aufzubauen. In seiner utopischen, technologischen Phantasie erschafft er ein genaues Gegenstück zu jenem Utopisten, der da glaubt, völlige Freiheit zu finden, indem er aus der Gesellschaft flieht und zur Natur zurückkehrt. Aber im Dschungel von Guayana mit dem Reverend Jim Jones oder in den Raumkolonien der NASA wird »Mann« auf schmerzhafte Weise entdecken, daß er sein Böses mit sich nimmt, ganz gleich, wohin er geht.

Im klassischen Zeitalter war eine Person, die die Geschichte im Licht des Mythos betrachtete, ein Prophet, ein Jesaja oder ein Jeremia; im Zeitalter der Moderne war solch eine Person ein Künstler, ein Blake oder ein Yeats. Aber heutzutage, in unserer postmodernen Zeit, wurde aus den Künstlern eine degenerierte Priesterschaft; sie wurden nicht zu den Geistern der Befreiung, sondern zu den Innenarchitekten von Platos Höhle. Von ihnen können wir keine revolutionäre Erlösung erwarten. Wenn die Geschichte zum Medium unserer Gefangenschaft wurde, dann muß die Geschichte auch das Instrument unserer Befreiung werden; (um aufzustehen, müssen wir uns gegen den Boden stemmen, auf den wir gefallen sind). Diese radikale Aufgabe erfordert, daß die Grenzen von Kunst und Wissenschaft neu gezogen werden. *Wissenschaft* muß zu *Wissenskunst* werden.

Ich spreche hier von der Resakralisierung der Kultur, und insbesondere von der Resakralisierung der Wissenschaft. Ich spreche von einer Bewegung von Ratio zu Logos. Unter dem Bann der Ratio ist eine Einheit gleichförmig und zum Messen wie zur Massenproduktion geeignet; im Licht des Logos ist jedes Wesen einzigartig und dennoch zu universalem Ausdruck fähig. In der *Wissenschaft* trainiert man einen neutralen Beobachter, ein Maß objektiv abzulesen; alle Beobachter überall auf der Welt sollten das gleiche Ereignis sehen und es auf dieselbe Weise beschreiben. In der *Wissenskunst* erschafft der Historiker wie der Komponist eine einzigartige Darstellung der Zeit, und in dieser einzigartigen Darstellung erkennt der Leser die universelle Wahrheit von Ereignissen. Die Kunst der *Wissenskunst* liegt in der Forschung, denn es steht dem Historiker nicht frei, Charaktere und Ereignisse zu erfinden, ebensowenig, wie es Aischylos freistand, Agamemnon und den Trojanischen Krieg zu erfinden. In solch einer Darstellung verliert die Geschichte den charakteristischen Absolutismus von Wissenschaft und Religion; der Leser steht unter keinem kulturellen Zwang, *an das zu glauben*, was er da liest, denn was er liest, wird ihm in der Freiheit imaginativer Rezeption angeboten, die künstlerischen Ausdruck charakterisiert. Wie in den fiktiven Historien von Jorge Luis Borges oder Stanislav Lem sind die Grenzen zwischen Wahrheit und Erfindung aus den allerbesten künstlerischen und epistemologischen Gründen unscharf.

Der Anführer eines Kults, ganz gleich, ob dieser Kult ein religiöser, politischer oder ein wissenschaftlicher ist, sagt immer: »Ich kenne die Wahrheit; folgt mir!« Der *Wissenskünstler* hingegen weiß, daß niemand die Wahrheit monopolisieren kann. Wahrheit kann nicht in einer Ideologie ausgedrückt werden, denn Wahrheit ist die Kraft, die den Konflikt opponierender Ideologien überstrahlt. Und so wird der *Wissenskünstler* nicht versuchen, seine Darstellung zur Apologie eines neuen Kults werden zu lassen oder zur Propaganda einer aufstrebenden Klasse von Priestern einer neuen Theokratie. Als revolutionärer prophetischer Akt in einer Zeit politischer Wissenschaft ist *Wissenskunst* ein einzigartiger und anarchischer Ausdruck von Freiheit und kein neues und aufstrebendes Indoktrinationssystem. Wenn *Wissenskunst* selbst zur politischen Apologetik wird, dann wird die sagenhafte gefiederte Schlange zu einem Monster, einem Basilisk.

Wenn wir Mythos studieren wollen, brauchen wir eine andere Schule als die unserer Universitäten, aber die alten Schulen sind längst nicht mehr. Mysterienschulen schwingen in einem anderen Äther, sie sind aus Musik, nicht aus Materie gemacht. Um dort Mythos zu studieren, muß man sich in gleichgestimmter Resonanz mit allem, was ist, aus seinem Körper herausziehen lassen. Wer niemals in Meditation oder Schlaf aus seinem Körper herausschwebte, sollte disqualifiziert werden für das Schreiben von Erläuterungen zur ägyptischen Religion mit all seinen Khat, Ba, Ka, Sahu und Khu. Wir haben eine materialistische Zivilisation aufgebaut, die fast ausschließlich an Technologie, Macht und Wohlstand interessiert ist, während die alten Ägypter eine ganze Zivilisation aufbauten, die beinahe ausschließlich am Psychischen und an der Entwicklung des menschlichen Körpers als Vehikel der Erleuchtung interessiert war. Die Bewußtseinszustände und psychischen Erfahrungen, denen bei uns nur eine Randbedeutung zukommt, waren für sie von zentraler Bedeutung. Was wir verdrängen oder – entweder als Ablenkung von der für uns charakteristischen Konzentration auf das Physische oder aber als verführerische Abwechslung von unserer zentralen Aufgabe der Eroberung und Beherrschung der Natur – ignorieren, wenn wir es nicht sogar als einen Weg in den Wahnsinn, in die Schizophrenie betrachten, galt den alten Ägyptern als die *Donnée*, die grundsätzlichen Gegebenheiten des menschlichen Bewußtseins, denen man sich zu widmen hatte, wenn die Menschheit seinen Platz im Kosmos finden sollte. Kulturen konzentrieren sich wie Künstler auf bestimmte Themen und Ausdrucksmittel; einige entwickeln die Herrschaft über die »feinstofflichen« Körper, andere entscheiden sich dafür, Raketen zu bauen und in Raumanzügen auf dem Mond herumzuspazieren. Jede Kultur wirft ihren eigenen Schatten, einen Schatten, der eine perfekte Darstellung ihrer eigenen Form und Natur ist.

Der Schatten, den unsere technologische Zivilisation wirft, ist der Schatten von Lilith, »der Maid der Verwüstung«, die in den Ruinen der Städte tanzt. Heute, da wir es geschafft haben, die ganze Welt zu einer einzigen verseuchten Stadt zu machen, bereitet sie sich darauf vor, in den Ruinen unserer planetaren Megalopolis zu tanzen. Wenn der Mann sich nicht mit Isis auseinandersetzen will, dann muß er mit Lilith zurechtkommen. Die kommenden Jahre werden zur Erläuterung dieses alten Mythos dienen.

Wenn wir jenseits der Verwüstung all unserer männlichen Nichtigkeiten – von den Aktienbörsen bis zu den Arsenalen unserer Raketen – angelangt sind, dann werden wir offener und empfänglicher sein. Offen und blutend wie jene archaische Wunde, die Vulva, werden wir darauf vorbereitet sein, die Konzeption einer neuen Zivilisation in Empfang zu nehmen. Vielleicht, wenn uns die alten Götter segnen, werden wir in der nächsten Zivilisation – die folgen wird, wenn diese ausgespielt hat – »die alte und vergessene Weisheit« wertschätzen lernen. In den Tempelschulen Ägyptens wurde die Evolution zu einem bewußten Prozeß erhoben. Die Architektur des zentralen Nervensystems und die Architektur des Tempels waren so sehr miteinander verwandt, daß der Eingeweihte sich auf der Spirale umdrehen und sein Gesicht in die Richtung wenden konnte, aus der er gekommen war, um so besser jene Richtung zu verstehen, in die er zu gehen hatte. Die Tempelschule war eine andere Art von Schule für Reisen durch Raum und Zeit. Die Raketen lassen hier unten die Hölle ausbrechen, um sich in einen abstrakten und luftleeren Himmel zu erheben, aber der Ägypter wußte, daß er sich umdrehen, dem Instinktiven begegnen und es erheben mußte, damit männliche Transzendenz und weibliche Immanenz eins werden konnten. Er wußte, daß er ohne diese innere Transmutation nur seine eigene äußere Vernichtung bewirken würde.

Lilith ist zurückgekehrt. Um eine Aussöhnung mit ihr zu bewirken, darf der Mann nicht ständig versuchen, das Weibliche zu vergewaltigen und zu unterjochen. Wenn er mit seinem Versuch fortfährt, die Natur durch Genmanipulation und durch die Verdrängung des Spirituellen zu beherrschen, dann wird er dadurch nur sicherstellen, daß die Befreiung aus seinem Wahn einzig und allein in der Zerstörung geschehen kann. Dann wird Lilith auf den Ruinen der abendländischen Zivilisation tanzen. Wenn aber der Mann Initiation annehmen und dadurch erkennen kann, daß Lilith seine längst verloren geglaubte Frau ist, dann können die destruktiven Energien umgewandelt und für die kreative Destrukturierung der alten Zivilisation – jener industriellen Zivilisation, aus der die Menschheit bereits herausgewachsen ist – nutzbar gemacht werden.

Der Mythos bleibt auch als Geschichte der Seele eine Geschichte, und jedes Stadium der Evolution des Bewußtseins ruft die ihm entsprechende Geschichte, die zu ihm passende *story* hervor. Und im spiralförmigen Fortschreiten der Geschichte wird eine archetypische Erzählung zur Rekapitulation des Alten, zur Darstellung des Neuen und zur Ouvertüre dessen, was noch kommen soll. Als Erzählung ist der Mythos von Isis und Osiris eine Zusammenfassung des Mythos von der neolithischen Muttergöttin und ihres sterbenden jugendlichen Sohngeliebten, wobei im Falle von Isis und Osiris – die Geliebten sind Bruder und Schwester – die Beziehung zwischen dem Weiblichen und dem Männlichen ausgewogener wird. Während der frühen Stadien der Evolution beherrscht die Natur den Menschen, läßt der Planet die Menschen winzig erscheinen; als sich aber die Zivilisation entwickelt, wächst auch das Männliche zu einer neuen Ebene heran, und das Weibliche reagiert, um ihm auf jener Ebene zu begegnen. Aus der Großen Göttin wird Isis. Die Geschichte entwickelt sich von Lascaux über Çatal Hüyük bis Abydos – ihr Ende findet sie dort nicht.

Die Geschichte von Isis und Osiris ist eine Ouvertüre zur Geschichte von Maria und Jesus. Der tote Sohn in den Armen seiner Mutter, dargestellt in der berühmten *Piéta* von Michelangelo, ist eine Rekapitulation des uralten Themas vom sterbenden männlichen Gott und der paläolithischen Göttin. Aber das Ende einer Geschichte ist auch ihre krönende Vollendung. Als Jesus seine Mutter Johannes überantwortet, während er selbst am Kreuz stirbt, bereitet er sich darauf vor, seine eigene Auferstehung zu bewirken. Diesmal ist es nicht die Göttin Isis, die den Phallus des toten Osiris erstehen läßt, um das göttliche Kind zu empfangen; bei der Auferstehung geht es nicht nur darum, daß der Gott zum Herrn der Toten auf der Astralebene wird. Diesmal inkarniert sich ein vollständiges Wesen auf der physischen Ebene, nimmt das ganze Mysterium des Todes in einem sterblichen physischen Körper auf sich und erhebt sich von den Toten auf der physischen Ebene. Osiris drückt die initiatische Beherrschung der Astralebene aus, Jesus hingegen das initiatische Geheimnis der physischen Ebene im Mysterium eines bewußten Todes.

Maria Magdalena ist die erste, die den auferstandenen Körper Jesu sehen soll, und dieses gemeinsame Bild des Avatar und der Hure stellt die Ouvertüre dar für das, was uns in der kommenden Welt-Epoche erwartet. Als Hure drückt Maria Magdalena Präsenz und Vollendung des archaischen weiblichen Erbes und seine Transmutation zum archetypischen Androgyn der Zukunft aus. Petrus, der orthodoxe und konventionelle Jude, würde Maria Magdalena von den Mysterien ausschließen, Jesus aber sieht Sexualität in einem völlig anderen Licht.

Simon Petrus sagte ihnen: »Maria soll aus unserer Mitte fortgehen, denn die Frauen sind nicht würdig des Lebens!«

Jesus sagte: »Siehe, ich werde sie anziehen, um aus ihr einen Mann zu machen, damit sie wird, sie auch, ein lebender Geist, ähnlich euch Männern. Denn jede Frau, wenn sie sich männlich macht, wird in das Himmelreich eintreten.«[1]

Jesus meinte hier nicht, daß Frauen wie Männer werden sollten, sonder vielmehr, daß im Einweihungsprozeß jedes Geschlecht den Charakter des anderen annehmen muß, wenn Ganzheit erreicht werden soll.

Jesus sagte ihnen: »Wenn ihr machen werdet aus zweien eins, wenn ihr machen werdet das Innere wie das Äußere und das Äußere wie das Innere und das, was oben ist, wie das ist, was unten ist, und wenn ihr, der Mann mit der Frau, eins machen werdet, so daß der Mann nicht mehr Mann und die Frau nicht mehr Frau ist, wenn ihr werden werdet Augen anstelle eines Auges, eine Hand anstelle einer Hand, ein Fuß anstelle eines Fußes, ein Bild anstelle eines Bildes, dann werdet ihr eintreten (in das Himmelreich). «[2]

Maria Magdalena, die überlebende Version der alten Tempelprostituierten, wird zur Eingeweihten Jesu. Diese radikale Vision Jesu beunruhigt den orthodoxen Petrus ebenso wie den orthodoxen Paulus – und das in so großem Maße, daß Paulus in seiner Vorstellung von Frauen zum konventionellen Judaismus zurückkehren wird.[3] Johannes aber ist kein konventioneller, orthodoxer Jude, und es sind Johannes und Maria Magdalena, die am Fuße des Kreuzes stehen, und es ist Maria Magdalena, die den auferstandenen Jesus zuerst sieht, wie es Johannes ist, dessen Verständnis weit über das des Petrus hinausgeht, was die Bedeutung der leeren Grabkammer betrifft.[4] Johannes und Maria Magdalena stehen am Fuße des Kreuzes, denn im Verlauf der nächsten Spiraldrehung ist es ihre Geschichte, die zur Darstellung des ewigen Mythos werden soll.

Jene, die den Ort der Stille nicht sehen noch benennen, werden auch den Herrn nicht sehen. Die einförmige Menschenmenge um das Kreuz bezeichnet die niedere Natur. Und wenn jene, die ihr am Kreuz seht, noch keine einzigartige Form haben, dann sind all die Teile von dem, der herabstieg, noch nicht zusammengesammelt worden.[5]

Hier, in den apokryphen Schriften des Johannes, bezieht sich Jesus auf das alte Mysterium des Einsammelns der Einzelteile des Osiris, während er gleichzeitig, in Erwartung der nächsten Welt-Epoche, des nächsten platonischen Monats, die Doktrin vom Mystischen Körper Christi ankündigt.

> Wenn aber die Natur der Menschheit erhöht wurde und eine Generation von Menschen, von meiner Stimme bewegt, mir nahe kommt, dann wirst du (Johannes), der du mich jetzt hörst, dasselbe geworden sein, und das was ist, wird nicht mehr sein.[6]

Isis und Osiris verkörpern einen platonischen Monat, Jesus und Maria einen anderen. Im Evangelium des Johannes sagt Jesus zu Petrus, daß Johannes nicht warten soll, bis er wiederkommt. Das aber heißt nichts anderes, als daß Johannes die Tradition von Melchidesek, Enoch und Elia fortführen soll, eine Tradition von Männern, die nicht sterben, sondern in den Himmel aufgenommen werden. Die apokryphen Schriften des Johannes sind ein Ausdruck gnostischer und doketischer Häresie, indem sie zwischen dem Kosmischen Christus und Jesus Christus unterscheiden. In dieser häretischen Version sagt Jesus zu Johannes, daß er am Ende unserer Welt-Epoche zur Avatarebene erhoben werden soll, um zu dem zu werden, was Jesus in diesem zweitausend Jahre währenden platonischen Monat war.

Wenn man heute beim Praktizieren von Tantra Yoga einen Einblick in das kollektive Unbewußte erhält, dann sieht man ein im Äther der Astralebene vibrierendes Triptychon, das an Grünewalds Isenheimer Altar erinnert. Auf dem einen Flügel sehen wir ein Gemälde des Weiblichen, das den Fall des Männlichen in die Zeit beklagt; dieses Gemälde stellt Isis dar, die über dem Sarg des Osiris weint. Der zweite Flügel zeigt das tote Männliche in den Armen des Weiblichen, Jesus in den Armen Marias. Im dritten Teil sehen wir weder den Fall noch die Kreuzigung, sondern die heilige Vereinigung *(Hieros Gamos)* der wiedervereinten Geliebten. Einmal war es der physische Tod und die Kreuzigung, die das Bewußtsein an die Materie banden; damals handelte es sich um ein Sakrament Thanatos'; aber in der gerade beginnenden Welt-Epoche ist es ein Sakrament des Eros, eine körperliche Sexualität, bei der die Geliebten der Ewigkeit die Welt auf der physischen Ebene gebären. Die Inkarnationen des Neuen Zeitalters werden nicht, wie der irische Mystiker A. E. in einer Vision vor fünfzig Jahren erkannte,[7] der einzelne Mann, sondern Mann und Frau zusammen sein.

Der Mythos ist die Geschichte der Seele. Damit wir nicht glauben, daß Isis und Osiris oder auch Jesus und Maria nichts als Geschichten der Vergangenheit sind, sollten wir uns umschauen und erkennen, daß heute, in unserer Zeit, ein neues Kapitel geschrieben wird. Gleich welche Namen diese zwei Liebenden tragen werden, wenn sie sich begegnen, wird es wie die Berührung von Materie und Antimaterie, die vergängliche und die verzehrende Leidenschaft unserer Welt sein. Im Ursprung der Zivilisation findet sich auch die Ouvertüre ihres Endes.

ANMERKUNGEN

PROLOG:
DIE ZEIT VOR DEM FALL

1 Siehe Stockhausen, *Sirius* und die Diskussion über den *Jahreslauf* mit W. I. Thompson in *Lindisfarne Letter 10* (West Stockbridge, Massachussetts, Frühjahr 1980).

2 *Die neue Wissenschaft über die gemeinsame Natur der Völker* von Giambattista Vico, Erstes Buch, erste Abteilung und chronologische Tafel.

3 Siehe Doris Lessing, *Shikasta* (Frankfurt, Fischer, Goverts, 1983); Jonathan Cott, *Stockhausen: Conversations with the Composer* (New York, Simon & Schuster, 1973); und David Spangler, *Revelation: The Birth of a New Age* (San Francisco, Rainbow Bridge, 1974).

4 Lewis Carroll, *Alice im Spiegelland*, in der Übersetzung von Lieselotte Remané (München, dtv, 1981).

5 Carlos Castaneda, *Eine andere Wirklichkeit* (Fischer, Frankfurt, 1973), S. 25.

6 Claude Lévi-Strauss, *Das wilde Denken* (Suhrkamp, Frankfurt, 1973).

7 Siehe Claude Lévi-Strauss, »Die Struktur der Mythen« in *Strukturale Anthropologie* (Suhrkamp, Frankfurt, 1967), S. 238 f.

8 Siehe Gershom B. Scholem, »The Relationship Between Gnostic and Jewish Sources« in *Jewish Gnosticism, Merkabah, Mysticism and Talmudic Tradition* (New York, Jewish Theological Seminary, 1965), S. 74.

9 W. B. Yeats, *Werke*, Ausgew. und hrsg. von Werner Vordtriede (Luchterhand, Neuwied/Berlin, 1970), Gedichte, S. 179.

10 Claude Lévi-Strauss, »Die Struktur der Mythen«, op. cit., S. 241.

11 Edmund Leach, *Genesis as Myth* (London, Jonathan Cape, 1969), S. 7.

12 Robert Graves und Raphael Patai, *Hebrew Myths: The Book of Genesis* (New York, McGraw Hill, 1966), S. 12.

13 Ibid., S. 82.

14 A. N. Whitehead, *Prozeß und Realität* (Suhrkamp, Frankfurt, 1984), S. 62.

15 Paul D. MacLean, »New Findings Relevant to the Evolution of Psychosexual Functions of the Brain«, *Journal of Nervous and Mental Disease*, Oktober 1962, S. 295f.

16 Norman O. Brown, *Love's Body* (Hanser, München, 1977), S. 124.

17 Einige Yogis beschreiben dieses Gefühl, als würde der Samen tatsächlich die Wirbelsäule hinaufsteigen, aber diese Vorstellung scheint mir ein Fall »deplazierter Konkretheit« zu sein. Der Leser möchte vielleicht dennoch Gopi Krishna, *Kundalini: The Evolutionary Energy in Man* (Berkeley, Shambala, 1971) mit Muktananda, *Spiegel des Bewußtseins* (Aurum, Freiburg, 1975), S. 134 vergleichen.

18 Raphael Patai, *The Hebrew Goddess* (New York, Avon, 1978), S. 184.

19 Siehe Penelope Shuttle und Peter Redgrove, *Weise Wunde Menstruation* (Frankfurt, Fischer, 1982).

20 John Updike, *Ehepaare* (Reinbek, Rowohlt, 1969).

21 Marija Gimbutas, *The Gods and Goddesses of Old Europe* (London, Thames & Hudson, 1974), S. 152.

22 Frank Waters und White Bear Frederick, *Das Buch der Hopi* (Düsseldorf, Diederichs, 1980), S. 23.

23 Delia Goetz, Sylvanus Morley, Adrian Recinos, *The Popol Vuh: The Sacred Book of the Quiche Maya* (Norman, University of Oklahoma Press, 1950), S. 86.

24 G. R. S. Mead, *Fragments of a Faith Forgotten* (New York, University Books, 1960), S. 188.

25 Elaine Pagels, *The Gnostic Gospels* (New York, Random House, 1979), S. xxvi.

26 Siehe Jess Stearn, *The Sleeping Prophet* (New York, Doubleday, 1967).

27 H. C. Randall-Stevens, *Atlantis to the Latter Days* (London, Camelot Press, 1966), S. 123.

28 Hans Jonas, *The Gnostic Religion* (Boston, Beacon, 1963), S. 122.

29 Rudolf Steiner, *Aus der Akasha-Chronik* (Dornach, Rudolf Steiner Verlag, 1983), S. 58–61.

30 Marija Gimbutas, op. cit., S. 152.

31 Jesaja Kap. 40, Vers 3. Eine Analyse des Exodus als Allegorie einer Initiation findet sich bei W. I. Thompson, *Prophecy and Revolution: Five Lectures on the Old Testament* (Lindisfarne

Tapes, West Stockbridge, Mass., 1977).

32 Zenna Henderson, *Pilgrimage: The Book of the People* (New York, Avon, 1961).

33 Zitiert in Werner Heisenberg, *Physics and Beyond* (New York, Harper & Row, 1971), S. 102.

KAPITEL EINS:
HOMINISATION — DAS WERDEN DER MENSCHEN

1 E. O. Wilson, *Sociobiology: The New Synthesis* (Cambridge, Harvard University Press, 1975), S. 4, 547, 562f.

2 Ibid., S. 315.

3 H. C. Randall-Stevens, *Atlantis to the Latter Days* (London, Camelot Press, 1966), S. 117f.

4 Siehe beispielsweise David Clark, »Our Inconstant Sun«, *New Scientist*, 18. Januar 1979, S. 168–170; oder David Clark, Gary Hunt und William McCrea, »Celestial Chaos and Terrestrial Catastrophes«, *New Scientist*, 14. Dezember 1978, S. 861–863.

5 Barbara Tuchmann, *A Distant Mirror: The Calamitous Fourteenth Century* (New York, Knopf, 1979); sowie Doris Lessing, *Shikasta* (Frankfurt, Fischer, Goverts, 1983).

6 Claude Lévi-Strauss, *Das wilde Denken* (Frankfurt, Suhrkamp, 1973), S. 23.

7 J. Maynard Smith, *The Evolution of Sex* (Chicago, University of Chicago Press, 1966), S. 7.

8 Siehe »Sociobiology Is a Political Issue« von Joseph Alber, Jon Beckwith und Lawrence G. Miller in *The Sociobiology Debate*, Hrsg. Arthur L. Caplan (New York, Harper & Row, 1978), S. 476–487.

9 E. O. Wilson, op. cit., S. 315.

10 Eine soziobiologische Diskussion des Vorrangs weiblicher Reproduktionsstrategien findet sich bei Fred Hapgood, *Why Males Exist: An Inquiry into the Evolution of Sex* (New York, William Morrow, 1979).

11 Gregory Bateson, *Ökologie des Geistes* (Frankfurt, Suhrkamp, 1983), S. 529.

12 E. O. Wilson, op. cit., S. 314.

13 D. H. Lawrence, *Twilight in Italy* (New York, Viking, 1962), S. 73ff.

14 Fred Hapgood, op. cit., S. 38.
15 Sarah Blaffer-Hrdy, *The Langurs of Abu: Female and Male Strategies of Reproduction* (Cambridge, Harvard University Press, 1977), S. 304 ff., 308.
16 Ibid., S. 109.
17 James H. Barkow, »Culture and Sociobiology«, *American Anthropologist*, Vol. 80, Nr. 1 (März 1978), S. 8.
18 Francisco Varela, *Principles of Biological Autonomy* (New York, Elsevier-North Holland, 1979), S. 39.
19 Werner Heisenberg, *Physik und Philosophie* (Stuttgart, S. Hirzel, 1978), S. 66.
20 Sarah Blaffer-Hrdy, op. cit., S. 278.
21 Gregory Bateson, »Die Sache ist die« in *Antwort der Erde* (München, Ahorn, 1978), S. 156.
22 E. O. Wilson, op. cit., S. 562.
23 Ibid., S. 554, 555.
24 Carl Sagan, *Die Drachen von Eden* (München, Droemer Knaur, 1978), S. 152.
25 E. O. Wilson, op. cit., S. 316.
26 Jane Lawick-Goodall, *In the Shadow of Man* (New York, Dell, 1971), S. 66. (Die deutsche Ausgabe, erschienen bei Rowohlt, ist z. Zt. vergriffen). Siehe auch ihr »Cultural Elements in a Chimpanzee Community« in *Precultural Primate Behavior*, Hrsg. E. W. Meazil (S. Karger, Basel, 1973).
27 Ibid., S. 94.
28 »Animal Behaviorist Finds Chimpanzees Take Others' Lives«, *The New York Times*, 20. April 1978, S. 419.
29 Lawick-Goodall, op. cit., S. 208.
30 Ibid., S. 192.
31 Friedrich Engels, *Der Ursprung der Familie, des Privateigentums und des Staats* (Frankfurt, Marxistische Blätter, 1969).
32 Charles F. Hockett und Robert Ascher, »The Human Revolution« in *Man and Adaptation: The Biosocial Background* (Chicago, Aldine, 1968), S. 215–228.
33 Richard E. Leakey und Roger Lewin, *Wie der Menschen zum Menschen wurde* (Hamburg, Hoffmann & Campe, 1980), S. 68.
34 Lawick-Goodall, op. cit., S. 135 ff.
35 E. O. Wilson, op. cit., S. 569.
36 Siehe Edmund Leach, *The Structural Study of Myth and Totemism* (London, Tavistock, 1967); ebenso sein *Genesis as Myth* (London, Jonathan Cape, 1969).
37 Robin Fox, »Totem and Taboo Reconsidered« in *The Structural*

Study of Myth and Totemism (London, Tavistock, 1967), S. 161.

38 Elaine Morgan, *Der Mythos vom schwachen Geschlecht* (Wien, Econ, 1972).

39 E. O. Wilson, op. cit., S. 28 ff.

40 Robert Ardrey, *Adam kam aus Afrika* (Wien, Econ, 1967), S. 9.

41 C. D. Darlington, *Die Entwicklung des Menschen und der Gesellschaft* (Düsseldorf, 1971).

42 Glynn Isaacs, »The Food-Sharing Behavior of Proto-Human Hominids«, *Scientific American*, April 1978, Vol. 238, Nr. 4, S. 90 ff.

43 Lionel Tiger, *Warum die Männer wirklich herrschen* (München, BLV, 1972), S. 63.

44 Norman O. Brown, *Love's Body* (München, Hanser, 1977), S. 124.

45 Siehe *Erotische Kunst aus drei Jahrhunderten*, Hrsg. Phyllis und Eberhard Kronhausen (München, Heyne, 1974).

KAPITEL ZWEI:
SYMBOLISIERUNG

1 Eine wissenschaftliche und nichttheologische Darstellung der Schöpfung des Universums findet sich bei Steven Weinberg, *Die ersten drei Minuten* (München, Piper, 1977).

2 Siehe Gregory Bateson, *Geist und Natur. Eine notwendige Einheit* (Frankfurt, Suhrkamp, 1982).

3 Siehe die Beschreibung des Besuchs eines Swamis bei dem Heiligen in der *Autobiographie eines Yogi*, Paramahansa Yogananda (München, O. W. Barth, 1957).

4 A. N. Whitehead, *Wissenschaft und moderne Welt* (Frankfurt, Suhrkamp, 1984), S. 98.

5 Michael Faraday, *Experimental Researches in Electricity* (London, 1844), zitiert in Owen Barfields *History, Guilt, and Habit* (Middleton, Connecticut, Wesleyan University Press, 1979), S. 90.

6 *The Apocryphal New Testament*, übers. von M. R. James (London, Oxford University Press, 1924), S. 258.

7 Ich werde mich im vierten Kapitel genauer mit den esoterischen Dimensionen des Gilgamesch-Epos auseinandersetzen.

8 Noam Chomsky, *Sprache und Geist* (Frankfurt, Suhrkamp, 1970), S. 111.

9   Von der behavioristischen Position eingenommen ist Eugene
    Linden in seinem Buch *Die Kolonie der sprechenden Affen*
    (München, Meyster, 1980), in dem er auch langatmig auf die
    Arbeit von R. und B. Gardner und David Premack eingeht. Eine
    Darstellung des linguistischen Ansatzes zum Gefecht zwischen
    britischem Empirizismus und europäischem Rationalismus
    findet sich bei Noam Chomsky, *Cartesianische Linguistik*
    (Tübingen 1971). Siehe auch Noam Chomsky, »A Review of B.
    F. Skinners's *Verbal Behavior*« in *The Structure of Language*,
    Hrsg. J. A. Fodor und J. J. Katz (Englewood Cliffs, N. J.,
    Prentice-Hall, 1964), S. 547–579. Neuere Überlegungen zur
    Frage der Sprachfähigkeiten von Primaten finden sich bei H. S.
    Terrace, L. A. Petito, R. J. Sanders, T. G. Bever, »Can an Ape
    Create a Sentence?«, *Science*, 23. November 1979, Vol. 206,
    Nr. 4421, S. 891–902. Siehe auch Martin Gardners Besprechung
    »Monkey Business« in *The New York Review of Books*, 20. März
    1980, Vol. XXVII, Nr. 4, S. 3–6.

10 Charles F. Hockett und Robert Ascher, »The Human Revolu-
    tion« in *Man in Adaption: The Biosocial Background*, Hrsg.
    Yehudi Cohen (Chicago, Aldine, 1968), S. 225.

11 Zitiert von Ernst Fischer, *The Necessity of Art* (London,
    Pelican, 1963), S. 26.

12 Zitiert von Loren Eisely, *The Immense Journey* (New York,
    Vintage, 1957), S. 83.

13 Richard Leakey und Roger Lewin, *Wie der Mensch zum Men-
    schen wurde* (Hamburg, Hoffmann & Campe, 1978), S. 136.

14 *Origins and Evolution of Language*, Hrsg. Harnand, Steklis
    und Lancaster, New York Academy of Sciences, 1976, Vol. 280.

15 Julian Jaynes, »The Evolution of Language in the Late Pleisto-
    cene«, in Harnand, Steklis und Lancaster, op. cit., S. 312–325.

16 *The Amazing Newborn*, Health Sciences Communication Cen-
    ter, Case Western Reserve University, Cleveland, Ohio.

17 Siehe Eric H. Lenneberg, »The Capacity for Language Acquisi-
    tion« in *The Structure of Language*, Hrsg. J. A. Fodor und J. J.
    Katz (Englewood Cliffs, N. J., Prentice-Hall, 1964), S. 579–604.

18 Zitiert von Ernst Fischer, *The Necessity of Art* (London,
    Pelican, 1963), S. 26.

19 Ashley Montagu, »Toolmaking, Hunting, and the Origin of
    Language« in Harnand, Steklis und Lancaster, op. cit., S. 283.

20 Glynn Isaacs, »Stages of Cultural Elaboration in the Pleisto-
    cene: Possible Archeological Indicators of the Development of
    Languages Capabilities« in *Origins and Evolution of Language*,
    op. cit., S. 283.

21 Noam Chomsky, *Sprache und Geist* (Frankfurt, Suhrkamp, 1970), S. 159.

22 Alexander Marshack, »Some Implications of the Paleolithic Symbolic Evidence for the Origins of Language« in Harnand, Steklis und Lancaster, op. cit., S. 309.

23 The Teachings of Rumi, ausgew. und übers. von E. H. Whinfield (New York, Norton, Dutton, 1975), S. 216 ff.

24 *Darwin: A Norton Critical Edition*, Hrsg. Philip Appleman (New York, Norton, 1970), S. 78.

25 Siehe W. B. Yeats, *A Vision* (New York, Macmillan, 1961), (die deutsche Ausgabe erscheint Ende 1985 bei Dianus-Trikont in München); siehe auch Henry Corbin, *Spiritual Body and Celestial Earth* (New York, Bollingen, 1977), S. 229.

26 Siehe Alexander Marshack, loc. cit., ebenso Francois Bordes, *A Tale of Two Caves* (New York, Harper & Row, 1972).

27 Rachel Levy, *Gate of Horn* (London, Pelican, 1948).

28 T. S. Kuhn, *Die Struktur wissenschaftlicher Revolutionen* (Frankfurt, Suhrkamp, 1973).

29 Alexander Marshack, *The Roots of Civilization* (New York, McGraw-Hill, 1972), S. 90. Siehe auch sein »Upper Paleolithic Symbol Systems of the Russian Plain«, *Current Anthropology*, Vol. 20, Nr. 2, Juni 1979, S. 271–309.

30 Martha K. McClintock, »Menstrual Synchrony and Suppression«, *Nature*, 22. Januar 1971, Vol. 229, S. 171–179.

31 Elise Boulding, *The Underside of History: A View of Women through Time* (Boulder, Colorado, Westview Press, 1976), S. 106.

32 Robert Briffault, *The Mothers* (New York, Atheneum, 1977), S. 252. Siehe auch Penelope Shuttle und Robert Redgrove, *Weise Wunde Menstruation* (Frankfurt, Fischer Taschenbuch, 1982).

33 Elise Boulding, op. cit., S. 106.

34 Alexander Marshack, *The Roots of Civilization*, S. 336.

35 Robert Ardrey, *Adam kam aus Afrika* (Wien, Molden, 1967), S. 9. Im Sinne der Soziologie des Wissens kann man sagen, daß die eigene Vorstellung vom Ursprung menschlicher Kultur das eigene politische Verhalten in der gegenwärtigen Kultur prägt. Glaubt man, daß Waffen und Töten die Grundlage menschlicher Kultur darstellen, dann dürfte man auch die Annahme akzeptieren, daß technologisch höher entwickelte Kulturen »vorwärts« streben, während »niederstehendere« Kulturen zum Aussterben verurteilt werden. Eine neue globale wissenschaftliche Elite entscheidet durch eine Lotterie, wer überleben wird, und durch die Soziobiologie, wer überleben sollte. Wenn man ande-

rerseits wie Glynn Isaacs davon ausgeht, daß das Teilen der
Nahrungsmittel jener ursprüngliche Akt war, der uns menschlich machte, dann dürfte die globale Krise zu einer Vision
führen, die von Mitgefühl und Teilen geprägt ist. Ardreys Vision
wird zur philosophischen Grundlage und zur Rechtfertigung für
eine neue autoritäre und technologisch gemanagte Gesellschaft,
während Isaacs Vision zur Grundlage für eine völlig andere
Weltkultur des Mitgefühls für, wie die Buddhisten sagen, »das
Leid aller fühlenden Wesen« wird. All das sagt nicht mehr und
nicht weniger, als daß wir sind, was wir denken, und daß unsere
Vorstellung vom Ursprung menschlicher Kultur nichts anderes
ist als einfach eine weitere Beschreibung unserer Wahrnehmung der gegenwärtigen Lebensbedingungen.

36 Alexander Marshack, op. cit., S. 337.
37 Ibid., S. 217.
38 Robert Bly, »I Came out of My Mother Naked«, in *Sleepers
    Joining Hand* (New York, Harper & Row, 1973), S. 31.
39 W. B. Yeats, *A Vision*, op. cit.; siehe auch Robert Graves, *Die
    weiße Göttin* (Hamburg, Rowohlt, 1985).
40 Alexander Marshack, op. cit., S. 132.
41 Robert Briffault, op. cit., S. 248.
42 *Proceedings of the American Philosophical Society Held at
    Philadelphia*, Samuel N. Kramer, 506, obv., Col. 11, S. 5–33.
43 André Leroi-Gourhan, *Treasures of Prehistoric Art* (New York,
    Abrams, 1967), S. 174.
44 Der Titel der englischsprachigen Version lautet *Treasures of
    Prehistoric Art* (s. o., unter Ziffer 43). Siehe auch André Leroi-
    Gourhan, *Les Religions de la Prehistoire* (Paris, Presses Uni-
    versitaires de France, 1964).
45 André Leroi-Gourhan, *Treasures of Prehistoric Art*, S. 173 ff.
46 Ibid., S. 174.
47 Ibid., S. 511.
48 Annette Laming, *Lascaux* (Dresden, 1962).
49 Eine Darstellung der Rolle einer *power vision* im Leben eines
    Schamanen findet sich in *Black Elk Speaks*, Hrsg. John G.
    Neihardt (Lincoln, Nebraska, University of Nebraska Press,
    1961), S. 20.
50 Siehe Paul D. MacLean, M. D., »Man and His Animal Brains« in
    Modern Medicine, 3. Februar 1964, S. 95–106; ebenso sein *A
    Triune Concept of the Brain and Behaviour* (Toronto, Universi-
    ty of Toronto Press, 1973).
51 Swami Muktananda, *Spiel des Bewußtseins* (Freiburg, Aurum,
    1975), S. 125 ff.

52 Marija Gimbutas, *The Gods and Goddesses of Old Europe: 7000–3500 B.C.* (London, Thames & Hudson, 1974), S. 144.

53 Ibid., S. 112, 135.

54 Professor Michael Coe, Leiter des Department of Archaeology an der Yale University, im persönlichen Gespräch mit dem Verfasser (1971). Professor Coe vertrat die Meinung, daß die *Ur-Kultur* (im Original deutsch) jene der eiszeitlichen Jäger war.

55 Siehe vom gleichen Verfasser *At the Edge of History* (New York, Harper & Row, 1971), Kap. 7; ebenso John Michell, *The View over Atlantis* (London, Sago Press, 1969).

56 Erich Neumann, *Die Große Mutter* (Olten, Walter, 1978), S. 93 ff.

57 Lewis Spence, *The History of Atlantis* (New York, University Books, 1968), unternimmt den Versuch, eine Beziehung zwischen exoterischer Vor- und Frühgeschichte und den esoterischen Traditionen von Atlantis herzustellen.

KAPITEL DREI:
ANFÄNGE DES ACKERBAUS

1 Gail Kennedy, »The Emergency of Modern Man«, *Nature*, Vol. 284, 6. März 1980, S. 11.

2 David Clark, »Our Inconstant Sun«, *New Scientist*, 8. Januar 1979, S. 168–170.

3 Marshall Sahlins, *Stone Age Economics* (Chicago, Aldine, 1972).

4 Kent V. Flannery, »Origins and Effects of Early Domestication in the Near East and Iran« in *Prehistoric Agriculture*, Hrsg. Stuart Struever (New York, Doubleday, 1971), S. 53.

5 Grahame Clark, *Stone Age Hunters* (New York, McGraw-Hill, 1967), S. 94.

6 Siehe Erich Neumann, *Die Große Mutter* (Olten, Walter, 1978), S. 117.

7 Erich Isaac, »On the Domestication of Cattle« in *Prehistoric Agriculture*, Hrsg. Stuart Struever (New York, Doubleday, 1971), S. 459.

8 Ibid., S. 462.

9 Laurette Sejourné, *Burning Water: Thought and Religion in Ancient Mexico* (New York, Vanguard, 1956).

10 Ashley Montagu, *Coming into Being Among the Australian*

Aborigines (London, Routledge & Kegan Paul, 1974), S. 366.

11 Alexander Marshack, *The Roots of Civilization* (New York, McGraw-Hill, 1972), S. 333.

12 Hertha von Dechend und Giorgio de Santillana, *Hamlet's Mill: An Essay on Myth and the Frame of Time* (Boston, Gambit, 1969), S. 218, 414.

13 Alexander Marshack, op. cit., S. 332.

14 Kathleen Freeman, *Ancilla to the Pre-Socratics* (Cambridge, Mass., Harvard University Press, 1962), S. 19.

15 Erich Neumann, op. cit., S. 262.

16 Alice O. Howell in einer Diskussion nach einem Vortrag des Verfassers über Çatal Hüyük in Lindisfarne, Southhampton, N. Y., 1975.

17 Negatives Feedback ist – wie bei einem Thermostat – eine Reaktion, bei der eine Veränderung einen Anhalte-Mechanismus signalisiert, wie z. B. das Abschalten eines Wassererhitzers; ein positives Feedback ist dann gegeben, wenn das System kein hemmendes Signal erfährt. Siehe Kent V. Flannery, »Archaeological Systems Theory and Early Mesoamerica«, in Struever, op. cit., S. 81–100.

18 J. Thomas Meyer, »The Origins of Agriculture: an Evaluation of Three Hypotheses« in Struever, op. cit., S. 101–122. Professor Fred Wendorf behauptete 1978 bei den Treffen der *American Association for the Advancement of Science* in Houston, Texas, daß er Hinweise für das Vorhandensein von Landwirtschaft in Ägypten vor 17 000 Jahren gefunden hätte. Die Größe dieser landwirtschaftlichen Gemeinschaft scheint der Größenordnung von Jäger- und Sammlerhorden zu entsprechen, also etwa aus 20 Leuten bestanden zu haben. Die Entdeckungen von Professor Wendorf bedürfen noch der Erhärtung, aber wenn seine Interpretationen zutreffen sollten, dann hätten einige Gemeinschaften das Sammeln etwa 8000 Jahre früher zu Gartenbau entwickelt, als gegenwärtig angenommen wird. Wenn das wahr ist, dann stünde dies im Gegensatz zur These von Jane Jacobs, nach der sich Städte vor dem Ackerbau entwickelten. Wie Wendorf sagt: »Es muß noch einige Faktoren gegeben haben, die später zum Wandel von kleinen Gemeinschaften zu größeren Siedlungen führten.« Siehe *New Scientist*, 11. Januar 1979, S. 90.

19 Erich Neumann, »Die Zentralsymbolik des Weiblichen« in *Die Große Mutter*, op. cit.; ebenso Marija Gimbutas, *Gods and Goddesses of Old Europe* (London, Thames & Hudson, 1974), S. 136.

20 V. Gordon Childe, *Man Makes Himself* (London, Collins, 1966).

330

21 Marvin Harris, *Kannibalen und Könige* (Frankfurt, Umschau, 1978).

22 Jane Jacobs, *Stadt im Untergang* (Berlin, Ullstein, 1970).

23 Eine Erläuterung dieser Perspektive findet sich in des Verfassers »Planetary Mythologies« in *Passages about Earth* (New York, Harper & Row, 1974), S. 119–149, sowie in »The Return of the Past« in *Darkness and Scattered Light* (New York, Doubleday, 1978), S. 107–141.

24 Dragoslav Srejovic, *Lepenski Vir* (Bergisch Gladbach, Lübbe, 1981), S. 151.

25 Julian Jaynes, *The Origins of Consciousness in the Breakdown of the Bicameral Mind* (Boston, Houghton Mifflin, 1976).

26 Dexter Perkins, Jr. und Patricia Daly, »The Beginning of Food Production in the Near East«, in *The Old World: Early Man to the Development of Agriculture*, Hrsg. Robert Stigler (New York, St. Martin's, 1974), S. 90.

27 V. Gordon Childe, op. cit., S. 82.

28 James Mellaart, *Çatal Hüyük* (Bergisch Gladbach, Lübbe, 1967), S. 30.

29 Ibid., S. 271 ff.

30 J. J. Bachofen, *Mutterrecht* (Stuttgart, Kröner, 1954), S. 236. Obwohl der Anthropologe Marvin Harris Bachofens Theorie für einen durch die Feministinnen des 20. Jahrhunderts exhumierten Leichnam aus dem 19. Jahrhundert hält, wird die Lebendigkeit von Bachofens Einsichten über die Beziehungen zwischen Architektur und weiblichem Körper deutlich, wenn man die frühesten Formen von Menschenhand geschaffenen sakralen Raums betrachtet. Colin Renfrew nannte die megalithischen Bauten auf Malta »The World's First Stone Temples«. (Siehe sein *Before Civilization*, New York, Knopf, S. 147.) Abb. 21 läßt erkennen, daß der maltesische Tempel ein Umriß der alten paläolithischen beleibten Großen Göttin ist. Kleine Tonfiguren der Göttin in ihrer fettleibigen Form wurden auf Malta gefunden. Eine ähnliche Form wurde jedoch auch in England im Langgrab von West Kennet (Abb. 22) gefunden, und eine gleichermaßen weibliche Form findet sich auf der Insel Skara Brae (Abb. 23). Wenn wir jetzt noch den Medamud-Tempel aus dem alten Ägypten (Abb. 24) mit Bryn Celli Ddu in Wales (Abb. 25) vergleichen, dann wird klar, daß die Grabkammer (tomb) der Leib (womb) ist und daß im Tod wie im Ritual alle Dinge zurückkehren in den Körper der Großen Mutter. Vor dem Aufkommen charismatischer Kriegerhäuptlinge und -könige mit ihren einem individuierten Ich gewidmeten Monumenten

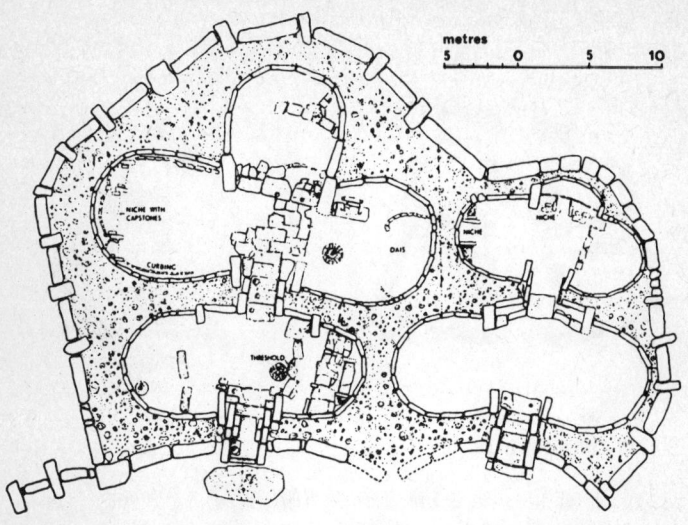

Abb. 21. Grundriß der zwei Steintempel, der Ggantija auf Malta.

waren alle Bestattungen im megalithischen Westeuropa kollektiver Art, denn alle Wesen sind im gleichem Maße die Kinder der Großen Mutter. Wenn wir jetzt einen Moment lang die Vorstellung von der Großen Mutter in Çatal Hüyük mit den aus ihrem Leib kommenden Tieren bedenken und dann auch die anderen Pforten zu ihrem Leib in Ägypten, Malta, Wales und auf den Hebriden sehen, dann entdecken wir lokale Ansätze zur universellen Religion der Großen Göttin. Und dennoch weigern sich die Archäologen, das zu sehen, denn ihre ganz spezielle Art und Weise, mit Daten umzugehen, führt in der Regel zu einer eigenartigen Form akademischer Aphasie. Sollte einer dieser Archäologen ein hölzernes Versammlungshaus der Quäker in Neuengland und eine Drive-In-Kirche der texanischen Baptisten mit einer gotischen Kathedrale vergleichen, er würde sich weigern, die Tatsache anzuerkennen, daß es sich in allen Fällen um verschiedene Ausdrucksformen der einen universellen christlichen Religion handelt.

Die heutigen Archäologen neigen dazu, Çatal Hüyük von Malta zu trennen, Malta von Ägypten, und alle diese Plätze von Britannien. Möchte man sich ein verständlicheres Bild machen, dann muß man die Arbeiten schmalspuriger Spezialisten übergehen und die Arbeiten von Kunsthistorikern wie Keith Critch-

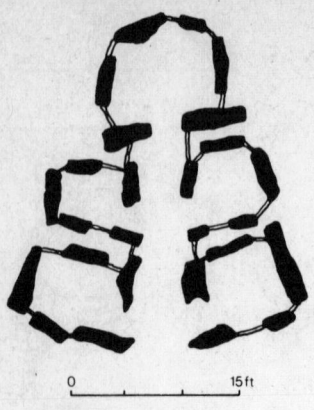

0   15 ft

Abb. 22. Das Hügelgrab von
West Kennet in England.

Abb. 23. Das Haus von Skara
Brae.

low (siehe sein *Time Stands Still: New Light on Megalithic Science*, London, Gordon Fraser, 1979) und Michael Dames (siehe seine Arbeiten *The Silbury Treasure* und *The Avebury Cycle*, London, Thames & Hudson, 1976 und 1977) studieren. Der Leser sollte gewarnt sein, daß er, wenn er den Bereich der Vorgeschichte des megalithischen Westeuropas betritt, wahrscheinlich in das Kreuzfeuer eines Bürgerkriegs gerät, der zwischen dem Universitätsestablishment der archäologischen Abteilungen und ihren nichtspezialisierten Herausforderern tobt. Auf der Seite des Establishments finden sich Glyn Daniel, R. J. C. Atkinson und Aubrey Burl; auf der Seite der Herausforderer sind es Alexander Thom, Keith Critchlow, Michael Dames und John Michell.

Und wieder einmal kann uns der Ansatz der Soziologie des Wissens helfen, die unbewußten Grundannahmen der Kombattanten in einem neuen Licht zu sehen. Das Establishment geht davon aus, daß alle zivilisierten Leute in Städten leben, was Wilde nicht tun, und daß, wenn es irgendeinen Hinweis für hochentwickelte Kultur gibt, er aus den Städten des Nahen Osten zu kommen hat. Sie machen sich lustig über Thoms »Einstein im Schafsfell« und betrachten das Leben im alten Avebury im Hobbesschen Sinne als »dreckig, tierisch und kurz«. Sie vergessen, daß das alte Irland im frühen Mittelalter die Entwicklung Westeuropas beeinflußte und daß das alte Irland Wissen nicht in Städten, sondern in ländlichen Klöstern bewahrte. Etwas Vergleichbares zu diesem Muster nichturba-

Abb. 24. Der Medamudtempel in Ägypten.

ner Kultur könnte in den Mysterienschulen der prähistorischen Astronomen der Megalithen existiert haben. Im Gegensatz dazu können Thom, Dames, Critchlow und Michell die Wissensübertragung auf andere Weisen erkennen, als sie in Sumer oder Ägypten stattfanden. Critchlow konnte die Existenz platonischer Körper ein Jahrtausend vor Platos *Timaios* nachweisen, und Thom wies das pythagoräische Theorem ein Jahrtausend vor Pythagoras nach, aber es gibt einfach keinen Weg, nach dem orthodoxe Archäologen mit solch einer wissenschaftlichen Revolution umgehen könnten. Wieder einmal, wie T. S. Kuhn deutlich machte, sind es die Herausforderer außerhalb einer Spezialwissenschaft, die wissenschaftliche Revolutionen einläuten. Die Herausforderer können sich eine entwickelte, heilige,

Abb. 25. Bryn Celli Ddu in Wales.

dezentralisierte Kultur der Vergangenheit im Fließgleichgewicht vorstellen, vielleicht deshalb, weil es die von ihnen erhoffte Kultur der Zukunft ist. Und so sehen wir, daß die Schlacht um die Vergangenheit – wieder einmal – ein Gefecht um die Zukunft menschlicher Kultur ist.

Möchte man verstehen, wie die universelle Religion der Großen Göttin in Westeuropa überlebte, wie sie nicht jene Entwicklung nahm, die ihr im alten Sumer beschieden war, dann dürfte man gut beraten sein, die Arbeit von Dames und Critchlow zu berücksichtigen. Es scheint, als hätte der Mysterienkult von Menstruation/Meßkunst (im Original: menstruation/mensuration) in Avebury, Stonehenge und Malta seine höchste Entwicklung erreicht.

31 James Mellaart, *Earliest Civilizations of the Near East* (New York, McGraw-Hill, 1965), S. 101.

32 Charles F. Hockett und Robert Ascher, »The Human Revolution« in *Man in Adaptation*, Hrsg. Yehudi Cohen (Chicago, Aldine, 1968), S. 222.

33 James Mellaart, *Çatal Hüyük in Perspektive* (Menlo Park, Calif., Cummings, 1976).

34 Marvin Harris, op. cit., S. 83.

35 Elizabeth Gould Davis, *Am Anfang war die Frau* (München, Frauenoffensive, 1977), S. 86.

36 J. M. Synge, *The Aran Islands and Other Writings* (New York, Vintage, 1962), S. 61.

37 A. F. C. Wallace, »Revitalization Movements«, *American Anthropologist*, LVIII (April 1956), S. 264–81.

38 Eine schöne Beschreibung der religiösen Mystik der Jagd findet sich bei William Faulkner, *Der Bär* (Frankfurt, Suhrkamp, 1960).

39 Leon Festinger et al., *When Prophecy Fails* (New York, Harper & Row, 1964).

40 Robert Redfield, *The Primitive World and Its Transformations* (Ithaca, N. Y., Cornell University Press, 1956).

41 Elise Boulding, *The Underside of History: A View of Women through Time* (Boulder, Col., Westview Press, 1976), S. 146.

42 James Mellaart, *Earliest Civilizations of the Near East*, S. 112.

43 Jane Jacobs, op. cit., S. 44ff.

44 George Thomson, *Aischylos und Athen* (Berlin, Henschel, 1957); siehe auch sein »Matriarchy« in *The Prehistoric Aegean: Studies in Ancient Greek Society* (London, Lawrence and Wishart, 1978), S. 149–294.

45 C. S. Lewis, *Surprised by Joy* (London, Fontana, 1959), S. 13.

KAPITEL VIER:
ZIVILISATION UND ENTFREMDUNG IM ALTEN SUMER

1   James Mellaart, »The Late Chalcolithic Period« in *The Cambridge Ancient History*, Vol. I. *Prolegomena and Prehistory* (Cambridge, Cambridge University Press, 1970), S. 325.

2   James Mellaart, »The Halaf Culture«, op. cit., S. 281. See also his *The Neolithic of the Near East* (New York, Scribners, 1975), S. 126.

3   James Mellaart, »The Earliest Settlements in Western Asia from the Ninth Millennium to the End of the Fifth Millennium B. C.« in *The Cambridge Ancient History*, Vol. I, Part I, S. 289.

4   Samuel Noah Kramer, *The Sumerians, Their History, Culture and Character* (Chicago, University of Chicago Press, 1963), S. 179.

5   Thorkild Jacobsen, *The Treasures of Darkness: A History of Mesopotamian Religion* (New Haven, Yale University Press, 1976), S. 112.

6   Samuel Noah Kramer, *The Sumerians*, S. 180.

7   Ibid., S. 182.

8   Ibid.

9   Ibid., S. 183.

10 Thorkild Jacobsen, op. cit., S. 36.

11 Samuel Noah Kramer, *Proceedings of the Philosophical Association of Philadelphia*, S. 506, obv., Col. ii, S. 5–33. Siehe auch Thorkild Jacobsen, op. cit., S. 62.

12 Thorkild Jacobsen, op. cit., S. 38.

13 Samuel Noah Kramer, *Proceedings of the Philosophical Association of Philadelphia*, S. 508ff., 1–11.

14 Samuel Noah Kramer, op. cit., *Paps*, 507, obv., Col. iii, 9–36.

15 Thorkild Jacobsen, op. cit., S. 62.

16 Ibid., S. 62.

17 »Plato war noch in der Lage, die Sprache archaischen Mythos' zu sprechen. Er brachte den Mythos mit seinen Gedanken ebenso in Einklang, wie er die erste moderne Philosophie ins Leben rief. Er konnte sprechen, weil er ein Pythagoräer war, und der Mythos war deren technische Terminologie.« So schrieb Hertha von Dechend in der Zusammenfassung ihres Kurses in »Ancient Cosmology«, den sie 1966/67 am Massachussetts Institute of Technology gab. Zu jener Zeit war ich ein Kollege von Professor von Dechend in der geisteswissenschaftlichen Abteilung und hatte so die Gelegenheit, ihre Theorien mit ihr zu diskutieren.

18 Hertha von Dechend und Giorgio de Santillana, *Hamlet's Mill:*

An Essay on Myth and the Frame of Time (Boston, Gambit, 1969), S. 290. Professor de Santillana überarbeitete den Text von Dechend krank und kurz vor seinem Tode, und so ist dieses Buch nicht der allerbeste Ausdruck ihrer Theorien. Enzyklopädisch, aber weitschweifig, ist es häufig ebenso chaotisch wie unverständlich. Von dieser Schwäche sollte sich der Leser jedoch nicht irreführen lassen. Die Arbeit ist außerordentlich wichtig für den Versuch, die astronomischen und kosmologischen Dimensionen mythischer Darstellungen wieder zu entdecken.

19 G. S. Kirk, *Myth, Its Meaning and Functions in Ancient and Other Cultures* (Berkeley, University of California Press, 1970), S. 111.

20 Samuel Noah Kramer, *The Sumerians*, S. 153.

21 Ibid.

22 Siehe Fußnote 22 im Prolog.

23 Aus »Two Songs from a Play«, in *The Collected Poems of W. B. Yeats* (New York, Macmillan, 1957), S. 210.

24 Samuel Noah Kramer, *The Sumerians*, S. 197.

25 Thorkild Jacobsen, op. cit., S. 212.

26 Samuel Noah Kramer, *The Sumerians*, S. 200.

27 Ibid., S. 203.

28 Thorkild Jacobsen, op. cit., S. 195.

29 Alexander Heidel, *The Gilgamesh Epic and Old Testament Parallels* (Chicago, University of Chicago Press, 1963), S. 16. Die deutschen Texte wurden dem *Gilgamesh Epos* (Stuttgart, Reclam 7235, 1982) entnommen.

30 »The Dating of Travertine from the Bilzingsleben Archaeological Site«, R. S. Harmon, J. Glazek, K. Nowak, *Nature*, Vol. 284, 13. März 1980, S. 134.

31 Claude Lévi-Strauss, *The Raw and the Cooked* (Harper & Row, 1969).

32 Alexander Heidel; siehe Fußnote 29.

33 Um seine Theorie aufrechtzuerhalten, daß sich das Bewußtsein im 6. vorchristlichen Jahrhundert ausgeprägt hatte, muß Prof. Julian Jaynes das Ursprungsdatum des Gilgamesh-Epos ändern: »Es gibt im Gegensatz zu dem, was einige Popularisierer des Epos behaupten, keinen Grund für die Annahme, daß die Gilgamesh-Geschichte aus dem 7. vorchristlichen Jahrhundert bis in die altbabylonische Zeit zurückreicht.« Siehe Julian Jaynes, *The Origin of Consciousness in the Breakdown of the Bicameral Mind* (Boston, Houghton Mifflin, 1976), S. 252. Professor Jaynes beginnt seine Untersuchung mit einer interes-

santen Analyse der Erinnerung und der Introspektion und kommt zu dem Ergebnis, daß wir, wenn wir uns erinnern, im Meer zu schwimmen, ein geistiges Bild von uns im Meer haben, das wir niemals gesehen haben. Wenn Professor Jaynes seine Untersuchungen der Introspektion auf Zazen und yogische Meditationsformen ausgedehnt hätte, dann würde er verstehen, daß das Ich eben eine Konstruktion ist, die die zeitlichen Zwischenräume von Moment zu Moment überbrückt. Und so verwechselt Professor Jaynes das Ich mit dem Bewußtsein. Es gibt natürlich eine Beziehung zwischen dem Aufkommen des Ich und der Entwicklung von Zivilisation, aber Bewußtsein beginnt ganz gewiß nicht im 6. vorchristlichen Jahrhundert. Die reduktionistischen Tendenzen und Impulse von Jaynes' Ansatz neigen dazu, Geschichte zu einem Prokrustes-Bett zu machen; das Material wird verstümmelt, um in die Theorie zu passen.

34 Robert Graves und Raphael Patai, *Hebrew Myths: The Book of Genesis* (New York, McGraw-Hill, 1966), S. 113.

35 Augustinus interpretierte die quadratische Arche Noahs als ein Symbol des Christus und seiner Kirche; siehe *Vom Gottesstaat* (übertr. v. Wilhelm Thimme) (München, dtv, 1977). Damit wird deutlich, daß durch Gematrie und biblische Exegese traditionellen Materials die esoterische Vision der Arche bis in die klassische Zeit hinein überlebte.

36 »Lamentation for the Destruction of Ur«, zitiert aus Thorkild Jacobsen, S. 89 ff.

37 R. A. Crossland, »Immigrants from the North« in *The Cambridge Ancient History*, Vol. I, Part 2, (Cambridge, Cambridge University Press, 1971), S. 861, 874.

38 Erich Neumann, *Ursprungsgeschichte des Bewußtseins* (München, Kindler, 1974).

39 Hellmut Wilhelm, *Die Wandlung. 8 Essays zum I-Ging.* (Zürich, Rhein-Verlag, 1958).

KAPITEL FÜNF:
ZIVILISATION UND INITIATION IM ALTEN ÄGYPTEN

1 R. T. Rundle Clark, *Myth and Symbol in Ancient Egypt* (London, Thames & Hudson, 1978), S. 98.

2 Eberhard Otto, *Osiris* und *Amun* (Stuttgart, Hirner, 1966), S. 58. Der gesamte Text und Plutarchs Kommentar finden sich

in Plutarch(us), *Über Isis und Osiris* (Prag, Oriental. Inst., 1940–41).

3 E. A. Wallis Budge, *Osiris and the Egyptian Resurrection* (New York, Dover Reprints, 1973), S. 384.

4 Eine esoterische Interpretation des Isis und Osiris-Mythos, eine, die meine eigene recht exotisch erscheinen läßt, findet sich bei Rudolf Steiner, *Ägyptische Mythen und Mysterien* (Dornach, Rudolf Steiner Verlag, 1931).

5 Hertha von Dechend, Zusammenfassung eines Kurses in alter Kosmologie, Massachussetts Institute of Technology, Frühjahr 1966, S. 38 ff.

6 Henri Frankfort et. al., *Before Philosophy* (Chicago, University of Chicago Press, 1946). F. M. Cornford, *From Religion to Philosophy* (New York, Harper & Row, 1957).

7 Es gibt in London eine Gruppe, die sich die »Research into Lost Knowledge Organization« nennt. Forscher wie Anne Macauley, John Michell und Keith Critchlow schrieben und referierten über die pythagoräische Tradition. Eine Liste der Publikationen der Gesellschaft ist unter der Adresse: 36, College Court, Hammersmith, London, W6, England zu erhalten. In New York hat Professor Ernest Maclain daran gearbeitet, die pythagoräische Tradition in seinen zwei Büchern zu rekonstruieren: *The Myth of Invariance* und *The Pythagorean Plato* (New York, Nicholas Hays, 1977 und 1978).

8 Siehe den Essay des Verfassers über die Rückkehr hieroglyphischen Denkens: »The Future of Knowledge« in *Darkness and Scattered Light* (New York, Doubleday, 1978), S. 174.

9 R. T. Rundle Clark, op. cit., S. 266.

10 Alle folgenden Zitate Plutarchs stammen aus Eberhard Ottos *Osiris und Amun* (Stuttgart, Hirner, 1966), S. 58 ff.

11 Die Bedeutung der Zahl zweiundsiebzig wurde mir von Christopher Bamford, einem meiner Lindisfarne-Kollegen, erläutert. Mr. Bamford weist auch darauf hin, daß in dem irischen *Book of Invasions* die Anzahl von Sprachen, die nach der Zerstörung des Turms zu Babel geschaffen worden seien, ebenfalls zweiundsiebzig gewesen sein soll. In einem Teil des kabbalistischen Materials gilt zweiundsiebzig als die Anzahl der Namen Gottes. Mr. Bamford schreibt gegenwärtig an einem Buch über die abendländische esoterische Tradition.

12 Siehe Erich Neumann, *Ursprungsgeschichte des Bewußtseins* (München, Kindler, 1974), S. 179.

13 E. A. Wallis Budge, *Osiris and the Egyptian Resurrection* (New York, Dover Reprints, 1973), Vol. II., S. 134.

14 Henri Frankfort, *Kingship and the Gods* (Chicago, University of Chicago Press, 1948), S. 61.

15 In einer traurigen und tragischen Schlacht haben beide Seiten unrecht; um ein Gefühl für die Reizbarkeit auf beiden Seiten der Gefechtslinien in der ägyptischen Archäologie zu entwickeln, siehe John Anthony Wests popularisierte Version der Arbeit von R. A. Schwaller de Lubicz, *The Serpent in the Sky* (New York, Harper & Row, 1979), und Peter Greens Verriß aller neuen Bücher über das alte Ägypten, »Tut-Tut-Tut« in *The New York Review of Books*, Vol. XXVI, Nr. 15, 11. Oktober 1979, S. 19–32.

16 Um einen Eindruck des Feingefühls eines modernen Künstlers für dieses alte Wissen zu erhalten, siehe W. B. Yeats, *A Vision* (New York, Macmillan, 1956); die deutsche Version erscheint Ende 1985 bei Dianus-Trikont in München.

17 E. A. Wallis Budge, *Osiris and the Egyptian Resurrection*, Vol. I, S. 48, 52.

18 Wie sich esoterische Physiologie, die Architektur des zentralen Nervensystems und die Architektur der ägyptischen Tempel zueinander verhalten, beschreibt R. A. Schwaller de Lubicz, *The Temple of Man*, übers. von D. und R. Lawler (Boston, Autumn Press, 1977).

19 R. T. Rundle Clark, op. cit., S. 167.

20 Siehe Gopi Krishna, *Kundalini: The Evolutionary Energy in Man* (Berkeley, Shambala, 1971); ebenso sein *The Secrets of Yoga* (New York, Harper & Row, 1972).

21 Siehe Robert Thurman, »The Politics of Enlightenment«, *Lindisfarne Letter 8*, Winter 1979, S. 20–33.

22 Eine gelehrte Untersuchung der landschaftlichen Engel der islamischen Tradition findet sich in Henry Corbins »Visionary Geography« und in »Geosophy and the Feminine Angels of Earth« in *Spiritual Body and Celestial Earth* (Princeton, N. J., Princeton University Press, 1977).

23 Siehe Abb. 19, S. 214 in Henry Frankfort, *Kingship and the Gods* (Chicago, University of Chicago Press, 1948).

24 R. T. Rundle Clark, op. cit., S. 106.

25 Ibid., S. 122.

26 Alexander Marshack, *The Roots of Civilization* (New York, McGraw-Hill, 1971), S. 330, 332.

27 Erich Neumann, *Die Große Mutter* (Olten, Walter, 1978).

28 R. T. Rundle Clark, op. cit., S. 122.

29 Erich Neumann, *Ursprungsgeschichte des Bewußtseins* (München, Kindler, 1974), S. 65.

30 R. T. Rundle Clark, op. cit., S. 199.
31 Ibid., S. 255.

EPILOG:
DER FALL IN DIE ZEIT

1 »Das Thomas-Evangelium« in *Neutestamentliche Apokryphen*; übers. u. hrsg. von Wilhelm Schneemelcher (Tübingen, 1959), Logion 114.
2 Ibid., Logion 122.
3 Paulus, Korintherbrief I, Kap. 7, Vers 9.
4 Petrus sieht die leere Grabkammer im physischen Sinne von »sehen«, während Johannes sie im Sinne von »erkennen« sieht. *Theorein* ist das für Petrus verwandte Verb, *Idein* wird für Johannes in Vers 8 verwandt. Siehe hierzu Raymond Browns *The Gospel of Thomas*, *Anchor Bible*, Vol. 29A (New York, Doubleday, 1970), S. 986.
5 Siehe »Jesus' Round Dance and Crucifixion« von Max Pulver in *The Mysteries*, *Papers from the Eranos Yearbooks* (New York, Bollingen Books, 1955), S. 181.
6 Ibid., S. 181.
7 A. E. (George William Russell), *The Avatars* (London, Macmillan, 1929).

GLOSSAR

ätherischer Körper – siehe astraler Körper

androgyn – mann-weiblich, zwitterig, eigentlich doppelge-
schlechtlich.

Animismus – (lat.), der Glaube an die Beseeltheit der Natur
und der Naturkräfte, ursprünglich bei den Naturvölkern.
Als Träger dieser Seelen wurden (und werden) z. B.
Schmetterlinge, Vögel, Hauch, Atem, Schatten, Blut usw.
angesehen. Als Vorstufe gilt der Glaube an die Allbelebt-
heit (*Animatismus*).

Archon – plural: Archonten, (griech. »Herrscher«), eigentlich Amtsname der obersten Staatsbeamten im alten
Athen. Hier die Bezeichnung der »Erzengel« im Gnostizismus.

Arete – (griech.), in der Antike die Tugend im Sinne sittlicher
Vollkommenheit.

astraler Körper – oder Astralkörper, -leib, im Okkultismus
eine der feinstofflichen Umhüllungen der Seele. Die Theosophie lehrt, daß der astrale Körper den physischen oder
irdischen Körper durchdringen und das Bindeglied zwischen dem physischen/irdischen und den höheren Körpern
des Menschen bilde; der astrale Körper sei hierbei der
Träger des Gefühlslebens, der kausale Körper der des geistigen Lebens.

Bardo(-zustand) – (tibet.) Seinszustand bei bestimmten Me-
ditationen und nach dem Tode.

Caduceus – auch Kaduzeus, (griech.) Heroldstab; Attribut
bes. des Hermes als des Götterboten; ursprünglich ein magischer Zauberstab. Die Römer übernahmen ihn als Caduceus.

Chakra – (Sanskrit) Subtiles Energiezentrum im Körper; entlang der Wirbelsäule werden unterschiedlich viele Ch. angenommen und mit Bewußtseinsebenen und Körperfunk-

tionen etc. in Relation gebracht. Geläufige Übers.: Rad oder Kreis, oft symbolisiert als unterschiedl. blättrige Lotosblüte.

Chela – (Sanskrit), Schüler, bes. Yoga-Schüler.

chthonisch – (griech.), 1) irdisch, unterirdisch. 2) Bezeichnung der in und unter der Erde mächtigen (griechischen) Gottheiten (Kräfte); bes. Demeter, Gaia, Persephone, Pluto.

Couvade – (frz.) *die*, Männerkindbett; die Sitte, daß nach der Geburt des Kindes nicht die Frau, sondern der Mann sich ins Bett legt und die Pflege des Kindes übernimmt. Die Wurzel der C. liegen in magisch-animistischen Vorstellungen. Es heißt, man wolle durch Irreführen der Geisterwelt den Säugling vor Schaden bewahren.

Daimon – auch Daimonion (griech.), die von Sokrates als göttlich empfundene innere Stimme, die ihn, nach den Berichten Platons und Xenophons, warnte, Unrechtes zu tun. Mit dem Daimon entdeckte Sokrates die Moralität.

doketische Häresie – oder Doketismus (von griech. dokein »scheinen«), die im christlichen Altertum bes. von Gnostikern und Manichäern vertretene, von der Kirche stets bekämpfte Lehre, daß Gott nur *scheinbar* in Jesus Mensch geworden sei. Die Wurzel des D. war die Beurteilung der Materie als niedrig und böse, so daß die Menschwerdung Gottes als unwürdig und unmöglich erschien.

Dyade – (griech.), 1) biol.: Chromosomenpaarlinge, die aus zwei homologen Chromosomen bestehen. 2) mathem.: Tensor zweiter Stufe. 3) allg.: Zweier- oder Dualsystem.

Enantiodromie – Jeder Prozeß, an dessen logischem Ende das Spiegelbild bzw. das Gegenteil seines Ausgangspunkts erreicht wird.

ens – (lat. »seiend«) *das*, in der scholastischen Philosophie das Seiende. Sie versteht darunter im engeren Sinn das wirklich Existierende, im weiteren Sinn alles, was existiert oder wenigstens existieren kann.

Eohippus – (griech.), eine kleine Urform des Pferdestammes aus dem Eozän Nordamerikas.

epagomenale Tage – oder Epagomenen (griech.), die fünf Ergänzungstage am Schluß des ägyptischen Jahres.

Eschatologie – (griech. »die Lehre von den letzten Dingen«), in der christl. Glaubenslehre die Lehre vom Weltende und Anbruch der neuen Welt, aber auch vom Tode und vom Jenseits. Grundlage der E. ist die Verheißung Jesu, bei seiner Wiederkunft das Reich Gottes zu bringen nach oder inmitten von Weltkatastrophen.

esoterisch – (griech. »nach innen zu«), nur für Eingeweihte zugänglich. E. werden besondere religiöse Lehren, Riten oder Gebräuche genannt, die nur den Eingeweihten vertraut sind oder die den Eingeweihten in anderer Form als den Uneingeweihten vorgetragen werden. Gegensatz: exoterisch.

Ethologie – (griech.), 1) die Wissenschaft von den Sitten und Bräuchen eines Volkes oder vom Charakter des einzelnen. 2) das Wissen von der Lebensweise der Tiere, besonders von ihrem Verhalten.

Euphemismus – (griech.), sprachliche Verhüllung, Umschreibung einer anstößigen oder gefürchteten Sache durch verschleiernde Worte, z. B. »entschlafen«, »verscheiden« statt »sterben«.

Exkarnation – (lat.), besondere Form der Bestattung, bei der der Leichnam vom Fleisch befreit wird. Wird heute u. a. noch von den Parsen in Bombay praktiziert.

Exogamie – (griech.), bei manchen Völkern durch die Stammesgesetze geforderte Heirat außerhalb der eigenen Verwandtschafts- (Clan-, Totem-) Gruppe. Gegensatz: Endogamie.

exoterisch – (griech.), nach außen gewendet; gemeinverständlich; besonders auch religiöse Riten oder Gebräuche, deren Bedeutung allen bekannt ist; Gegensatz: esoterisch.

feinstofflicher Körper – siehe astraler Körper

Fließgleichgewicht – (phys. kybern.), der bleibende Zustand offener Systeme, der trotz ständiger und veränderlicher Energie- und Stoffzufuhr erhalten bleibt.

Gamet – (griech.) *der*, Geschlechtszelle, Keimzelle. Durch Vereinigung eines weibl. mit einem männl. G. vollzieht sich die geschlechtliche Fortpflanzung der Lebewesen.

Gen-Pool – (griech./amerik.), Summe aller Erbfaktoren, Erbanlagen, der im Erbversuch erfaßbaren Erbeinheiten in-

nerhalb einer gegebenen Population, die bei jeder Fortpflanzung und Zellteilung auf die Nachkommenschaft oder
Tochterzellen übertragen wird.

Geomantie – (griech.) (wörtlich »Gespür für die Erde«), eine
alte Wissenschaft, die sich mit den subtilen Wechselbezie-
hungen zwischen dem Menschen und seiner natürlichen
Umwelt befaßt. Technologie und Verstädterung der Landschaft haben heutzutage unsere Empfindungsfähigkeit für
die Natur abgestumpft; das einstmals weltweite Bemühen
um korrekte Lage, Begrenzung, Platzwahl, Orientierung
und Proportion – als Angelegenheit von seelischer und
spiritueller mehr denn ästhetischer Bedeutung Grundan-
liegen der Geomantie – wurde entwertet und aufgegeben.

Gnostizismus – oder Gnosis (griech.), eine Bewegung, die um
Christi Geburt im Osten des Röm. Reiches auftrat und nach
Westen vordrang. Ihren verschiedenen Ausprägungen (jü-
disch, hellenistisch, christlich) ist gemeinsam, daß sie das
Heil des Menschen von seiner Erkenntnis der Geheimnisse
der Welt und Gottes abhängig machen.

Homologie – (biol.), formale Ähnlichkeit zwischen zwei Organismen. Eine solche Ähnlichkeit soll als Beleg für evolutionäre Verwandtschaft dienen.

ithyphallisch – von Ithyphallos (griech.), das aufgerichtete
männl. Glied, das in Nachbildung als Symbol der Fruchtbarkeit in Prozessionen der Dionysosfeste getragen wurde.

Kabbala – (hebr. »Überlieferung«), die Lehre und die Schriften der mittelalterl. jüd. Mystik. Entstanden etwa um
1200, zunächst unter den Juden der Provence, dann auch
Italiens und Spaniens, verbreitete sie sich bald über das
ganze Judentum. Dabei geht es besonders um den geheimen, mystischen Sinn des Alten Testaments und der talmu-
dischen Religionsgesetze, mit Begriffs- und Zahlenmystik,
mit der geheimen Bedeutung und mystischen Kraft der
verschiedenen Gottesnamen.

Karma – auch Karman (Sanskrit »Tat«), Hauptglaubenssatz
des Brahmanismus, Buddhismus und Jainismus, besagt,
daß das Schicksal des Menschen nach dem Tod von seinem
abgelaufenen Dasein oder früheren Daseinsformen abhängt. Der Karma-Gedanke ist von der Theosophie H. Bla-

vatskys und A. Besants wie von der Anthroposophie R. Steiners übernommen worden.

Katastrophismus – auch Katastrophen- oder Kataklysmentheorie, eine besonders von Cuvier vertretene Ansicht, daß Katastrophen während der Naturgeschichte der Erde Lebewesen einer Gegend wiederholt vernichtet hätten.

kausaler Körper – siehe astraler Körper

Kinästhesie – (griech. kinaisthesis), Bewegungswahrnehmung.

Logos – (griech.) *der*, (phil.) Das Wort L. ist seit Heraklit eines der Grundworte der griech. und hellenist. Philosophie. Es umfaßt eine Reihe verschiedener Bedeutungen wie »Erzählung«, »Rede«, »Wort«, »Überlegung«, »Bedingung«, »Grund«, »Sinn«. Bei Heraklit sind die Bedeutungen noch ungeschieden: L. ist ihm das aufzeigende Wort, das Aufzeigen des Sachverhalts. Später nimmt L. auch die Bedeutung des Aufzeigens des Sinnes an, des »Verstandes«, der »Vernunft«. Auf das in der Rede sich äußernde rationale Vermögen des Menschen zielen die *Sophisten* ab; L. wird fester Begriff der *Rhetorik*, als Kraft der Menschenführung erscheint er bei Isokrates, der L. ermöglicht die Polis und die Entstehung von Kultur. Dem treten Sokrates und Platon entgegen, indem sie den L. wieder an das Sein knüpfen. Für Aristoteles entspringt die Tugend und damit die Glückseligkeit des Menschen dem Logos. Ein wesentlich neues Element tritt in der *Stoa* hinzu. Der L. wird zum »Weltgesetz«, ja der *L. spermatikos* zur Kraft, die alles durchwirkt und hervorbringt, also Gott. Die Vorstellung des L. als einer aktiven Kraft rührt vermutlich aus semitischen Quellen her (Gründer der Schule, Zenon, war Semit). Im hebräischen »Wort« liegt die Vorstellung einer dinglichen Macht. Verwandte Gedanken finden sich in der L.-Spekulation des *Neuplatonismus* (Plotin), und über ihn beeinflussen sie die weitere Geschichte der Metaphysik.

Mantra(m) – (Sanskrit »heiliger Spruch«) *der* oder *das*, in Indien Gebet, Vers, magische Formel. *Mantrayana*, ein Heilsweg, der sich auf die stete Wiederholung solcher Formeln stützt.

Menarche – (griech.), das erste Auftreten der Menstruation.

Metonymie – (griech. »Umbenennung«), Unterart der Metapher. Die M. vertauscht inhaltlich verwandte Begriffe, z. B. *Stahl* statt *Schwert*.

Midrash – auch Midr'asch (hebr. »Auslegung«), *der*, die jüdische Auslegung des Alten Testaments, wie sie von den Schriftgelehrten gepflegt wurde. Der M. bildete einen Hauptteil des jüdischen Gottesdienstes und Volksunterrichts. Gleich dem Talmud enthalten die M.-Sammlungen nebeneinander lehrhaft-religionsgesetzliche Untersuchungen (Halacha) und sittlich-erbauliche Gedanken (Haggada); die ältesten vollständig erhaltenen M. stammen aus der ersten Hälfte des 3. Jhs. n. Chr.; Übersetzung in der Sammlung »Aus Israels Lehrhallen« (5 Bde., 1907–10).

Möbiussche Fläche – (nach A. F. Möbius), eine einseitige Fläche, veranschaulicht etwa durch ein Papierband, das um 180 Grad verdreht und zu einem Ring zusammengefügt wird.

mythopeitisch – (griech.) mythenschaffend

Nukleotide – Nukleinsäuren, bes. in den Zellkernen vorkommende Verbindungen von Phosphorsäure, Nukleinbasen und Kohlenhydrat.

Obsidian – (lat.) *der*, eine glasige Ausbildungsform verschiedener junger Ergußsteine. Die Glasmasse ist meist schwarz oder grau, seltener braunrot.

Östrus – (von oestrus, griech. oistros »Viehbremse«, »heftige Leidenschaft«), östrischer oder östraler Zyklus, periodische Brunst.

Parthenogenese – (griech.), auch Jungfernzeugung genannt. Fortpflanzung durch Eier, die nicht befruchtungsbedürftig sind.

physischer Körper – siehe astraler Körper

Quaternität – (lat.) Vierfältigkeit, bes. im sakralen Zusammenhang und in der Geomantie.

Samadhi – (Sanskrit), Versenkung, Steigerung der Meditation, letzte (achte) Stufe des Yoga.

Shakti – Shivas Gattin Durga, bzw. die durch sie symbolisierte Kraft; in ihr findet die Polarität der Geschlechter einen mystisch-religiösen Ausdruck.

Sodalität – (lat.), Bruderschaft, bes. sakrale Bruderschaft.

Tantra – (Sanskrit »Gewebe«, »Lehrsystem«), *das*, eine Gattung religiöser Schriften in der ind. Literatur, die sich bes. mit Magie und Mystik beschäftigen. Der *Tantrismus* ist eine um 500 n. Chr. hervorgetretene Bewegung, nach deren Lehre alles im Weltall in (myst.) Verbindung zueinander steht.

Teleologie – (griech.) *die*, die Lehre vom Zweck und der Zweckmäßigkeit in der Natur und im Menschenleben.

C 2296/1

DAS ABENTEUER DER MODERNEN ALCHIMIE

192 Seiten
34,– DM
ISBN
3 522 70140 2

Hans Christoph Binswanger leistet mit seinem Buch über die moderne Wirtschaft als einer erfolgreichen Variante geheimnisvollen, schwarzmagischen Alchemie einen wichtigen Beitrag zur Beantwortung dieser Frage. Er zeigt, daß die größte Dichtung unseres so viel gelobten und so wenig gründlich gelesenen Dichters Goethe – der Faust – einen durchaus entschlüsselbaren Hinweis auf Faszination wie Gefahr der modernen Wirtschaft und ihres Strebens nach unendlichem Fortschritt der Reichtumsvermehrung enthält.

Hans Christoph Binswanger weiß, wovon er redet. Er ist ein international renommierter Nationalökonom, der 1980 für seine Tätigkeiten den Bundesnaturschutzpreis erhalten hat.

Edition Weitbrecht

in K. Thienemanns Verlag
Blumenstraße 36, 7000 Stuttgart 1